復刻版

記録映画作家協会会報

付録

不二出版

〈復刻にあたって〉

一、復刻にあたっては、日本記録映画作家協会にご協力いただきました。

また、底本は左記の所蔵原本を使用しました。記して深く感謝申し上げます。

日本記録映画作家協会、川崎市市民ミュージアム、

コロンビア大学C・V・スター東亜図書館、阪本裕文氏、佐藤洋氏

一、本復刻版は、より鮮明な印刷となるよう努めましたが、原本自体の不良によって、印字が不鮮明あるいは判読不可能な箇所があります。

一、資料の中には、人権の視点から見て不適切な語句・表現・論もありますが、歴史的資料の復刻という性質上、そのまま収録しました。

（不二出版）

〈付録　目次〉

口絵　第2回世界の実験映画を見る会〔ポスター〕●一九六〇（昭和三五）年

口絵　『記録映画』12月号〔販促ポスター〕

資料番号――資料名●著者・発行者●発行年月日《開催日》……復刻版頁

一――1951映画目録●日映作家集団移動映写班……1

二――記録映画「1952年メーデー」●企画編集＝メーデー実行委員会宣伝部　製作＝共同映画社……6

三――「米」●共同映画社……7

四――記録映画教育映画製作協議会ニュースNo.1●一九五三（昭和二八）年四月一〇日……8

五――記録映画「京浜労働者」製作のためのカンパ要請について／鶴見地区労報　記録映画仮題「京浜労働者」シナリオ第二稿

●鶴見地区労働組合協議会委員長代理／神奈川県労働組合記録映画製作委員会・鶴見地区「京浜労働者」製作委員会……10

六――神労映ニュースNo.4●神奈川県労働組合記録映画製作委員会事務局●一九五三（昭和二八）年七月二〇日……15

七――「月の輪古墳」●共同映画社　企画製作＝月の輪映画製作委員会……16

八――月の輪ニュースNo.4●飯岡村文化財保護同盟会●一九五三（昭和二八）年八月二五日……18

九――労働組合各種民主団体のみなさん●月の輪映画製作委員会●一九五三（昭和二八）年一〇月……19

一〇――月の輪ニュースNo.5●美備郷土文化の会●一九五三（昭和二八）年一〇月七日……20

一一――御通知●月の輪映画製作委員会●《一九五三（昭和二八）年一〇月一六日》……21

一二――〝古墳〟月の輪をしらべよう●美備郷土文化の会つきのわ古墳発掘本部……22

一三――記録映画教育映画製作協議会ニュースNo.2●一九五四（昭和二九）年七月二五日……23

一四――永遠なる平和を「原水爆の惨禍」（仮題）●企画＝憲法擁護国民連合総評　製作＝日本映画新社……26

一五――記録映画「祖国の平和的統一のために！」第1集　民戦ニュース●在日朝鮮映画人集団……30

一六――「タネまく人々」●共同映画社　製作＝第一映画社……32

一七――「日鋼一九八日の斗い」製作ニュースNo.1／職場へ・町へ・村へ・カンパ運動を拡大しよう！

●日鋼記録映画製作本部●一九五五（昭和三〇）年一月二四日……33

一八――「日鋼室蘭」製作ニュースNo.2／俺は労働者だ　職場へ・町へ・村へ・上映活動を拡大しよう！

●日鋼記録映画製作本部●一九五五（昭和三〇）年二月一〇日……35

一九――記録映画「一九八日の斗い　日鋼室蘭」

●共同映画社　企画＝日本労働組合総評議会・国民文化会議　製作＝「日鋼室蘭」記録映画製作委員会……37

二〇――記録映画「朝鮮の子」●「朝鮮の子」製作委員会……39

二一――記録映画「朝鮮の子」●「朝鮮の子」製作委員会……41

二二――「五色の集い」●福島県教員組合・「五色の集い」映画製作委員会……42

二三――「土の歌」●共同映画社　企画製作＝国際農村青年会議東北準備会映画製作委員会……43

二四――記録映画「1955年メーデー」●共同映画社　企画＝映画演劇労働組合総連合　製作＝メーデー映画製作委員会……44

二五――教育映画作家協会規約／内規……46

二六――試写研究会開催御案内●《五月三一日》……48

二七――イタリヤ文化映画を鑑賞する試写会御案内●《六月四日》……48

二八――外国短篇試写会御案内●《六月六日》……48

二九――これだけは見てもらいたい映画の会●教育映画作家協会●《一九五五（昭和三〇）年一二月一一日》……49

三〇――アンケート集　みなさんの声―これだけは見てもらいたい映画の会によせて

●教育映画作家協会●一九五五（昭和三〇）年一二月二六日……51

三一――教育映画作家協会々計報告〈秘〉―昭和三十年三月創立より同年十一月まで九ヶ月間の収支計算書……61

三二――4月試写研究会のおしらせ〔はがき〕●教育映画作家協会●《四月二八日》……61

三三――試写会のお知らせ●教育映画作家協会●《五月一五日》……62

三四――シナリオ研究会延期のおしらせ●シナリオ研究会世話人●《一〇月二〇日》……62

三五――会計報告　7月分・8月分●原子……62

三六――再び、財政危機に就ての訴え●教育映画作家協会運営委員会●一九五六（昭和三一）年一〇月……63

三七――新作教育映画発表会のお知らせ●《一二月一四日》……63

三八――〔未納会費〕●教育映画作家協会●一二月一一日……64

三九――作家協会第三回定例総会に就いてのお願い●教育映画作家協会運営委員会●一二月二三日……64

四〇――教材映画・テレビの実験研究会のおしらせ！●教育映画作家協会●《一月一六日・一月二四日》……65

四一――会計報告―自昭和三十年十二月一日 至昭和三十一年十一月三十日……65

四二――一九五六年度推せん作品投票／協会への御意見・御希望〔はがき〕●教育映画作家協会……66

四三――記録映画研究会のおしらせ●教育映画作家協会●《一月二六日》……66

四四――おしらせ　第二回記録映画研究会●《三月九日》……67

四五――急告●教育映画作家協会……67

四六――友好祭〔記録映画〕ニュース第一号　おねがい

―第六回世界青年学生平和友好祭に記録教育映画の青年代表を送るために

●第六回世界青年学生平和友好祭記録教育映画部門代表派遣実行委●一九五七（昭和三二）年五月三一日……68

四七――「お母さんのしごと」を教材とした授業の特別研究会のおしらせ！

●教育映画作家協会●《六月六日》……69

四八――友好祭ニュースNo.2●第6回世界青年学生平和友好祭教育記録映画実行委員会●一九五七（昭和三二）年六月……70

四九――〔モスクワ第六回世界青年学生平和友好祭・カンパ〕●教育映画作家協会運営委員会……73

五〇――払込票……74

五一――友好祭ニュースNo.4●第6回世界青年学生平和友好祭教育記録映画実行委員会●一九五七（昭和三二）年八月……75

五二――研究試写会お知らせ●教育映画作家協会運営委員会●一九五八（昭和三三）年七月二九日……78

五三――厚木たかさん帰国土産話の夕御案内●教育映画作家協会●一九五八（昭和三三）年八月五日……78

五四――小高美秋君退職金カンパを再度お願いします●運営委員会●一九五八（昭和三三）年八月二二日……79

五五――機関誌『記録映画』が出来ました！●教育映画作家協会……79

五六――短編映画の現状と普及上映の今後の問題点

●教育映画作家協会・東京シネマ・共同映画社●〔一九五八年九月〕……80

五七――記録映画研究会のお知らせ！〔はがき〕●教育映画作家協会●《一〇月四日》……85

五八――試写研究会のお知らせ〔はがき〕●教育映画作家協会●《一〇月一〇日》……85

五九──声明書●教育映画作家協会運営委員会●一九五八（昭和三三）年一〇月二三日……86
六〇──警職法についてお願い●教育映画作家協会運営委員会●一九五八（昭和三三）年一〇月二四日……87
六一──「職務執行法改正案」についてのアンケート（はがき）●教育映画作家協会……87
六二──11月試写研究会のおしらせ●教育映画作家協会●《一一月四日》……88
六三──警職法改悪反対署名簿●教育映画作家協会●一九五八（昭和三三）年一一月五日……89
六四──教育映画作家協会各分科会お知らせ（はがき）●《一一月一七日・一一月二一日》……91
六五──協会活動発展と健全財政の為に協会費を全納下さい／第五回定例総会のお知らせ
●教育映画作家協会運営委員会●一九五八（昭和三三）年一一月二二日……92
六六──新理研映画労組協力要請に対しお願い（はがき）●教育映画作家協会運営委員会……93
六七──『記録映画』の読者拡大について●教育映画作家協会『記録映画』編集部●一九五九年……94
六八──国際短編映画試写と映サ活動家との懇談会御案内状
●教育映画作家協会・中部映画友の会・官公庁映画サークル協議会●一九五九（昭和三四）年六月一日……96
六九──『記録映画』八月号・シンポジウムレポート ヒロシマ・わが想い─「二十四時間の情事」をめぐって
●大沼鉄郎●《（一九五九（昭和三四）年）六月二〇日》……97
七〇──安保条約反対の映画製作に意見を！／実験映画公開研究会お知らせ
●教育映画作家協会運営委員会／教育映画作家協会記録映画研究会●一九五九（昭和三四）年七月八日……100
七一──安保映画製作ニュースNo.1●総評安保映画製作委員会……101
七二──安保阻止映画製作に意見を！／優秀映画を見る夕べ〝記録映画を見る会〟第二回研究会
●運営委員会●一九五九（昭和三四）年七月二四日……103
七三──安保条約反対映画「破滅への行進（安保条約）」について意見発表
●丹生正・島谷陽一郎●（一九五九（昭和三四）年八月）……104
七四──〝記録映画の友の会〟をつくろう●記録映画の友の会準備会●一九五九（昭和三四）年八月……105
七五──十壱月記録映画研究会●《一一月二六日》……107
七六──十二月記録映画を見る会……108
七七──記録映画「失業─炭鉱合理化との闘い」●企画＝日本労働組合総評議会　製作＝映画製作委員会……109
七八──アジア・アフリカ連帯強化・昂揚のための国際映画製作案─カイロ常任書記局会議決定事項
／教育映画作家協会第六回定例総会予定表（案）●《一二月二七日》……111
七九──機関紙『記録映画』運転資金募集のおねがい！
●教育映画作家協会運営委員会●一九六〇（昭和三五）年一月一二日……112
八〇──第四回ミリオン・パール賞記念映画会●城北映画サークル協議会●《二月六日》……112
八一──『記録映画』読者倍化のお願い！●教育映画作家協会運営委員会●一九六〇（昭和三五）年二月一九日……113
八二──教育映画作家協会規約／内規……114
八三──A・A諸国民連帯映画構成案●事務局●《三月一二日》……116
八四──世界の実験映画を見る会●《一九六〇（昭和三五）年四月一九日》……118
八五──世界の実験映画を見る会作品解説─『記録映画』創刊二周年記念……119
八六──雑誌『記録映画』二周年記念懇談会御案内●教育映画作家協会・『記録映画』編集部●《六月一八日》……120
八七──社会教育映画研究会のお知らせ！●教育映画作家協会●《六月一四日》……121
八八──〔安保批判の会〕●拡大世話人会●《七月二七日》……122
八九──安保対策資金カンパ●教育映画作家協会運営委員会・安保対策委員会●一九六〇（昭和三五）年七月一〇日……123
九〇──『ドキユメンタリイ映画』発行記念記録映画研究会／安保問題映画研究会おしらせ！
●教育映画作家協会・みすゞ書房／教育映画作家協会・安保対策委員会・記録映画研究会●《八月一六日／八月六日》……124
九一──第2回世界の実験映画を見る会●《一九六〇（昭和三五）年一〇月四日》……125
九二──今年最後の社会教育映画研究会のお知らせ！
●社会教育映画研究会世話人●一九六〇（昭和三五）年一一月二八日……126
九三──記録映画作家の作品歴と住所録作成にあたり●記録映画作家協会事務局●一九六一（昭和三六）年五月一日……126
九四──『記録映画の技術』●編＝記録映画作家協会　著＝岩佐氏寿・植松永吉・岡本昌雄・菅家陳彦・京極高英・吉見泰
●一九六一（昭和三六）年一〇月一日……127
九五──「夜と霧」を見る会ニュース第一号●「夜と霧」を見る会準備会●一九六一（昭和三六）年一〇月七日……186
九六──「飼育」上映促進ニュースNo.1●「飼育」上映促進の会●一九六一（昭和三六）年一〇日月二三日……187
九七──世界実験ドキュメンタリー映画会─第4回実験映画を見る会●《一九六一（昭和三六）年一〇月二五日》……188
九八──高林陽一作品発表会●記録映画作家協会●《一九六一（昭和三六）年一一月一六日》……189
九九──第8回日本青年学生平和友好祭記録映画構成案及び製作仕上げ費用明細
●（一九六二（昭和三七）年二月）……190
一〇〇──戦后の記録映画運動からの素描●《（一九六二（昭和三七）年三月）》……192
一〇一──西武記録映画を見る会─記録映画作家個展シリーズ●記録映画作家協会●《六月三日》……194
一〇二──第7回芸術映画を見る会会員証（はがき）●記録映画作家協会●《（一九六二（昭和三七）年六月一九日）》……195
一〇三──記録映画作家協会在京者全員集会議事録●記録映画作家協会事務局●一九六二（昭和三七）年六月二〇日……196
一〇四──第13回ヴェニス国際記念映画祭（イタリー）入賞発表のお知らせ
●《（一九六二（昭和三七）年六月二九日～七月四日》……198
一〇五──第1回8㎜映画講座●発行者＝大沼鉄郎　編集＝渡辺純子・山之内重己　発行＝記録映画作家協会
●一九六二（昭和三七）年九月一日……199
一〇六──現実に対処する助監督の集り／社会教育映画研究会お知らせ
●記録映画作家協会生活対策部責任者／世話人●《（一九六二（昭和三七）年）一〇月一三日／一〇月一一日》……215
一〇七──名簿作成についてのお願い（緊急に！）●記録映画作家協会事務局……216
一〇八──「協会は何をなすべきか」─臨時総会にむけての討論の焦点●事務局……217
一〇九──米原子力潜水艦寄港問題重大段階へ●記録映画作家協会運営委員会●一九六三（昭和三八）年七月一日……218
一一〇──賛助会員の方にお願い●記録映画作家協会運営委員長・事務局長・財政部長●一九六三（昭和三八）年八月二〇日……219
一一一──お知らせ 臨時総会中止の理由─定例総会にむけての諸活動●（一九六三（昭和三八）年八月）……220
一一二──これだけは見ておきたい記録映画の会会員証（はがき）●記録映画作家協会●《一一月二一日》……221
一一三──アンケート（会費問題について）（はがき）●記録映画作家協会……221
一一四──第三回アジア・アフリカ映画祭について……222
一一五──シンポジュム開催についての呼びかけ／資料●《九月一二日》……223
一一六──臨時総会議案書●運営委員会●《一九六四（昭和三九）年一二月二六日》……234

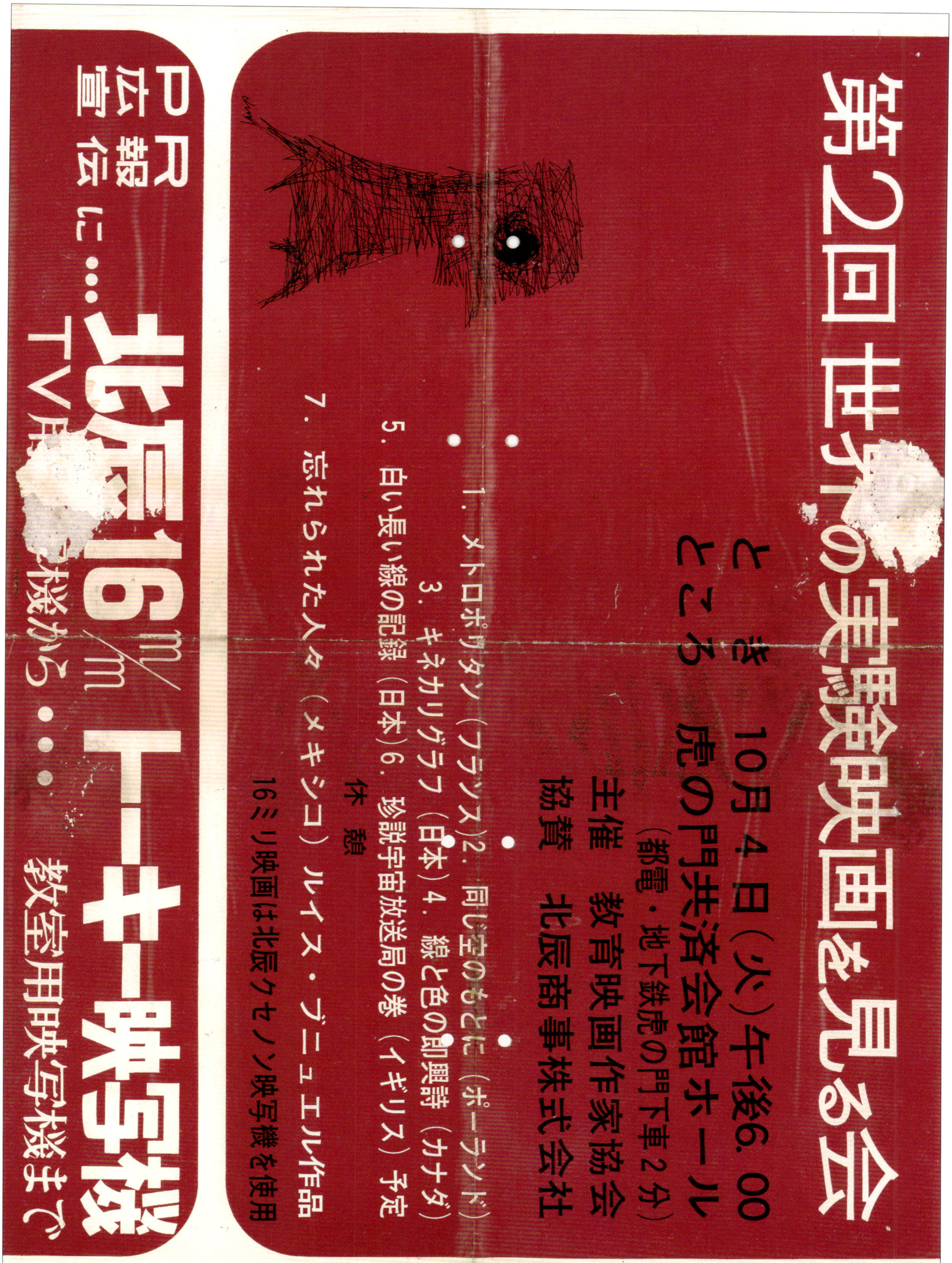
第2回世界の実験映画を見る会
とき 10月4日(火)午後6.00
ところ 虎の門共済会館ホール
(都電・地下鉄虎の門下車2分)
主催 教育映画作家協会
協賛 北辰商事株式会社
1. メトロポリタン(フランス) 2. 同じ空のもとに(ポーランド)
3. キネカリグラフ(日本) 4. 線と色の即興詩(カナダ)
5. 白い長い線の記録(日本) 6. 珍説宇宙放送局の巻(イギリス)予定
休憩
7. 忘れられた人々(メキシコ)ルイス・ブニュエル作品
16ミリ映画は北辰クセノン映写機を使用
PR 広報 宣伝 に…
北辰16m/m トーキー映写機
TV 機から・・・ 教室用映写機まで

第２回世界の実験映画を見る会〔ポスター〕　１９６０(昭和３５)年

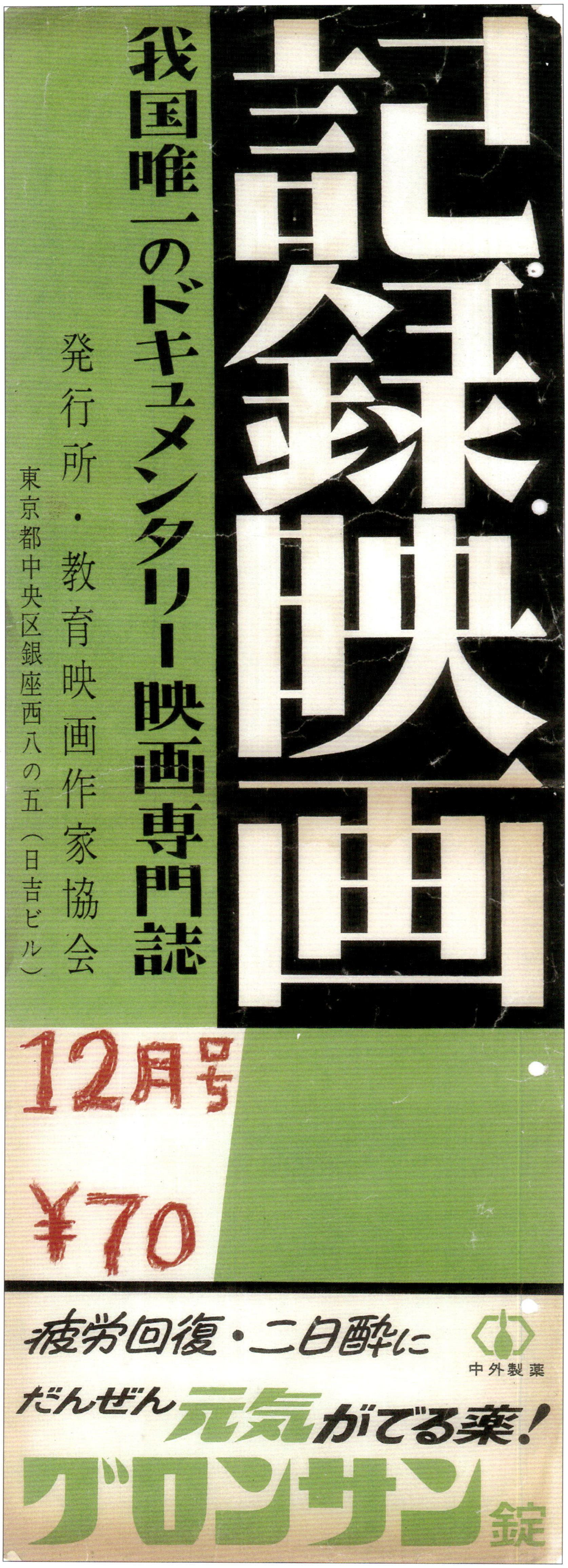

『記録映画』１２月号〔ポスター〕

1

1951
映画目録

国映集団移動映写班

東京都中央区銀座西8丁目9番地
電話 ギンザ(57) 5651-5
　　 6191-5

わたしたちのしごと

日映の良心的なニュース映画や教育映画をつくってきた私たち日映作家集団移動映写の班員は、日本の映画を守り、よい映画をひろめ、すぐれた民族文化と明るい国民生活をつくるためにいつも皆様といっしに努力しつづけています。

○　私たちは会社や工場や農村、漁村、学校、P.T.Aなどに16ミリや35ミリの映写隊をだします。

○　また劇、文化、ニュース映画の上映配給 プリント売りのあっせんもいたします。

○〃　海つばめ"など、歌と踊り、芝居、漫才、浪曲のあっせん。

○　そのほか映写機、ラヂオ修理、幻灯、小型映画制作など。

皆様のお役に立つことなら、どんな御相談にも応じたいと思っております。

移動映写費用

機械・技師代 × 35ミリ16ミリとも2000円
　全一場所で2回映写の場合5割まし。交通、食事、運搬費は主催者負担

プリント代
　ニュース映画、短篇映画　300円～1000円
　劇映画 { 日本映画　3000円～15000円
　　　　　 外国映画　5500円～20000円

映画目録

題名	巻数	監督	主演	摘要
我が家はたのし	10	中村 登	山田,佐田,高峰ひで子	松竹
春雪	10	吉村公三郎	藤田泰子,竜崎,沢村	〃
らくだの馬さん	10	大曽根辰夫	根本,折原,シミヤン,山口	〃
醜(スキャンダル)聞	11	黒沢 明	三船,山口	〃
ペ子ちゃんとデン助	9	瑞穂春海	志村,笠置,堺,高倉	〃
童貞	9	原 研吉	木暮,鶴田,竜崎	〃
婚約指輪	11	木下恵介	田中,三船,宇野	〃
てんやわんや	10	渋谷 実	佐野,淡島,志村	〃
東京キッド	10	斎藤寅次郎	美空,川田,アチャコ,堺	〃
長崎の鐘	11	大庭秀雄	若原,月丘,滝沢,津島	〃
花のおもかげ	8	家城巳代治	月丘,山内,高橋,津島	〃
晩春	12	小津安二郎	原,笠,月丘,三島	〃
帰郷	11	大庭秀雄	佐分利,津島,木暮	〃
安城家の舞踏会	9	吉村公三郎	山口,滝沢,森,空	〃
わが生涯の輝ける日	9	〃	山口,滝沢,宇野	〃
破れ太鼓	11	木下恵介	坂東,桂木,宇野,森	〃
破戒	11	〃	池部,宇野,桂木,竜崎	〃
お嬢さん乾杯	10	〃	佐野,東山,原,佐田	〃
悲しき口笛	9	家城巳代治	菅井,美空,津島,徳大寺	〃
風にそよぐ葦		春原政久	木暮,千秋	東横
王将	10	伊藤大輔	阪東,水戸	大映
新愛染かつら	10	久松静児	竜崎,水戸	〃
大島情話	8	木村恵吾	花柳小菊,阪東好太郎,米若	
母紅梅	9	小石栄一	三条,三益	
母三人	9	〃	水戸,入江,三益	
女の顔	9	今井 正	水戸,岡田英次	大泉
脱獄	11	山本嘉次郎	三船,高峰三枝子	
オヴァランダース	10	ハリー,ワット		Wcc
人生劇場	7	内田吐夢	小杉,村田知恵子	日活
残菊物語	15	溝口健二	花柳章太郎,森赫子	松竹
野性	10	沢村 勉	原節子,伊豆肇	大泉
青い山脈 大会	15	今井 正	池部,原,木暮,若山	東宝
ジヤコ万と鉄	10	谷口千吉	三船,月形,浜口,新龍	〃
また逢う日まで	10	今井 正	岡田,久我,杉村,滝沢	〃

題名	巻数	監督	主演	摘要
素晴らしき日曜日	11	黒沢明	沼崎,中北	東宝
銀嶺の果て	9	谷口千吉	志村,小杉,三船	〃
女優	10	衣笠貞之助	山田,土方	〃
[illegible]	10	五所平之助	[illegible]	〃
酔どれ天使	10	黒沢明	三船,山本,[illegible]	〃
女の[illegible]	7	豊田四郎	池部,杉村	〃
[illegible]	11	マキノ正博	[illegible]	〃
戦争と平和	11	亀井文夫	池部,伊豆	〃
暁の脱走	13	谷口千吉	池部,山口,伊豆	〃
女の一生	11	亀井文夫	池部,岸旗江	〃
今ひとたびの	12	五所平之助	竜崎,高峰三枝子	〃
[illegible]の大番頭	9	[illegible]	金語楼,若原	
愛の宣言	9	渡辺邦男	上原謙,花柳小菊	〃
春の饗宴	9	山本嘉次郎	池部,貞,笠置	〃
斬られの仙太	9	滝沢英輔	藤田,花井,山村	〃
怒りの街	9	成瀬巳喜男	原,宇野,若山,久我,木匠	〃
戦国群盗伝		滝沢英輔	前進座	〃
若い人	10	豊田四郎	大日方,市川,夏川,英	〃
太陽の子	11	阿部豊	大日方,逢初	〃
野球狂時代	8	斎藤寅次郎	杉,アチャコ,月丘	東横
のど自慢狂時代	8	〃	灰田,並木,アチャコ,渡辺	〃
天皇の帽子		〃	片岡,若原,斎藤達雄	〃
花嫁と乱入者	8	小杉勇	灰田,白高,ロッパ	〃
無頼漢長兵衛	11	亀井文夫	市川右太ェ門,相馬	〃
俺は用心棒	8	稲垣浩	片岡,羽原,月形,岸	〃
レ・ミゼラブル	13	伊藤大輔	早川,小夜,ススキダ	〃
〃	12			

明るい歌と踊り＝＝演芸あんない

○ 東宝演技者集団—沼崎勲氏らの〝らくがき座〟〝ボボログループ〟 チエホフの〝結婚申込〟〝撮影所風景〟等

1班 約4名 3000〜5000円

○ 海つばめ楽団—〝日本民謡集〟〝红一孤〟〝朝鮮民謡集〟

1班 4〜5名 1回 1500円以上

題名	巻数	監督	主演	摘要
戦火のかなた！	13	ロッセリーニ	マリアミキ,ガールムーア	イタリアン・フィルム
平和に生きる	9	ザンパ	アルド・ファブリッツィ	〃
無法者の掟	11	ジェルーミ	マッシモ・ジロッティ,ウンルネス	〃
靴みがき	12	デシーカ	インテルレンギ,スモルドーニ	〃
荒野の抱擁	10	サンティス	アンドレア,チェッキ,ジョゴ	〃
自転車泥棒	10	デシーカ		〃
無防備都市	10	ロッセリーニ	マニャーニ	〃
せむしのこうま	6	ポロッカヤ		長篇マンガ
静かな野原	1	デジャチ・ブリンボフ		マンガ
春のしらべ	1	バブデェンコ		〃
奴隷海岸	10	ジュラヴレフ	テルホーノス,フウィリヤ	
恋は魔術師	13	アレキサンドロフ	オルロワ,チェルカーソフ	
愛との誓い	11	ガルビ,ヘイフイ	ホリャーコフ,ジャコフ	
モスクワの音楽娘	8	イワノフスキー	ホリャーコフ,チェリコフスキー	
グリンカ	14	アルンシュタム	チルコフ,ソボレフ	
コーカサスの花嫁	11	プイリエフ	ラドイニナ,ザーリジン	
不死身の魔王	7	ロウ	ストリャーロワ,ミルリヤル	
石の花	10	プトゥシコ	ドルジニコフ,デレヴシチコワ	
草原の英雄	11	サビイトア	エスアサット,ハムラド	
シベリヤ物語	13	プイリエフ	ドルジニコフ,ラドイニナ	
汽車は東にゆく	9	ライズマン	ドラノフスカヤ,ガリス	
先駆者の道	10	コジンツェフ	スコロボガートフ	
三つの邂逅	9	コドケウィッチ プードフキン	マカローワ,チルコフ	
美女と野獣	10	コクトオ	ジャン・マレエ,ジョゼットデエ	SBEF
悲恋	12	ドラノア	マレエ,ソローニュ	〃
カルメン	13	ジャック	マレエ,ヴィヴィアン・ロマンス	〃
悪魔が夜くる	12	カロネ	レッテイ,ベリイ	〃
あらし	9	デミャン	シュトロンハイム,アルレッティ	〃
神様は唄に首ったけ	9	グランジエ	カレット,ロックウェル	〃
高原の情熱	11	グレミヨン	ルノオ,ブラッスール	〃
リゴレット	9	ボンナルド	ミッシェルシモン,ボンナルド	〃
最初の舞踏会	10	ジャック	マリイデア,シルビア	〃
海の牙	12	クレマン	ダリオ,アンリヴィダル	〃
求婚	10	ドコアン	レネエ,シュシィブラム	〃

題名	巻数	監督	主演	摘要
彈痕	10	ドュアン	フレネ、クレマン	SEF
叢家王	12	ベルネエ	ウィルム アルフア	〃
しのび泣き	14	ドラノア	フイエール バロオ	〃
ルイ・ブラス	10	ビヨン	マレエ ダリュー	〃
濁流	9	グレヴィル	ヴァネル ボッシ	〃
ジブラルタルの鷲	9	レエネール	デュコオ サルウ	〃
聖バンサン	11	クロツシユ	フレネ、クリラオン	〃
犯罪河岸	11	クルゾオ	ジュベ ルナン	〃
カチアの恋	10	トウルヌウル	ダリュー ロダア	〃
情熱のバラ	11	シュウ	ロマンス フラマン	〃
怒るべき親達	10	コクトオ	マレエ デエ	〃
狂恋	11	ラコンブ	ギャバン デートリッヒ	〃
流血の港	10	シヤナス	シモン ベリイ	〃
モロッコ守備隊	10	モデイ	ダリュー ジュテー	〃
北ホテル	10	カロネ	ジュウベ アナベラ	〃
永遠の争い	10	ランパン	アナベラ ルドウ	〃
傷心の湖	11	キユニイ	サンシール ヴィダル	〃
二つの顔	11	ドレヴイル	ジュウベ ドレエール	〃
バラ色の人生	9	フオレッツ	サルウ ペリエ	〃
田園交響樂	10	ドラノア	モルガン ブランシャール	〃
王様	10	ソヴァジョン	シエバリエ リフボデマレ	〃
密会		カレフ	ロマンス デュール	〃
のんき大將脱線の巻	9	タチ	ジャックタチ	〃
沈黙は金	10	クレール	シュバリエ ペリエ	〃
めぐりあい	10	スタンシエル	ソローニュ マルシャル	〃
地中海	9	パロンセリ	アリボール シヤンタル	〃
霧の波止場	9	カロネ	ギャバン モルガン	〃
女だけの都	10	フエーデ	ロゼエ ジュウベ	東和商事

小型映画や幻燈をつくりましょう。

皆様の町や村の出来ごと、記念となるもよおし、おまつり、会社や工場のピクニック、遠足、校外教授、研究発表などを16ミリ・サイレント映画に、また幻燈にする御相談におうじます。

題名	巻数	内容	摘要
結晶の科學	2	結晶の生成と格子説	
波の科学	2	音や光、水の波の原理	
尿素	2	空気と水と石炭からチツソ肥料をつくる	
木のきもの石のきもの	2	木を原料としたスフレーヨン石灰石からビニール	朝日文化賞
霜の花	2	中谷博士の霜の花の研究	〃
北方の霧	2	北海道ノーム地帯の科学記録映画	〃
富士山頂観測所	2	その所員たちの仕事と生活の記録	〃
生きているパン	2	イースト菌の生態、有用微生物の働き	〃
魚の愛情	2	巣を作り、メスと卵をかえすイトヨ・トミウオ	〃
細菌物語	2	初めてとらえたら病菌、白血球のはたらき	〃
ある日の干潟	2	干潟にすむいろいろな生物	〃
稲の一生	2	種から種子まで稲の一生を描く	文部大臣賞
あげは蝶	2	アゲハチョウの産卵孵化生態	〃'
三原山	2	活火山三原山のサツエ記録	
こんこん鳥	2	アマシギとヨシゴイを素材にした鳥の習性	
たのしい水族館	1	[illegible]	
上野動物園	1	上野にブッサンの[illegible]	
かまきり	1	かまきりの生態	
自転車	1	自転車の歴史、上達のおけいこ	
石炭のおはなし	2	石炭のつかいかた、よく燃やす方法を書く	
貨車物語	3	[illegible]	
硅肺	1	鉱山で働く人が硅石のこなで肺をやられる	
限りなき子宝	2	マジマ博士の[illegible]	
馬の習性	1	牧場の群馬の習性	
鵜匠	3	長良川のウかい	
海底探訪	1	海のむかしの[illegible]	
空気と水の科学	3	空気からアンモニヤをとり出しその[illegible]をつくる	
[illegible]			
海に生きる	4 or [illegible]	[illegible]	
[illegible]	[illegible]	[illegible]	
[illegible]	2	[illegible]から油や石ケンができる	
漁火	2	漁民が団結して協同組合をつくる	
[illegible]	2	[illegible]の先住民族の生き	
かわった釣	2	珍らしい釣の方法	
君達はしゃべることができる	2	国民は平等に自分の権利を守ろう。	

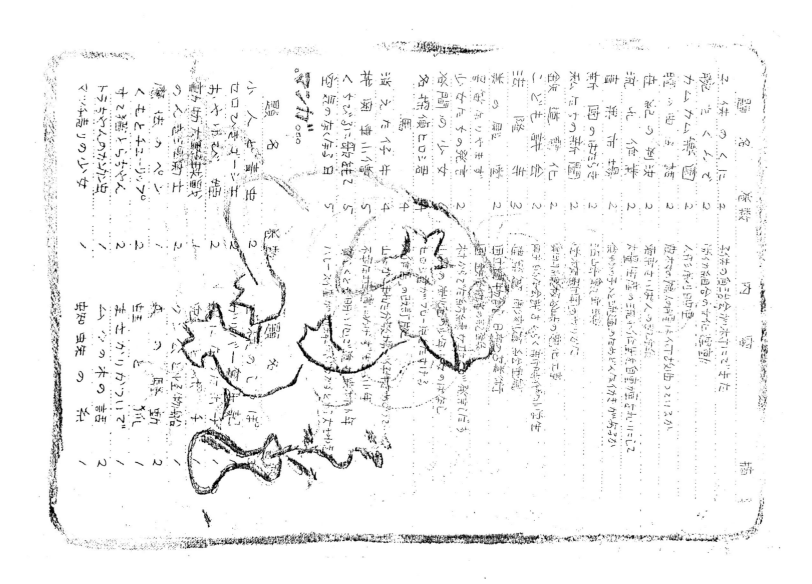

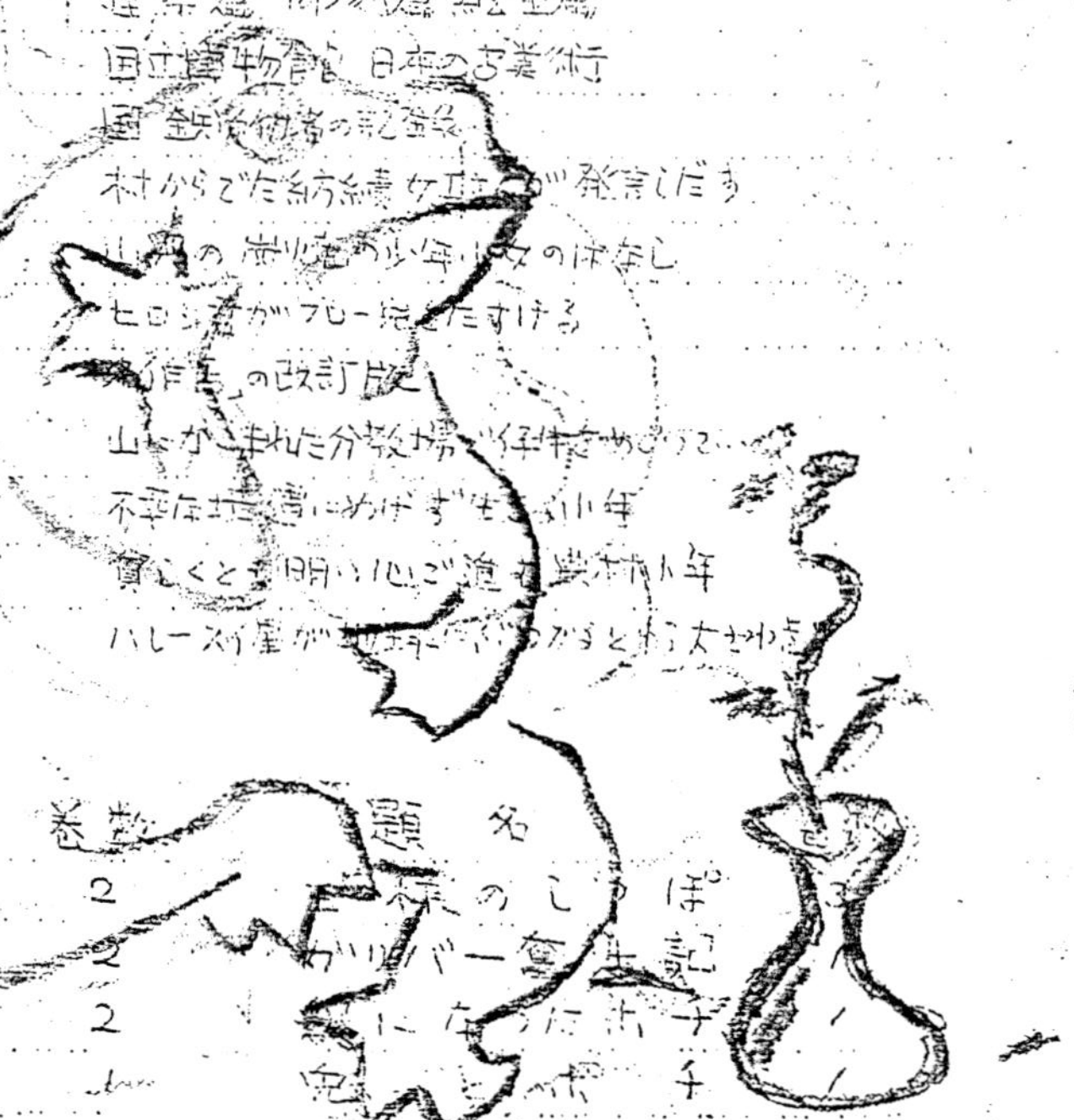

題名	巻数	内容	摘要
子供のくに	2	子供の自治会が村にできた	
腕をくんで	2	労働組合の文化運動	
カムカム楽園	2	人形劇映画	
腰の曲る話	2	農村の婦人の腰は何故曲っているか	
世紀の判決	2	東京さいばんの記録	
流れ作業	2	大量生産の流れ作業を自動車をれいにして	
青果市場	2	食物の手に入る流通のためどんな働きがあるか	
新聞のはたらき	2	[illegible]	
私たちの新聞	2	学校新聞のつくりかた	
鉄道電化	2	奥羽線板谷峠の電化工事	
こども議会	2	民主的な会議をひらく新時代の小学生	
法隆寺	3	建築篇 彫刻篇 絵画篇	
美の殿堂	2	国立博物館 日本の古美術	
汽笛鳴りやまず		国鉄従業員の記録	
少女たちの発言	2	村からでた紡績女工が発言しだす	
谷間の少女	[illegible]	山奥の炭焼の少年少女のはなし	
名探偵ヒロシ君	4	ヒロシ君がブローカーをたすける	
馬	4	「馬」の改訂版	
消えた仔牛	4	山から離れた分教場で仔牛をめぐって…	
[illegible]	5	不幸な境遇にめげずたつ少年	
くちびるに歌をもて	5	貧しくとも明い心で進む農村少年	
空気のなくなる日	5	ハレー彗星が地球にぶつかると村は大さわぎ	

マンガ。。。

題名	巻数	題名	巻数
小人と青虫	2	[illegible]	
セロひきゴーシュ	2	ガリバー[illegible]記	
おやゆび姫	2	[illegible]	1
動物大野球戦	[illegible]	[illegible]	1
のんき消防士	2	クン公と怪物船	1
魔法のペン	1	森の騒動	2
くもとチューリップ	2	蛙と狐	1
すて猫とらちゃん	2	まさかりかついで	1
トラちゃんのカンカン虫	1	ムクの木の話	2
マッチ売りの少女	1	蜘蛛の糸	1

2

記録映画 1952年メーデー

全世界を驚かした人民広場流血のメーデー記録映画完成！

記録映画「一九五二年メーデー」（二巻）完成に當つて

企画編集　メーデー実行委員會宣傳部

製　作　株式會社　共同映画社

皆様よく御存知のように、今年のメーデーは、破防法を中心にした一連の逆コース的悪法に対し、総評、労斗をはじめ言論、出版界等国民的な反撃の中に迎へられ、人民広場事件と言う我が国はじまって以來の大事件を巻き起しました。

この事件について、一方では商業新聞が「一部尖鋭分子の煽動」として、破防法の必要をさらに煽っており、一方では「広場を大衆に解放し、警戒もあゝまで厳重にしなかつたら―」（深尾須磨子さん）とか、「吉田自由黨政府のファッシズムに対する愛国国民の生命をかけた抵抗」（歴史家井上清氏）が人民広場に現はれたのだとする意見等が出ております。しかし、やはり多くの人々は、その目で見ていない悲しさから一体どちらが本当なのかに迷はれることと思います。

本社は幸い当日の事件を、各ニュース映画社や、広汎な映画技術者の協力により撮影し、これを短篇記録映画として製作することに成功致しました。

キャメラが捕えた偽りのない事実は、かならず皆様の御期待に沿い、事件の眞相を明らかに御傳えできることと信じ、労働組合、農民組合、その他青年、婦人、文化團体等すべての民主團体が、逆コース攻勢との斗いのなかで、この映画を利用されることをぜひおすすめしたいと存じます。

なおこの映画は、メーデー実行委員会宣傳部の企画編集により、二巻として35ミリ、16ミリ版にそれぞれ製作されており、次のような方法でフイルムの販賣、貸出を致しておりますから、どうぞ御申込下さる様お願い致します。

☆プリントの販賣価格

（A）三十五ミリ版二巻……五〇、〇〇〇円

（B）十六ミリ版二巻……二三、〇〇〇円

（リール・缶ケース付）

☆プリントの貸出価格

A　三十五、十六ミリ共一回……七〇〇円

B　映寫機及技師が必要な場合はいつでも派遣いたします。

申込先

東京都中央区銀座西六ノ一熊谷ビル内

株式會社　共同映画社

電話銀座（57）五二二二番

取扱団体

東京映画社（中央区西銀座四ノ一新世界ビル）

東宝商事（千代田区有樂町一ノ三電気ビル）

日映作家集團（中央区銀座西八ノ九日映新社内）

漫画映画移動映写部（港区芝新橋二ノ三〇甘粕ビル）

青年文化協会（千代田区神田神保町一ノ一四）

東京映写技術協会（中央区西銀座六ノ一共同映画社内）

松竹文化協会（中央区築地四ノ二共榮ビル内）

農民は訴える!! 米作りだけではもはや生きられない

第一部　冬　篇

賣價……四七、〇〇〇円
長さ……一、六五〇呎
四　巻
上映時間……四〇分

製作スタッフ

製作監督……京極高英
脚　本……吉見泰
撮　影……植松永吉

協　力

日本農民組合
全農林勞働組合
日中貿易促進会議
其の他十三団体

農地改革は農民に幸福をもたらしたでしようか？農村はあらゆる点で行き詰り、米作りだけでは生きられない危機に当面している。窮迫の中で、沢山の要求と訴えを持ち乍ら日々の生活に追われている農民の実態をあますところなく記録した國民必見の映画！

梗　概

冬の夜の炉端でコツ〳〵とほり上げてゆく農民が作る斗いの版画「冬だ！」雪におゝわれた山の農民には炭焼きやマキ切りの明け暮れが続く。現金を稼いで春の肥料や飯米にあてなければならないのだ。だが、その山仕事をするにも農民は高い山代を払つて、立木を買わねばならない仕組なのだ。

農民は農協から高い利子つきの金を借りた。

「…山あ…全く森林組合でもつて、でたらめな調査をして高く買わされちまうだ。何石あるから何円で買え、安けりや売らんぞと来ちまう。それぢやわしら買えねえと云つても、それぢや売らねえつ云う」

マキ切りの現場でトツ〳〵と語り始めた年老いた農民の顔には、土に生き続けてきた深いシワが刻みこまれている。

農民は吹雪をついて昨日も今日もそして明日も山仕事に出かける。しかも、こんな炭が一俵三〇円の手取りにしかならない。みんな山代に持つていかれてしまう。一俵三〇円の炭俵を、三俵背負つた農民が暮れるに早い山道を下つてゆく。

「山がほしい！」

と叫ぶ青年の行く手に

「これより先、国有林…………」

の禁札が立ちふさがつている。

「そんなに収益のあがる畑じやねえです」……税務署との面接で農民は憤激をぶつゝける。

「あんまりでたら目な税金に対しちや払えねえものは払えねえです！」

若い税務員は

「そうあんたみたいに感情的になつちや損だ！」

といきりたつた。

日銭を稼ぎに村の青年は町の職安に出かけてゆく。しかし彼等を待つていたものは――遠い他国の土地へ働きに出ていた村の娘の紡績工場閉鎖の知らせであつた。暗い気持ちを抱いて帰つてゆく青年の眼にフト止つたポスター――平和の守り保安隊に来れ！強い反撥の眼なざしを送り乍ら青年はその前を離れて行く。　こうした時に、嘗て封建制と斗つた南佐久の農民たちを讃えて新中国から赤旗が送られてきた。やがて此の赤旗が南佐久の山々を馳けめぐる日の近いことに思いをはせながら農民たちの顔は明るく輝き渡つていつた。

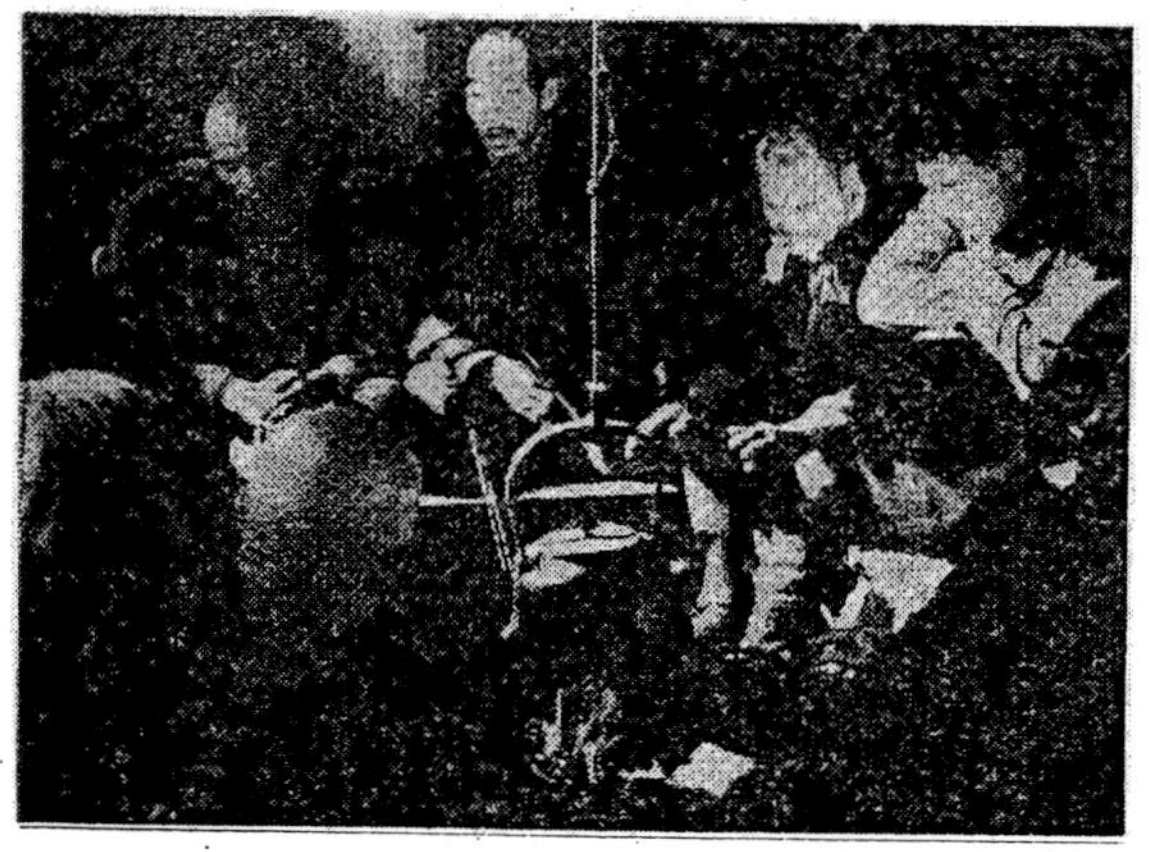

―― 提供　株式会社　共同映画社　東京都中央区西銀座6の1　熊谷ビル　TEL. (57) 522 ――

記録映画 教育映画 製作協議会ニュース
1953.4.10. No.1.
東京都中央区銀座西八ノ五 日映作家集団内 記録(教育)映画

映画をたゝかいの武器に

記録映画「京浜労仂者」撮影すゝむ

「京浜労仂者」の製作運動は、軍事基地化された京浜地帯の労仂者によってまき起されたはげしいたゝかいを、労仂者と映画人が一緒になってえがくことからはじまった……

記録映画「京浜労仂者」が製作協議会の第一回企画としてとりあげられ、製作準備が始められたのは一九五三年一月末である。労仂者の手による労仂者のたゝかいの記録、映画がこの重大な役目を果すために「京浜労仂者」にはまったく新しい映画製作の方法が考えられた。つまり、現地の労仂者が中心となって「記録映画京浜労仂者製作委員会」を組織し、これに製作協議会が参加するやり方である。

製作協議会では早速、担当製作者として氷山瓊を現地に送り具体的な製作の準備にとりかゝった。

このよびかけにこたえて京浜地帯をかたち作る鶴見、川崎、横浜の三大地区では、それぐ菅川(鶴見地区労仂事務局長)田口(全日いすゞ=川崎地区)、小松(横浜市従教宣部長=神奈川地区)袴田(全港湾=横浜地区)の各氏が、この運動を神奈川全県下におしひろめるために具体的な活動に着手した。

続いて本年初頭より賃下げ反対をたゝかっている昭和電工川崎労組が参加し、横浜教職員組合なども加わって製作運動はしだいに活発となった。

この間、両組合はたゝかいの宣伝組織活動に役立てるため、そのたゝかいの一部を撮影したが、このフィルムは昭和電工、川鉄、いすゞ等の各労組はもちろん、「女ひとり大地を行く」と併映されて、川崎、鶴見、横浜など、ひろく京浜地帯に上映されて横浜市従、横浜教組などのたゝかいを力づけた。

次いで京浜労仂者撮影班は、昨年度メーデーの決議としてたゝかいとった鶴見駅の拡張工事、横浜市労連の首切り反対斗争、鉄鋼労連(日本鋼管川崎)のゼネストなどの撮影を終え、現在、横浜ドックその他の撮影を準備する一方、この映画を五三年メーデーと結びつけて完成させるため、鶴見、川崎、横浜の三地区ではそれぐ準備会が結成されようとしている。

(製作スタッフ)
製作責任者 氷山瓊
演出 野田真吉、丸山章治、西沢豪、竹内信二、杉山正美、大沼鉄郎
撮影 浦島進、竜神孝正、宮島義勇、入沢五郎、大山年治、坂崎武彦、藤井良孝、長谷川博美、賀川嘉一

あいさつ

このたび、私たち記録映画、教育映画の作家技術者があつまって「記録映画(教育映画)製作協議会」をつくりました。

私たちは軍国主義の復活に反対して民主々義の諸権利をまもる反戦、平和、自由、独立のあらゆる国民のみなさんのたゝかいとともにたゝかってゆく覚悟です。そして私たちはそのたゝかいの勝利のために、しっかりと記録映画、教育映画をむすびつけて、じゅうぶんに役立てたいと思います。

このことは破めつにひんした日本の記録映画教育映画を国民のものにすることであり、日本の民主的な記録映画、教育映画をかぎりなく前進させ発展させるたゞ一つの道であると信じるからであります。

「記録映画(教育映画)製作協議会」の発足にあたって、私たちは私たちの立場をあきらかにし、労仂者、農民をはじめ、すべての国民のみなさんに心からあいさつを送り、今後のご指導をせつにお願いいたします。

一九五三年四月十日

記録映画(教育映画)製作協議会
日映作家集団 東宝芸術家協会
新映画作家集団 現代撮影技術協会
日映技術集団 キャメラマン・クラブ
第一映画演出家グループ
(順不同)

一九五三年メーデー映画

実行委へ製作申入れ

歴史的な一九五二年メーデー記録を労仂者諸君の支持によって製作したわれわれは今年も亦準備をすゝめている。今年は映画演劇労仂組合総連合と共に提唱者となり、メーデー実行委員会の中にメーデー記録製作委員会を作り、労仂者諸君と共に広く運動を進めようとしている。

平和と独立と民主主義を守る斗いのために、中央統一メーデーを成功させよう。そして、その記録が斗う国民の統一の輝やかしい武器となるように、メーデー記録運動を成功させよう。

× × ×

製作協議会はこうして生れた

経過報告

これまで、記録、教育映画作家、技術者の仕事といえば、大部分が官庁や諸会社の宣伝映画であった。会社の商品宣伝映画や予備隊映画のような官庁の政策宣伝映画が本当に国民のためになる筈がない。

作家、技術者はそうした仕事から抜け出るために長い間苦斗した。最初の大きな機会が来た。一九五二年メーデー記録がそれであった。メーデー実行委員会宣伝部撮影班として大衆カンパだけで作りあげたその映画の反響と成果は圧倒的であった。国民の要求に奉仕すれば、必ず支持される映画が作れるという確信が作家たちの間にわいた。

こうして、民主的な記録映画製作者陣が結集する機運が次第に高まり、一月廿一日にはまず日映作家集団、新映画作家集団(旧東宝教育映画)が中心となって準備会がもたれ、二月五日、次の通り幹事団を選出、「京浜労仂者」「夜明けの子ら(生活綴方運動)」を当面の製作目標として、「記録(教育)映画製作協議会」は正式に発足することゝなった。

幹事長 野田真吉
幹事 河野哲二
竹内信次
大沼鉄郎

協議会規約(抜粋)

一、目的

この協議会は日本の民主的記録映画教育映画製作推進母体で、民主記録映画教育映画の製作を具体的に促進させ、民主文化としての日本映画の発展向上に努力する。

二、事業

協議会は目的達成のために次の事業をする。

イ、民主的記録映画製作の積極的援助

ロ、協議会の目的に沿った民主映画の企画・製作

ハ、協議会の目的に賛同し事業に関係を持つ友誼諸団体との緊密強力なる提携

ニ、映画運動の国際的交流による世界平和の達成

ホ、試写会、研究会、作品検討等の開催

ヘ、機関紙の発刊

ト、其他、協議会の目的に沿う諸々の事業

三、構成及組織

イ、協議会はその目的に賛成する進歩的映画人(製作者、脚本家、演出者、技術者等)の団体及個人の参加者によって構成する。

ロ、協議会の意志を決めるものは総会で参加者会員は平等な権利と義務をもつ。

ハ、総会は幹事四名と会計監査二名を選挙する。

ニ、総会は幹事会が召集し、運営を円滑にするため当分月一回もち、運動方針(幹事選出確認、事業の活動報告と批判、次期活動方針と予算、規約、組織の変更等)の決定をする。

ホ、幹事は幹事会を構成して、幹事中より幹事長を互選し協議会の公的な代表者として、総会より総会までの事業の運営に当る。

ヘ、総会の必要に応じ、幹事会は、専門委員会を置くことができる。

ト、幹事の任期は半ケ年とする。

チ、会議は全ての定数の三分の二以上の出席を必要とし、議決は過半数をもって行う。

(以下略)

◆◆「京浜労仂者」の撮影現場から◆◆

安い肥料を農民へ
胸をうつ家族のデモ

昭和電工

『生産手当をよこせ』『よい肥料を一カマス六三〇円で外国に売り、国内には悪い肥料を八七〇円で売るのをやめろ！農民によい肥料を安く売れ！』『日中貿易をふくむ、自主自由貿易をせよ！』一月はじめストを以て闘いに立った昭電労働者の要求スローガンがわれわれの目を射る。一月廿一日スト第二波決行。この日の総けっ起大会にカメラを持ちこむ。闘いの決意と団結を訴える労働者の力強い声と共にカメラはその最初の回転をはじめた。「京浜労働者」の撮影はここにその第一歩を踏み出したのである。ついで翌二月一日、会社側と官憲による弾圧の情報が飛ぶ中で、家族も参加しての大デモ行進。カメラは、その怒りと闘いの力をガッチリ捉えた。

撮影を拒否した横浜市会

横浜市従

市会に首切り、低賃金、労働強化をもくろむ定数条例がかけられた三月廿七日、横浜市従業員組合はこの条例をうち破るために大会とデモを行った。われわれはこの状況を撮影し、さらに市会を撮影しようとしたが、「選挙前だからうっかりうつされると都合が悪い」と強硬に拒否された。

翌日、われわれは市当局との団体交渉を撮影し、あいまいな市当局の態度を暴露した。

メーデーの成果
鶴見駅の改修工事

鶴見

鶴見駅、弁天橋駅、浅野駅のブリッジの拡張工事がいましきりに完成を急いでいる。これは去年、一九五二年鶴見地区メーデーの決議により、国鉄当局へ要求してかちとった成果なのだ。しかも、「鶴見地区労」さん下の労組は交替に要員を出して、工事中、朝の出勤時の混雑の自主的交通整理をつゞけて来、今日まで一つの事故も起していない。今日も早朝駅に溢れる労働者の大群が整然と出勤してゆく。一人一人の目の前に団結の成果が着々と進行し、今年もメーデーが近い。

録音も自分たちで
製作運動にあつまる労働者の工夫

○労働者の手による闘う記録映画運動は限りなく前進する。

いま、京浜地帯の各労組では、一万円足らずの資金でその闘いを記録し、たゞちに闘争の組織宣伝の武器として活用しながら、着々と映画「京浜労働者」を集大成している。

○神奈川合唱団は仮編集の無声版上映にすゝんで合唱の伴奏をするほか主題歌の作詞、作曲募集に立った。

○更に鶴見地区労では、仮編集のフィルムをたゞちに有効に活用しようと、テープレコーダーによる解説と音楽の録音を計画した。解説文は各労組によって作られ、解説者は鶴鉄労組の伊藤副委員長。四月六日録音を行って、労働者自身の画期的な創意工夫による「京浜労働者」はいよく労働者自身の手になる映画としての面目を発揮している。そしてこの映画を京浜地帯のメーデー記念映画にしようとの声が高まって来た。

○同じ鶴見地区労ではメーデー当日「京浜労働者」の仮編集のラッシュを地域の映画館に上映させようという話も出た。

メーデー映画に 中国からメッセージ

帰国交渉代表団に託して中国に贈られた「一九五二年メーデー記録映画」は、中国各地で上映され大へんな好評をはくしたが、このほど中国映画工作者協会から、当製作協議会の野田、米山両氏宛に次のようなメッセージがよせられてきた。

（前略）最近あなたたちが製作した「一九五二年メーデー」「女一人大地を行く」などを見ましたが、わたしたちははっきりとあなたたちとわれくが緊密に一つの戦線にあって、人類の自由と平和と幸福な生活のために闘っていることを知りました。特にあなたたちは米帝国主義と反動支配の圧迫のもとにあって、よく武装弾圧と迫害をうち破り、一切の苦しみを乗り越え、日本人民の苦しい生活と英雄的な闘いの映画を作り、さらに力強く日本人民の英雄的な不屈の形象を描き出し、中国人民の積極的な祖国建設を鼓舞し、アジア被圧迫人民をたすけ、世界の恒久平和をかちとる闘いを激励しています。これらはすべて、あなたたちの苦しい闘いの成果で、あなたたちに心からなる慰問とお祝を送ります。（中略）われくく両国は地理上、たゞ七百数十キロ隔っているだけです。両国人民は歴史上、文化上全く密接に関連しております。両国の映画工作者が一致団結し、共にアジア及び世界平和のために闘おうではありませんか。あなたたちが新しい、より輝かしい勝利を獲得されんことを！最後に高らかに叫ぼう！

アジア及び世界恒久平和万歳！

中日両国人民大団結万歳！

中日両国人民映画工作者大団結万歳！

日本人民の勝利万歳！

三月四日

中国映画工作者協会林

京浜労働者撮影日誌

○一月廿一日‥‥川崎昭和電工にて第二次スト総けっ起大会撮影

○二月一日‥‥同労組デモ行進撮影

○二月十四日‥‥横浜市教職員組合主催「教育防衛市民大会」並びに市中デモ撮影

○三月廿七日‥‥横浜市従「定数条例反対大会」及びデモ撮影

○三月廿八日‥‥同市従団体交渉撮影

○四月一日‥‥鶴見駅拡張工事及び労組の出勤整理情況撮影

○四月六日‥‥鶴見にて無声版宣伝フィルム用の解説をテープで録音

○四月七日‥‥鉄鋼労連廿四時間スト（日本鋼管）の川崎及び鶴見工場の大会・デモを撮影

――四月八日現在――

○横浜映画サークルはこの映画運動に全面支持を決議、京浜労働者の反戦平和の闘いを全国の労働者に訴えると共に、第二、第三の「京浜労働者」作成を期して、全神奈川の労働者と共に闘うと激励を寄せた。

お願い

京浜労働者六〇万の闘いは、反戦平和独立を闘う全国民の先頭に立っている。京浜地帯の労働者は勿論、全国民諸君は、記録映画「京浜労働者」の意義をひろめ、各組合、各団体で、製作運動への参加と資金カンパに協力されんことをお願いする。

横浜市神奈川区反町
横浜市役所内、市従会館気付
記録映画「京浜労働者」製作委員会準備会

第一映画「米」撮影完了間近か
農村に腰をすえた六ケ月

◇日本の農民問題と取っ組んでいる第一映画プロの「米」（冬の部）――製作協議会は全力をあげてこの作品に協力しているが、いよいよ撮影完了も間近い現地長野県から、製作スタッフは次のような通信をよせてきた。◇

（北牧にて）深い山林にかこまれた山村、北牧村の婦人会と座談会を持った。

婦人たちはまず疑問を投げかけて来た。

「映画つうものは、きれいなとこ撮るもんだと思ってたが、おらたちのこんな山の中へ来てなにをとるさすい」

なる程その頃も、松竹や大映から、小諸の懐古園へいれ代り立ちかわりロケ隊が来ていた。

映画は自分たちと少しも関係のないものと思っているのである。われわれはくり返しくり返し、ひざを交えて話し合った。われくは儲けのために映画を作るのではないこと、都会や農村の圧迫された生活を世の中に強く訴えるのに、映画をみんなで一しょに作りたいこと。――すると色々な意見が出た。今までの映画はデレくしていてついて行けない。おしろいがわりに汗をかいて働いているおらたちの暮しをよく話すから是非撮ってくれ。山にも戦争未亡人がいる。とっても不幸だ。勝っても負けても戦争はもう嫌だ。――映画はそういう映画にしてくれ。そしておばあさんが言った。「みんなたゞで出る。そいで役人に見せろ」

生活教育に映画を
「雪ふみ」ラッシュ好評

去る三月廿七・八両日、飯坂町（福島）で開かれた教科研全国大会に対し、当協議会はビデオ映画社と協力して同社作品「雪ふみ」のラッシュを上映した。同作品は新潟県教組の支持によって撮影を終了したばかりのものであったが、進歩的な師たちから圧倒的な支持がよせられ、このラッシュを見た児童文学者協会の川崎大治氏は当協議会へつぎのような激励の言葉をおくってきた。

（前略）あの映画の製作は新しい児童文学の創作とも深い関係があるように思われ、いろいろ考えさせられました。芸術懇談会でも映画のことで励まされたと言っている人がありました。頑張って下さい。（以下略）

なお、同作品は四巻もの児童劇映画として近く完成する。

5

記録映画「京浜労働者」製作のためのカンパ要請について

各労働組合委員長殿

鶴見地区労働組合協議会
委員長代理　土屋　広

本年度のメーデーに際して、メーデー実行委員会の中に映画製作部が設けられ、これに於てメーデー行事の記録映画が作製されておりましたことは既に御存知の事と思います。

その后この記録映画を更に意味深いものとする為、メーデー実行委員会等において度々討議を重ねその結果、去る六月二日に「神奈川県労働組合記録映画製作委員会」が結成されました。以後、京浜地区の労働組合、並に民主団体の度重なる斗争、日常の活動をフィルムにおさめております。

この神奈川県労働組合記録映画製作委員会（略称、神労映）は、地評を中心に川崎、市労協、鶴見地区労、神奈川地区労、中西地区労、各単産支部の組合を広く結集し構成されており、委員長は地評の副議長が専任され、副委員長には鶴見、川崎の両地区から選出されることになっており鶴見地区よりは地区労事務局長が選出されております。事務局長には地評の口広事務局長が決定されております。

この映画の構成は京浜地区労働者の生活と、たたかいを記録し労働者の為の映画を作り、これを労働者はもちろん、ひろく市民、農民に紹介し労働運動への理解を深め、平和の斗争を前進させようとするものです。

脚本の審議、製作部の分担、更に進んで撮影と各組合で具体的に仕事が進んで居ります。

つきましては各組合、各団体におきましても、この意義を御理解下さって、同委員会の協力を是非お願い致し度く思うのであります。

鶴見地区メーデー実行委員会、鶴見地区労常任委員会でも積極的にこれの完成に、資金的にも行動的にも協力致す事を決定致して居ります。左記のカンパの割当に基ずき早く、是非協力される事を要請致します

(一) 全体的撮影予算の案（全県的）

第一期（撮影完了より編集まで）

A	撮影用フイルム三千呎	六〇、〇〇〇円
B	編集用　〃　〃	一五、〇〇〇円
C	現像用	一〇、五〇〇円
D	撮影技術　二台十日	三二、〇〇〇円
E	交通費	二〇、〇〇〇円
	計	一三七、五〇〇円

第二期（録音より完成まで）

A	録音料	六〇、〇〇〇円
B	録音用フイルム	四八、〇〇〇円
C	録音及第一号プリント	四〇、〇〇〇円
D	現像料	一六、〇〇〇円
E	解説及編集雑費	四〇、〇〇〇円
	計	二〇四、〇〇〇円

総計　三三一、五〇〇円

(二) 鶴見地区の割当（鶴見地区にて所属する上部単産より割当が来る組合は除く
一口三千円になって居りますが半口を最低として割当てました）

鶴見製鉄	15,000.—
鶴見造船	10,000.—
東芝鶴見	8,000.—
日東化学	8,000.—
芝浦タービン	8,000.—
森永製菓	8,000.—
旭硝子	8,000.—
東硝子	6,000.—
自動車鋳物	6,000.—
帝国自動車	4,000.—
芝浦工機	4,000.—
日新運輸	4,000.—
保土谷曹達	2,000.—
シエル鶴見	2,000.—
日通鶴見	2,000.—
不二電機	2,000.—
自動車部品	2,000.—
日本発条	2,000.—
月島機械	2,000.—
キリンビール	2,000.—
鶴見ソーダ	2,000.—
油脂研究所	2,000.—
味の素	2,000.—
土建鶴見	1,000.—
中山鋼業	1,000.—
昭和電線	1,000.—
東電鶴見	1,000.—
東京窯工	1,000.—
[illegible]化学	1,000.—
三千工業	1,000.—
合計	118,000.—

(三) 納入期日

第一期　七月三十日

第二期　七月三十五日

(四) 納入場所及連絡事務所

鶴見地区労内「京浜労働者」鶴見地区製作委員会宛

鶴見地区労報

記録映画
仮題
「京浜労仂者」シナリオ第二稿

神奈川県労仂組合記録映画製作委員会
鶴見地区「京浜労仂者」製作委員会

まえがき

この構成案は、今までに撮影した三地区のメーデーと昭雷市従、浜教組、川鉄、鶴鉄の　斗争記録、更にメーデー後の各組合の斗争や行事をもとにしてまとめたものです。先に配布してありました第一稿について、各組合から述べられた意見も当然とり入れられてありますが、更によいものとするため、いろいろと意見を出していただきたいと思います。

鶴見地区でも鶴見地区「京浜労仂者」製作委員会を結成し具体的に活動して居ります。
各労組でも是非協力をお願いします。

△ は鶴見で撮影する予定のもの
⊙ は既に撮影ズミのもの

その一

(1)多摩川の両岸をはさんだ工場地帯（大師橋附近より）
△(2)つる見線沿線の工場地帯（花月園）
△(3)運河と大工場群（海芝浦附近）
△(4)海上より見た京浜工業地帯（海芝浦沖より）
「京浜地帯は日本のもっとも大きな工業地帯である。しかもすばらしい港横浜をもった工業地帯である」
(5)横浜港の埠頭を陸上より見る
(6)海上より埠頭、港湾を見る。
「京浜地帯はだから日本の生産の〝よ心だ〟と言われ、日本の産業の心臓部だと言われる」

その二

(7)京浜工業地帯の地図（図解的な）
アメリカ軍事基地と接収されている場所がくっきり色わけで、出る
横浜市→港の部分が大写しされる
「その京浜工業地帯がそのまゝアメリカ軍事基地となっている。まず横浜港について言えば、その三分の二が接収されている」
(8)埠頭の全景（パノラマ）
(9)税関桟橋
(10)新港埠頭
(11)外国貿易桟橋
「船のつけられる倉庫や、鉄道のある荷役に便利な埠頭はアメリカ軍につかわれている」
(12)東防波堤から内港をみ、外港にパン、碇泊しているたくさんの貨物船
(13)外港に碇泊している商船での荷役の状況
(14)荷役を終って艀を帰ってく港湾労仂者たち
つかれてねそべっているもの、負傷してホウタイをまいている者もいる。「そのため、殆んどの船の荷役は波荒い沖合いでなされている。港湾労仂者は、だから危険な苦辛のあがらない作業をしなくてはならない。しかも請負仕事だから、時間延長、夜間、徹夜になってしまう場合にも監視つきではたらかされる。
はげしい疲労とたえまない傷害になやまされている。自由な自主的な意見が許されない現在の状態でも安い賃金と労仂強化の軍用の仕事においこめられる。陸上でも同じである。港湾労仂者はたえず生活の不安におちいっている。」
(15)埠頭での陸上仲仕、沿岸労仂者の作業、倉庫での作業
(16)金網をめぐらした広大な軍用品置場、その中で仂く労仂者
△(17)トラックで輸送する基地運輸関係の労仂者の姿（生麦附近）
(18)高島駅附近での運輸労仂者のはげしい労仂
「大倉庫でいたるところに広い貨物集積所が接収されて、陸上労仂者も港湾労仂者と同じ苦しみにある」

その三

(19)日本人立入禁止区域の立札
(20)米軍兵舎　宿舎
(21)PD工場
(22)戦車修理工場（ニュース映画より）
いたるところに日本人立入禁止区域があり、[illegible]

向を行った、方面と武装警官隊は労組のピケラインにおそいかかり、
暴力を以ってストライキを弾圧した。」

(61)昭電ストの弾圧状況（ニュース）

(62)会社臨場で「弾圧の真相」を報告している昭電の労働者、報告者は

「労働者は自分の職場を最後まで守らねばならない、労働者は労働者自身の力で敵の暴力弾圧をはねかえさねばかてない、そのためにすべての労働者が力をあわせて立ち上がらねばならない」と訴える

その六

(63)荒廃した校舎

(64)接収された校舎

(65)すしづめの校舎

(66)兵舎にとりかこまれた校舎

(67)結核療養所　教員病棟

「戦争政策は子供の教育をうばいさってしまう、そして私たちの健康と手不足は彼等の肉体をいためてしまう、横浜の教員の％が今結核にたおされている」

◎(68)教育防衛大会とデモ

「吉田政府は戦争政策を進めるために義務教育費全額国庫負担をやめにかくれて学校の施設、教材、給食などの予算を削り父兄の負担をまし、教員の首切りと賃金切下げを強行する「義務教育学校職員法案」を国会に提出した。教員組合はその反対斗争を「子供の幸福を守れ」「平和を守れ」のスローガンと共に、父兄市民とともに抗議大会を開いた。

その七

(69)市役所衛生課の人々の活動

(70)水道局の人々の活動

(71)殺到する市役所の窓口、くたくたになって働く吏員

◎(72)市従労組の定数条例反対スト

「軍事費を出すための首切り労働強化案である定数条例反対の横浜市従労組の抗議大会は首切り労働強化反対、軍事基地と港を市民に返せ、戦争政策下請機関の市役所反対、とスローガンにして立った

◎(73)同じく団体交渉「この大衆の力はついに市議会をゆすって条令の通過をそしした」

その八

◎(74)つる見地区メーデー実行委員会の決議

つる見線つる見、××駅、××駅のホーム拡張工事要求

◎(75)拡張工事中のつる見駅構内

◎(76)ホームの交通整理にでている労組員

◎(77)整理している所を行く労働者たち

◎(78)工事現場を視察する実行委員会

「二十三回つる見地区統一メーデーの決議で国鉄当局に通勤時にせまくて混雑するつる見駅、浅野駅、弁天橋駅の跨線橋ホームの拡張の要求をつきつけてついに実行させた。工事中は労組員が当番制で交通整理を自主的に行い無事故で工事を終った。」

その九

(79)口会解散（ニュース映画より）

その十

△(80)早朝の職安の前、自由労働者がぞくぞくつめかける

△(81)職を求めて集ってくる人々　受付がしめきられる

仕事についた人々　ありつけなかった人々

(82)ごみやき場での女子自由労務者の人々の仕事

(83)道路補修で清掃をしている自由労務者たち

(84)砂利とり場で働く自由労務者たち

(85)労組事務所にある託児所

(86)ささやかな弁当をたべながら選挙の討論をしている

平和な仕事をあたえろ等の方針が出る

(87)バスの車庫、バスの中で男女乗務員が会合をひらいている

(88)製菓工場、菓子の包装をしている婦人労働者

(89)ひる休みにバレーボールをしている製菓工場の婦人労働者

△(90)忙しくても工場の上でメーデー歌を練習している

「再軍備反対と吉田政府打倒の平和と独立のたたかいである選挙対策の宣伝が到る所にもたれ、同時に近づいたメーデーをたたかいとるために準備が進められた」

その十一

(91)同・モロトフの講和休戦の声明をのせた新聞記事

(92)製鉄工場、現場で賃上げの職場集会をひらいている

◎(93)鉄鋼労連のゼネスト、川鉄のスト大会　そのデモ

「賃上げのたたかいは選挙・メーデーのたたかいと一つになり、四月初めの鉄鋼労連のゼネストその頂点をなした。川鉄、つる鉄もストに入り、二万の大衆の示する前進する労働戦線の統一の力をしめ

した。」

その十二

(94) 選挙の結果を報道した新聞記事・[illegible]

その十三

△(95) メーデーの[illegible]

◎(96) メーデー実行委員会

◎(97) メーデー準備の[illegible]

◎(98) メーデー[illegible]

◎(99) [illegible]

◎(100) [illegible]、三崎、横浜中央の各大会状況

◎(101) 街々のデモ

◎(102) 農民漁民勤労者のメーデー

[illegible]

その十四

(103) [illegible]新聞記事

(104) [illegible]新聞記事

(105) [illegible]記事

(106) M・S・A[illegible]記事

その十五

◎(107) [illegible]

◎(108) 日本母親大会（日比谷公会堂）

[illegible]

(109) 日本母親大会[illegible]

△(110) [illegible]

[illegible]

◎(111) [illegible]

(112) [illegible]

その十六

(113) [illegible]

[illegible]

(114) [illegible]

(115) [illegible]

(116) [illegible]

[illegible]

(117) [illegible]

◎(118) [illegible]

(119) [illegible]

その十七

◎(120) 第三回[illegible]大会

[illegible]

◎(121) [illegible]

◎(122) [illegible]

◎(123) 大会デモ

その十八

◎(124) [illegible]

その十九

◎(125) [illegible] ◎(126) [illegible]

◎(127) [illegible]

◎(128) [illegible] (129) [illegible]

(130) [illegible]

[illegible]

(131) [illegible]

△(132) [illegible]

(133) [illegible]

(134) [illegible]

△(135) [illegible]

(136) エピローグ

[illegible]

京浜地帯ニュース

No.4

神奈川県労働組合記録映画製作委員会事務局
一九五三・七・二〇

第五回委員会

七月十六日午后一時 横浜市従会館にて開く

この日は組合大会が多い中であったが、久しぶりで市従会館を借用して委員会をひらいた。出席者は国方氏（相鉄）、坂庭氏（三菱）、大塚氏（鶴見）、須藤氏（横交）、五十嵐氏外一名（横浜ドック）及び共同映画社の小川氏、昭和ヤークル会場よりの記録映画製作協議会より、仮題「京浜地帯」の製作スタッフ五名であった。

一、シナリオ構成案の検討　まずシナリオ構成案第三稿——第一回準備会の決定に従ってかかれたもの——の説明がなされ、色々と活発な意見が出されたが、結局、この段階で一日も早く撮影を始めるべきだということになり、シナリオの構成案はこれでよいということになった。

なお、国方氏より全港湾労組が十五年度全面的に参加するから、この方面をよく調査してもらいたいという注意があった。映画全体としては、期限を早めに京浜地帯の実態をとらえる大衆の生活と斗争を描くということでテーマに変りのないことが確認された。

二、製作スタッフの決定

（製作担当）木下豊（監督）竹山富士夫、丸山章治、大沼鉄郎、京極高英（撮影）瀬川浩、若杉光夫、佐藤隆、伊藤高麿（音楽）其の他（文芸部）以上のスタッフが委員会に紹介され、確認された。

三、主題歌公募の件　すでに七千通（約五〇〇〇枚）の募集を発送し、八月十日を締切りとして懸賞が送りつけられてきているので、この映画の主題歌をひろく皆さんの労働組合の職場の中から取り上げるよう応募を期待する事がきめられた。

四、撮影スケジュールおよび製作予算について撮影は七月末から十月末までに撮影を終了し、八月中旬頃の予定である。各職場の協力や要請がすでに報告された。（スケジュールについては別掲参照して下さい）

川崎地区「京浜地帯」委員会結成

かねて京浜地帯の中心部をなす川崎地区では、七月八日午後一時より川崎市労働会館において委員会を開いた。同委員会の中心になっている人々は、川崎地区の労働組合、民主団体、文化サークル等の代表である。

※となって、日本電気、日電玉川、富士通信、昭和電線、日立玉川、日本鋼管等に協力が確認されている。

つる見地区その後の活動

つる見地区の「京浜地帯」委員会は発足以来すでに十回を経過、地区労幹事山田氏＝「京浜地帯」副委員長を中心として地区労組の大部分を網羅して積極的な運動を推進している。つる見のすべての組合を含め三十有余の団体が集って映画製作の協力体制が確立され、すでに、つる見の生活の現状を撮影したが、つる見各労働組合の合同野球大会、地区労主催の平和祭など、つる見の色々の行事の撮影について具体的に打合せが行われた。

特に製作資金のカンパについては、同委員会の決定を印刷して各労組にアピールし、七月二〇日及び二五日に集金日を決め、総額一二八、〇〇〇円を目標に活動を開始し、すでに、つる見、つる見地区の各労組をはじめ中心に映画製作の具体的な運動を起こしている。

撮影　京浜の記録をたどる

各労組の製作協力体制と共に、撮影も本格的に進んでおり撮影スタッフもそれぞれロケーションに好調である。

> 記録映画仮題「京浜地帯」
>
> ## 主題歌募集
>
> 一、内容＝神奈川県労働組合記録映画製作委員会の製作する記録映画「京浜地帯」に使用する主題歌の歌詞
>
> 一、応募資格＝日本の労働者、特に京浜地帯の労働者と家族の生活に結びついたもので、作詞者は誰でもよい
>
> 一、〆切＝八月三十一日
>
> 一、送り先＝横浜市神奈川区高島町一八 神奈川県労働組合記録映画製作委員会事務局あて
>
> 一、発表＝製作委員会から作曲者に依頼して作曲し、入選者は当委員会から賞金及び記念品を贈呈する
>
> 一、入選作品は映画記録に使用されるほか、一般に発表される

七月十八日＝横須賀の各労組にキャメラが持込まれ、すでに多くの職場で撮影された。全労働者の支援を得て活発な仕事が撮影された。

十九日＝京浜地区に生活する朝鮮の人々を記録。

二〇日＝国鉄労組の完全な協力体制のもとに、新しい機関車をつくる工場の職場の中に入って仕事が撮影された。日本中の機関車が集まるといわれる機関車の検査の模様が撮影された。

二十一日＝朝からの撮影がいよいよ本格的に始まり、京浜の各職場の人々が働く姿を記録する。

撮影を終った後、仕事をもつ人々の各職場の様子を撮影した。「あなたの青春」と共に、今までの誰もが知らなかった京浜の姿がフィルムにおさめられている。これに加えて労組の連合会大会を撮影することになっている。その後の予定としては、

二十二日＝日曜出勤の人々を撮影、労働者の生活を撮影。

二十三日＝全港湾の大会、港湾労働者の生活を撮影（本社中心）。

二十四日＝横須賀（日本中）以下同様に撮影と具体的打合せの上決定し、七月末までに撮影を完了、八月五日までに編集、検討、十〇日に完成の予定である。日本の労働者の姿がスクリーンに映し出されることになった。

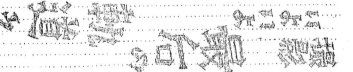

7

月の輪古墳

先生と生徒と村人たちが産み出した新しい歴史の教材映画!!
民衆の古墳発掘に一學徒として三笠宮も御参加

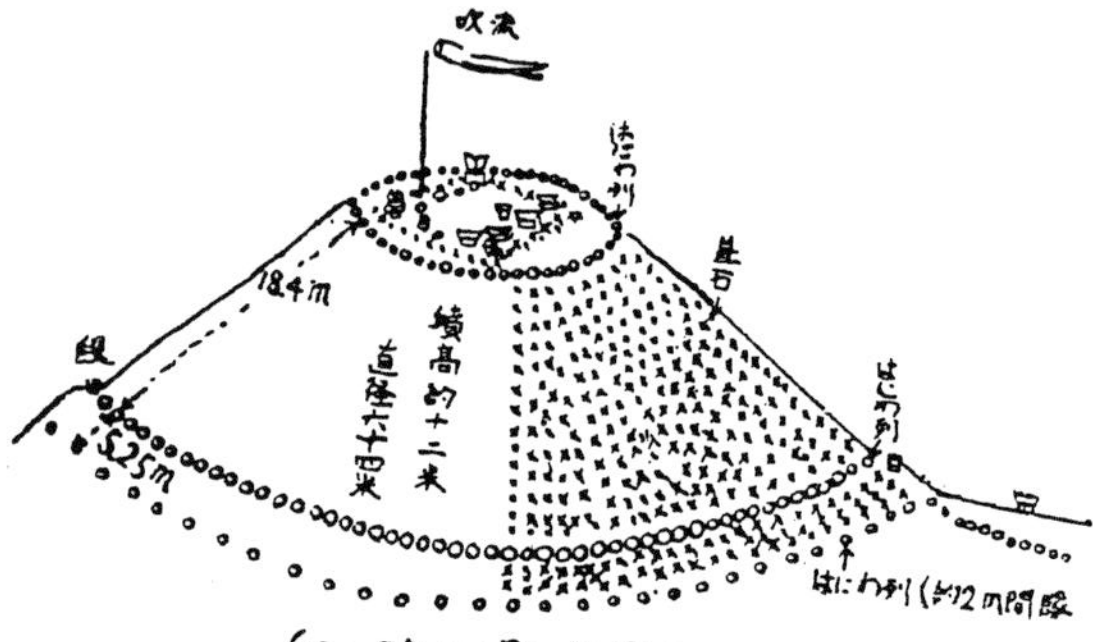
（月の輪古墳の全景）

あらすじ

岡山県勝山郡飯岡村――それは吉備高原の山合いにわずかにひらけた小さな村です。そこには古墳が沢山ありました。所が殆んどみんな、長い年月の間に忘れ放題になつていました。

昭和廿七年十一月、こんな有様を心配した村の有志たちが文化財保護同好会を作つて、その分布状態や年代による作り方の違いを調べはじめました。その結果、村の海抜三〇〇米の山上に立つ「月の輪」古墳は、この地方で一番古く、約千五百年前の大きな円墳であることが分り、これを発掘してみようということになりました。古墳の主は何者なのか、その頃はどんな世の中で、祖先たちはどんな生活をしていたのか、それがどう変つて今日に至つたのか、村の一番古い古墳を調べて、村の歴史を明かにしようとしたのです。

同好会の人たちは、この発掘運動の呼びかけを村中に訴えてまわりました。そして終始、運動の先頭に立つたのは正しい郷土の歴史を自分たちの手で確かめ、正しい歴史教育をうちたてようとする村の先生方でした。色々の反対もありましたが、昭和廿八年八月、農閑期と学校の夏休みを利用して、愈々発掘がはじめられます。村人は資金を出し合い、労力を出し合い、先生も生徒も一丸となつて発掘にかかつたのです。

炎天の草刈り、表土はがし、唐鍬を振い、竹べらを動かす生徒や村人たちの手の先にころび出る「ふき石」や「はにわ」の破片。生徒は夜毎の勉强会で疑問を出しあい、晝の作業で確めながら、体ごと歴史を学んでゆきました。村人の間にも毎晩、歴史の勉強会が持たれ、正しい歴史への関心は全県下にひろがつてゆきました。こうして多勢の力はついに古墳の全貌を露わにむき出し、三つの棺を発掘しました。多勢の団結の力によつてはじめてできた、かつてない劃期的な大事業です。古墳は何を語り、人々は何を学んだでしよう……。いま村人たちは、そしてとりわけ、眞実をつかみとる力を自分たちの体の中に築きあげた生徒たちは歴史の眞実を求めて更に前進しつゞけます。

古墳の発掘は遠く消え去つた祖先の生活を物語り 正しい歴史を教える

東京都中央区銀座西八ノ八 華僑会館ビル
株式会社 共同映画社
電話銀座(57)一一三一・六五一七番

映画「月の輪古墳」をみて

昭和二十九年六月二十二日附朝日新聞「ひととき」欄投書の主婦のことば。

ある視覚教育の試写会で、映画「月の輪古墳」をみた。見終つて私は心の中で熱い拍手をおくつた。その理由はこうである。

第一に、古墳の発掘という一見学者だけの仕事と思われていた仕事が、老人も若者も、男も女も、文字通り全村をあげてなされた事実に対してであつた。

とくに私は素朴な農家の主婦たちが、次第に明らかにされてゆく古墳の正体を非常に熱心な表情で学んでいる姿に、思わず涙がこみあげてきた。おそらく歴史という言葉などは、とうの昔に忘れ去つたか、または縁のなさそうな多くの人たちが、自分の手で自分の体で、炎暑や、草いきれとたたかいながら、千五百年も前の歴史のトビラを押し開き、そこに秘められた無数の言葉を、みんなが聞きとつたということ。このことは、なんとしても偉大なことであつたと思うのである。

古墳の表面に並べられている無数の石と、ハニワをみれば、自分たちの先祖がこの一人の人の墓のために、どのような苦しさとたたかわねばならなかつたを知つたろうし、葬られた人の主は男で、その妻の墓はそれよりも小さく、側にかたよせられていることにも、発掘の仕事に従事した多くの主婦たちの眼は開かれたにちがいない。

そして同じ墓でも、第三の墓は、この土まんじゆうの山のすそ野にあり、それには曲玉（マガタマ）ひとつ入つていないことも知つたろう。このような人間関係が、いまはすつかり変つたといえるだろうか。文相はこの映画を文部省選定映画にすることを却下したという。

私はこの映画をみてすつかり考えこんでしまつた。知らしむべからず、よらしむべしの政治は、長い間〝考える力〟を人々からうばつてきた。文相が却下した理由も、私は私なりにわかつたような気がした。（東京都下北多摩郡狛江村岩戸 高橋八代江・28歳・保母）

製作担当……菅原陳彦
構成……荒井英郎
……杉山正美
……吉見泰

企画製作
月の輪映画製作委員會
美術郷土文化会
岡山県教員組合
部落解放岡山県委員会
飯岡村青年団
勝田郡飯岡村教育委員会
飯岡村婦人協議会
月ノ輪古墳発掘本部
記録映画製作協議会

協力團体
歴史学研究会古代史部会
吉備地方史研究会
民主々義科学者協会歴史部会
〃 岡山支部
月ノ輪発掘学生生徒の会
岡山大学人類学考古学教室
岡山県勝田郡婦人協議会
〃 青年協議会
那峻山遺跡調査会

後援 岡山縣勞働組合総評議會
推薦 日本教職員組合

賣價 三八・〇〇〇円
長さ 一、一〇〇呎 三巻

月の輪ニュース No.4

飯岡村文化財保護同好会

全県下の注目と支援をうけて
月の輪の発掘着々すゝむ
文化映画に記録全国に紹介

現地ルポ

八月も半ばを過ぎたと云うのに四十度をこえる暑さが今日もつゞく。痛いほど照りつける太陽を全身にあびて玉のような汗が百名を越える学生、地元の作業員のほほに光る。こゝ「月の輪」の山頂は、今全県下の人々の注目と支援をうけて、濃緑の衣を土色に変えようとしている。この古墳発掘作業を直接指導している岡大近藤先生の永く日やけした顔は緊張している。先生の「作業開始」「十分間休けい」の声と共に作業が着々に、快く続けられて行く。感慨深げに眺めていた書記局某は今日迄の苦心を次のように語った

「去年の十一月近藤先生の来村を機に同好会が相寄りこの事業を考えつき、それから約十ヶ月寒い冬の日や雨の夜など、何度か部落ごとに懇談会、幻灯会、講演会、古墳調査等を行って来ましたが、そのかいがあって、今日こうして謎につゝまれていたこの月の輪の全ぼうが一日一日明らかになって行く姿を見て感無量というところです。しかもこの月の輪の物語る古代の厂史だけでなく、その後の郷土の厂史も、富岡先生を初め岡大の中島、近藤先生方の参加により、ほんとの姿が着々とわかられて居り、生きた学校教育と、われわれ村民教育の価値は無限です。

こうして全国でもはじめての大規模な発掘作業が成功しているのも、実はたくさんの学生、生徒、先生達の献身的な参加と、この地元の人々が新しい時代の動きに眼が開けて居り、涙ぐましいような協力であるからです、青年団、婦人会、を初め全村の部落から着々と資金、現物、労力のカンパが寄せられており、村外からも日教組勝田、英田両支部、宇野バス、多数の村出身在外者達、近在諸事業所、商店等々から資金と声援が続々と寄せられております。こうした実に沢山の人々の協力によって始めてこの仕事は進んでいるわけです」。

〝もうこれで完全に見通しはついたわけですか〟と问うと

「いやまだまだ、発掘が進むにつれ仕事の規模が大きく、その価値が日本の考古学会でも、めずらしい程大きいと云うことが明らかになろうとしていますので、是非この姿を全国の人々に紹介するために、これを映画に記録することに決ったわけですが、この仕事だけでも六十万を必要とし、これは私達の力をこえる大事業です。しかし、この事業と映画の価値をもっと広く多くの人々に訴えれば、皆さんの協力は必ず得られるものと信じ、必ず必ず最后の勝利をかちとりたいと考えています」

こう語る彼の顔は、希望と情熱にもえてか一入あかく輝いていた

「休けい、昼食!!」近藤先生の声が元気よく学生達は、お墓の宮の森に消えて行った。

かすかながら暑いせみの声が急に現場を支配した。

はるか下方に吉野川と吉井川が、飯岡の「新田」を抱くように合しているのが、ぎらぎらやきつける太陽に浮きぼりされて見える「暑い!!」と思ったしゅん间、学生達の歌うコーラスが清らかに響いて来た。「明日四回総会です、一週間の成果と、今后の計画を検討します」と云って某氏も森に吸い込まれて行った（一九五三、八、二二）

日映、杉山氏　東京より来村

毎日文化賞、文部大臣賞に輝く文化映画「あげは蝶」「稲の一生」や名画「女一人大地を行く」近く封切られる全逓自主映画「赤い自転車」等の製作に当った、東京の日映作家集団でも、同好会の依頼に快く応じ、この発掘の意義、発掘方法の新しさ、村内外のもり上る協力に深く感激し、利益を無視して全面的に協力しようと、二十一日来村、たゞちに現場視察と一部撮映を行い、二十四日帰京した、本格的撮映は諸準備完了次第九月早々とりかゝる予定

岡山県教員組合　全面協力か？

月の輪古墳発掘のニュースは、あらゆる方面の反響をよんでいるが、この度岡山県教員組合もその発掘の意義、特に文化映画作製の趣旨に心から賛成、八月二十五日岡山県教組文化部長北原氏が来村し現地視察、具体案をねる予定である。委員会では、更に日本教職員組合、全県下の労組等にも呼びかける予定である

第四回総会開かる

去る八月二十二日夜、飯岡小学校講堂に於て、第四回総会が開かれた、先ず角南教育長の挨拶、近藤先生の現場報告があり、続いて議事に入り、資金カンパの件、情宣活動の件、夏期大学講座の件、組織の拡大強化の件が次々と委員会より上程され、色々と困難はあるが最后迄この運動をやり抜く覚悟をきめ午后十二時頃散会した。

実をむすんだ六日間の努力
整然とつきぼりされた　ふき石、はにわ列
厂史的成果に満場感激

近藤先生の現場報告

多くの人々の協力によって発掘作業はとどこおりなく進んでいます。発掘をはじめて六日間、私達はこゝで第一回の現場報告をさし述べたいと思います。

大雑把に申しまして三つの事柄が判って参りました。先ずこの古墳は全部が盛土で築かれたのではなく、山を利用して作られたものであるということです。このことは古墳の作り方やこの墓のあるじの性格を考える場合に大切なことです。次に私達はこの古墳の斜面に葺石がびっしりと置かれていることを知りました。附近の山からとってきた大小の石の塊を敷きならべているのです。更にこの古墳をとりまいて、円筒形をしたハニワが、墳頂と斜面にある段の上とに立て並べられていることです。段の上のハニワの列は推定約五百本のハニワで成っています。このハニワの列のめぐり方や葺石の置き方から葬礼に対する古代の人々の考え方や、そういう考え方をしていた人々の住んだ社会の仕組みを考えてゆきたいと思います。

以上のような事柄も細かい点については、目下全員が努力してこれに当っておりますので、次回に報告させて頂くことに致します。

おわりに皆様にぜひお知らせ致したいことは、作業に参加している学生、青年、婦人、その他の大ぜいの人びとの熱意と誠意とであります。朝早く婦人会の人々の温かい心で送り出されたこれらの人々はあの高い山を登り、じりじり照りつける太陽の下で、夕方まで作業をつゞけます。ある人は湯を沸し、ある中学生はモッコで土を運び、屈強な青年はむっとする中で下草を刈り、女子の一団は竹べラをもって葺石を丹念にあらわそうとしている。これらの人々は異常な熱意をもって、この事業に全力をつくしているのです。しかも全員が本当に力を合せて、アイスキャンデーを売って乏しい資金をたすけている少女も、鍬を振う青年も、この事業を完成えとみちびこうとしているのです。なぜでしょうか。なぜこんなに多くの人々がねばり強い情熱を示しているのでしょうか。私達は、毎日々々疲れ切った中で討論している学生たちの眼の中に、休憩の時にまきおこる楽しい歌声の中に、その理由を発見しようとしています。人々はこの事業を単なる珍らしさから出発した「墓掘り」でなく村の人々全体の参加協力の中に行われている「新らしい正しい村の厂史」をつくる運動として理解しているのです。このことこそが、学生を老人を少女をこの発掘作業に喜んで参加させている原因だと思います。

村の方々、作州の備前のあらゆる人々が更に大きくこの運動を支えてゆく中に、はじめてこの発掘も、実りの多いものとなるでありましょう。

みなさん!! 作業は始まったばかりです。最后の勝利にこれをみちびいてゆくために、あらゆる力を集めましょう。

六十万円を投じ映画撮映

近藤先生の現場報告に、みせられた如く聞いていた人達は、満場一致、いやそう云うよりはむしろ厳しゅくな気持の一致において、この成果を単なる記録に止め、我が郷土のみのものにするのでなく県内は勿論のこと、日本全国に厂史的大事業のすべてを映画にして訴えることを決議しました

勝田教組支部長、全書記長来村

八月二十一日勝田教組支部長木村勝夫氏、全書記長山本務逸役の両氏が来村現場視察を行い、発掘作業に全身全霊をつくしている人々の姿に、たゞ感激、教組勝田支部の全面的協力を力強く語り、全組合員の資金カンパ一万三千円を寄附された、紙上をかりて深く感謝致します。

現地に売店　発掘に協力

中学生の有志数十名は、海抜三百米の発掘現場に売店小屋をもうけ、ラムネ、コーヒー、アップル菓子類を売っている、十七日よりキャンデーを売って[illegible]さして業務の三日間に三千円の純益金を得てたゞちに同好会に寄贈した生徒なりの美わしい協力である

労働組合　各種民主団体のみなさん

ゆがめられた歴史を　正しい歴史え！！。

神がかりな歴史から　人間の歴史え！！。

支配者中心の歴史から　民衆の歴史え！！。

岡山県 英田郡 飯岡村 月の輪古墳（五世紀頃の大円墳）発掘大事業は 飯岡村を中心とする 周辺の 教師 学生 生徒 青年 婦人 労働者 農民 五〇〇〇名以上を越える人々と 多くの学者の協力で いよ〱 十月十三日より 内部の調査え発展してきました

直接 発掘に参加した 多くの人々は 海抜三〇〇米の頂上に 眠る 一五〇〇年前の支配者の 巨大な姿に 目を みはり みずからの手で これを発掘してゆく中で ‥‥ この古墳を前にして 語りあう 事実に 基いた正しい 民衆歴史の 流れを きき くみとりながら 多くの尊い教訓を 学び 村々で 学校で、正しい 郷土の歴史を ひもとく 運動がすゝめられています

このことは 現在天皇制復活をねらい 軍国主義をすゝめ 人類と 日本民族の滅亡を ねらう 反動勢力に 対して 正しく 考え 抵抗する みなもとになるものと信じています

われ〱は この運動を 単に 直接参加した人々だけのものでなく 県下 全国 全世界の人々に この貴重な 資料や遺物を紹介し 共に正しい歴史を知り 正しく歩むことを願って 記録映画を企図し 現在 岡山県教員組合 英田郡婦人協議会 部落解放岡山県連合会等々の参加のもとに 働く者の手による 『月の輪古墳発掘の記録』（仮題）の製作がすゝめられています

働く人々の手による 自主的 な映画は 既に我々の前に 『どっこい生きている』 につゞく 『女一人大地を行く』『ひろしま』『赤い自転車』等 日本映画の進むべき道を示し 同時に記録映画の 部面でも 『あけぼの』『稲の一生』『京浜労働者』等の力作が発表され 力強い 働く人々の 姿を えがいています

正しい歴史をきづき 平和と はんえいの 民主々義をうちたてる運動が われ〱の手によって映画に 記録されるならば 更に われ〱の記録映画の前進であると確信します

このわれ〱の意図に賛成される人が一人でも多くこの映画製作に参加されるならばこの映画は一段とすぐれたものになると信じています

日本民族の危機を救うために[illegible]みなさんのカンパを切望してやみません。

シナリオ を送付致しますから どし〱御意見をおきかせ下さると 共に 資金のカンパに御協力下さい

一九五三年一〇月

岡山県英田郡飯岡村役場内
〝月の輪〟映画製作委員会

参加団体

美備郷土文化の会。	部落解放岡山県連合会。	英田郡飯岡村婦人協議会。	那岐山麓遺跡調査会
月の輪古墳発掘本部。	岡山県教員組合英田支部。	全　　青年団。	吉備地方史研究会
岡山県教員組合。	〃　　　勝田支部。	民主々義科学者協会岡山支部。	
英田郡婦人協議会。	英田郡飯岡村議会委員会。	全　　岡山支部。	記録教育映画製作協議会

月の輪ニュース No.5

美備郷土文化の会

昭和28年10月7日発行

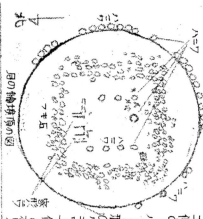

墳頂の発掘!!：内部近し!!

外部施設の調査ほゞ完成

青年、婦人、おじさん、おばさん、教師、学生の五千人に上るおびたゞしい人々の力によって、ようやく古墳外部の設備（ハニワと葺石）の発掘が一応終了した。

炎天の八月から、涼気しのびよる今日までの努力と忍耐とが、ついに実を結んだのだ。近藤先生や生徒達の頬も喜びにかゞやいている。さあ、いよいよ内部にかゝるのだ。その直前の仕事として墳頂の中央部のハニワと葺石の調査を今一生けん命に進めている。

みなさん!! もう一頑張り力を出しましょう!!

電探で内部をキャッチ

岡大中島寿雄先生は、十月三日に古墳に上り、同先生考案にかゝる通路式電流探査法を試みた。その結果、墳頂中央辺の地下一—二米のところに内部主体があるだろうと語っていた。

歴研、民科が支持

日本における歴史学者の最高の集団、歴史学研究会の古代史部会が本事業を支持することになった。また民主主義科学者協会歴史部会も、先日和島先生が上京連絡した結果、やはりこの事業のもつ意義を理解してくれて、これに協力を惜しまないと言明した。

吉備地方史研究会も

岡山県における、唯一の進歩的歴史家の組織であるといわれている吉備地方史研究会も、委員会において全面協力を決定した。

村の助成二十万円

全村的に署名運動までして、村当局並に村議会へ、この事業及映画製作への助成金三十万円を要望していたところ、去る九月二十二日開催された村議会に於て二十万円が決定された。

当初、村当局より三十万円の提案がなされたが数時間の討論の末、それを八対六で否決し、おわりに議員提出で二十万円の修正案が出され、それを八対六で可決した。

美備郷土文化の会執行部では、たゞちに執行部会を開き、三十万円は絶対に必要であるとの見地から、あとの十万円もぜひ出していたゞくよう重ねて要望することに決定した。

日本考古学界の権威続々と月の輪に参加

▼日本古代史の先頭に立って活躍されている藤間生大先生は、九月十五日、十六日、十七日の三日間、発掘に参加。

▼資源科学研究所、東洋大学教授和島誠一先生は、東京から到着以来、連日古墳に、こん談会に、附近遺跡の調査に全力を振っている。

▼日本考古学協会委員久永春男先生、豊橋から到着、和島、近藤両先生と共に連日指導に奮闘。

三笠宮から資金カンパ

去る九月二十九日、東京で行はれた雷中神道祭行事の会の研究発表責任者である発掘本部の和島誠一先生は、つかれた体を休める間もなく、一時帰京、同会合で「古代の農業」について発表し、つゞいて月の輪古墳の発掘現況の報告を行った。集った全会員から支持の声があがったが、中でも同会の責任者である三笠宮は、これに感激、資金カンパを申出られた。

各地から見学者来る

九月二十六日、二十七日英田郡福本村婦人会約百五十名、二十七日巨勢村婦人会約五十名が月の輪を見学した。

その他津山近辺の高校生、林野、江見、岡山の高校生も三々五々続々と見学団として来村、その都度和島、近藤両先生から、見学者は正しい古代の歴史について新しい知識を学びとり、非常な感銘を胸に帰宅した。

やがて保管の帰る地方々々で郷土史研究の花が開くことであろう。

墳頂の発掘すゝむ
様々な形のハニワ

九月下旬から墳頂の調査がはじまった。頂上周辺のハニワ円筒列が、ぐるっとまわっていることを確めてから、内側へと、竹べラを進めた。すぐに葺石が見つかった。ぐるりとハニワ円筒列の内側にふかれている。つゞいて、中央一帯から家形ハニワの一群が見つかった。無数のハヘンとなっている。これを円念に竹べラで掘りすゝんだ結果家形ハニワの基底円筒部が八つ発見された。それらは椅と鎧とキヌガサであるようだ。そのほか、家のハニワが大数戸と猪か鹿かと思われる動物のハニワ三個と、ハート形のハニワ一個とが見つかった。これを測定して、もう少し調べれば、直ちに内部の発掘にかゝる。

家族の指は、上図の家形ハニワ基底部にとりかこまれたところの地下に眠っているにちがいないと思はれる。

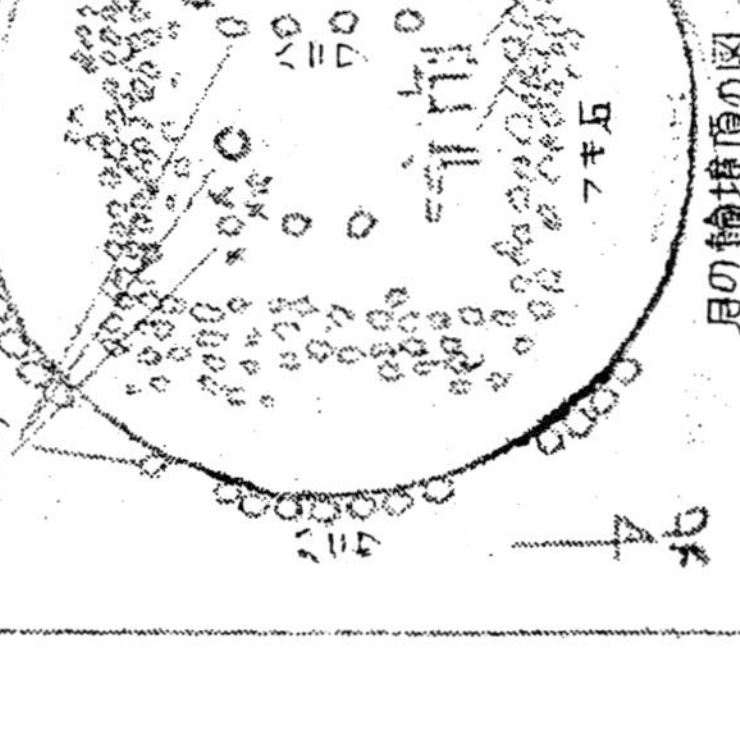

月の輪墳頂の図

英田郡社会科研究会

九月二十六日、英田郡小・中学校長全員、社会科担任教師が飯岡小学校で社会科の研究会を開催、和島先生、県教委の指導があり月の輪古墳発掘を中心にした発表を行い、学校教育社会科への貴重な貢献となった。

和島・近藤両先生の活躍

近藤先生は、二十九日津山第一小学校の県教組中央委員会に或は村内の部落の青年団に、和島先生は十月二日江見中学で行はれた英田郡教育研究大会に十月五日公文小学校PTA会にそれぞれ出張、幻灯やら古代史の講演をされ多くの人々に月の輪の関心がいよいよ高まりつゝある。

第五回総会開かる

十月五日午後七時より飯岡小学校講堂で美備郷土文化の会第五回総会が開かれ、次のような事が行はれました。

一、詩と幻灯

はじめに英田郡教育研究大会で発表され多くの感銘を呼んだ福本中学生の古墳発掘の詩、「みちとしての金把」「測量」等々が和島先生によって朗読され、古墳発掘の先頭に立っていた中学生のすばらしい進歩発展していく姿をまざまざと知る事が出来た。続いて近藤先生撮影の第二回幻灯発表会が行はれ、九月半ばの古墳の変化を、近藤先生の面白い解説によって、二十枚の美しい天然色幻灯が公開された。

二、発掘の経過と今後の予定

あいさつ、農繁期を控えて今後の予定は、いつ内部主体のかゞやく時か、人の話達にながくて、和島先生から今迄の経過と今後の予定について詳しく話された。そしてなるべく一回的に研究し（考）え（だ）らとめ（調）はいたいのだが、今後は内部の発掘に集中的な作業を展開する決意を（ら）れました。

発掘の予定は次のようである。

十月十日—内部発掘開始

十三日—内部主体の外面露呈

十七日—内部遺物ロテイ

十八日から二十五日まで

　内部の実測と地山との関係調査

二十六日から月末まで

　かたづけ、残りの実測

三、今後の運動計画

（省略）

部落懇談会予定

五日の執行部会で次のように部落こん談会の日程がきまった。

和島、近藤、久永先生が交代で出席され、幻灯及び発掘の状況を報告することになっている。みなさんの御出席をお願いします。

七日　王子公会堂

八日　重下公会堂

九日　飯岡上荒神様

十日　飯岡下公会堂

十一日　飯岡上公会堂

十二日　吉ヶ原部落公会堂

十三日　吉ヶ原公会堂

十七日　吉ヶ原社宅

荒井氏来村

十月六日映画撮影の為め、東京から荒井英郎氏（演出）が来村された。現在迄の撮影済二千五百呎は、荒井氏が帰京の際、現像焼付を行い、東京の映画人が広く集って試写検討されています。

11

御通知

第四回映画製作委員会を左記により開きますので御多忙中とは思いますが万障おくり合せの上　ぜひ共御出席下さい

尚参加未決定団体も進んで御出席下さいますよう　お願いいたします

記

一　日時　昭和二十八年十月十六日午后一時

一　場所　勝田郡飯岡村役場第一会議室

議事

一　経過報告

二　議案

イ　シナリヲ検討の件

ロ　資金カクトクの件

ハ　配給　上映計画の件

ニ　組織拡大の件

月の輪映画製作委員会

12

古墳〝月の輪〟をしらべよう

美備郷土文化の会
つきのわ古墳発掘本部

一、何のために——発掘の意義

ずいぶん高い山だなと思いませんか。三三〇メートルの高い山です。赤と白のふきながしが秋空にひるがえっている、あの山がつきのわ古墳です。

なぜあんな高い所にたくさんの人が毎日仕事しにのぼっているのでしょう。

なぜ遠くから大学の先生や学生たちがやってきて研究をつゞけていられるのでしょう。

なぜ村の大人や少年や少女たちがくわをかつぎたけべらの作業をしているのでしょう。

なぜ映画がとられ、なぜ村人や学生の討論会が毎日ひらかれ、なぜ婦人会や青年団や年よりの人たちまで仂いているのか。みなさんはふしぎに思うでしょう。

みんなして力を合せて古墳をしらべているのです。古墳をしらべて、古墳がつくられた時代—古代のこの地方の世の中のもようや、人々のくらしのさまを研究しようとしているのです。古墳には、その頃のことを知るために必要な大切な材料がいっぱいあるのです。ですから一つの石も、一つの土器のかけらもおろそかにしてはなりません。みんなしていろ〱考えて研究していくのです。今までにわからなかったことがつぎ〱にわかってきているのです。

二、古墳とは——古墳の築造とその社会

ずっと大昔、なくなった人をうめて土盛した大きなお墓が今ものこっている、それが古墳なのです。つきのわがつくられたのは、今から千数百年前だろうと思います。ところが低い台地や、山のふもとにあるつきのわよりはかなりちいさい古墳はそれよりもずっと後のころ、今から千二、三百年むかしにつくられたものです。

みあげるような山の上につくられ、「ほう、あんな大きなものを」と思われるような古墳はつきのわとその西にあるかまの上古墳の外、王子にあるだけで、古墳の数の全体からいってひじょうに少いのです。この地方によい力をもっていてかなり広い土地をおさめていた人がほおむられているお墓でしょう。しかし、亡くなった人を埋めたところという外に、ふきんの人に、こんなものをつくったぞ、こんな力をもっているぞというみせつけやおどかしのためによけいに大きなものにしているのでしょう。こんな高いところに、こんな大きな　お墓をつくるためには、ずいぶん多くの人が仂いたにちがいありません。多くの人——それはどれいです。自分たちの主人のために、どれいたちははかづくりにせいをだしました。そんなに多くのどれいをもった人のお墓です。このふきんには、そんな力をもった人はそうたくさんはいなかった事と思えますね。ところが、次第に世の中がすゝむと、村の人々の間にも上下の差がはげしくなって、少しずつのどれいをもった力のある人がふえてきだしました。そのような人のお墓は、もう山の上になど造っていません。安らかにねむる場所としてひくい山や、平地につくられだすのです。小さな古墳が数多くつくられだしました。しかし、もっとひくい身分の多くの人々は、どこへどのようにほうむられたか全然わからないのです。こうして、ともかくこの地方の世の中のうつりかわりが古墳によってわかっていきますね。

三、のこされたもの——遺跡の分布

作備(サクビ)盆地—吉井川と吉野川とが流れ合うかなりひろい盆地です。そこには数多くの古墳があります。つきのわのような高くて大きいものから、ひくくて大きくみえる飯岡の丸山、福本の伊勢山などの古墳の外、たんぼうひめづる、はぶ、ひのかま、おつかめぐろなどとかぞえていけば四十いくつもあることがわかりました。飯岡とか、奥などの山畑を歩いてみますと、そこから、こゝから、古墳の石がみつかったり、死体を入れた土のかんのかけらがみつかります。ところが古墳ではない、そのころの人がつかった土器のかけらが土の中から出てくるところはもっと多いのです。つきのわの東の下にみえる青野の山畑からは土師器(はじき)須恵器(すえき)などのかけらが出てきますが古墳はみつかりません。あるいはその頃の人の住居あとかも知れませんね。作備盆地には、てつきつくったあとなどもみつかっています。それればかりではありません。盆地の南の山方村の黒本・是里とか、南東の河会村上山、飯岡の山あたりには古墳をつくったよりもっと昔の、弥生式時代の遺物がみつかっているのです。こういうことを頭の中に入れて、つきのわの問題を考えてみなければなりません。

四、つきのわ——月の輪古墳の発掘

金の仏像がいけてある、そのために草がつきのわ形にかれていくといういゝつたえがありました。こっそりくわをもって掘りかえしにいった人もいくたりかありましたが、ついに仏像はみつかりませんでした。つきのわにはたくさんの石ころや、土器のかけらがころがっていました村人にはやはりふしぎな丘でした。それらの土器のかけらが、じつは古墳におかれた、はにわであること、石ころが、古墳の上にしかれたふき石であることがわかったのはついさいきんです。大学などの先生や村人の調べによってぜひこゝをくわしくしらべようときまったのは、もっとのちのことです。村人たちは、やがて真夏のあつい太陽のもとで下草刈りの仕事をはじめました。つゞいて測量がはじまり高さは約十一メートル、直径七十メートルぐらいということがわかってきました。形は円墳(えんぷん)という丸い形であること、下の方に一部分つくりだしのようなでっぱりがあることもたしかめられました。もっと広く下がりをしていくと別のところに又一つのつくりだしらしいものがみつかりました。長い年月の間に、古墳の丘は顔にアカがたまるように多くの土にうずもれました草や木もはえました。それらをかりはらい土をのけると、昔つくったまゝに近いすがたがあらわれてくるのです。その仕事はこんきよく竹ベラやはさみでつゞけられています。つぎつぎに新しい事がわかってきています。たいらかな古墳のいたゞきには家をかたどったはにわがおかれていました。いたゞきのまわりには円筒のはにわがならべてありました。それにとりまかれた中には、たてとか、きぬがさとか家とかのはにわがありました。いたゞきからずっとさがったところにだんがあって、そこには一列に、円筒などのはにわがならべてありました。それより少しさがったところにとびとびにはにわがならべてありました。はにわとはにわとの間には、ぎっしり石がならべてあります。地上にたてた、あったはにわはこわれてそれらのふきいしの間や、谷ぞこにころがっていました。家形のはにわのかけらをつぎ〱につないでいきますと　その頃の人がどんな家にすんでいたかということが考えられてくるのです。その外にも、例えばふき石は、どんな石で、どこからどのようにはこんできたかをしらべてみます。もとからあった山なのか、下から土もりした山なのかをしらべてみます。そのためにどのくらいの人が仂いているのかとしらべていくと、古墳をつくったよの中のありさまがいろ〱とわかってくるのではないでしょうか。ふき石はなぜおいたのか、はにわは、どこでどんなにしてつくりなんのためにおいたのか等という問題にはまだはっきりした答はでていないのです。皆さんもこゝでよくしらべていっしょに考えてみましょうね。すばらしい答がでるかも知れません。外部をこんなにくわしくしらべていった古墳は他にないのです。古墳の内部がしらべられると、もっともっと多くの事がわかってくるでしょうそうしてこの地方の、この時代のいろんな事がわかってくるというだけではなく、今までにわからなかった日本全体の古代の問題も、きっとわかってくるにちがいないのです。

今まで私たちが考えもしなかった、とおい昔のことが、いろ〱と身近に考えられてはきませんか。

千数百年もの間、つきのわはねむりつゞけていました。けれども今、人々のもり上るねついと、もっともすぐれた科学のちからでつきのわは現代のわたしたちの前にめをさましたのです

五、新しいものをうむちから

古墳は、大昔につくられたものだから、ふるくさい仕事だなんてもういう人はいないでしょう。

古いもの、なかに、私たちはいつも新しいものを求めているのです。今までわからなかったものをこつ〱とさがしているのです。

い、かげんなものではなくて、正しく、そしてうそでないもの、ありのまゝのもの、ほんとうのもの——それを真実とい、ます——それを求めているのです。人間である以上だれだって真実を愛しています。ところがその真実が、あんがいわかっていないのです。古墳のつくられた時代でも、神様がおつくりになったなどといってすましていたのです。神さまではない、人間がつくったのです。私たちと同じ人間が、つきのわをつくっていったのです。私たちは人間の歩いてきたあしあとを勇気をもって、たずねていきましょう、そうして真実をさがしあてましょう。そのためにも、ものごとを正しく知ろうとするたいど、ものごとを正しく考えていくちからを養わねばならないのです。それはまた新しいものを生みだすちからなのです。わたしたちはわたしたちの祖先のあるいてきた道をたずねていきたいと思っています。

皆さん!! 皆さんもどうか、新しくよりよいものをうみだすもとのちからになって下さい。

記録映画
教育映画
製作協議会ニュース
No. 2
1954·7·25
東京都中央区銀座西8の5
日映作家集団内(57)2801
記録教育映画製作協議会

「永遠なる平和を」製作進む!!

原水爆記録映画

―協議会も全面的に協力―

●[illegible]擁護国民連合、日映新社を中心に原水爆映画製作委員会がつくられ、八月上旬、完成をめざして製作がすすめられている。

広島、長崎の原水爆の惨禍をうけ、今なお放射能雨と放射能の影響だといわれる作物の冷害と病害に日夜脅威を感じている我々日本人にとってこの映画をつくり、原水爆の惨禍と日本国中におこっている反対運動を世界に訴えることは何よりも重要であり、記録映画製作協議会は全面的に協力することを決定して製作委員会に参加し、製作本部に米山、河野を送る一方、シナリオの検討、資金カンパを決定した。

●この映画を成功させるために、あらゆる職場、地域で原水爆反対署名と製作資金カンパ運動をすすめよう！

尚、新理研映画では調査船、俊鶻丸の活躍を中心とした原水爆記録映画「死の灰」（三巻）を完成した。

その他、岩波映画製作所、日映学芸映画製作所、日本観光写真映画社などで、自然科学面からみた原水爆映画の製作を企画している。

記録映画「一九五四年メーデー」成果あぐ

大衆に支えられた〃映画は成功した

記録映画「一九五四年メーデー」は、各地で上映され、独立と平和と民主々義と生活を守る斗いをすすめている人々に感銘を与え、その斗いを勇気づけている。

その現状を報告すると次のとおりである。（七月二〇日現在）

（一）製作費の回収について

全製作費五八四、四九四円は次の方法でまかなわれた。

カンパ	二二九、六九四円
借入金	二四〇、〇〇〇円
未払金	一一四、八〇〇円
合　計	五八四、四九四円

完成後、プリント販売からえられる収入によって、借入金と未払金三五四、八〇〇円の回収をすすめてきた。プリントは総評三本、炭労四本、都労連・岐阜民水対・東武労組、共同映画社・九州共同映画社・海員組合（以上収金ずみ）新産別・全逓従組・全日通労組・全自動車労組・国鉄労組各一本（以上未収金）製作委員会手持四本、合計二二本出たので、既に二一〇、〇〇〇円を回収し、残りの一四五、〇〇〇円は未収金五本分一五〇、〇〇〇円が入金すれば全部回収されるわけで、製作後二ヶ月で早くも黒字になる見とおしがついた。

（二）映写活動について

炭労の北海道が三五ミリによる炭鑛沓線の上映を行っているほかは、一六ミルによる移動映写が行われている。

プリントを購入した組合では、下部組織の移動映写を行い、プリントを購入しない組合へは、共同映画社・東京映画社・東宝商事を中心にして移動映写を行っている。特に目立つ成果は、昨年のメーデー映画の上映に比較して約四倍の上映が数えられ、昨年は劇映画にメーデーをそえてほしいという申し込みであったのが、今年はメーデー映画をみたいので劇もそえてという申し込みになっていることである。

この成果は、製作が大衆のカンパの上にたち、その製作組織が上映組織となった為で、我々の製作運動が正しかった証拠である。

尚、作品の内容に対しては、技術上の数多くの欠点が指摘されているが、好評を博しており、教宣活動に大きな役割を果している。

外国に於ける上映は、総評が中国にプリントを送ったほか、ILO、金属インターの大会に日本代表がプリシトを持っていっている。

以上にみられるように、製作費の回収と上映の面に於いて、メーデー映画は着々と成果を収めているが、その成果は、労仂組合に記録映画製作の自信を与えた。原水爆映画「永遠なる平和を」の製作は、こうした基盤に立って製作運動がすすめられている。

又、メーデー映画より得られる収益は、原水爆映画の成果とともに労農ニュース製作の基盤をつくるであろう。

月の輪古墳について

大達文相の教育映画選定拒否に抗議する

声明

私たちが製作に参加した映画「月の輪古墳」は、郷土を愛し、そこに築かれた歴史の真実をさぐろうとする、地もと岡山県勝田郡飯岡村の人々の手による「月の輪古墳」発掘運動の記録であります。

永年荒れ放題にまかされていた村の大切な文化財を調査し保護するために生れた「飯岡村文化財保護同好会」（これは後に美作・備前地方を含めた「美備郷土文化の会」に大きく発展しました）を中心に、老人も青年も婦人も、そして教師も学生、生徒も、役場などの行政機関も、村をあげて、この発掘運動を支持し、おしすすめました。それは一年にわたる慎重な古墳群の基礎調査の上に立って展開され、大きな国民的な教育文化運動として発展したものです。多くの若い考古学者も民家の一人として発掘に参加し、村人たちはその人たちの指導のもとで、整然と作業をすすめたのです。そして、月の輪古墳を生きた勉強の場として、教師も大人も子供も一体となって、歴史の真実を追い求め、それを身につけて行くと共に考古学者も亦、専門的立場から辺境地方の古代史をさぐる貴重な成果を収めたのです。ここに、専門家と国民が一体となって、科学を国民のものにしようとする輝やかしい展望がひらけていたのです。

この映画の文部省撰定を大達文部大臣は拒否しました。教育映画等審査分科審議会では十対一の圧倒的多数で推せんを決定したのに、文部大臣は、自分の意志にそわぬものは一切認めぬと言ってそれを拒否したのであります。その理由に（一）乱掘奨励のおそれがあり文化財保護上面白くないとか、（二）階級対立をあおるような説明があって面白くないとか挙げられています。

しかし、映画を見た歴史学会、教育学会の良識は、村をあげて歴史の真実を追求した新しい運動の価値を認め、乱掘の恐れなど感じられないばかりか、整然とした、こうした価値発掘の大衆運動は奨励されるべきであると言い、階級発生の事実の発見は、あくまで事実であり、この発見の記録は、階級対立をあおると言うのは当らないと言っております。

そして、大達文部大臣の推せん拒否に拘らず、地もと岡山全県はもとより、日本各地で、この映画への支持は広汎に高まり、新作教育映画研究協議会の各県試写会では、殆んどすべて第一位から第五位という上位支持を得ているほどであります。

これは、真実をおおいかくそうとする者に対して、真実を守ろうとする国民的な関心の現われだと思います。

そして、一方的な大達文政の横行を許す限り、日本の国民は再び、真実から目かくしされたファッショ的な暗黒時代を迎えねばなりません。大達文部大臣の推せん拒否問題は単に、映画「月の輪古墳」だけの問題ではないのであります。

それは一般に日本の民主々義的な文化、教育、言論の自由にかかわる問題なのであります。

私たちは、「月の輪古墳」推せん拒否問題に現われている大達文政のファッショ的思想統制、言論統制の傾向とあくまで斗い、日本の民主主義を守ることを、ここに広く声明し、皆さまの御支持と御援助を求める次第であります。

一九五四・七

記録教育映画製作協議会

記録映画製作運動の問題点

新しい運動方針討議のための覚書

(1)

「一九五三年メーデー」の製作とその成果は、記録映画を国民の利益に奉仕し、国民の平和と独立と生活を守り、民主主義をまもる斗いの武器とすることがその発展と進歩をもたらすことを示した。記録映画（教育映画）製作協議会は記録映画を国民のものにする運動の中心とするためにつくられて、すでに一年近くになる。我々はその間「米」「京浜労働者」「五三年メーデー」「松川事件」「月の輪古墳」「五四年メーデー」と協議会を中心として労働者、農民をはじめとする国民との協力によって製作運動をすすめた。

しかし、その道はいつも困難であった。まず第一に、我々が国民に奉仕し、服務するということがただしく理解されず、依然として我々がつくり、あたえるのだという思いあがりがつきまとった。つまり製作の「うけあい主義」である。あるいは時に大衆の力で、国民大衆の要求を、我々の技能を奉仕していっしょになってつくるのではなく、いつとはなく、国民大衆を利用して製作するあやまりをおかした。我々の製作中心主義、利己主義、セクト主義のあやまりである。次に、我々の自己改造である。国民大衆、とくに労働者、農民の立場にたってのみ、我々がつくる映画は国民の斗いの武器になる。我々はこの点を軽視して製作運動にたずさわった。斗かいのなかにはいり、そのなかで自己改造をし、国民の武器としての映画をつくることを決意した運動にはいった。だが、我々は、観ざつ者、ぼう観者の範囲をでず、当面する問題、事件に対して、分析し、集中し、組織することができず、追ずい主義におちいった。また、取材あつめにおわった。我々はさらに観念的な、公式的な見地をもって、起生する現象をそれにあてはめることによって、スローガン映画、おしつけ映画となった。我々はけんきよに生活をしり、研究するという作家としての最初の段階さえも充分になしえなかった。これらのことは中国の作家、茅盾がいつている「生活を観察し、体験し、分析し、研究するには、作家は「はげしい斗争」の実践者でなければなりません。傍観者であってはならないのです。いわゆる斗いの実践者の意味はたんに作家が工場や農村や部隊で一定の実際的工作をうけもつかいなかをさすのではなくて、それよりもっと大切なことは作家が先進者としての立場や高度の斗いの熱情をもって生活と工作にたちむかうかいなかということであります。」という言葉のなかに、我々の欠かんがあきらかにされている。我々の運動をすすめるために、第三として、我々の社会のうごきをただしくみる理論の勉強をどうしてもしなければならない。このことは我々の映画が国民の斗いの武器となることのためには必要であり、我々の製作運動を国民の大きい斗いの中の一つとして、正しく前進するためにもなさねばならない。

以上のようないろいろの欠かんはすべての映画に大小の程度はあれみられる。

次に、我々は我々の映画の創作過程における経験主義である。我々の映画はいまもなお、客観主義の影響をうけている。キャメラの即物性にたよっている。平板であり、無感動であり、現象的である。我々はこの問題をもっと深めて研究し、実践しなければならない。記録映画における典型的な形象化とはどういうことか。非常に記録映画の理論的な確立がたちおくれている。このことは決していわゆる高級なテクニックを唯一の問題とする形式主義的な研究ではない。国民大衆にもっともうけいれられ、感動させる映画の技術のかく得である。それは高い内容を正しく、すべての国民にうけとらせるための技術のかく得である。我々の映画製作運動は資金的にまったくきゅうくつである。そのためでもあるが非常に技術的に未熟なものがある。我々は運動の発展のなかで、この問題を克服していかねば国民の武器、しかも鋭利な強力な武器とならない。なまくらな武器であっては武器としての役目を果しえない。

(2)

我々の協議会を中心とした製作運動は国民大衆との結合によって前進するということを、ささやかな成果の上でも実証された。我々は上映運動（とくに非劇場地帯の移動映写）との関連と、職場、地域における映画製作運動の促進と協力を基盤として運動をすすめたことが正しかった。その成果はたんに、協議会の製作運動のなかのみでなく、たかまる国民の平和と独立、生活と民主主義をまもる斗いに裏づけられて、企業体においても、（「永遠なる平和を」「伊那谷」「死の灰」など）が製作されるようになった。我々の先駆的な仕事は大きい意義をもった。

しかし、我々はいままで、あまりにも、協議会を中心にのみ、我々の製作運動をかんがえすぎ、独善主義におちていた。我々はいまこそ、この独善主義をすてて、国民のための、国民の斗いの武器となる記録映画の製作運動を広汎に企業内にもちこみ、企業内の製作を積極的に協力し、支援しなければならない。年間四百本に近い短篇映画がつくられており、その多くが政府や大独占資本の宣伝映画であるなかで、協議会中心の数本の映画や若干の良心的な企業でつくられる映画をもってして、どうして対抗できよう。我々は質をたかめるとともに量をもかく得しなければならない。MSA再軍備政策に苦しむ中小企業の短篇映画会社の危機をうちくだく道が、国民大衆のために映画をつくることと一致していることは我々の運動をひろく企業内にも発展させる条件があり、発展させねばならないことである。

(3)

我々の製作運動が作品をつくっても経済的な基礎をきずきえずにいることは、運動に参加する作家技術者の自己負たんによってなされ、自然、参加する人々を一部の人々に制約する結果となった。この点、製作費がもともと大衆カンパによる少ないものであることもあるが、やはり非劇場上映組しきの未確立、劇場上映の軽視、製作上映の一元化にいたらない問題が関係し、製作組織を完全な文化センター的な組織にした。「月の輪古墳」の場合のような、また「五四年メーデー」映画製作委員会のようなしっかりとした組織運動がなされなかったことも原因の一つである。今後、企業内の製作運動の発展と平行して経済的基礎の問題の討論をすすめねばならない。同時に、我々は各職場地域のニュース、記録映画の製作運動に、積極に参加し、協力することが大切である。各地域で、とくに九州、北海道などにはその運動がおこっている。我々は運動が発展する重要な要としてこの問題を大きくとりあげる必要がある。

以上、当面する問題を提出して今後の討論をすすめ、製作運動の経験と成果を批判、分析して、協議会の新しい運動方針をだしたいと思う。（N）

職場地域の記録映画運動高まる

――協議会から講師派遣――

職場の記録映画作家技術者の養成のための講習会が、九州・福岡県「総評」と「炭労」「福岡映画協会」の主催で八月三日、福岡市でひらかれることになった。同地では、五三年と五四年にメーデー記録映画を職場映画作家の手で完成した成果の上にたって、記録映画を職場、地域の斗争の武器としてさらに役立てるためにひらかれるこの講習会は記録映画を（映画全体を）国民のものにし、普及の上にたった向上をもたらす重大な意義がある。まさに劃期的なことである。主催者より協議会への要請によって記録映画作家と撮影技術者を講師として送ることに決定した。協議会はこの会の成功に積極的に協力しその成果を注目している。

チェッコスロバキヤ国際映画祭開く

協議会作品も参加

チェッコスロバキヤ国際映画祭参加作品

◎記録映画

「一九五三年メーデー」

「松川事件」

「基地の子」

「月の輪古墳」

◎劇映画 「どっこい生きている」「蟹工船」「太陽のない街」「ともしび」「原爆の子」

国際的な文化交流による諸国民の相互理解、世界恒久平和の達成のねがいを目的とする同映画祭は七月十七日カルロヴーヴリに東西諸国の作品をあつめてひらかれた。協議会は、同映画祭に我国記録映画の現状と作品の紹介をかねたメッセージをおくることにした。

記録教育映画近況

現在、注目すべき作品の製作が各社で進められている。

※岩波映画製作所

○「伊那谷」（岩佐氏寿シナリオ執筆中）

※第一映画社

○「ヤロビの仲間」（脚本演出、岩堀喜久男、撮影 富沢昌一）撮影中

※全日本海員組合（共同映画内外映画製作）

○「北洋に働く人々」（全三巻）撮影 大山年治 編集、かんけまり

※東京映研

○「赤ちゃん」（脚本演出 桑野茂）撮影中

※その他企画中のものに、協議会を中心にした、

○「むさしの」（あたらしい歴史教育映画）○「日本の婦人たち」（日本の婦人たちの平和と生活のたたかいを描く記録映画）○「日本の歌ごえ」（合唱サークルの活動を中心に描いた音楽記録映画）○「のり・海苔」（東京湾の海苔生産と軍事基地の問題をとりあげる）○「無痛分べん」（その実際と理論を解明する 医学映画）

※九州炭労が製作する

○「嵐の中の一本の木」（仮題）記録映画の特長をいかした劇映画にすべく京極高英がシナリオ執筆中。

読み起こし

製作協議会ニュースNo.2　一頁上段

原水爆記録映画

●総評、憲法擁護国民連合、日映新社を中心に原水爆映画製作委員会がつくられ、八月上旬、完成をめざして製作がすすめられている。

三度、原水爆の惨禍をうけ、今なお放射能雨と放射能の影響だといわれる作物の冷害と病害に日夜恐怖を感じている我々日本人にとつて、この映画をつくり、原水爆の惨禍と日本国中におこつている反対運動を世界に訴えることは何よりも重要であり、記録映画製作協議会は全面的に協力することを

読み起こし

製作協議会ニュースNo.2　二頁上段

「一九五二年メーデー」の製作とその成果は、記録映画を国民の利益に奉仕し、国民の平和と独立と生活をまもり、民主主義をまもる斗いの武器とすることがその発展と繁栄をもたらすことを示した。記録映画（教育映画）製作協議会は記録映画を国民のものにする運動の中心とするためにつくられて、すでに一年半になる。我々はその間、「米」「京浜労働者」「五三年メーデー」「松川事件」「月の輪古墳」「五四年メーデー」と協議会を中心として労働者、農民をはじめとする国民との協力によつて製作運動をすすめた。

しかし、その道はいつも困難であつた。まづ第一に、我々が国民に奉仕し、服務するということがただしく理解されず、依然として我々がつくり、あたえるのだという、思いあがりがつきまとつた。つまり製作の「うけあい主義」である。国民大衆の力で、国民大衆の要求を、我々の技能を奉仕していつしよになつてつくるのではなく、いつとはなく、国民大衆を利用して製作するあやまりをおかした。我々の製作中心主義、利己主義、セクト主義のあやまりである。次に、我々の自己改造である。国民大衆、とくに労働者、農民の立場にたつてのみ、我々がつくる映画は国民の斗いの武器になる。我々はその点を重視して製作運動にたちむかつた。斗かいのなかにはいり、そのなかで自己改造をし、国民の武器としての映画をつくることを決意して運動にはいつた。だが、我々は、観さつ者、ぼう観者の範囲をでず、当面する問題、

14

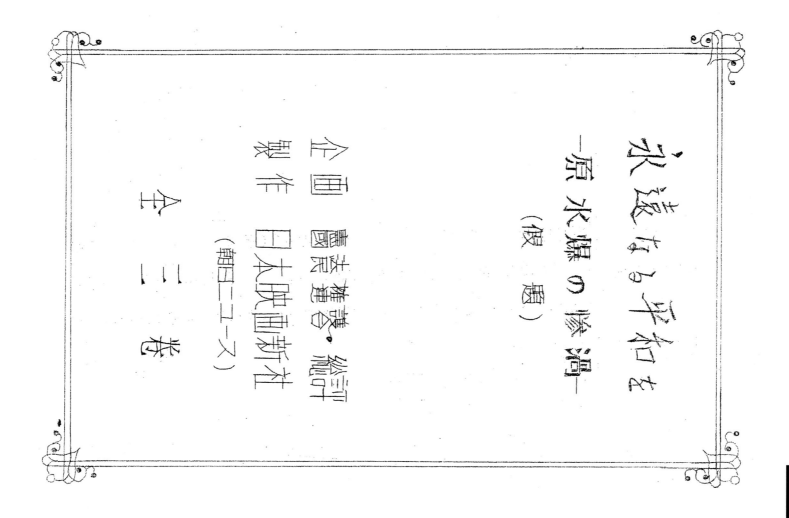

永遠なる平和を

—原水爆の惨禍—

（仮題）

企画　憲法擁護國民連合・總評

製作　日本映画新社

（朝日ニュース）

全三巻

——この構成案は總評、憲法擁護國民連合及日映（朝日ニュース）の三者によって作成されたものである。従って決定稿ではない。労働者、農民、漁民、商人、インテリ等々多くの人々によって検討されより完全なものにならなければならない——

昭和二十年、八月六日の広島

それは正しく「死の街」であり、人間雑種のうごめく地獄絵巻だった。一瞬にして生命を奪われた人々はもとより、おびただしい被害をその肉体に刻みつけて生き残った人々も一体何が起ったのか知らないのだった。

軍はただ「残虐なる新型爆弾」と発表したのみだった。

三日後の八月九日、長崎の人々にも同じ運命が襲いかかった。

そして八月十五日、戦争は終った。

広島と長崎に落された二つの爆弾は軍国日本の息の根を止めた。とにもかくにも平和が訪れたのだ。悲惨な犠牲と傷ついた人々の上に。

恐しいこの二つの爆弾が、人類の頭上に爆発した、そのときから新しい時代が始まったのだ。即ち原子力時代。広島に落ちたのは、ウラニウム爆弾であり、長崎に爆発したのはプルトニウム爆弾。即ち原子核分裂による巨大な原子力エネルギーの解放だった。

これは日本の二つの都市とそこに住む人々に消し難い悲惨の爪痕を残した。それは巨大な衝撃波による破壊と放射能による原子病だった。

毎年八月の運命の日がめぐり来る度に人々は数十万の犠牲者を偲び、再びこのような悲劇がくり返されることのないように祈るのだった。

幾つかの記念碑が建ち、平和の鐘がひびき、二つの街が世界の名所となって多くの人々が地球上のあちこちから訪れた。

広島の丘の上には、ABCCの建物がそびえ、無気味な白い色に塗られ、次々に死んでゆく多くの原子病患者を見下しながら、原爆の被害と、その対策をアメリカのために研究しつづけていた。

こうした日々、米、ソの両国は原子兵器の開発競争を始め、戦争など起さなかったが、アメリカはビキニ、エニウエトク、ラスヴェガス等で相次いで原爆の試験を行い、ソ連もカスピ海の試験によって、原爆に成功、ついに双方とも水素爆弾の試験に成功した。

一体これら原子兵器は如何にして作られるのか

話は今世紀のはじめにさかのぼる

プランクの量子論によって新しい世紀の物理学がはじまった。

ジョリオキュリー研究室

ニールスボーア

長岡半太郎

仁科 芳雄

湯川 秀樹

坂田　昌一
朝永振一郎

次の世界中の多くのすぐれた学者の研究の集積によって原子力解放が実現した。これを次の原理と連鎖によって説明しよう。

ウラニウム235の原子核は陽子92と中性子143合せて235の粒子が結びついており、その周りを92の電子がぐるぐる回っている。これに中性子をぶっつけると、原子核は真二つに割れ、その時とび出した三つの中性子がまた、原子核に飛び込み次々に連鎖反応が起って、この時に莫大な原子エネルギーが放出されるのだ。

このようにして1キログラムのウラニウムは完全に分裂すれば、TNT火薬二万トンに相当するエネルギーを出す。広島型原爆の場合はまだ効率が低く十分の一しか分裂しなかったといわれる。

T・N・T二万トンは電力では一千四百十三万二千八百キロワット、即ち日本最大の発電所（丸山ダム）五十基分のものだ。このエネルギーが平和的に利用されるなら、一台の原子炉によって日本の電源開発などは恐らく不必要になるだろう。然し、そうした平和的な方向には発展しなかった。

原子爆弾の技術が進歩するにつれ、水爆の製造が可能になったのだ。即ち、この原爆を火つけ役として、その周りを、二重水素と三重水素で包み、原爆の数千万度の高熱によって、外側の水素がヘリウムに変る。いわゆる熱核融合反応によって驚くべきエネルギーが出るのだ。

これは恰度、太陽の中で行われているのと同じ反応であって、人類は水爆によって、いわば、太陽を手にしたのである。

しかし乍ら水爆は、今平和的利用の方法が全くない、ただ人類の殺戮と文明の破壊に役立つだけなのだ。

水爆から放り出された多量の中性子は大気中の窒素を放射能を帯びた炭素十四に変える。この放射能は数千年消えない。

こうして汚染した大気はわれわれに恐るべき害をもたらすのだ。

この事を身をもって証明させられたのはまたしても、われわれ日本人だった。

〇月〇日、東京大学の病院に現れた二人の漁夫、彼等はビキニ水爆実験の灰をかぶって、重い急性放射能症にかかっていた。小さな、マグロ漁船第五福竜丸に乗って、帰って来た彼等の仲間も同じ被害を受けていた。各地に送られたマグロと共に恐怖は日本中にひろがった。

この問題に対するアメリカや、日本政府の態度は国民の不安をつのらせるばかりだった。

こうした中にも水爆の実験はつづけられた。

インドのネール首相の声明も、世界平和者会議の訴えも、日本国民の願いも、全く問題にされなかったのであろうか。

この頃相次いで帰って来た漁船の多くは放射能を帯びていた。

水爆被爆者は再起不可能といわれている。

正に太平洋の大気は汚れているのだ。

漁民は自らの手で魚を海に捨てた。

国会は水爆の国際管理を採択した。

日本の学者は世界に訴えた。

雨が降った放射能があった。

雪が降った放射能があった。

水爆時代とは、これを黙って受けることなのか。

もしこれがわれわれの上に爆発したら？

いやその前に現在の実験がじりじりと進展したら
今年の台風期には放射能台風が来るかも知れない。

日本人は皆原子病になるかも知れないのだ。

水爆を禁止し、原子力を平和的に管理するよう早くわれわれが世界に主張する権利があるはずなのだ。

醜い争いの継続の中にアトロイドの国を滅亡さした[illegible]にする時がある。

われわれは文明をつくりものに平和をもって迎えてあってはならない、水爆による[illegible]

許されてはならない。

公園のドームに大勢が集っている。

かつての米ソの冷戦を結んだ[illegible]の上につながれ、難しいその体を壊していかなくてはならなかった。

原子力を手に入れた人類は自らをこわすか否かの岐路に立っている。

在日朝鮮人はこれに憤激して立ち上つた。東京都教育委員會は破廉恥にも、反對するなら學校を閉鎖するというのである。四月九日いよいよ最後通告がなされるという日、父兄たちは都教育委員會につめかけた。数百の武装した保安隊は入口に立ち塞つた。人々は激昂して不當を口々にののしつた。

× × ×

それから半月後の四月廿四日、在日朝鮮人の教育斗争史の上に輝かしい足跡を記した神戸、大阪教育弾圧事件の六周年記念大會が、東京四谷外濠公園で、全國各地からの代表五千余名が集つて盛大に行われ、平和と教育と生活を守つていくことを誓つた。

やがて第廿五回のメーデがやつてきた。全國で四百万が参加した戦後最大の統一メーデーである。在日六〇万朝鮮人は、ジュネーブ會議を成功させようというプラカードを高く掲げて、老も若きもこぞつて參加した。

インターの歌声高らかに、労働者の隊伍と共に共和國の旗は靡いていた。

プリント頒賣価格	三五ミリ（二、四五〇呎）	四万円
	一六ミリ	三万円
上映時間		約三〇分

註文先

東京都港區芝新橋七ノ一二　産別會館内

在日朝鮮映画人集團

第二集を準備！

在日朝鮮映画人集團では「祖國の平和的統一独立のために」第一集につづいて、第二集を製作すべく準備をすすめているが日本に於ける六〇万朝鮮人の苦しい生活の実相を解明するもので、多面的な朝鮮人の生活を追つて北は北海道から南は九州までキャメラを擔いで全國を行脚する。在日全同胞の積極的な協力をもとめている。

長さは第一集と同じく三巻もので、日数は約六ケ月、製作費一五〇万を予定している。

在日60万朝鮮人のたくましい斗いの記録

記録映画

祖国の平和的統一独立のために！

第1集

民戦ニュース

製作　在日朝鮮映画人集団

祖國の平和的統一独立のために!

民戰ニュース　第1集

米帝と吉田政府の迫害と彈圧をはねのけてつきすゝむ在日60万朝鮮人のたくましい闘魂を見よ!!

在日六〇萬朝鮮人の斗いを描いた

記錄映画「祖國の平和的統一独立のために」

第一集愈々完成!!

在日朝鮮映画人集團では、一九五二年から五四年メーデー迄の三年間に亘る在日六〇万朝鮮人の斗いを記録した映画「祖国の平和的統一独立のために」第一集(全三巻)を自由映画人連合會及び記録映画製作協議會の協力のもとにこの程完成した。

企画　在日朝鮮統一民主戦線中央委員會、文化宣傳部
製作　在日朝鮮映画人集團
協力　自由映画人連合會
　　　記録映画製作協議會
　　　在日朝鮮中央文宣隊
解説　岸　旗江

あらすじ

一九四八年四月、米第八軍司令官アイケルバーカーによって阪神教育弾圧事件がひきおこされ、つゞいて四九年九月には、吉田政府の暴力によって朝鮮人連盟が解散させられる等、アメリカ帝國主義とその走狗吉田政府は在日朝鮮人の生活、教育は勿論、すべての権利を奪い、迫害を加えた。しかし、在日六〇万朝鮮人はそれにひるむことなく、祖國の統一独立をかちとり、自分たちの生活権を守るために、いち早く、朝鮮統一民主戰線を組織結集して、吉田政府の弾圧をはねかえした。朝連が解散させられて三年、一九五二年九月、吉田政府の妨害をけって祖國朝鮮民主主義人民共和國の創建四周年を祝った

一九五三年三月一日には、数千の武装警官の包圍の中で三・一革命記念大會を守った。

やがて二十四回のメーデーを迎えた。

東京では、この日、在日朝鮮人は共和國の旗を高く掲げて、五〇万の日本の労働者、農民、市民學生と共に「朝鮮戦争やめろ」の隊列に加わった。

祖國の人民の英雄的斗いによって、平和を愛する世界人民の力によって停戦をかちとった七月廿七日、待望の休戦ラッパが全世界に鳴りわたったこの日を、在日六〇万朝鮮人は喜びをもって迎え、日本の到るところで提灯行列をし、踊りくるった。

侵略をほしいまゝにしようとする帝國主義は滅亡し、平和を愛する勢力は必ず勝利するという確信を人々はあらたにした。

×　　×　　×

それにもかゝわらず、吉田政府はあらゆる悪らつな手をつかって、在日朝鮮人を弾圧、最後の生活權までも奪おうとしている。その為に、在日朝鮮人の生活は日に日に窮乏して、大多数の者が正常な職がなく、かろうじて、カツギヤと密造と闇やで露命をつないでいる。しかし、吉田政府は保安隊と警察を動員して在日朝鮮人の生活をおびやかしている。

こうした情勢の中で、同年十一月朝鮮統一民主戰線第四回全体會議がひらかれ、祖國の平和的統一独立のために、あらゆる權利を奪いかえすために、反米帝、反吉田、反再軍備の決意を固めた。

この頃、各地で警察と暴力團による朝鮮人虐殺事件が頻々とおこった。これは朝、日両民族の離間を圖っている吉田政府の政策のあらわれであることは明白である。五三年十一月栃木縣佐野市で俺のダニといわれている〃新門一家〃のテロによって、朝鮮人李君が何の理由もなしに殺された事件がおこった。警察は知らぬ顔をした。しかし市民たちは憤起して、自分たちの力で暴力團の清掃運動につとめた。日本人と朝鮮人が一諸になって。そんなことで朝・日両民族の兄弟的キヅナがたちきられるものではない。

米・帝と李承晩軍の野蛮な侵略によって灰と化した祖國の復興カンパ運動が全國的に訴えられた時、数百万の日本國民がこれに協力してくれた。

しかし吉田政府の朝鮮人に加える弾圧は盡きなかった。吉田政府はまた新しい魔手をのばした。それは朝鮮人に朝鮮のコトバ、朝鮮の歴史、地理を習ってはいけない、現在の生徒数以上をふやしてはならないというのである。これは朝鮮人の民族教育をふみにじって、朝鮮人を再び奴隷にしようとするファッショ政策からくるものである。

16

タネまく人々

3巻　売価三八、〇〇〇円　長さ　一、一五〇呎

（農作物増収法）

各地のヤロビ農法を、誰でも出来るように科学的に解明した必見の記録映画

金のかからない農法

製作　第一映画社　協力　日本ミチューリン会　日本農民組合　共同映画社

▼あらすじ▲

秋まきムギを春まきに作り変え、今までの科学では不可能だった果樹の雑種を作り上げ、リンゴ、ナシ、アンズ、ブドウなどをずっと北の方まで栽培できるようにしたミチューリンの、そういうやり方の一つとして、タネのヤロビ。

昭和二十一年九月、伊那の人々の手によりムギの秋まきヤロビが始った。下伊那カナエ村の蚕種組合大龍社の冷蔵庫を借りて、摂氏三度位で冷蔵した。冷蔵のすんだタネをのぞいてみたら、によろによろタネが動いている。

ヤロビは発育もよく、特に根張りのいいことが認められ、人々も安心しかけたが、間もなく冬がおとずれ畑も雪に埋れてしまうと、再び不安がつのり雪を掘って確めてみたことも一度や二度でなかった。

しかし、雪と共に不安も消え、ヤロビのできはすばらしく、ことに枝穂や複穂がよく出ることがわかった増収するのは当然である。隣り近所がびっくりして老人や家族の白い目も溶けたが、第一にやってみた本人がおどろいて、勉強のしなおしをした。

なぜ、ヤロビするといいものができるか──。作物の発育は、温度と光の影響に分けられる。作物の花が咲くためには、まず一定の温度を一定の期間受ける必要がある。それを畑で自然にまかせず人間の手で確実に与えてやる。植物は若いうちほど環境の影響を受けやすいから、一番若いタネの時代、温度の発育を与えてやれば、一番確実で手間もかからない。

ヤロビは日本でも古くから行われていた。ムギタネの雪ずけや、イネもみの川ずけなどの方法だが、理論もなく広く普及もせず、篤農家の秘伝という形で埋れていた。

ムギで確信をえた人たちは、イネ、野菜、イモなどいろいろな作物で試みていた。又、その成績を見たり聞いたりして、仲間が全国至るところにふえていった。

製作……………堀田幸一
脚本演出………岩堀喜久雄
撮影……………富沢昌一

東京都中央区銀座西八ノ八華僑会館ビル　株式会社　**共同映画社**　電話銀座(57)一一三二・六五一七番

日鋼記録映画製作委員会企画

日鋼―一九八日の斗い

製作ニュース　No.1　1955.1.24
日鋼記録映画製作本部　港区芝三田四国町2-6　総評内(45)6027・6269・5797

日鋼室蘭の一九八日の斗いを記録する映画製作運動が総評第八回幹事会の決定をもって労働者を中心に大きく進められることになった

製作の趣旨

趣旨、日鋼一九八日、それはまさしく家族ぐるみの英雄的なたゝかいであった。そして、国民の生活と自由を守り、M・S・A再軍備政策に反対し、わが国の平和と独立をめざすたゝかいに最も勇敢であった。会社側並びに官憲の手段を選ばない弾圧に抵抗しながら誰がだれであり、何がこうさせているかをはっきり知った一五〇〇〇人の組合員家族―そして主婦のだれでもが、わたしどもの敵はM・S・Aである。この壁を打ち破らない限り真の独立と平和はない」と―これが一九八日、あらゆる困難を克服しながら身をもってたゝかったもの〃知り得た結論であり痛烈な叫びであったのだ。全労働者もこのたゝかいを勝利させる為に立上った農民も米をカンパした。

文化人も学生も市民も衣料とキャラメルをおくった。

一九八日その一日々々は薄氷をふむ様な苦斗さながら二度と其路はつくらないと悲運にみちた確実な足どりで成長し遂げてゆく一日々々であった。時に間違いもないではなかった。然し斗いとおしたのだ。勝利したのだ。

各々労働者はこのたゝかいを理解しなければならない。

農民にも市民にも文化人にもすべての国民に知って貰わなければならぬ。

このような趣旨からこゝに記録映画を製作し、ひろく上映運動を展開しようとしている。

労働者をはじめ多くの人々の協力をお願いしたい。

こうして運動は発展した

昨年十月下旬頃から、日鋼室蘭の三千の労働者とその家族の長期に亘る英雄的なたゝかいの姿を記録映画にしてひろく国民に訴えようという声が各所に起った。国民文化会議―仮称―準備会、映画部会は、文学部会の日鋼の子供達の綴方の出版、演劇部会の日鋼争議を守る合同公演のつどい、"一九五四年を送る文化祭"の企画に呼応して記録映画の製作を決定し、十一月下旬から着々準備を進めて来た。準備団体の自由映画人連合会、記録映画製作協議会では、十二月中旬、初、記録映画関係者を含めた拡大の準備会を開き、急速に運動が進められ、撮影隊（演出、吉見泰、撮影、辻達高之氏）は十二月十六日出発し、二〇日間に亘る撮影を終えて、一月六日、帰京した。

一方、総評常任幹事会は以上の経過より発展させ、大きく成果を生み出すために総評が製作の中心母体になることを確認し、一月二十二日の総評幹事会で満場一致決定された。

現在、製作委員会が発足し、その構成団体を主軸に労働者、勤労者、市民の支援のもとに製作費の調達が続けられている。　――裏面上段につゞく――

●事務局便り

今、日鋼室蘭の記録映画の題名を広く募集しています。

我れと思わん人はどしどし応募して下さい。

「逞しい、内容にふさわしい題名を!」

製作委員会発足

今春、初めての映画部会、運営委員会が、一月十二日、午後一時から総評で開かれた。早速、昨年から持ち越しの、日鋼の問題にふれ、部会の運営委員が製作委員となって、製作委員会準備会を結成、製作を強力に推し進めることに決定し、その後、同準備会が製作委員会として、次の組合を部会に加えることをきめ、一月二十二日の第八回総評幹事会で正式に決定した。

国鉄、炭労、鉄鋼労連、電気労連、都市交通、全金、全国ガス、全医療、全鉱連、

構成の大衆討議に積極的に参加しよう

一四日（金）以来、構成の段階に入り、日鋼室蘭の人、現地に行ったことのある人、労働者、文化人、映画作家、映画労働者等の広範囲の人々へ呼びかけて、其れぞれの立場から「家族ぐるみ」という英雄的なたゝかいの映画の構成、内容について意見を伺うことになり、

一月十四日（金）　午後六時　於　共同映画社
十五日（土）　午後一時　於　東京映画社
十七日（月）　午後六時　於　共同映画社
十九日（水）　午後六時　於　鉄鋼労連

で、検討会を開きました。

これからも優れたものにする努力を皆さんと一緒に続けて行くと共に、状況の許す限り検討会を重ねるつもりでいますから、製作委員の方は勿論のこと積極的な参加をお願いします。

プリントの購入は予約出資で――

製作の進行状態は編集から録音の段階に来ています。録音の費用や、構成の如何によってはニュースのデュープ（所有する映画会社から必要な原版を買う）の問題も起り、そのためには、可成りのお金を用意しなければなりません。

その製作資金の確保のためにプリントの予約出資をお願いします。

猶、価額は二万五千円（予定）で予約金は一万円です。

予約は、製作本部へ連絡して下さい。

団交は続く　カンパ!!

鉄鉱労連、五千円のカンパを寄せる。

日鋼室蘭労組は去る一月三日以来、東京で中労委あっせん案の実施細目について会社側と団交を続けていたが、団交が難航、二〇日までに妥結にいたっていない。

日映労組正式に決定

二一日(金)の大会で、日映労組は日鋼室蘭の記録映画の製作に全面的に協力することを全員一致で正式に決定し斗争の初期の記録が、構成上ぜひ必要でそのフィルムの交渉を会社側へ積極的に行うことになった。

(表面より続く)　また、記録映画の構成、内容の検討を大衆的な基盤のなかで持つ態度をまもり、各労組、民主団体、芸術家、映画作家、労働者の参加をあおぎ、数度に亘るラッシュ試写、検討会を開くなかで、優れた映画にするための努力を続け、一日も早く完成をめざしている。

記録映画製作運動を展開し発展させよう。

各労組、団体へのお願い―。

★職場で、この映画の製作問題を取りあげ積極的な協力の方法を決めて下さい。

★各人は、この映画の製作の意義を深く理解して、活動の内容を広く社会の隅々まで浸透させて下さい。

★プリントの予約出資を賛同し、速くに決めて下さい。

★この映画の上映活動で、労働者の団結と統一、農民、市民の連帯性の重要さを大きくかゝげ、全進歩勢力を結集すること。

★各労組、団体を地域において発行する映画ニュースを製作本部へ送って下さい。

資金カンパの活動を活発にすゝめて下さい。

勇気が湧いてくる
―ラッシュを観て―

厳寒、零下二〇度の凍りつくような未明をついて、逞しくも雄々しい主婦たちの"お早ようデモ"を観て、言葉に出来ない感動が背筋に走るのを感じた。

気力を失いがちの夫の尻をたたいつゝ向ってゆく主婦たちの姿に宿命のようにしんぎんする"女の一生"の悲劇的な暗さは微塵もない。明るい、しかし底抜けの明るさではない。

平凡な家庭の主婦に過ぎなかった日鋼室蘭の主婦たちが百九十八日の長期のたゝかいのなかで変化し、意識的に労働者の非凡な主婦と発展してゆく姿が生き生きと感じられて、全く感動そのものだった。皆の表情は讃嘆と感動と希望で、紅潮していた。

職場・町・村へカンパ運動を拡大しよう!!

記録映画に寄せて

―日鋼労働組合長　小林豊次郎

総評、鉄鋼労連、全産業を始め各友誼団体、或は農業団体及中小商工業各団体を始めとする全国的な支援は、日鋼労働組合を勝たせろ、統一せよと団結のため物心両面にわたるカンパ運動と指導激励を現地に送り組合員の団結をいやが上にも鼓舞激励し中央労働委員会斡旋案受諾も第三十二回全組合員大会において満場一致決定、その後細目決定に関し労資間の意見不一致の為、昭和卅年一月二十五日に至るも、就労させず昨年六月十六日不当解雇反対斗争展開以来二百廿日に及ぶ長期となった。この日鋼斗争を支えたものは各階層の進歩的な国民と全労働階級の支援及び全北海道を中心とする広範な地域共斗の中で斗ってこれ始めての成果となって具現されました。このとき日鋼室蘭記録映画製作委員会の努力による日鋼斗争の記録映画が完成しなく御批判に供し得ることは誠に欣びに耐えません。この映画に現れる主婦のくゝり、或いは青年行動隊、社宅地区にある商店との共斗、農家の方によるカンパ米、道炭労及富士鉄労組を始めとする友、労組の共斗の姿は全斗争を表現し得ないも画面に流れる緊張な行動は恐くその一端をとらえ全体を理解出来ると思います。製作委員会の御努力を謝し併せて本映画を通じ日鋼斗争の意義を御理解頂ければ望外の幸と存じます。

一九五五年　一月廿五日

「赤旗はなびくよ
強く
強くなびくよ」
―この映画のテーマ
音楽になる―

一、赤旗はなびくよ　強く強くなびくよ
[illegible]

二、赤旗はなびくよ　強く強くなびくよ
[illegible]

この歌は、日鋼の主婦、佐藤光子さんの作詩によるものです。今度、映画のテーマ音楽に使われることになりました。この歌は、日鋼室蘭ばかりでなく全北海道、全国民の中へ労働者の主婦の、青年の、子供たちの口から口へ歌い伝えられ、歌いつづけられています。

一円未完成!!

カンパ活動の成果
―才一回の集計―

昨年、十一月以降より、すゝめられてきたカンパ運動は、各労組、個体、個人のけんめい的な御援力によりまして多大の成果を見ることが出来ました。深く感謝いたします。尚、一月二十日現在までの内訳は次の通りです。

「カンパの部」

○東宝商事	五千円
○東京映画	五千円
○新理研映画	五千五百円
○近代映協	五千円
○日鋼文化祭	五千二百円
○「愛すれば[illegible]」スタッフ一同	五百四〇円
○東京映画「[illegible]の空の下に」スタッフ一同	一万円
○[illegible]	七千百円
○今井正	千円
○山花雄策	五百円
○[illegible]小口カンパ	六千四百三十四円
○東京シネマ	五千円
○[illegible]	二千円
○[illegible]	千円
○[illegible]スタッフ一同	[illegible]
○[illegible]	[illegible]
○移動映画[illegible]小口カンパ	[illegible]
計	七万五千三百十七円
総計	一四万八千三百十七円

―此後とも、御援力をお願いします。

炭労・北陸鉄道に展開する 労働者・漁民の斗いの記録！

堂々完成！

—日鋼記録映画の完成とお願い—

労働組合並に記録映画製作界のカンパや融資によって「日鋼室蘭」の記録映画を完成することが出来た。当初製作資金をめぐって製作することが危ぶまれたのであるが、日鋼一九八日の家族を含めた英雄的な斗いを全国の労働者階級に紹介することの重要性を認め、予算も節約し生活上にも事欠いている映画産業の労働者の無料出演によって完成することが出来たのである。

音楽の西山氏、俳優の宇野重吉、赤木蘭子氏をはじめ記録映画製作協のおしみない協力によって完成したことを最初にお礼申上げておき度い。云うまでもなく日鋼の斗いは、労働者階級の斗いに新しい方向をしめすものであり、正史にかつてない多くの困難な斗いを乗りこえた斗いであった。

そしてその一つ一つは労働者がしっかりと学び、労働者階級のものにしなければならないし、従ってこの映画のもつ役割は極めて大きい。この記録映画は日鋼の斗いの一部ではあるがこれを全国の労働者に紹介し文化活動の発展に活用して頂きたいのである。特に労組の組織強化には無限の役割を果すことになろう。

組合によっては映写機もないし、どうしたら上映出来るかの種々の問題が起きて来るが、その場合は総評でも単産本部でも地評でも相談して貰いたい。今日では全国の各県に移動映画センターも次々と組織されて来ているから（共同映画）其処とも連絡をとるなりしてメーデーに向って斗いを盛り上げる武器として頂き度い。

職場で地域で、農民市民の中でも生団体もすべてが上映委員会を設けて究て頂きたい。われわれの前に斗いとらねばならない沢山の問題がある。逆者斗争の真最中でこれを活用しメーデーに向って日鋼の斗いを全労働者のものにしあらゆる職場で地域で上映して頂きたい。

総評国民文化会議企画

日鋼室蘭

1955.2.10

製作ニュース NO.2

日鋼記録映画製作本部

港区芝三田四国町2,6 総評内(45) 6027・6269 5797

ぞくぞく集まる 予約出資!!

立派な映画にするためには、どうしても製作資金がたらず、総評の金が良い音楽の為の金がどうしても足らなくなり、カンパと今迄の融資では五万かなくなりました。製作委員会は一月二十五日、どうしても十二日中に要る費用の融資を鉄鋼労連に申し込みました。

鉄鋼労連では、日鋼斗争そのものに予算の赤字をつくり、一円の費用もむつかしいときでしたが、この映画のもつ大切な意義を考え、一月三十一日、中央執行委員会をひらき、鉄鋼労連としてもプリントの二本や三本は買うんだから、と、“日鋼室蘭”映画製作のため、五万円融資する』ときめられ、直ちに融資していただきました。

国鉄労組、炭労も

国鉄労組、炭労でもきまる二五日、プリント一本分の価格二万五千円を予約出資という形式で前渡していただくことになった。

☆価格決定す☆	
全	二 巻
価格	二万五千円
長さ	一八〇〇フィート
上映時間	二〇分

宣伝活動活発化す！

二月三日(木)、第二回製作委員会は午后一時から鉄鋼労連にて開いて最后の検討会を持った。後、此後の宣伝対策について討議し、まず当面の製作委員会の宣伝活動として、ポスター、プレスシートの作成、冗言用乙版の紙型をつくることを決定した。

一方、二月八日以から、各労組へ製作資金の融資、プリントの予約出資を個別訪問によって訴へることになり、二名を一班として編成することになった。

大野氏（日映連）と 下田氏（国 労）
米山氏（記録映画）と 若林氏（総 評）
鉄 鋼 労 連 と 全 銀 連
梅田氏（共同映画）と 高林氏（金 属）

以上四班が手分けして組まれ都内各地の労組を訪問することになった。

そして、各労組、団体からそれぞれの友好労組、諸団体へ訴へていただくことになった。

プリントの購入は予約出資で——

二月一〇日完成を目標に、五日出に録音をすませ、製作もようやく最后の段階に来ました。しかし、完成後も宣伝、上映活動に多くの資金を用意しなければなりません。

この日しい労働者の映画を大衆の中へ浸透させる組織的な上映活動の促進を挽さないために今一層の御援助をお願い致します。

で、この宣伝、上映活動に要する資金確保のためにプリントの予約出資をお願いしています。予約の際は製作本部へ御連絡下さい。

尚、価額は二万五千円に決定し、予約金は一万円です。

事務局便り 題名、決定す

先般、製作ニュース第一号にて募集いたしました日鋼記録映画の題名は日鋼から送られた七十一通を初め沢山の応募を得ました。

次に七十一通の題名を八通にとじめ、他に総評関係をも含めて左記へ掲載いたします。

〇日鋼の部

1、“日鋼室蘭”ダイナマイトの工場から失業者をださない。2、“赤旗はなびく”。3、“若斗一九三日”。4、“あゝ、斗争二〇〇日”。5、“再び失業者を出すな”。6、“弾圧をのり越えて”。7、“再びこの工場から失業者を出すな”。8、“ともし火は消ゆることなく”。

〇総評の部

1、“日鋼一九八日の斗い”。

2、“日鋼一九三日、家族ぐるみの斗い”。

以上で、題名は、“日鋼室蘭”と、二月三日第二回製作委員会で正式に決定しました。

俺は労仂者だ

限りない前進の炎が暗い谷間を照して行く！

—— 梗　概 ——

職場・町・村・上映活動を拡大しよう!!

一九五四年十二月、日本製鋼所室蘭工場では、いま九〇一名の不当な首切りに反対して組合員とその家族たちが一六〇日にわたるねばり強い斗いを続けている。

斗いの一日は朝のお早うデモで明ける。吹雪の夜明けと共におこるデモのかけ声。

家族ぐるみ、街ぐるみで斗う日鋼室蘭、それは全国の労仂者の支援の中で不当首切りの完全撤回を目指して斗いつずけているのである。

斗いは真夏の六月中旬に始った。

会社側は低賃金、労仂強化にも耐えて仂き続けて来た労仂者達に対して九〇一名の不当カク首を通告して来たのである。

『賃下げしてもよいから首切りだけはやめてほしい』とさえ願った日鋼の労仂者たちに対して工場を再び軍需工場にしようと目論んだ会社側は、このひかえ目な要求に対して工場閉鎖、工場内立入禁止の仮処分をもって答えた。

この様にして生活を守るギリギリの要求さえも踏みにじられた組合員は怒りに燃えて遂に立ち上った。そして九月六日、才三二回臨時組合大会を開いて不当首切りの完全撤回〝零への斗い〟の斗争方針を決定した。

一方莫大な金と転制を使って組合を分裂させ才二組合を作った会社側はピケをはっている組合に対して挑発を行い、武装警官の力を借りてピケを破り、一挙に組合を押しつぶそうと図った。

そこで組合は、無用の挑発と混乱をさける為にピケを解除して全国へオルグを派遣した。それに応えて全国各地の労仂者たちは続々と統一行動を盛り上げ、遂いに十一月十三日全北海道二十五万の労仂者が二時間ゼネストをもって日鋼の斗いに答えたのである。

斗いはすでに一八〇日。真夏に始った斗争は遂に冬を迎えた。

連日吹きすさぶ吹雪の中で、組合員と共に斗い、生活がそのまゝ日々の斗いになっている主婦たちは、又、斗いのあいまを見ては、燃料としての流木拾い、子供達の学習指導などに精を出した。

斗う日鋼の労仂者を助けろと全国の労仂者から続々とカンパが寄せられた。

鉄鋼の労仂者からも、炭坑の労仂者からも——又、農民たちからも送られて来た。

山の様に集ったカンパ。

そのカンパを前にして子供たちは次のように歌っている。

〝だまって流し場で泣いているお母さん、
だまってげんこで眼をぬぐったお父さん。
わたし達にみられない様にだまって泣いていた。
石炭の時も、大根の時も——。
今日はわたしのほしかったクレヨン
父さんのほしがっていた上着、
その知らないおじさんの上着を
力一杯にぎって
父さんはだまって泣いている、
知らないおじさん
知らないおじさん、
ありがとう。

又組合員や主婦達は、俺達の斗いはこうして全国の仲間から固く守られているんだと云う事を更ためて強く感じた。

斗いが広まるにつれて、主婦達は次々と学習会やサークルを組織し、黄変米や原水爆禁止の反対運動も活発に行った。そして不幸にも才二組合に走った者たちの家に行って同じ主婦の立場から色々と説得を行った。

こうした斗争の高まりの中に、十二月十七日中労委は斡旋案を提示した。併し〝零への斗い〟を目指して斗って来た組合員や主婦たちにとってわずか一〇〇名余りを取消すにすぎないこの案に対して全面的に反対した。

組合本部では帰って来た代表交渉団を中心にして、執行委員会、共同斗争委員会との合同会議、中央斗争委員会が次々に開かれた。各斗争委員会は斡旋案をめぐって徹底的に討議を重ねた。鈴木書記長は『今后どう斗うか、それはあくまでも全員一致で決めて行きたい』と、なお全組合員の徹底的な討論を強く要望した。

この時突如、炭労の兄弟たちが検束された。組合員たちは怒りにもえて、連日警察の留置場へ波状デモをかけ、即時釈放を要求し歌声で鉄窓の兄弟を激励した。

吹雪の街をついて組合員をはげます主婦たちの歌声のひびきの中に総評の高野事務局長が室蘭にやって来た。

高野事務局長は「敵のはげしい攻勢の中で、どうすれば組合の組織をまもり強めてゆくことが出来るか、それを真剣に考へよう」と組合員や主婦たちに呼びかけた。

全国から帰って来たオルグ達をまじえた組合員や主婦たちは真剣に斡旋案の討議を行った。

そして労仂者にとって団結がどんなに大切なものであるかを身をもって知った日鋼の労仂者たちは、組合の組織を守ると云う事で次才に意見が統一して行った。

十二月二十六日。

中労委斡旋案をめぐる才三十三回臨時組合大会が市内の学校の講堂で開かれた。斗争開始以来実に一九三日目である。

大会は小林組合長の挨拶に始まり続いて鈴木書記長より斡旋案受諾の執行部提案があり、全員一致をもってこれを決定した。

組合員はこう訴えている。

〝私たちは全労仂者の生活と、权利を守る斗いの先頭に立って来ました。併しまだ敵は強い。ここに中山案が出されて来た理由があると考えます。私達の要求はMSA、サンフランシスコ条約を打破ることなくしては絶対に解決されないことを知りました。

この為に全労仂者、全国民との統一を強めなくてはならないと思います。そのために我々は涙をのんで斗いの歩みをとどめ、みなと足並をそろえて斗いを進めて行きましょう……〟

こうして組合の団結と統一を守り抜いた日鋼室蘭の労仂者たちは、いま勝利の確信にみちて新しい斗いに出発するのである。

各労組・団体への お願い ——

★機関で、この映画の製作問題を取り上げ積極的な協力の方法を決めて下さい。

★各人は、この映画の上映活動で、労仂者の団結と統一、農民・市民の連帯性の重要さを大きくかかげ、全革新勢力を総送挙へ結集すること。

★各労組・団体の地域に於いて発行する映画ニュースを製作本部へ送って下さい。

★資金カンパの活動を活発にすゝめて下さい。

〜〜〜眼を大きく見開き闘いの教訓をいかそう〜〜〜

記録映画 197日の斗い 日鋼室蘭

労働者との共闘、農民市民との提携のもとに一九七日を闘った日鋼室蘭の労働者たち！『女の一生』の悲劇的な暗さから、意識的に労働者の非凡な主婦へと転化発展していった日鋼室蘭の主婦たち、春の日ざしのように明るく、朗らかな日鋼の子供たち。

売価 二五、〇〇〇円
長さ 八〇〇呎 二巻
上映時間 二〇分

闘いの教訓に學び来るべきメーデ闘争へ

総評事務局長 高野 実

この映画を見て、日鋼室蘭の労働者と家族の方々の闘いに涙が出た。これは私ばかりでないと思う。

また、この映画を作つた映画産業の労働者の献身的な製作活動に心から御礼申上げたいこれだけで日鋼室蘭の闘いの全ボーがわかると云うことは無理なことですが、是非国民の皆様や労働者農民の方にみてもらい、日鋼の主婦達の闘いを知つてもらいたい。この闘いの教訓に学び平和憲法のョーゴ、来るべきメーデー闘争へもり上げてゆきたい。

是非多くの人たちに見てもらいたい

南 博談

労働組合の生命は団結にある。と云うことは一般勤労者の通念であると思います。この映画は一言で申しますなら、そのことを見事に記録してあると思う。

日鋼の労働者の方は無論、主婦のかたがたが、長い苦しい『ストライキー』と云う異状な生活条件であったことでしょうが、社会を見る目が変って来た。考え方が成長して来たと申しますか、その点が短かい巻数の中でもよくとらえている。

日鋼のストに対しては色々批判を持つ人もいると思いますが、出来るだけ多くの人たちにもこの映画は是非見てもらいたい。

―文責記者

日本労働組合總評議会
東京都港区芝三田四国町２ノ６
電話（45）6027・6269・5797

共同映画社
東京都中央区銀座西 8／8 華僑会館ビル
電話（57）1132・6517

取扱所

一九七日の闘い

日鋼室蘭

闘いの花をさかせよ　実を結ばせよう!!

―あらすじ―　一九五四年十二月、日本製鋼所室蘭工場では、いま九〇一名の不当な首切りに反対して組合とその家族たちが一六〇日にわたるねばり強い闘いを続けている。

闘いは真夏の六月中旬に始まった。『賃下げしてもよいから首切りだけはやめてほしい』とこい願った日鋼の労働者たちに対して工場を再び軍需工場にしようと目論んだ会社側は、このひかえ目な要求に対して工場閉鎖で答えた。組合員は怒りに燃えて遂に立ち上った。

一方莫大な金と職制を使って組合を分裂させ、第二組合を作り武装警官の力を借りてピケを破り、一挙に組合を押しつぶそうと図った。組合は、無用の挑発と混乱をさける為にピケを解除して全国へオルグを派遣した。それに応えて全国各地の労働者たちは続々と統一行動を盛り上げ、遂いに十一月十三日全北海道二十五万の労働者が二時間ゼネストをもって日鋼の闘いに答えたのである。闘う日鋼の労働者を助けろと全国の労働者から続々とカンパが寄せられた。闘いが広まるにつれて、主婦達は次々と学習会やサークルを組織し、黄変米や原水爆禁止の反対運動も活潑に行った。そして不幸にも第二組合に走った者たちの家に行って同じ主婦の立場から色々と説得を行った。十二月十七日中労委は斡旋案を提示した。これに対して鈴木書記長は『今後どう闘うか、それはあくまでも全員一致で決めて行きたい』と全組合員の徹底的な討論を強く要望した。吹雪の闘をついて組合員をはげます主婦たちの歌声のひびきの中に総評の高野事務局長が室蘭にやって来て「敵のはげしい攻勢の中で、どうすれば組合の組織をまもり進めてゆくことが出来るか、それを真剣に考えよう」と組合員や主婦たちに呼びかけた。

十二月二十六日。中労委は斡旋案をめぐる第三十三回臨時組合大会が開かれた。鈴木書記長より斡旋案受諾の執行部提案があり、全員一致をもつてこれを決定した。組合員はこう訴えている。〃私たちは全労働者の生活と、権利を守る闘い〃の先頭に立って来ました。私たちの力は強くなった。併しまだ敵は強い。ここに中山案が出されて来た理由があると考えます私達の要求はMSA、サンフランシスコ条約を打破ることなくして絶対に解決されないことを知りました。この為に全労働者、全国民との統一を強めなくてはならないと思います。そのために我々は涙をのんで闘いの歩みをとどめ、みんなと足並をそろえて闘いを進めて行きましよう。

いま勝利の確信にみちて新しい闘いに出発するのである。

企画

日本労働組合総評議会

国民文化会議

製作

日鋼室蘭記録映画製作委員会

製作スタッフ

大野　忠

江連高之

西山龍介

宮家陳孝

大家忠男

日本教職員組合
国鉄労働組合
全逓信従業員組合
日本都市交通労働組合連合会
日本炭鉱労働組合
日本鉄鋼産業労働組合連合会
全日本金属労働組合
全国銀行従業員組合連合会
全日本電機々器労働組合連合会
全国ガス労働組合連合会
全日本国立医療労働組合
日本電気産業労働組合
記録映画作家協議会
移動映画こんだん会
映画総連短篇連合会
東京映画愛好連合会
近代映画協会
中央映画社
独立映画社
自由映画人連盟
共同映画社

―協力―

日鋼室蘭労組
日本のうたごえ実行委員会

★

★

～職場へ町へ村へ上映活動を拡大しよう～

記録映画　朝鮮の子

貧困と圧迫の中で育ちゆく在日十二万朝鮮の子たちの生活を描く！

製作　在日朝鮮人学校
　　　全国ＰＴＡ連合会
　　　在日朝鮮人教育者同盟
　　　在日朝鮮映画人集団

協力　在日朝鮮統一民主戦線
　　　中央委員会
　　　在日朝鮮統一民主戦線
　　　東京都委員会
　　　在日朝鮮文化団体連合
　　　東京都立朝鮮人学校
　　　教職員組合
　　　東京都立朝鮮人学校生徒
　　　自治会連合会
　　　記録映画製作協議会
　　　自由映画人連合会
　　　東洋映画社

後援　平和擁護日本委員会

提供　日朝協会

製作担当　李興烈　南日竜　南万植　金順明　安楽進　全致五　姜永根

シナリオ　京極高英　吉見泰　荒井英郎　丸山章治　朝鮮映画人集団

演出　荒井英郎　京極高英

補佐　呂運珏　林健　尹孝鐸　鄭太禹　文如松

撮影　大小島嘉一　清水浩

補佐　申光雨　瀬川浩　安承玟

録音　片山幹男　大家忠男

照明　我見良二　安田伊三郎

音楽　長沢勝俊　崔東玉

朝鮮の子の製作について

今度、東京都教育委員会は「都立朝鮮人学校は昭和三十年三月三十一日限り廃校する」ことに一方的に決めております。しかしこのような弾圧はいまはじまつたことではありません。

一九四八年、朝鮮人学校を閉鎖しようとして引起された「阪神教育事件」以来、度々繰りかえされております。昨年の四月にも東京都教育委員会は、民族科目（朝鮮語、朝鮮の歴史、地理）を正科としてはならないという朝鮮人学校の存在意義までかえてしまうような六項目を強要したのであります。しかしながら、われわれはあくまで学校を守るために、これを受諾し、その指示の実施に努力してきたのであります。それにも拘らず今度の都教育委員会の廃校措置は、これは朝鮮人から民族的権利を奪つて朝鮮人を再び昔のような奴隷状態においやろうとするものであります。

今度の当局の廃校理由は「外国人だから都民の血税で運営することは出来ない」というのでありますが、現在、都内在住の朝鮮人の納税は約十億にのぼつて居り、しかも朝鮮人のための公費の支出は教育費、生保費に限られ、その中教育費のために支払われているのは僅かに五千八百万円であるにも拘らず、膨大な経費が朝鮮人のために使われているかのようにいつているのは、事実を故意に無視したものであります。

吾々は日本国民の良識と世論によつて、この朝鮮人学校に加えられている不当な圧迫がはねのけられることを心からのぞんでいます。

現在、日本には十二万余の朝鮮人児童がおります。そのうちまがりなりにも民族教育をうけている児童は全国で僅かに二万余りであり、残りの十万のうち、約半数が日本人学校で日本人として教育をうけており、他は未就学児童という悲惨な状態にあります。

これらの在日朝鮮の子供たちの生活と教育の実態を広く日本国民にうつたえようとして今度、朝鮮人学校ＰＴＡ全国連合会及び朝鮮人教育者同盟では在日朝鮮映画人集団と共同で記録映画「朝鮮の子」を製作することになりました。これは朝鮮の子供たちの綴つた生活記録を映画化するもので、平和と独立を願う日、朝両国民の相互理解と友好と団結を一層ふかめようとするものであります。

この映画の長さは三巻で、一二〇万の製作費を要し、十二月二十日頃から撮影を始めて、二月中旬までには公開する予定であります。

この映画の製作費は皆さんの協力によつてすすめていきたいと思います。どうか絶大な御援助をお願いします。

あらすじ

僕は朝鮮人です。僕たちの学校は東京の枝川町にあります。枝川町はもとは東京のゴミ捨場で、人など住めるところではなかつたそうです。僕のお父さんやお母さんは朝鮮人だというのでこんな所にしか住ましてもらえなかつたのです。そしてどこえ行つても朝鮮人だというので仕事をことわられます。お父さんたちは仕事をするところがなくて鉄屑を拾つたりかつぎ屋やパチンコの景品買いをしています。まともな仕事がないからです。

僕のお父さんは戦争中徴用で炭鉱に連れてこられて働いていましたが、病気になつて死んでしまいました。お母さんは毎晩夜おそくまで手袋の内職をしています。一日やつて四〇円です。そしてお金がないと、よそから借りてきても僕を学校へ出して勉強させようとします。僕たちは、お父さんやお母さんのおかげで僕たちの国の言葉や地理、歴史を習つています。立派な朝鮮人になるためです。

私がまだ日本の小学校に通つていた時のことです。神戸からおばあさんがきました。おばあさんは、真白な上衣と、地面までとどく長いスカートに、船の形をした変てこな靴をはいていました。私の顔をみるとわからない言葉で、ぺチャクチャしやべりはじめました。私ははずかしくて押入へ入るなり泣いてしまいました。はずかしくてたまらなかつたのです。自分がどこの国の人かということを考えてみたことはありませんでした。私は朝鮮人だつたのです。私は神戸から来たおばあさんをうらみました。こんないやな出来ごとを作つて、あのおばあさんは本とに憎らしいと思いました。なんで、日本人に生れなかつたのだろう。いやだなあ、ニンニクくさい朝鮮人なんか……。

しかし私は日がたてばたつほど今まで自分が考えていたことがあまりにもでたらめであつたことに驚きました。

私は、朝鮮の言葉や歴史を学ぶ中で、何故朝鮮人である私が見知らぬ日本の土地で生れなければならなかつたかを知つたのです。私たちのお父さん、お母さんは決して怠けたために祖国を捨てる気になつたのではなかつたのです。私たちのお父さん、お母さんは故郷が嫌で日本にきたのではなかつたのです。私はバカでした。私たちの父母がどんなに苦労をしてきたのかも知らず、朝鮮人とけいべつし、朝鮮人を卑しく考えていたなんて……」

終戦後、朝鮮が日本から解放されて自由になつた時、お父さんやお母さんが、苦しい中から家財道具まで売つて僕たちのために、小学校や中学校を全国各地に六〇〇も作つたのです。おかげで、いままで知らなかつた僕たちの国の言葉や地理、歴史を自由に習い、朝鮮人としての誇をもつようになりました。

ところが、僕たちの学校に大変なことが起りました。日本の役所から、折角作つた僕たちの学校を、やつてはいけないと言つてきたのです。僕たちの学校がなくなつてはこれからさき僕たちはどうなるのでしよう。全国のお父さんやお母さんたちは学校を続けることが出来るよう、方々の役所へ頼みに行きました。

この事件で、僕たちの友だちの一人が大阪で警官のピストルにうたれて死にました。

けれど、日本のおじさんたちも一諸になつて、みんなの力で学校は守られました。

しかし、一九四九年九月僕たちの学校を作つてくれた朝鮮人連盟が解散させられ、東京の学校は都立になつて、学校は日本人の手に渡りました。それからは、ちつとも安心して勉強できないようなことがあとからあとから起りました。

しまいには、こんなことまで言つてきました。それによると、学校の生徒の数がきめられて、学校にあがりたい子供も、あがれなくなり、今まで習つてきた朝鮮の言葉や、地理、歴史も課外でしか習えなくなるし、先生も、朝鮮の先生は、本当の先生になれないという差別をうけることになるのです。

PTAのおじさんたちは、ひどく心配して何度も何度も話合いました。僕たちもじつとしてはいられませんでした。街頭に出てビラを配つて訴えました。僕たち朝鮮人がどうして、朝鮮の教育を受けてはいけないのか不思議でなりません。けれども、これを受けないと、学校をつぶしてしまうと言うので、とうとう承知しなければなりませんでした。

こうして僕たちの教室からは、朝鮮の課目がすつかり減らされてしまいました。僕たちは、学校では充分ならえなくなつた僕たちの国語を家で習います。

どうして朝鮮の勉強を学校でやつてはいけないのでしよう。どうしたら僕たちの学校を守れるか、みんなと相談しました。そうしたらお父さんも先生も、日本の人々と仲良くしなければならないと言いました。それで僕は日本の人々とどうしたら仲良く出来るかというのでいろいろ考えました。その結果、日本の人々と仲良く、けんかしないで一しよに遊ぶことだと思いました。

今度はとうとう廃校の通知がきました。理由は、朝鮮人は外国人だから、日本人が出した税金で教育することは出来ないというのです。けれど、朝鮮人が納めている税金は都だけで十億円にのぼつています。その中私たちの学校につかわれている費用は僅かに五千八百万円にすぎません。それに、占領当時、朝鮮人学校を無理に都立に移管しておきながら、今度は外国人だから廃校するというのはおかしい話です。このような朝鮮人の民族教育に対する弾圧は、祖国の統一独立を阻み、再び朝鮮を植民地にしようとするものであります。

私たちは、祖国が統一出来て帰れる日まで民族教育を守り、学校を守つていきたいと思います。

◇ 二月中旬 **全國一齊公開** ◇

記録映画

「朝鮮の子」製作委員会

東京都中央区東銀座4-4飼料会館4階

東洋映画社内 電話(56)3278

記録映画

朝鮮の子

製作 **朝鮮の子製作委員会**

提供 **東洋映画社**

21

記録映画　製作・朝鮮の子製作委員会

朝鮮の子

16ミリ版

3　巻
長さ　1,250呎
売価　40,000円

製作	在日朝鮮人学校 全国PTA連合会 在日朝鮮人教育者同盟 在日朝鮮映画人集団
製作担当	李興烈 南日竜 南万植
シナリオ	京極高英 吉見泰
演出	荒井英郎 京極高英
補佐	呂運班
撮影	林健 大小島嘉一 清水浩
補佐	申光雨 瀬川浩 安永玫
録音	片山幹男 大家忠男
照明	浅見良二 安田伊三郎
音楽	長沢勝俊 崔東玉

〜〜貧困と圧迫の中に育ちゆく朝鮮の子たちの生活を描く珠玉篇〜〜

……あらすじ……

私がまだ日本の小学校に通っていた時のことです。神戸からおばあさんがきました。おばあさんは、真白な上衣と、地面までとどく長いスカートに、船の形をした変てこな靴をはいていました。私の顔をみるとわからない言葉で、ペチャクチャしゃべりはじめました。私ははずかしくて押入へ入るなり泣いてしまいました。私は神戸から来たおばあさんをうらみました。こんないやな出来ごとを作って、あのおばあさんは本とに憎らしいと思いました。なんで、日本人に生れなかったのだろう。いやだなあ、ニンニクくさい朝鮮人なんか……。

しかし私は日がたてばたつほど今まで自分が考えていたことがあまりにもでたらめであったことに驚きました。

私は、朝鮮の言葉や歴史を学ぶ中で、何故朝鮮人である私が見知らぬ日本の土地で生れなければならなかったかを知ったのです。私たちのお父さん、お母さんは決してなまけたために祖国を捨てる気になったのではなかったのです。私たちのお父さん、お母さんは故郷が嫌で日本にきたのではなかったのです。私はバカでした。私たちの父母がどんなに苦労をしてきたのかも知らず、朝鮮人とけいべつし、朝鮮人を卑しく考えていたなんて……」

終戦後、朝鮮が日本から解放されて自由になった時、お父さんやお母さんが、苦しい中から家財道具まで売って僕たちのために、小学校や中学校を全国各地に六〇〇も作ったのです。おかげで、いままで知らなかった僕たちの国の言葉や地理、歴史を自由に習い、朝鮮人としての誇をもつようになりました。

ところが、僕たちの学校に大変なことが起りました。日本の役所から、折角作った僕たちの学校を、やってはいけないと言ってきたのです。僕たちの学校がなくなってはこれからさき僕たちはどうなるのでしょう。全国のお父さんやお母さんたちは学校を続けることが出来るよう、方々の役所へ頼みに行きました。

僕たちもじっとしてはいられませんでした。街頭に出てビラを配って訴えました。僕たち朝鮮人がどうして、朝鮮の教育を受けてはいけないのか不思議でなりません。

こうして僕たちの教室からは、朝鮮の課目がすっかり減らされてしまいました。僕たちは、学校で充分ならえなくなった僕たちの国語を家で習います。

どうしたら僕たちの学校を守れるかみんなと相談しました。そうしたらお父さんも先生も、日本の人々と仲良くしなければならないと言いました。それで僕は日本の人々とどうしたら仲良く出来るかというのでいろいろ考えました。その結果、日本の人人と仲良くけんかしないで一しょに遊ぶことだと思いました。

22

製作　福島県教員組合
　　　五色の集い映画製作委員会

五色の集い

（2巻）

売価一八、〇〇〇円
長さ　　八〇〇呎

この映画は昨日まで名も知らなかった人間同志が、お互の交流や同じキャンプ生活をするなかで、考えや職業はちがっていても、どっかで通じ合う、友情と平和のねがいを、一年有余のうたごえ運動や映写活動にのせて、進めをなかで生れたものです。

◇詩情にあふれた農村と都会の人々の友情◇

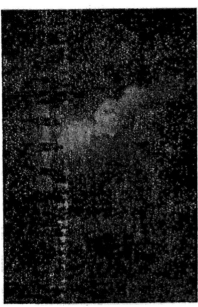

あらすじ

檜原湖畔の森で、若者たちが鳴らす太鼓の音が、湖水をわたって響いてくる。

そのころ、東京の労働者学生たちに、会津より、今年も裏磐梯で、盛大に五色の集いを開こうという手紙がきた。

七月二十八日、これらの人々を乗せた汽車は、東京、茨城、仙台から、続々と猪苗代を指して走っていった。

地元の青年たちは、五色の集いのために、薪や、食糧配給所までも作り、遠来の友のために万全の準備をするのだった。

昨日まで名も知らなかった人間同志が、同じキャンプ生活をする。同じカマのメシを喰い、考えや職業はちがっていても、きっと、どこかで通じ合う、この友情と平和えのねがいを、明日の私たちのしあわせと、世界の平和のためにしっかりと育てて行こう。

美しい五色沼にちなんだ五色の集いは、年毎に十倍、二十倍にふえていく……

二日目の実行委員長の挨拶から、農村と都会の友情のうたごえがくりひろがってゆき、つどいの行事は最高潮にのってゆく。

三日目、疲れを知らぬ若者たちは、磐梯山へ登って行く。

頂上で歌う平和と友情大合唱は、檜原湖、五色沼を越え、会津盆地を渡り、日本国中に響き渡ってゆく。

協力者
岩佐氏寿
後藤誠
河野哲二
片山幹夫
東京映画社

23

東北農村の大自然と生活を描く記録映画

土の歌

2巻

編集 撮影 記録映画作家協議会 草笛サークル

企画製作 国際農村青年会議 東北準備会映画製作委員会

協力 青年文化協会

うたと踊りで村や街をうずめましょう！
よろこびを共にしましょう！ 平和と青
春のために、明るい村と街をつくるために
手をつなぎましょう！

〰〰〰〰あらすじ〰〰〰〰

東北地方――まずしい農業地帯、そこは、いつも中央の政治のギセイになってきた。昔は青年たちは戦争にかり出され、娘は身売して都会の工場に働きにいった。だが、今でも農村の人々は、いくら働いても楽にならない。おまけに先祖代々の土地は軍事基地や演習地にとりあげられている。青年たちは、そういう現状をどうしたらいいか皆で相談をはじめた。

そこに、イタリア、ラベナン地方の青年から訴えが来た。『世界中の農村青年が手をとりあって、平和な生活を建設するために話し合うではないか』――

一つの部落の話し合いは、全東北農村青年の間にひろがり、男女のつどいがひらかれるまでになった。

集会で話されたことは村にもって帰り、そこでは、青年男女が力をあわせ稲刈の共同作業をやった。託児所も作った。青年たちは自からの手で演劇もはじめた。こういう青年たちの運動は更に進んだ戦争に反対し、原水爆を禁止するために署名運動をした。七ケ村で一七、〇〇〇票もあつめた。山形の戸沢村では、アメリカ軍の日本人立入禁止の札をひっこぬき、アメリカ軍立入禁止の立札に替ったりんごの木の下でフォークダンスをおどる青年男女の明るい顔。

国際農村青年集会の運動は東北全体にひろがり、更に日本中の農村青年、世界の青年たちと手をつなごうとしている。

賣價 二五〇〇〇圓
長さ六五〇〇呎

東京都中央区銀座西八ノ八華僑会館ビル

株式会社 共同映画社

電話 銀座(57)一、一三二 六、五一七

24

記　録　映　画

1955年メーデー

（2巻）

企　画　映画演劇労働組合総連合・製作メーデー映画製作委員会

雨にもめげず集つた25万の中央メーデー
カメラがとらえた労働者の底力の実体！

一九五五年メーデー

（全２巻）

傘さした仲間の顔が、みんな美しく、平和と統一のきょうのメーデー

……内容……

メーデー前夜祭、美しい踊り、たのしい歌、鳩山、重光の仮面劇、湧き上る拍手。

大合唱は夜空にこだまする。

また東京の片隅ではローソクの光をかこんでニコヨンの小父さん、小母さんたちがメーデー前夜祭を祝って歌っている。

その夜、世界のメーデーへ、六十九人の代表が赤旗の波に送られて羽田を旅立つ。

一九五五年五月一日、東京の雨の朝があける。街から、職場から、それぞれ要求をプラカードにこめて集って来る。

会場へは、どしゃぶりの雨を突いて、人々の大きな流れが隊伍を組み、入場してくる。明るい顔は、この一年間を町ぐるみ、家族ぐるみ闘って来た労働者の確信を物語っている。そして今日、この人々は更に大きな働く者の統一と団結を目ざして前進しようとしている。

横なぐりの雨の中で壇上の『労働者の団結で、自由と平和、生活と権利を守れ』が平和の鳩のもようのバックの上に浮び上っている。各政党各団体の代表が居並ぶ。

赤旗の波、二十五万の傘の波。

第二十六回メーデー集会の開会。

平和について——総評

生活と権利について——全労

団結と統一について——新産別

以上の三ッの提案。

鉄鋼労連、東証労組、全繊維の昨年の特徴的な闘いをした労働者の顔は印象が深い。

やがてメーデー宣言。

この瞬間、二十五万の人々の意志は一つの方向に統一され、巨大な力となって、新しい闘いにむかって前進する。この団結した統一した力が、支配者の圧制と搾取をうち破り平和を守る力となることだろう。

デモ、雨をも、ものともせず堂々たるデモ。各組合は闘いの歴史に輝く赤旗を高く掲げ、それぞれの要求を記したプラカードをかざして進む。主婦たちが、学生が、中小企業者が、そして農民の代表が腕を組みどろんこになって進む。沖縄の人々が進む。道行く人々、街の人々が声援をおくる。

第二十六回メーデーのデモが大きな波のように押しよせて来る。それは一つの意志に統一された巨大な力の前進だ。

……お願い……

この映画は、映画演劇労働組合総連合が企画し、メーデー映画製作委員会が作ったものであります。労働組合、労働者又は映画を愛するサークルの人々や映画専門家の方々から資金カンパをあおいで製作しました。

労働組合の一般的な高揚はさりながら、国民の統一と団結はますます高まりつつある現在、この映画を宣伝啓蒙の武器として広く活用されることを希望致します。

持に労働組合でプリントを購入されて内部の教宣活動は申すまでもなく、家族、地域の教宣活動のため利用されることを切にお願い致します。

メーデー映画製作委員会

プリントの売價

三十五ミリ版（一、八〇〇呎）五〇、〇〇〇円

十六ミリ版（七五〇呎）二五、〇〇〇円

東京都中央区銀座西八ノ八　華僑会館ビル

株式会社 共同映画社

電話銀座(57)1132・6517

取扱所

教育映画作家協会規約

一、名　称

われわれの会は「教育映画作家協会」と称する。

二、所　在

協会の事務所は　　　　　　　　　　　に置く。

三、目　的

協会は、企業に所属すると、フリー契約者たるとを問わず、凡ての教育映画作家が打って一丸となり、次の目的を果すための力となる。

① 教育映画の製作を通じて、平和で民主的な日本の文化の発展に貢献する。

② 教育映画の製作を活溌にする力となり、作品の質の向上に努める。

③ 作家の生活の擁護と向上をはかり、その社会的地位の向上に努める。

四、右の目的のために左の活動を行う。

① 創作の自由を守り、教育映画の正しい発展をはかる。

② そのために、各プロダクション、教育映画製作者連盟、映画教育協会、その他各民主団体、文化団体と協力する。

③ 配給上映団体並びに観客組織活動と積極的に提携し、広く国民との結び付きをはかる。

④ 教育映画の自由な国際交流に努める。

⑤ 企画活動を盛んにする。

⑥ 脚本や作品の合評を盛んにし、作品活動の経験を交流しあう。

⑦ 会員は企業の内にあると外にあるとを問わず、仕事の状態を報告しあい、お互いの生活条件の擁護と向上のために力になりあう。

⑧ 協会は各プロダクションに会員を斡旋し、契約交渉を本人に代って行う。

⑨ 作家の契約金の基準を定め、不当なダンピングを防ぐ。基準は内規で定める。

⑩ その他、作家の諸権利（例えば著作権の確立）を守るために努める。

⑪ 会員の相互扶助の活動に努める。

⑫ 材関紙（誌）を発行する。

五、会　員

① 日本の教育映画作家（脚本家、演出者、演出助手、動画アニメーター）で、本協会の規約に賛成する者はすべて会員となることができる。

② 加入希望者は本協会の運営委員会に申し入れ、その承認を経て会員となる。

③ 会員は規定の会費を納入する義務がある。

④ 会員はすべて協会に対し平等の権利を持つ。

⑤ 脱会したい場合は、運営委員会に届け出て脱会できる。

⑥ 作家以外で、本規約に賛同の者は運営委員会に申出て、賛助会員になることができる。

六、組織と運営

① 協会の最高決議機関は総会とする。総会は年一回開かれ、会員の半数以上の出席で成立する。但し、止むを得ず出席できぬ会員の委任状を認める。

② 総会は、協会の方針を定め、役員（会長、運営委員、会計監査）の選出、規約の改正、その他必要な事項を過半数の賛成を得て決定する。

③ 総会は運営委員会が召集する。但し、運営委員会が必要と認めた場合、または会員の一／3以上の要求があった場合、臨時に総会を開くことができる。

④ 運営委員会で定められた方針に従って協会の運営に当り、総会に対して責任を持つ。

⑤ 運営委員会は、企業に所属する会員とフリーの会員との若干名を以て構成し、その長を互選する。

⑥ 会長は協会を代表する。

⑦ 運営委員会による日常の事務処理を円滑にするため、有給の事務専従者を置く。

⑧ 会計監査二名を置き、協会の財政運営を監査する。

七、経　費

① 協会の運営は

a、会員の会費

b、事業収入

c、寄付金　その他

によってまかなう。

② 会員の会費は、企業所属者とフリー契約者との二本立とし、それぞれの額を内規で定める。

八、本規約は　　年　　月　　日より発効する。

以　上

内　　規

一、会員の会費

a、企業所属者は、毎月手取月収の2％を収める。（又はランク制とし、手取一万円千円以下は二〇〇円、一万五千円以上は三〇〇円を毎月収める。）

b、フリー作家は、ギャラ入手の時、その手取の4％を収める。但し、毎月百円を政会の維持のために収め、％納入の際に差引精算をする。

c、当面発会に際し企業所属者もフリー作家も一律に三〇〇円を前納し、政会の運営基金に当てる。但し、企業所属者は次回の月額納入に際し差引精算する。またフリー作家は％納入に際して差引精算する。

二、ギャラ基準

○　二巻迄の基準（契約拘束一ヶ月半、四十五日を標準にして）

演　出　料	十万円（手取、以下すべて手取）
脚　本　料	六万円（調査費は実費計算で先方持ち）
シノプシス料	一万円
編　集　料	巻当り二万円
アニメーション料	？
演出助手料	四万五千円

○　四巻まで

演　出　料	十五万円
脚　本　料	八万円
シノプシス料	二万円
アニメーション料	？
演出助手料	九万円

○　五巻以上

演　出　料	十六万円以上
脚　本　料	十万円以上
シノプシス料	三万円以上
アニメーション料	？
演出助手料	十万円以上

○　長期もの（三ヶ月以上かゝりきりのもの）

演　出　料	上記の演出料を基準にして、一ヶ月四万円見当になるように計算する。
演出助手料	上記の演出助手料を基準にして、一ヶ月二万五千円見当になるように計算する。

○　日当計算が適当な場合　（一ヶ月に二、三日ずつ、長期に渡る場合を含む）

演　出　料	一日　三千円
演出助手料	一日　千五百円

○　オーヴァ・ギャラ　（契約期間を超えて、一週間以上一ヶ月以内に及ぶ場合）

脚本契約料の　三〇％

《大体右を基準にして、諸条件とにらみ合わせて按配。また、右を基準にして各個人の希望額（これ以下ではやらないと云う額）を政会に申出ておき、按配の資料とする》

以　上

26

試寫研究會開催御案内

恒例の試寫研究會を左記に依つて開催致します。會員諸氏は奮つて御參會下さいますよう希望いたします。

日時　五月三十一日火曜　午后一時より五時

會場　映教會館三階試寫室で

作品
霜柱　一巻　視覚教材　岡本昌雄作品
水と人間　一巻　東映十六ミリ　平松幸彦作品
寫眞機　一巻　岩波映画　吉田六郎作品
腐敗　一巻　日映科學　中村麟子作品
海邊の動物　一巻　視覚教材　岡本昌雄作品

27

イタリヤ文化映画を鑑賞する試寫會御案内

今回イタリヤ大使館と文部省との御好意に依り、測らずもイタリヤ文化映画を鑑賞する機会を持つことが出来ました。左記による試寫会には是非会員諸氏多数参会せられることを望みます。

日時　六月四日土曜　午后一時三十分（時間厳守）

場所　文部省　試寫室

上映予定作品
線の魔力（長篇）　○絹の奇蹟
○実験室の蛙　○大理石の天才
○巨人の歩み　○エトナの春

プリントの都合によつて、右は二・三変更があるかも知れません。御了承願います。
その時は　鋼鉄の血管、絵を語らせる　などを

28

外國短篇試寫會御案内

今回教育映画製作連盟の御好意に依り珍らしい外國短篇映画の試寫を見る機会を得ましたので、此の際是非御覧になるようおすすめします。

一、日時　六月六日（月）午后三時より約一時間

一、場所　文部省　二階　試寫室

一、作品
(1) のみすぎた一杯　二巻　総天然色人形映画
チエツコスロバキア國立映画作品
(2) 黄金のかもしか　三巻　総天然色漫画映画
ソ連漫画映画スタヂオ作品
(3) 水玉の幻想　一巻　総天然色人形映画
チエツコスロバキア國立映画作品

猶入場証は名宛御本人が必ず御携行になるよう。又御同伴や名宛者以外に御轉用になることは是非共御遠慮願います。

◎ 当日会場にてアンケート用紙を配りますから御協力下さいますようお願い申しあげます。

◎ 当教育映画作家協会およびこの種の催しについて御意見御希望などあれば当協会までお聞かせ下さい。

これだけは見てもらいたい 映画の会

——私たちの映画祭について——

教育映画作家協会

私たちの集りは、記録・教育映画の現場、製作で立つ作家（脚本、演出、演補編集、動画アニメーター）の集りです。

いま私たち教育映画の作家たちが耐乏の道を歩んでいることを就ては触れません。

たゞ、私たちは、いつも、みなさんに見て頂きたい作品を作るために専心してきました。そして、最近、そうした作品が少しずつですが、たまつてきました。しかし、今日でもなお、見て頂きたいと思つて作りながら、なか〳〵見て頂く機會の少ない作品が沢山あります。

私たちは、この際、そうした作品を誠に不充分ながら私たちの手で推せんし合つて、みなさんに是非見て頂こうと計画しました。

記録、教育映画の作家が、今日何を考え、どの方向にすゝもうとしているかをお汲みとり下さつて、記録、教育映画の発展のために更に御協力と御鞭撻を頂きたいと思います。

なお、次回からは出来れば、観客のみなさんの手によるコンクールができるように運んでゆき、観客のみなさんと作家とが直接に交流し、記録、教育映画が真にみなさんのものとなり得るように努めたいと思つていますが、これに就ての御意見などお寄せ下されば幸甚に存じます。

東京都中央区銀座西八丁目五番地
日吉ビル四階
教育映画作家協会
電話銀座(57)二八〇一

これだけは見てもらいたい **映画の會**

1955年12月11日（日）

★第一部（午后一時より）		★第二部（午后三時より）	
あいさつ………		………吉見	泰
教室の子供たち	3巻	たのしい版画	2巻
ビール誕生（天然色）	2巻	かえるの発生	1巻
砂川の人々	2巻	くじらとり	2巻
芦　沼	4巻	ひとりの母の記録	4巻

木村栄進堂印刷
1300枚 ¥3,500.—

会場・国鉄労仂会館ホール（東京駅八重洲口下車）

主催・教育映画作家協会　後援・朝日新聞社

―プログラム―

★ 教室の子供たち

製作・岩波映画製作所
提供・文　　部　　省

小学二年生の教室を中心に児童の動きを観察し、現職員やＰＴＡ等の教育資料とする文部省委託の特異作品。

今年度教育映画祭の入賞（第三部門最高位）作品。

羽仁進脚色演出・小林静夫撮影

★ ビール誕生

製作・東　京　シ　ネ　マ
提供・日本ビール株式會社

特に麦とホップと、酵母の三つの「いのち」をとらえて工程を描くイーストマン色彩ＰＲ映画の好例。

吉見泰脚本……柳沢壽男演出・小林米作撮影

★ 砂川の人々

製作・日本ドキュメンタリー・フィルム社
提供・北星商事株式會社

問題の都下砂川町における基地反対斗争の歴史的な記録映画。単なるキワモノではありません。報道性を主にした記録映画の一つの形です。自主製作。

亀井文夫・沼沢伊勢三編集・松岡忠吉佐藤正撮影

★ 芦（あしぬま）沼

製作・山映視覚教育研究所
提供・日本視覚教材株式會社

新潟県の三百年にもわたる低湿田地帯の土地改良問題を歴史的に扱うドキュメンタリー映画。土を離れては生きられない農民の価わらぬ姿を捉えようとしています。

岡部久脚本演出・岸田二郎撮影

★ たのしい版画

製作・オ　一　映　画　社
提供・共　同　映　画　社

小学校を中心とする版画づくりの楽しさを描く数少ない児童美術映画。版画は生活をゆたかにするばかりでなく「見る、考える、発表する」という力を子供にあたえたいという狙いのものです。半自主製作。

★ かえるの発生

製作・岩波映画製作所
提供・教育映画配給社

カエルの発生経過を記録する理科教材映画。細胞分裂による生の神秘に端的に近ずこうとした科学映画の一典型です。今年度教育映画祭入賞（学校教育部門最高位）の自主作品。

小口八郎脚本・吉田六郎演出撮影

★ く　じ　ら　と　り

製作・三井芸術プロダクション
提供・日本水産株式會社

わが国の捕鯨の発達と変せんを、文政十二年（一八二九年）刊行の平戸藩益富組の捕鯨記録「勇魚取絵詞（いさなとりえことば）」なる文けんの描画を主体として描く異色篇。見ていてうれしくなる産業映画です。日本水産委託作品。

水木荘也・吉田正作脚色演出・小林米作撮影

★ ひとりの母の記録

製作・岩波映画製作所

一主婦を中心として信州伊奈谷の養蚕農家を例に農村問題を訴える社會教育映画。すべて実人物の出場でドキュメンタリーの限界をねらい、わが国の母の姿を描いています。今年度教育映画祭入賞（社會教育部門最高位）の自主作品。

岩佐氏壽脚本・京極高英演出・加藤和三撮影

★ 十二月十一日（日）午后三時
★ 国鉄労働会館ホール

会員券第二部

これだけは見てもらいたい映画の会

これだけは見てもらいたい映画の会によせて
アンケート集
みなさんの声

教育映画作家協会

東京都中央区銀座西8－5 日吉ビル4階 TEL（571）2801

★アンケート集について

私たちの映画祭「これだけは見てもらいたい映画の会」は、私たち教育映画作家協会としてもはじめての対外的な映画会でした。また重大な対外活動の一端でもありました。それだけ私たちにとっては、その成否が問題であったことは事実です。

ところが開催してみた結果は、ご承知のように大成功におわったわけです。経済的にも多少の黒字でしたが、むしろその効果は大変なもので、来会のみなさんがたからは〝絶讃〟といってもいい声――お言葉をいただきました。

おねがいしたアンケートのハガキは三〇〇出しましたが、二十日付現在（映画会後の十日間）七三通のご返事に接したのです。アンケートは約一割の返信が通例だとはよくいわれますが、今回の場合はその三割七分――三分の一をうわまわったわけです。異例ともいうべきでしょう。中にはお寄せしたハガキでは書ききれず、めんめんたるお手紙が四通からもありました。しかも内容的にも高度で熱烈なお言葉が多く、むしろ毎日それをよむ会員たちが圧倒される思いです。

ただちに協会にやってくる会員たちは、それを手にしてガツガツとよみました。おどろきました。でも仕事などであらわれない会員も大勢なのだから、これを一人ももれなく会員各自によんでもらいたいのです。ことに第一回の私たちの映画祭のことではあり、そのはえある記念としても記録としても、いただいたアンケートの全文をそのまま印刷することにしました。そして協会発足第一年のクリスマス・プレゼントとして全会員へおくります。

それと同時に、清く誠実なお言

MOKUJI・ペ

葉をおよせくださったアンケート投稿者のみなさまがたにも、かんたんながらお答えをつけてご返事といたします。実のところ当初の私どもとしては、こんどのアンケートを印刷することも、また会員以外に（たとえ投稿当事者の相互に対しても）発表することなどは、まったく考えておりませんでした。しかしご自分と同様な考え、あるいは反対の意見のあることをごらんになることも、あながち無意味ではあるまいと存じます。とにかく、このまま私たちだけが、あたためておくにはもったいないのです。この皆さんの〝声〟をおくる先は当協会々員、アンケート投稿者、関係映画各社の三方面であります。あらためておゆるしくださるようお願いもうします。

★アンケートの分類

アンケート到着のもようは次の通りです。

十二日（月）付		二四通
十三〃（火）〃		一三〃
十四〃（水）〃		一三〃
十五〃（木）〃		七〃
十六〃（金）〃		六〃
十七〃（土）〃		三〃
十九〃（月）〃		六〃
二十〃（火）〃		一〃
	現在、計	七三通

やはり映画会の翌日が圧倒的に多く、次の十三、四の両日は半減にちかい。さらに十五、六の両日はそれから半減、十九日の六通は前日の日曜分もあって追加されたものです。

これを年令的にみますと――

一〇代の方 ……	七通
二〇 〃 ……	六〇〃
三〇 〃 ……	九〃
四〇 〃 ……	七〃
五〇 〃 ……	四通
不明（いずれも封書）	三〃

つまり、二〇代の方々が圧倒的なことはわかりますが、五〇代の方々から四通もいただいたことはなにかほのぼのとした思いです。なお最年少は十六才、最高は五十七才の方ですが、どちらも最初の十二日付にいただいたことは特に印象的です。

これを男女別にみますと、男性六〇通、女性一四通（内、夫妻連名の一通あり）となって約四分の一弱の割合。女性の方々がやはり少なかったのはイカンです。ついでながら私たちも、これからは家庭のご婦人たちに対してなど、もっともっと積極的にはたらきかけるべきでしょう。

また職業別では教師が学生一七通、会社員一四通、教職員七通です。特に数はすくなくとも主婦三通、映画演劇関係三通（なかなか同業は投書してくれないものですが）労組書記と保健婦さんなどの各一通というのが目立ちます。

さらに地域的には、もちろん大多数が都内なことは当然ながら都下もあります。他県では川崎や松戸や取手、千葉市、遠距離のレコードは山梨県大月市ですが、このかたは（消印からみて）帰途の車中で投函されています。文面以上のおこころもしのばれて、私ども感激もいっそうです。

×

次にアンケートの本文は、ほぼ到着順にご紹介いたします。文面によっては、ところどころお答えもいたしましたが、特に全般的な共通性ある話題は、全文の最後にまとめて申上げておきました。

またアンケートの識別から筆者の敬称は略させていただきます。

★アンケート全文（73通）

☆北区 学生 梁谷聡之（16才）

今までに色々な記録映画の会を見てきましたが、今日ほどプログラムの充実したものを見ませんでした。特に「かえるの発生」の機械的な均整のとれた神秘さと卵割のすばらしさに目を見はりました。それから「ひとりの母の記録」を拝見し、母の尊さと働くことの尊さに再び驚き、尊敬の念を持ち、都会と田舎の矛盾に気がつき、吾々の生活を大いに反省しました。これからも是非このような映画会を催して下さい。尚、係の人の誠意と情熱に対し、心が温まる気持がしました。

☆港区 組合書記 吉沢健志（19才）

商業映画のその大部分がフイルムを浪費している現在、大変有意義な映画会でした。この様な映画が日本の一人残らずの人が見ることが出来たら、どんなにうれしいことでしょう。第二部しか見ていませんが、大人も子供もその職業、年令を問わず、誰にでも見てもらえると考えます。「かえるの発生」の解説（説明）が不十分。ただその変化が面白く感じられただけ、もう少し詳しく。「たのしい版画」と「くじらとり」の構成は大変すばらしかった。特に「たのしい版画」における小学生の生活に対する鋭い観察力にはおどろいた。「ひとりの母の記録」はかつて例がない程の作ですね。劇映画と異った身に迫った感動をうけました。最后の妹の手紙「世の中のどこかがまちがっているんだ」私ばお姉さんの意見に賛成です----しで終るのではなく、もう一歩つっこんでもらいたかった。農村の「女」の立場が「しゅうと」との間に於ける関係ばかりでなく、対外的、例えば部落（村の中）においての「女」の存在——置かれている立場——受けるあつかい。ちょっとものたりないという感じ、その苦しさの説明がつけたしでもしかないと考えます。

☆ 文京区 浪人
加藤 力（19才）

実にすばらしい映画会でした。楽しかったし考えさせられました。最近このような映画をみる機会がありませんので、久しぶりに見たこれら短篇映画に、より以上に感動させられてしまったわけです。それにしてもこのようにすぐれた映画が、ごく少数の人にしか見せることが出来ずにいるのは残念です。商業映画資本家及び映画館経営者に文化映画を上映しろといっても無駄なことで、やはり教育映画作家協会やその後援団体自身の手で、市場を開拓せねばならないと思います。日教組、総評などと協力し組織化された上映が望ましいと思います。今まで独立プロおよび文化映画の人々は、作るだけで上映の方に力をあまり入れてなかったように思います。今度このような会が出来たのは喜ばしいことです。これが大勢の人々に後援されて発展してゆくことを望みます。そのためになら私も協力できますが、協力することができます。今日集った人たちはきっと協力すると思います。「ひとりの母の記録」「教室の子供たち」「たのしい版画」「砂川の人々」は、このままにしてはもったいないと思います。尚、PRとみられる「ビール誕生」は、みんなに見てもらうほどすぐれた映画ではないとおもいます。

☆ 豊島区 学生
小池宣男（19才）

きょうは、よい映画を見せていただきありがとうございました。八本の映画は、それぞれ見るべきところがありますが、いちおう順位をつけるとすれば、①教室の子供たち ②ひとりの母の記録 ③たのしい版画です。「教室」を①にあげたのは、やはりその方面に関心を持っている結果かも知れません。私もすぐれた短篇映画を見たい。また多くの人に見てもらいたいと思っている一人で、きょうの映画会のことも、アルバイト先の珠算学校の生徒に紹介しましたし、また友人にも話して、一人でも多くの人に見てもらおうとしました。私自身としては、きょうの八本のうち、五本は教育映画祭、優秀短篇映画を見る会、各新聞社の教育映画会などですでに見たものでした。「ひとりの母の記録」は、きょうで六回目にもなります。けれども、何回見ても感動を受けます。この気持を他の人にも味ってもらうべく、またよりよい社会、より明るい世の中にするためにも、教育映画、とくに社会教育関係の映画を上映する機会がもっともっとたくさんあっていいはずです。きょうの会を契機にこうした催しを定期的に（ひと月に一回ぐらい）開かれることをせつに希望します。それから勝手なお願いですが、今後、映画会を催されるときには、お知らせ願えないでしょうか。きょうの会は朝日新聞の紙上で知ったのですが、もっとはやくわかれば、より多くの人に伝えられたのにと残念に思っている次才です。なお、もし協会から会報のようなものが出ておりましたら、お送り願いたいのですが。貴協会の御活躍を期待します。

▼（係より）一つの映画を六回もごらんになる方があるとは、まったく意外でした。

☆ 台東区 ワイシャツ業
長島正治（23才）

朝日新聞の広告を見て来た者ですが、"これだけは見てもらいたい映画の会"でした。砂川の人々----などは歴史的に日本の悲劇ですが、貴重な作品と思いました。だけど画面がやや小さいように思えて残念に思います。最後に会員制があるようですが申込みは出来るものでしょうかお返事をお願いいたします。教育映画の発展を祈ります。

☆ 葛飾区 学生
旭 明一（20才）

何とも言えない感激に襲われました。どの映画もよかったです。将来教職に志すものにとって、「教室の中の子供達」や「楽しい版画」「一人の母の記録」は特に深い印象を受けました。

次にこの会の会員組織はどのようになっているのでしょうか、もっと学生やその他の人を多く会員にして、月に一度位、都心の場所で公開して下さい。もう少し宣伝をして誰にでもすぐ分るようにして下さい。

☆ 足立区 学生
鈴木宣一（20才）

「ひとりの母の記録」をみる為に東京のはずれの田舎の中からわざわざ都心まで出て来た。映画が終って場内が明るくなったとき、しばらくは人と顔を合せたくなかった。眼に涙がいっぱいだったからである。精一杯、働いてもやっていけない現実、それは映画でもいっているように、世の中の仕組のどこかが間違っているに相違ないのだが、そういう現実を前にして我々は何をしなければならないか、そんな事について、これからじっくりと考えてみたいと思う。他の三本もよかった。特に「かえるの発生」「くじらとり」は小学生でも興味をもってみるにちがいない。今度このような会が開かれたときは、近所の子供達を大勢つれてみに来ようと思う。希望として、このような映画会をできるだけたくさん計画していただきたい。

▼私たちも、こころよい涙がながれて、どうすることもできないことがあります。

☆ 板橋区 歯科技工士
米山義男（21才）

教育映画というものは、新聞で批評などのるので作られているということは、わかっているが、ほとんど映画劇場で見ることは出来ない。今日はからずもこの様な催しがあったことはうれしい。ボクなどは日曜日以外は朝から晩遅くまで働くので、教育映画会というものに行ったことがないのだ。このような人々は他に多くいることと思う。その点、日曜を選んでくれた事に感謝する。これからも日曜日を選んでやってくれるなら、どんな所にでも行きたいと思っている。大いにやってもらいたい。一部の映画でどうも画面がまがったりして、ギコチなかったが、映画にひきこまれてそれほど苦にならなかった。二部の方はどうやらよかった------。

☆ 品川区 学生
中島麗子（21才）

"一人の母の記録"口では云い表わせない程の激しい労働をしている農村の女性の姿がよく描かれていると思います。そして娘たちは何故農家は農業だけでやっていかれないのか、工場で働きながらみんなで考え、どこがおかしいからだと目覚めてきています。伊那の美しい自然と共にそこで働く人間の厳しいやさしさに心をうたれました。家事においまわされている女性は都会にだっています。とにかくこうした映画をどうしたら公開できるようになるのでしょうか。良心的な映画をたくさんつくって下さい。そして多くの人に見せて下さい。御健斗を期待します。なお教育映画作家協会は入会するのに資格が必要なのでしょうか。当日の会場整理などご善意にみちていて大変気持がようございました。

▼特に会場整理へのおほめまでいただき、恐縮です。

☆ 練馬区 学生
岩崎哲夫（22才）

才三部より観たのでそれから書きます。主としてカメラの立場から本日の作品は教育映画の中でも秀れたものばかりなので全体的には難がないのですが、個々の点に就いて申しますと「たのしい版画」では躍動している子供の顔のアップはよくキャッチされているんですが、時々ボケたのが非常に目立っている。次に足の姿、黒の顔がトラック・バックになっていますが前のカットがトラック・バックですし次の絵は、思い切ってアップで迫力を出す為にトラック・アップが良かったと思いますが、「かえるの発生」特になるまでは大変詳しく説明しているのですが、特になってからたんに、後はお粗末すぎる。おたまじゃくしから蛙になった後の生態も、もっと出して欲しかった。「くじらとり」始めはともかくあれだけまとめたと感心しますが、鯨を獲るカットで矢を投げるカット、矢が鯨に当ったカットが長い。もっと秒数を短かくした方がもっとさえていた。矢を投げた、鯨に当った、次の者が又投げる——とフラッシュ・バック的にやったらもっと緊張感が出たと思う。尚、ミリ、プロジェクターのお粗末なのには驚きでした。

☆ 中野区 学生
奥野 強（22才）

本日の「これだけは見てもらいたい映画の会」はその名の通り、是非大多数の人々に見せたい有意義なものと考えます。今後どしどしこのような教育映画の集いを催してもらいたいと思うし、出来る限り一般映画館に上映できる様、積極的に運動して頂きたい。

「教室の……」は、少々誇々しい点はあるが狙いどころの素直さは効果的。「たのしい版画」は素朴さのにじんだ作風に好感がもてたが、子供のアナウンスが難である。「ビール誕生」はP・R映画として期待した通りで色彩も非常によかったが、わかり易いようでわかりにくい難点がある。「ひとりの……」は、一人の母を通して現実の様々なる農村問題を提起し、説得しないで演出の巧緻は立派なものだし、素直な演技は、演技力を越えた感動に値する。

☆ 品川区 会社員
倉沢真太郎（22才）

今回の記録、教育映画の催しはとても有意義なものでした。こういった映画は、映画館で、それも普通の映画と抱き合わせで殆んど見ることの出来ない実態にとっては何よりも一番に送り手から、これら優秀な作品だけを見ることが出来たに

−5−

とは本当に嬉しい限りでした。僅か二巻か、三、四巻位の短篇であり乍ら、これらの作品群は、何れも良心的に、科学的に、亦社会的に創られている為、ゆうに劇映画に匹敵する程の、重量感と感動を与えてくれました。

　何よりもあなたがたの商業意識を離れた製作態度がかくも輝かしい珠玉の作品を生み出したものでしょう。僕達はあなたがたの地味な、しかも堅実な御活動に敬意を表します。これからもどしどしこういった催しを持って頂きたい。もっと多くの人々が作品を観賞出来る機会を作って頂きたい。こういった映画だけを観賞する会員組織の会を設けたら如何。

（第二部の中では、「ひとりの母の記録」が最も優れていたと思います。この映画は実際、観た人に農村問題を深く考えさせる程の〝力〟を持っていました。）

☆ 中野区　無職
吉田建一（23才）
　突然友よりさそわれまして拝見させて戴きました。蛙の発育については卵の細胞の変化を外面的でなく内面的にも説明紹介して戴くともっとよいと思いました。最后の一人の母の記録はTVでも見ましたので見るのにゆとりがありました。友と話したのですが農夫が農業のみで生活出来ない事は日本の現状として当然でせう。それは為政者にも責任があるが農業で生活している当事者にも責任がある。余っている桑は他には使用法がないのに、不足している人々に大切な時であるのを利用せんとする利己心の深さ、もっと誠実な経済観念に立ってもらいたい。私はマルキシズムにもキャピタリズムにも片寄る事は嫌いである。階級やなんかに支配・区別されない広く国民として地上に住んでいる人間として互に協力していくを望む。

☆ 台東区　学生
嘉数良男（23才）
　今日はどうもありがとうございました。第二部のみをみせていただいたので、第二部についてふれます。〝くじらとり〟の映画は、日本人の祖先がいかにして自然とたたかったかの記録がよくあらわれていたということよく、生活のきびしさがしれておもしろかった。「ひとりの母の記録」工場での娘と母のすがたが、おだやかのむすびつきの中でもっとたくされてよかったのではないか。ラストの、他にもこの母とおなじような母がいる、という現在の日本農村のせおっている重荷は、もっとほりさげられてよかったと思うのです。最后に、（これは虫のよい注文ですが）一般封切館でだめなら、ニュース劇場館、あるいは各学校へというふうに配給され、おおくの人が、それだけよく考えていけるように、みんなの問題が一人一人の問題であり、一人一人の問題が又みんなの問題となり、発展するようにしていただけたらと希います。

☆ 北区　会社員
小谷野正一（25才）
　私は本日（十二月十一日、国鉄労働会館）第二部の映画、〝たのしい版画〟〝かえるの発生〟〝くじらとり〟〝ひとりの母の記録〟の映画を観賞しましたが、本当の所今までこの様に教育映画が上映されているという事は知らなかっただけに色々と得る所が多かった。
　本日の映画では〝ひとりの母の記録〟がやはり一番感銘が深く、農村は今年は有史以来の豊作とはいわれながらも、この様に生活に追われた農村の人達の姿は今でも同じであろうと思う。この映画によってもっとはっきりと農民の苦しみの責任はどこにあるのかはっきり示してもらいたかった。画面は鮮やかに秀れていた。と感ず。
又〝かえるの発生〟〝くじらとり〟の微細にみたフィルムは暗く非常に見る者の眼をつかれさせる点からのぞましくない。今后はこの様な教育映画のより一層の発展を望みたく思うものだ。

☆ 武蔵野市　国鉄職員
若松岩夫（25才）
　職業がら今迄この様な機会に接する事がなく、たまたま友人にすすめられて行って見ました。教えられる事が多くありました。「たのしい版画」一つを取り上げて見ても身近にある物の様な版画作りにしてから、日常の材料が手に入る実写又「ひとりの母の記録」新聞その他にていくらか知る位ですが、農村における封建性についてもまざまざと考えさせられる。或る人にもこの様な機会の多くある様に一人でも多く見られる様に努力してほしい。

☆ 豊島区　会社員
殿川　渉（25才）
一、会の運営そのものについて
　豚芥商店さん等のやられている山芭の会などと比較し乍ら思うことの一つ「各フイルムについての説明を夫々折り込んでいく方法」を参考までに希望します。時間、人手、金算等の点で難かしいことゝは思いますが……
二、上映フィルムについて
　全部について素晴らしいと思う。音楽効果を期待したが、担当者が判らず残念であった。

−6−

▼伴奏音楽（作曲、編曲）ならびにビール誕生（武田俊一）芦沼（伊藤宣二）たのしい版画（間宮芳生）くじらとり（渋谷修）ひとりの母の記録（長沢勝俊）〃ご希望なら、ほかもお調べしましょう。

☆ 新宿区　会社員
吉田義之助（32才）
美子（22才）
第二部
「たのしい版画」
　この映画の狙いとするものはよくわかるのだが、こゝに地理的説明を加えて子供達の生活環境を作品に映したなら一層スケールの大きい映画が出来たのではないか。
「ひとりの母の記録」
　（日本の農村における）経済の貧困を収支の計算でもって裏付けるとよかった。
　貴重な作品なだけに注文が出ました。

☆ 台東区　ミシン
長島正子（40才）
　〝ひとりの母の記録〟など印象に残りました。一主婦がいかに苦労して子供を成長させるかがよく出ています。だが日本の母……主に農家の主婦の重労働には感謝いたします。その二、〝芦沼〟なども自然と人間との交流がよく出ていて良くわかったと感じます。最後に教育映画が劇映画と上映される時期が早くくる事を祈ります。

☆ 千代田区　印刷業
木村栄一（40才）
　今日のような催しにまず感謝します。私どものような街の住民にとってはこういう映画に接することは皆無で、全く心静々とし、家内と子供共々語り合いながら帰宅しました。私どもは第二部をみたのですが最も感銘深かったのは「たのしい版画」と「ひとりの母の記録」でした。私のような中年者には想像を絶する素晴しい教育が日本にも各地に芽生えつゝあり私どもの子供もその幸福を享受出来る一人であることを思い明るい光がさし込んで来るのをしみじみ感じました。
　私は農村地帯の出身なので「ひとりの母の記録」を実感をもってみることが出来ました。しかし農村は今や昔の面影はなく若いたくましいかがやいた人々がふえつゝあるようです。小学四年生の男の子供もとても面白くよくわかったと喜んでいました。
▼実感が目にみえるようで私たちまで救われました。

☆ 大田区　会社員
沢村　実（44才）
　良い映画を見せて頂いたことに感謝します。吉見さんの挨拶にありましたように、作品は発表されてこそ価値があるのですが、一体これらの作品はどのようにして大衆に発表されて居るのでせうか。一般の映画館にのせられないとしても、せめて東京にすみっこやかでも常設的な上映する場所が欲しいと思います。その昔〝かつどう〟を〝映画〟にまで昇華させたいと望み、未だにその〝映画〟と云えるものが余りにも少いのを残念に思う自分として、あなた方のすばらしいお仕事に感謝する思いです。本当に良い「映画」を見せて頂いたことに感謝します。
▼たとえ今ではなく問題はおおいとしても、ほんとうに私たちも記録教育映画の常設館運動をしたいものです。

☆ 新宿区　教師
岩上行忠（40才）
一、この種の催しを数多く開いていただき度い。最近教育記録映画がたくさん作られていることは聞いていますが私達の目にふれる機会が余りにも少ないのではないでしょうか。観客を前提とする映画が見る側の組織化を考えないでいくら作られても無意味です。一般の商業映画とちがうので従来の配給組織を頼らぬ方法を工夫していただき度いと思います。
二、特に良い物を観せる事も一つの方法でしょうが出来るなら無選択に発表してもらった方が良いでしょう。
三、「教室のこどもたち」は特に感銘深く観ましたが、中でも工作の共同活動のカットはいろいろ学ぶところがありました。子供の生活の中にあるこの面は一本のテーマとしてもすごくなる価値高いものと思います。
▼たしかに無選択の上映発表も、一つの見識にちがいありません。

☆ 千代田区　印刷業
森　哲太郎（56才）
　「縁の下の力モチ」という語が未だその尊さを保持しつゝあることを、深い感銘とともに、確認することが出来まして、何時の世にも真の人間は根を絶やさぬものだという絶大な歓びを味ひました。戦前の日本人が擁していた民族教養の理念を佳い意味での伝統的な筋にかけて民衆に示し「個々が有つ感覚に拠って料理して召上れ」と出された気持。実に快心な企画と存じ民族の向上の為に貴協会の発展を祈るのみであります。
　極言すれば、吾人教育に関心あ

る者にとって、戦後の日本に存在の意義ある唯一のものこそ貴協会の企図であると申したい。

▼過分のお言葉をいただいてたゞ〳〵恐縮、ご期待にそいたいと念ずるのみです。

☆ 世田谷区 会社員 星 源藏（57才）

"蛙の発生"
科学映画としては実に立派です。但し「神秘」と云うか深刻と云う感じが強いので途中においてユーモア〔例へば蛙のオドケ〕を入れたら更によい。

"一人の母"
よく実感が出てゐます。最近は農村の生活改善機械化が頓に進んで来たのに驚いてゐます。例へば蚕の給桑、繭のケバ取り、脱殻、耕土の機械化等々、これ等の昔と今を比較したものが欲しい。そしてそれをこの「一人の母」の次にやったら面白いと思います。

☆ 千代田区 学生 松重庭郎（21才）

"たのしい版画づくり"、"くじら採り"、"かえるの発生"共におもしろく拝見させていたゞきました。

"ひとりの母の記録"について少し述べてみたいと思いました。映画をみてすじの感じとしては「暗い」という感じです。在る程中農の下層農家にあってはそうでしようが、百姓自身、一人の母の中において、もう少し楽天的な生活が通常はあると思うのです。あの映画をみて農村の母の生活の苦しみはよくわかるにしても、"農夫の嫁さんとしてゆこう"という気持にはなれません。農村自身に自身達にその暗さを盛返す力があるわけです。その点をもう少し描いて欲しかったと思います。

☆ 板橋区 学生 尾上 元（21才）

先日の映画会に私は第二部をみせていたゞきました。第二部の「蛙の発生」は私の大学の武井助教授の監修の作がありましたので、そこで映画については短編ながらどれも充実した内容をもっているようでした。版画の教室の子供達の生き生きした学習ぶりはこれこそ新教育のあり方と思わせられました。これは理科教育にも通ずることでエ夫、向だい発見の原理をつかみ且つ協力性をきづくことは教育の主目標でしよう。「蛙の発生」は中高てい度で専門のものには一寸足りない気持でしたがダイナミックな観察ができることはすばらしくぜひ理科教材としてとり入れるべきと思うたゞ恐れるのは各教師が映画の安易性に倚り実げん観察を忘れることがあってはならない。最后の「一人の母の記録」は私もかつて桑をつみ蚕をかい、田植をしたことがありかんがい一しおです。でも徐々にではあるが農村の機械化もみられたことは喜ばしい。こうした機かいを人間にとってかえることだ。又紡績工場の女工さん達がなぜお母さんはじめ農民はあれ程働いてもくらしが楽にならないかという問題を映画をバックに問だいを投げかけているのはよかった。言いたいことは多いが蛇足になるのでこゝらで最后に作家協会の方々に感しゃし今後も一層発展を期して止みません。

☆ 澁谷区 学生 新井 穣（21才）

一、「推薦教育映画の会」との事でしたが（朝日新聞によれば）内容の点で「砂川の人々」はどう云う訳なんでしようか？

一、16ミリ映画「芦沼」「かえるの発生」「くじらとり」等上映の際、光源の弱いのはその映画を見る場合に非常な障害となりその作品の真価を充分に発揮出来ずに居たのは非常に残念、例えば山葉ホールで行われた今年度教育映画祭の時や伊セ丹ホールで定期的に開かれる朝日文化映画の会等に於ては非常に鮮明なのですが。（35ミリ程ではないにしても）

一、「これだけは見てもらいたか映画の会」よりはやはり「教育文化映画の会」の方が良いのではないのでしようか。勿論内容も教育、文化、PR、その他観光的要素をもつもの等としていたゞきたく思います。それに天然色のものも（白黒に比べて絶対数が少いでしようが）お願いします。

一、尚、今後も教育文化の点から開催をお願い致します。

一、又、当映画会がもし会員制でしたら入会致し度く存じますので詳細御一報下さい。

▼どこにでもある映画会とはちがいます。やはり作家の私どもとしては「これだけは見てもらいたい映画の会」といった自負です。

☆ 葛飾区 保健婦 田口富子（24才）

今日は大変良い映画をみせていたゞいてどうも有難うございました。新聞その他で常日頃関心はもっていても自分で観る機会をつかめない人達の多いのが現状の様で最近、教育映画、文化映画之の一般普及之の関心が深まって来ました折から、是非広く地域的に観賞出来る機会をつくっていたゞきたいと思います。時間の都合で、残

念ながら、私は二部の「ひとりの母の記録」丈みせていたゞきましたが、この貴重な生活記録に多々教えられるところがあり、こうした"知られざる人々"の汗と努力の生活を通して、みる人の心に感激と希望と、自らの生活に対する反省を与えてくれる事をしみじみ感じました。関係者のみな様の御健斗と御発展を心よりお祈申上げます。

☆ 大田区 教員 木下春雄（25才）

「一人の母の記録」について。すぐれた社会教育の武器を作り出されたことに敬意を表します。日本の農村の人たち全部に見てもらいたいと思います。私も群馬県のある村の青年サークルへ出ているのですが、こないだ青年団が、「この広い空……」をやりました。大好評だったそうで、青年一特に女の子はよかったと言っていたし、ある母親は「あんな映画なら月に一ぺんぐらいは見たい」と言っていたそうです。これについてのことの当否はともかく、もっともっと映画を活用したいと思うのですが、何とか組織を確立して、たやすくやれる様にしたいものです。映画といえば、狂生映画でも肥料屋のセンデン映画でも、会場は満員になります。見て感じたまゝを書いてみます。農家の生活が実に良くとらえてあります。映画の中の現状は、人々に、ウッカリ過していた自分の身のまわりを、もう一度、とらえ直す気をおこさせます。劇的要素との結合については問題が残っている様に思います。地主が畑へよびにきた。—そして、働きにゆくところトッテつけたように感じます。（そのあと若者がメシを食っているシーンは意味がわかりませんでした）一人の母をあれだけとらえたことは、何といってもスバラシイ。見おわって終るのが、とても早すぎる様に（みじかすぎる）感じたことをおわりに書いておきます。

☆ 大田区 会社員 安田俊三（27才）

第一部
教室の子供達を最も自然にとらえてうまく描き出されていたのには驚いた。砂川の人々は我々の直面している苛酷な現実をあらためて考え直された。芦沼も日本農業の発展過程の一半を興味深く描写しており感銘を受けた。

第二部
かえるの発生は動物の生の神秘を全く処なく描き出し、くじらとりは捕鯨の歴史を巧みに絵図を使って紹介し、たのしい版画は子供達の教育の新しい効果を十分知らしめていた。ひとりの母の記録は農家の主婦の現実を描いて甚だ深刻な問題を投げかけていた。

なおビール誕生は天然色で最もきれいであったが内容が一番乏しく感じた。此の種の映画は仲々観賞の機会なく今后もかゝる会を継続的に開かれる事を切望し併せて苦況の中に努力される教育映画界の方々に心から感謝の念を捧げる。

☆ 品川区 画家 小川了三（27才）

先ず此の様な会を開いて下さった事を感謝致します。会場に於ける案内係りの方々から受ける感じも、他の営利会社には無い親しみと、此の催に対する各関係者の方々の力強い自負とが好もしいものとして受入れられました。猶、此の様な映画を製作する途上に就いての苦心談と申しますか、其の様なお話が有れば更に有意義かと思いました。

▼当初は皆さんとの話合いをもつ計画でしたが、時間の関係でアンケートに代りました。いずれは—
なんとか実現したい予定です。苦心談などよりもご批判をどうぞ。

☆ 杉並区 山口三夫（28才）

「ひとりの母の記録」の人間的な感動誇張も気どりもない表現にこもる人間の愛。（しかし、会ののち「百姓に生れなくてよかったわね」と家族に言っていたある母親があったことを、申しあげます。腹立たしかったことは別としても、これはいったい何なのでしよう？都会人のプチブル根性で片づくかどうか？）「教室の子供たち」の成功に感謝。子供たちが生動していた。「たのしい版画」—創造のよろこびをとらえたりっぱなもの。「芦沼」は編集方法に疑問をもった。それと、解説の日本語にもう少しエ夫あるべきだったと思います。「砂川の人々」の努力に感謝—平和を守り、日本を守るために。「かえるの発生」「ビールの誕生」「くじらとり」それぞれにおもしろく観賞。画面がくらくて見にくいのもあったけれど。

いい映画をつくるために努力しておられることに敬意を表します。困難のなかでのご努力は、必ず報いられるでしよう。純粋に映画独自の表現を、更に更に高めてください。さゝやかな声援を！

▼「百姓に生まれなくてよかった…」とかに対するご立腹もわからぬではありませんが、やはり記録教育映画の同好の一人として抱ようしたいものです。

－9－

☆ 葛飾区　無職
清水広一（31才）

あなた方の御努力を高く評価しております。"ひとりの母の記録"農家のみならず日本における家族生活というものが女性の大きな犠牲の下に営まれていることがよくわかります。弱音の生徒で「君が代」を流した部分があったように思いますが製作者はいかなる意図の下に、いかなる効果を狙って「君が代」を使われたのでしょうか、もしかすると私の聞き違いだったのでしょうか。"くじらとり"描画の巧みな使い方に感心しましたが実写部分はもう少し工夫の余地がありそうです。フイルムの長さに制約されたためと思いますが。

▼「君が代」の件は目下、問合せ中です。

☆ 豊島区　主婦
初仁喜美子（36才）

本日の様な記録、教育映画の会を定期的に見られる会が有れば良いと思います。一部分の人達は見る事が出来ても大部分の人、特に母親達は見る機会も無し、又見る方法も知らないのではないでしょうか。その様な人々の為にも度々会催して頂きたいと思います。そうして皆で育てて発展させて行きたいと思います。どれも皆良い作品でした。我が国産業発達の映画「くじらとり」は企画としては大変面白いのですが非常に見ずらい映画でした。教育映画の為に働いておられる皆様の御健斗をお祈り致します。

☆ 港区　脚本家
浅野辰雄（35才）

皆さん、それぞれの達成点を示し、喝采を送りました。特に、京極、岩佐、加藤諸兄の「……世……」は、二十数年のドキュメンタリー運動の歴史を生かした完璧に近い作品と感銘致しました。ただあの長さの中で、いろいろの声が出てくるのは、観た後で混乱しました。妹の現実に統一した方が…と思われました。

教育映画作家協会がリードして、こういう形の鑑賞の機会を組織的に広汎化されて、日本映画の中心へ、清新な流れを注ぎいれられることを切に希望致します。

▼おしろうとは劇映画に生きるあなたのお言葉だけに、われわれとしても嬉しいおもいです。

☆ 豊島区　主婦
林　郁子（40才）

本日はよい映画を沢山見せていただきよい感じをもって帰りました。[illegible]

しただがやっぱり「楽しい版画」と「一人の母の記録」が感銘深かったようです。「くじらとり」は現代の捕鯨の記録かと思って実は期待したのですが古いもの許りでがっかりしました。あれも一つの企画でしょうが、あれなら昔の映画を見てもこと足りるもので、映画としてはやっぱり現代版の方が動きもあれば物語にもなります。記録映画の中には適当に劇的な場面をおりこんだものが良いと思います。

▼プリント販売の各画ばかりか、いずれ業界の各関係者にもおつたえいたします。

☆ 練馬区　公務員
高木十郎（32才）

第二部を拝見いたしました。「かえるの発生」について所感をのべます。映画の技術によって生命の躍動を眼の前に示され唯々驚嘆するばかりであった。あのような優れたテーマは眼を広くすれば各方面に求められると思う。物理、化学、生物界に就いて大いに製作して頂きたい。学校の教材としてまことに適切であると信ずる。一方プリントの販売には大に努力されて利をあげ更に新企画の発展を期待する。觀乱かたがた所感の一端を記しました。

☆ 新宿区　学生
小野陽一（19才）

先日はたのしい半日をすごさせていただきました。本当に有がとうございました。私は毎月丸ノ内ホールで行われている"優秀短編映画を見る会"にもかかさず参りますので、ダブってみた作品も有りましたが、矢張り良い映画は何度見ても楽しいものです。ただ非常に残念なのは"映画会"そのものです。胸に会員章をつけている人が率先して場内で雑音をすっているのにはびっくり致しました。サツエイ中は見当りませんでしたが、休憩時間に多数の人（一般）がすっているのを見ても注意一つなさらないのも残念に思いました。又、子供連れの方がいらっしゃいましたが、小さい人はがいやすい物ですから、なるべく遠慮していただく様にして下さい（出来れば場外に託児所がある事が望ましいのですが）少く共学校に行く前の子供は……

映画の事は別に有りません。三十六枚で天然色にはしていただきたいとは思いますが、その事は金のかゝる事ですし、又作っておられる方々もそう思っていらっしゃる事ですから、無理は申しません。劇（一般の）映画と併映でなしに、上の様な作品だけの上映館がほしいものです。くだらない事を

－10－

長々とかきましたが、今後共良い映画を作って下さい。お願いします。

▼ただ一通りのするどいご注告で（筆者は気づきませんでしたが）申訳けの言葉もありません。

子供づれ遠慮の件は、どうもむずかしそうですね。

☆ 墨田区　会社員
森田嗣雄（20才）

最近、何にかの紙面で教育映画が、文部省の芸術祭から締出された事を知った。その非芸術作品を見せて戴いた訳であるが、大変立派な芸術作品なのですっかり嬉しくなってしまった。お陰で日本の教育短編映画の成果を知る事が出来、実に心強い。大体この種の映画は、地味なばかりか観られる事の少ないものと思いますが今後もどしどしすぐれた作品を発表されん事を祈ります。

第一部、第二部と見せて戴きましたが、それぞれおもむきがあって面白く見ました。中でも「戸沼」「ひとりの母の記録」は、ボクら達前会人には大いに勉強になりました。「教室の子供達」「たのしい版画」はボク達の戦争中の教育と比べて、実に楽しそうです。「ビール誕生」「かえるの発生」「くじらとり」にそれぞれ知識をふやし、「砂川の人々」には日本の今日の諸面を見、大いに考えさせられました。

▼文部省もやはり「教育」せねばなりますまい。

☆ 目黒区　学生
藤倉　進（22才）

この種の教育映画は今日迄その多くは学校や町会の映画会で劇映画の添物として上映されて来た様に思う。ニュース映画専門館が出来ている今日この種の教育映画が一歩も映画市場にその足を踏み入れる事が出来なかったのはその映画本来の特性から来る教育的重要性を認められながらも未だ米行的には不安定だった為であろうが優秀作品を数多く出している今日に於ては一般常設館に於て上映されるのも遠い事でもない様だ。このような時期に於て貴協会がこの様な映画会を催された事は意義ある事だと思う（この映画会の映画をみて教育映画をみなおしたという友人が多かった）教育映画が定期的に上映される様になる事を心から念じて居ります。

☆ 杉並区　学生
福山明治（22才）

（戸沼）長すぎる。観た後に、沼の水面だけが眼に残った。しぶしぶに水面を何度も観せられたからであろう。農民の苦労が一応解決されてあるので、「済んだこと」という印象をうける。三巻位にまとめ、他に未だ解決してない地方のあること、それも国の力で解決にきることを強調すべきであった。

（版画）新教育が「版画」という形に具体化されてあて感じさせられた。明るくまとまって足りない一巻位の短かさに感じられた。

（くじら）海を見て、自然に波の音などは頭に浮ぶものであるのに、その上く波の音や歌声が入ってくるのはかえって邪魔になる。幻想にするべき材料だったのだ。

（一人の母）農村の貧困を実写よく観せてくれた。然し菜工ともいうべきこの「お母さん」の働きぶりに驚きもし、尊敬の念も沸いた「こんなに働いても楽にならぬところに矛盾があるのではないか」と、観衆は自然に疑問を持つ様に出来てある。しかし、残が足りないと云いながら、食べ残りの葉を沢山捨ててあったり、力を盛りの青年が農繁期に出稼ぎに行ったり、農村自身にも不合理、研究不足の点が多いのではないかと思った。

一般に、一巻か二巻位の短いものを作って、映画館の予告時間に強制上映すべきだと思う。

▼民主々義下における「強制上映」には、多分の問題と困難があります。素人でも

思案中といったところです。

☆ 中野区　会社員
宮崎敏夫（22才）

美しい芸術的な映画を作られた事を感謝致します。第二部を鑑賞させて戴きましたが私の感じた事は記録の美しい力強い作品とを並びで問題となっている二本立て行一週二本製作、等の商業的な劇的な映画に変って商業映画と教育映画の二本立てなりの方針を採るやう文部省当局が、映画会社に交渉され、て商業映画も力作を上映して競合併せて日本映画の水準を高める運動を起して欲しいと思います。

▼また商業「劇」映画との併映にも、むつかしい問題があります。経済と効用の二面ですが、お話合いをもっていかなければ、なっとくしていただけないでしょう。

☆ 文京区　学生
伊藤美恵（23才）

見たいと思っていても、なかなか教育映画をみる機会に恵まれません。先日山葉ホールの教育映画祭の一日をみる機会を得て、もっとこうした映画が正当に評価される社会の機構を――とよく感じましたが、今、この会を通して、少なくもの中からもこうした方向への努力のあることを力強く感じました。

多くの人に関心をたかめ、世論をおこすのはまず多くの人に教育映画をみる機会をもっと簡単に常設的に持てる様にすることからしてほしい。今後の御建斗を祈ります。

☆ 江東区　事務員
渡辺さく子（23才）

良い映画を見る事が出来て本当にうれしく思いました。なぜ普通の映画館でニュース等と一しょに上映する事が出来ないのでせうか？。少しでも多くの人々に見せたい映画だと思いました。楽しい版画等もあり殊に教師の教育に対する情熱を感じました。一人の母の記録は特に感銘深い物でした。私達都会に住む者にはとかく忘れられている様な事ですが日本の農村全体の姿を見た思いです。その日その日をもっと真けんな気持で過さなくてはいけないとつくづく思いました。

☆ 豊島区　会社員
森村忠美（25才）

この様に巾の広い組合せの映画の会は今後も数多く計画して頂きたいと思います。東京のみでなく地方に於て一層意義のある事と思います。個々の細かい点につき気付いた処をあげます。

「ビールの誕生」で、麦芽糖になつてからも麦の「いのち」として取扱っているのは言葉のあやと解してもおかしなものではないでしょうか。「芦沼」で何町歩と言う数字が出ても実験田畑に関係のなかった僕にはピントこないためその数字は記憶してません。又、揚水場のポンプの大きさとか、電力量などは電気技術者として逆に聞きたかった数字でした。「かえるの発生」は都会向きだと思います。田舎に育ち理科系である僕にはおたまじゃくしとなって泳ぎ出す直前の場面を除き殆ど実物を観ているのでむしろたいくつを感じました。「くじらとり」は絵を動かしすぎてる様に感じました。絵の振動を追っていて眼が疲れました。「教室の子供たち」「ひとりの母の記録」はすばらしいと思います。

☆ 千代田区
河村善子（26才）

教育映画を拝見して皆様方の御苦心如何かと想像されました。日頃、見聞きはして居ながらそれは想像だけで単に終ってしまいましたが、今日の映画を見ましてより以上、深く感じました。私は都合で一部のみでかへりましたが例を「砂川の人達」に取りますと、あのニュースはラジオ、新聞、其の他で度々問題になりましたので、或所までは知って居りました。それで何も砂川の人達が傷者まで出さなくっても話合ですむのにとさへ思って居りました。でも今は、見ましてなぜ、命をかけてまで自分達の生み育てた土地を守るか、それはまざまざ実情を見せられて深く感じ、涙が出る思いでした。此の様な会をもっと皆様がどんどん見られる機会が多くなれば日々の問題、又日常の事に対し早くかんたんに知るのではないかと思います。会費も安くして下さいますし、皆様はさぞ御苦心と思いますが、何卒私達の為に此の会を大きくして下さいます様お願い致します。尚、会員制にし、年会費を集めて度々映画会をして下されば、もっと皆様に協力出来るのではないでせうか。又次をお願い致します。

☆ 杉並区　教員
中嶋 博（32才）

都合で第一部しか見させて戴くことが出来なかったが「教室の子供たち」と「ビール誕生」がとくに印象強く良かったように思う。「砂川の人々」はこれからの進むべき道、また「芦沼」は前半の長いこと等で再考の余地がある。事業会社と積極的に提携することもよい作品を産む一つの契機になるとかねてより信じているが今日の「ビール誕生」などみてますますその感を深くした。

▼つまり今の私たちは、いわゆるPR映画をいかに良心化するかに、大半の努力をつづけることになります。自主作品などは一割にも当らない現状ですから。

☆ 台東区　無職
瀬田咲代（　才）

教育映画といっても何時何処で見られるものかと、思って居りましたのに、今日のような機会を知って拝見させていただきました。とても熱意が溢れていて、結構と存じました。またこの次のこんな機会も、と思って居ります。

☆ 港区　会社員
大門慶治（45才）

「教室の子供たち」「たのしい版画」は面白くまた子供を持つ親にも非常に参考になります。子供達がカメラを意識してないように撮られていましたが大変苦心されたことと思います。

「かえるの発生」は短いですが大変参考になりよい映画でした。動物、植物等の生態がこうゆうように撮られるとどんなによいでしよう。

劇映画でないこうゆう映画の中に非常に強いアッピールがありますね。ただしアナウンスはアッピ

ールを出しすぎないように。

☆ 墨田区　教諭
大森拓二（　才）

学期末で多忙のため筆をとることが出来ずたいへん遅くなってしまったこと、先ず以ておわび致します。また「はがき」を戴きましたのにそれを用いなかったことも整理の上で御不便かと思いますがお許し下さい。

先日の映画会での感想を述べさせて戴きます。

「たのしい版画」

子供の発達段階に応じて、空びんやクリームのふたを使ってのものから、リノリユームやかわらの版画に至るまでのいろいろな種類の版画を見せられたことは何と云っても題名にたがわず版画とは「たのしいもの」「面白いもの」との感じをおこさせるでしよう。そして工夫しだいによって、いろいろなものが使えることを教えてくれるでしょう。

しかしこれを教材映画として見るならば、——教材映画とはカリキユラムに合わせて、教室で、学習指導の一かんとして見る映画と定義する——すべての図工関係の教師が版画に精通してはいないでしょうし、モデルになった学校のように版画の実践者でもないでしょうから、もっと細かい技術的方面もえがかれてよいのではないでしょうか。三角刀はこんな時、丸刀はこういう時に使うものだとか、材料にはこんなものが良いとか、又手を切らないようにこういう注意が必要とか、あげればきりのないことですが、あの映画を図工の教材に使って見せた　とすれば自分たちもやって見たいと云う気持がおきることでしょうからその上で、「作り方」もあればその効果は一そうあるだろうと思います。

とくに印象的なのは、最後の卒業記念の共同製作でしょう。これは子供によりはむしろ昔の教育しか知らない父兄にとって、新しい教育の中でいかに共同作業が重んじられているかを知らせる良い機会と思います。

また、出来上ってうまくすれた時のうれしそうな子供の顔のアツプが、ユーモラスにとれているので、なごやかに話が進められてよいと思いました。

「かえるの発生」

理科の教員で映画を見むきもしない人がおいぜいいます。「映画なんて実物の代用でしかない。実物を目の前において実験するのが一番よいのだ」と云います。そう云う人は理科の教材映画を一本も見たことのない人の放言なのですが……。映画独特の技法で、顕微鏡撮影や高速度撮影などで「実物を目の前において実験する」ことの出来ない、それではわからないことを知らせることが出来ることを知らない人がたくさんいます。そういう人に見せたい多くのすぐれた作品の一つだと思いました。「蚊」「真空の世界」等もこれに決して劣らないすぐれた理科教材だからです。

はじめは導入部がたいへん短かくすぐに卵のことに入っていきましたので、もっと「かえる」の生態をえがいてからにした方が、と思いましたが、あとから考えたことは、これが近ごろよく云われる教授映画のこれからの姿かと感づきました。余分なものはできるだけとり去って、「これだけはどうしても映画でなければ」と云う部分だけを作る。従って短いものになりつつあると云うことです。まだまだ全国の学校の何パーセントしか設備が充分でないので「いつでも映画を教室で使える」段階には未ていませんから、製作者にのみこれを云っても、利用者である学校がそこまでいかないのでむずかしい問題だと思いますので、製作者、利用者が手をとり合って新しい教材映画の形を求めていこうではありませんか。

「くじらとり」

何本かある捕鯨関係の映画の中で一番一般性のないものではないでしょうか。昔の捕鯨の方法を求めて映画を使おうと云うのは、よほど特殊な場合だけでしょう。捕鯨のことを映画で見ようとする場合はやはり近代的捕鯨法でしょう。失礼な云い分ですがロケーションと違って「金がかからない」ことがこれの生まれた理由だとすれば、考えねばならない事と思います。題名だけを見て映画を使う人が多いのですから、「むかしのくじらとり」と題名をつけるくらいの正直さがあって良いのではないでしょうか。

ただ私にとって面白いと思ったのは、映画は場面転換の技術によって静画を動画にして見せることができる、それこそ「活動写真」だと云うことです。

「ひとりの母の記録」

男女同権の問題、嫁の問題、農村の問題等、見る者の立場によって多くの問題を投げかけるすぐれた作品でしょう。社会科でこれらの問題をとり扱うのに、百万語を費してなし得ないことを四巻の映画がなしとげてくれます。これでも私は「映画なんかやっていたのでは教科書がおくれて困る」と云っている人がたくさんいるのを嘆きます。これは一応教材映画のハンチユウには入らないものですが社会科教材として充分な効果が予想されます。中学一年の社会「農

業の問題」あるいは三年の「これからの社会生活」で、前者ならば農村の、農業の問題として、後者ならば嫁の地位の問題として子供たちに多くのことを考えさせる教材となりましょう。

以上四本の映画についての感想の一端をのべさせて戴きましたが次にこの会の企画について、教育映画を多くの人に見せる機会を作って下さったことは、私ども利用者にとっても大切なりのことなのです。と云うのは、今日の現状では二、三の地区を除いてはフイルム・ライブラリーはまだこれからですし、その充実には父兄の協力あってはじめて可能なのです。私どもは切実にフイルムをより多く揃えること、それをよりよく利用することに努力はして居りますが、「こんな良い映画があるのか、これを使って授業をすれば……」と考える父兄が一人でも多いことを願っているからです。「佐久間ダム」「赤ちゃん日記」等PRものでも宣伝臭のないすぐれた作品が映画館に上映されるようになって教育映画の良さが少しづつでも大衆にわかってきた現状ですから、もう一歩を進めるのにこういう会は有意義でしょう。まさか教材映画を営業館で望むことは無理なのですから、私どもがPTAに見せる以外には大衆に知らせる方法がなしわけです。

あなた方製作者が力作を多くの人に見せたいと考えから持たれたこの会が、私ども学視連として全国的に進めているフイルム・ライブラリー運動にとっておゝいにプラスになるのです。手をとり合って進んでいこうではありませんか。

▼最大の長文の、しかも明晰なご批判は、みずから教育の場に立つおもいです。そこで教育映画の本道とは「むしろフイルム・ライブラリーのシステムにこそある」と信ずるものです。

他日のお話合いを期したく思います。

☆　練馬区　社員
矢沢吉人（20才）

すばらしい映画会でした。皆さまの努力の作品を数々見せていたゞいたことはきわめて有意義でした。今后この発表会を数多く開いて頂きたいと思います。子供の有のまゝを写した「教室の子供たち」は児童教育に興味をもつ私にはとても参考になりましたし、「一人の母の記録」は私の故郷に主題しているものでもあり大きな感動を受けました。「砂川の人々」「芦沼」「母の記録」等のように我々の周囲の生活の真実をありのまゝに描いた映画が沢山できるように望みます。そしてその真実を見て我々はこれをどのように受取るか今后はどうある可きか――それは全て日本の国民生活の問題と思う――杯について、作者の方々と共に語り合う機会ができれば非常に嬉れしいことと思います。映画会の後で討論会や座談会をひらくと良いと思います。たとえば「母の記録」について「農家はなぜバラバラにならなければならぬのか」とか、母の生き方とか女性の立場、日本の農業など皆で考えるのです。より良い明るい社会をつくるために。貴会の発展を心から御祈りいたします。

▼前の小川さんへの回答をご覧ください。

☆　目黒区　会社員
志賀　深（20才）

文句なしに良かったのは「たのしい版画」と「ひとりの母の記録」でした。「かえるの先生」についてはもう少し内容を豊かにしてもらいたいと思います。「くじらとり」は後半で部分的に興ざめなところが出て来ます。以上は第二部を見た各々の感想です。一般的に云って非常に興味深く思いました。見る機会を得たのは朝日新聞に出ていたからです。今后も出来る範囲はこの様にして映画会を催してもらいたいものだとおもいます。

☆　杉並区　学生
地平寛治（21才）

日頃からあの様な映画を見たいと念願して居たのですがどれもこれも強く感激した映画ばかりです。強いて難を申せばもう少し画面を大きく明るくして戴きたい。特に「砂川の人々」の様な良い映画をもう少し大きい画面で見たかった。又この様な教育映画会という機会をもっともっと沢山開いて戴きたい。この様な機会があれば是非知らせて戴きたいと思います。関係者各位の御健康をお祈り致します。

☆　中野区　教師
久野恭一（25才）

非常に参考になりました。特に「一人の母の記録」はすぐれていました。

願わくば、配給の点を考慮してより多くの人々に見られるように。

☆　大田区　教師
江田栄吉（28才）

第二部のみ見た感想、謂ゆる教育映画が、その辺の映画館で上映されないのは実に残念に思っておりましたが、此の映画を見て尚更その感を深くしました。視聴覚教育の全国組織が作られ様としてい

る今私の勤務校をはじめ、映画教育は殆んど行なわれていない現状……それは現場教師及貴作家協会、製作者、配給者等の協力によって一日も早く軌道にのせて、子供に見せられる様私も努力いたしますが、更の実現非常にねがいたい念でいっぱいです。

おそらく未だ多くの人々、教師が知らぬ間に此の様な優秀な映画を着々作られ、苦しい中から一歩一歩前進されてきているのに貴協会の皆様に対し厚く感謝いたし尊敬の念を禁じ得ません。

「たのしい版画」「かえるの先生」「くじらとり」「ひとりの母の記録」等内容的には色々の批判も出来私も説明がもっと平易にしてもひとつも効果が減じないし、そうすれば、小学校、中、高学年で十分「見る」ことが出来ると思い残念に思う点も案外にしもあらずですが、但しそれよりこの映画、これ等の映画を見せたい、教え、考えさせる、考えを進める糧として選択して是非見せたいという方の念が先に立って、これが、真心にも見せるというわけにいかぬ事を大変残念に思います。

教育映画の利用を何もやっていないと云える現状の学校の教師として何とかしてこれを進める為の御援助もしていただきたいと思う願いが切です。

尚、此の様な企画を度々催されん事、是非おねがいして、以上お願いのまとめとします。

▼まず見せること、次は何を見せるか、さらに如何に見せるか――殊に学校映画などでは未解決の問題が多いようです。

お互いに、これからですね。

☆　山梨県
奈良　要（30才）

この様な催しは、出来得る限り多くの開催を　期待しています。

生活の苦しい中でよりよい教育映画製作への努力に頭がさがります。私も嘗て教師をして居り子供の幸福へのあり方などいろいろ考えて暮しています。私如きものも貴会に対しての協力を致す事をつけ加え是非今后の御指導を御願い致し又貴会の発展の為の協力に努力するつもりです。

作品について感じた事は何れ整理して御知らせ致します。

☆　中央区　事務員
内藤順子（22才）

（ビール誕生）

PR映画の中では、いい作品と思った。PR映画は、スポンサーの会社に対する知識を一般に広めるという目的のため作られるのであろうが、それだけにともすれば宣伝臭が強すぎる為、がっかりさせられる事がよくある。その点この映画はニッポン・ビールは云々の宣伝文句なく飛躍させなかった。PR映画は、製作目的が宣伝に限られている為、単なる会社内容或はその会社の製品の紹介となりがちであり、詩情に欠ける場合が多い。PR映画に詩情を求める事が無理なのかもしれないが何とか表す事が出来ぬものだろうか。この映画は、ビールに三つの「いのち」という言葉を使っている。まるで生命あるものが造られていく様な表現で面白いと思った。更に、この「いのち」を中心に工程を構成した事は成功。このため、まとまった、構成のしっかりした映画となった。イーストマン・カラーの色も美しい。

（砂川の人々）

よく撮ってあるし、編集も手際よく出来ているが画面があまりにも汚いので閉口した。コメントがうまいが、窮乏やコメントに画面がとり残された感じがしばしばあった。砂川の斗争の写真はニュース映画でもっといゝ写真を沢山みたせいか、物足りないがニュースでは表せない砂川の人々の日々の生活感情、憤り、土地に対する愛着がコメントを通じてよく表わされていた。

（芦沼）

退屈な作品、沼地を腰まで稲作を続ける明治以前（その時代もはっきりしない）の農民描写がくどすぎる。これと逆に、排水設備の建設過程があまり簡単すぎる。排水設備が出来る以前の農民が何とかして低湿地を水から守ろうとする努力の描き方がなまぬるい故かだらだらと退屈である。実際には、自分らの手では、どうにもならず生きて来た農民の姿が本当であろうから、それなら、農業を排水設備建設にしぼったカがまとまった作品が出来たかもしれない。画面がこれも非常に汚なく見にくい。

☆　江東区　工員
中村清治（23才）

先日上映された四本の映画、どれも皆興味深く観させていたゞきましたが特に私を感激させたのは「ひとりの母の記録」どこが良かったと問われても一寸返答に困るのですが私も少年時代農村で同じ様な生活をおくり今もまだ同じ生活を繰り返しておる母があります。何の誇張もなく有のまゝをみて母を想い目頭の熱くなるのを覚えました。又それにつけ「はたらけどはたらけど猶わが生活楽にならざる」啄木の歌にあります様に搾取とひきかえの社会の機構というものに改めてつくづくと考えさせられ帰り

に友も無言でした。たとえ農村での経験のない者にもこの映画はよく判り共に考えさせられるものと思います。終りに困難な環境の中にも良い映画の為に健斗される皆様の為になほ一そうの御健斗を祈ります。

☆ 杉並区 教員 田路和子（28才）

たいへん興味深く見せていたゞきました。又、参考になる点も多々ありました。希望としては、今まで新聞に評が出ていましても見る機会が殆んどありませんでしたから、その点を考慮していたゞきたいと存じます。本日の会も、もっと多くの人に見てもらえたらと思います。

☆ 世田谷区 主婦 嵩野芳子（23才）

第二部を見ました。「ひとりの母の記録」にひどくうたれました。劇映画をみても泣いたことのない私なのですが、涙がこぼれて困りました。大げさでなく、全くありのまゝを静かに描いているのです。製作者の意図が押しつけがましく表面にでてこないので素直についてゆけるのです。こんないい映画を一部のひとだけ見るのは勿体ないことです。どうか多くの機会を作って下さい。

▼劇映画でも泣かない方が泣いた——ときけば、まったく「ひとりの母の記録」の作者も（言葉のアヤではなく）感泣するでしょう。

☆ 茨城県 公務員 道佛繁芳（31才）

当日は、一寸所用がありまして第二部の途中から拝見させていただきましたが、誠に結好な催しであり、皆様の御労苦に対し衷心より厚くお礼の言葉を申上げます。今後大いにあのような催しをもたれますよう、このことに関心をもっております一人としてお願い申上げます。お伺いいたすところによりますと貴会は発足以来まだ日が浅く色々と困難な問題に逢着されおられるようでありますが、皆様の一人一人の努力がやがて大きな前面の壁をつきやぶる大きな力となることを信じております。この種の映画が一般劇映画と同様に配給ルートに乗るようになれば自ら皆様の方向にもある望がもてるのではないでしょうか。失礼。

☆ 大田区 会社員 南 京己（54才）

大変結構なお催しです。今後共是非共続けて頂きたいと存じます。「只遺憾に存じます事は「砂川町」の一篇でした。御反省をお願い致します。

☆ 太田区 寿 富三郎（ 才）

先日は国鉄労働会館に於て教育映画を参観させて戴きました。批判したり投稿はやった事が有りませんが、実に素晴しく感動させられだまって居る事が出来ません。此の様に素晴い映画をあらゆる苦難と斗いながら製作しておられる皆様に感謝すると共に何故大衆の中に普及しないかと思い映画館のニュースの時あるいは三本立に廃して映写して皆様に良く観賞して貰いたいものだと、最近旧民主党の教育パンフレットが流れ教育制度が改制されようとして居る時、「教室の子供」「たのしい版画」は特に吾等の人々に見て貰いたいと思いました。戦時中の苦悩をしみじみ感じて居るので田舎の教師達が子供の指導方針で色々悩み視覚の大きな効果を考へますと是非へんぴの学校の方達にも行き届く様に出来ないものかと労働者の私でも考へます。

一寸と欲を云へば（実際は仲々むずかしい事とは存じますか）芦沼で低湿田地帯の改良問題が良く取出されて有りますが、信濃川、阿賀野川流域の不改良地面積は解説がありましたが全国的な集計迄解説して戴きたいと思いました、砂川の人々はなんとなく表面的な感じでした。十三日に砂川に行って実際其の雰囲気にしたり砂川の人々の苦しみを聞いた事も有りますので。

たゞ皆様の労苦が社会一般に普及して明るいもっと住み良い社会になる事を祈りながら私達も出来る限り此の様な催しが有りましたら一人でも多く友達を誘って行く様に努力し協力しなければならないと思いました。

☆ 世田谷区 学生 山本昭正（17才）

くじらとり——動かない絵を波の音と画面の動かしで迫力ある映画となったのは楽しいことだ。最后の数分実写がありましたが、もう少し迫力ある画面にならなかったか？

かえるの発生——ひとりよがりの映画、不親切。

ひとりの母の記録——非常に良かった。

こう云う会を月に一回ぐらい開いたらどうですか？

☆ 新宿区 会社員 松永 忍（28才）

宣伝について

たゞ一回きりの後援新聞社の掲載では不充分ではと……思われる。

期日について

もし今後も国鉄労働会館を使用

するとすれば、勤めのかえりを狙ってみるのも一方法ではないだろうか。その場合は各労組の文化部に働きかければ……

上映作品についてのメモ

〃たのしい版画〃の画面の明るさと特に音楽のよさがいつまでも残る。映画音楽として非常に優れている。〃芦沼〃を作られた人達の努力に対して大変感心するが、前半が記録映画と劇映画の中間で演出者の作意が画面に感じられ、解説文がすこし甘さを持ちすぎたことと相俟って冗長な感じがする。〃ひとりの母の記録〃大変すぐれていると思う。

▼アドバイスのいろいろ、ありがとう存じます。

☆ 千葉市 演出家 土生三郎（35才）

大変かんめいふかくみました。教育映画のドラマ性について〃いわゆるお芝居でない〃ギモンを感じました。蛙の映画と母の記録の映画に、母の方はなにか広い視野の不足を感じます。山吹村を一度おとずれたことがあるのでなほさら、想讐寺をいのる。

▼「いわゆるお芝居でない」ギモン——とは？意味がはっきりせず残念です。

☆ 文京区 学生 黒木皆夫（18才）

前略、早速ですが感想を述べさせていただきます。小生が拝見させていたゞいたのは第二部でありますが、その四作品全部の感想を述べるにはスペースがたりませんので、恐らく、この四作品の中では最優秀であろうと思われる「ひとりの母の記録」について寸言。（無礼失礼は平にお赦し下さい）誠に敬意を表すべき企画と思います「農村問題を訴える社会教育映画」と云う主旨である様ですが、小生には充分な観察をし強い信念と自負を抱きながら、何か焦点がぼやけている（ぼやかしていると云いたい）丁度、井戸に落込んだ人間を一筋のなわによって助け上げると見せあと一息で地上に出られると云う所でそのなわを放された。と小生にはそんな感じがしました。最後に本協会の発展を心から願うものです。

☆ 川崎市 学生 村本匡章（21才）

非常に深い印象をうけました。あんな人目につかないとこで、いい映画が作られていることを知って少し意外です。八本見たうちで、どれが一番よいか一寸わかりません。みないいです。そしてどの映画にも基調となっているものそれはヒューマニズムだと思いました。今后質の向上は勿論ですが、それより以上に当面は、普及に、もっと多くの人に見せられるように努力して下さい。良心的な映画を作っている独立映画と結びついて、名画一本、ニュース映画、それからあなた方の短篇一本とでプログラムを作り、町の映画館で見れるようにして下さい。

☆ 文京区 会社員 長井正造（26才）

今度新しく教育映画作家協会の手で短篇映画を見る会が催されたことを心からお喜び申上げます。上映作品も何れも明日への生活の第一歩をふみ出させるもので各層の誰にも判るもので、一人でも多くの人に見せてあげたいものでした。しかし現在の状勢は、思うがままに観ることがむずかしいので、今后とも例会の如くして月に一回程度の例会を望みたい次第です。今回の上映作品のうち〃砂川の人々〃〃くじらとり〃の二本を始めてみたのですが、他の六本は既に「優秀短篇映画を観る会」で上映されているもので、重複の感をまぬがれ得ないのですが、製作者が運営委員となっている「優秀短篇映画を観る会」と貴協会の役員とが重なっているのではないでしょうか。協会内部について知る由もありませんが、そんな気がするのです。もし同じような構成でしたら異った作品を上映するなり、或はまた合体して少しでも多くの作品にふれる機会を作っていたゞきたいのです。

▼「優秀短篇を見る会」は見せることが本業ですが、私どものほうは映画を作るときの参考意見をしりたいためにお見せしたわけです。成立ちも関係者も全然ちがいますが、という大目的は同じです。短篇映画の向上、問題の短篇興行が確立しなければプログラムの重複はやむをえません。いまのところは少しでも「短篇を育てる」意味で、度々ごらん願うより手はないでしょう。

☆ 渋谷区 看護婦 沖西喜代美（26才）

一、二部を通じどれも作る人達の意図がよく感じとれて素晴らしい映画の会だったと思います。その内でも芦沼、ひとりの母の記録、砂川の人々。には現在の農村、基地問題の切実さが私達の胸深く迫って参りました。

くじらとり——は後半が少し物足りない感じでしたがもっと現在の捕鯨技術をも紹介して頂けたら面白い産業映画になったのではないでせうか。

作家協会の方々へ――よい映画は一部の人達だけでなく、ひとりでも多くの人達に紹介して下さい。教育映画と云うと固く聞こえますが、もっと親しみ易く私達の内に浸透すべきと思います。作家協会の御発展を祈ってやみません。

☆ 目黒区
建築家　大森　言（34才）
小学生　大森勇一（7才）

一つ一つの映画に就て云へば「農村の母」をあつかったもの「伊沼」など私自身としては大変よかった。たゞこの種の映画は大人も又小供も大いに見なければならないものだ。その点から云へば日本のものは「面白い」と云うか子供にもわかると云うか何かそう云うものが欠けて居る様に思う。「版画」をあつかったものなどはその点よくわかるがこれとても画面のうつりかわりが早すぎて小供にはむしのみこめぬであろう。「ビールの誕生」などは大変きれいでよいが山だの野原だのが長く出すぎる。それならレッテルを貼る所とかビンが流れ作業をするところとかをスローモーションで撮って見せてくれたらなお何でもないところだが大変「面白い」と云う感じが出る様な気がする。何はともあれこうゆう会は非常にいい。今後の御発展を祈る。

▼とても各新聞に発表する方法はできませんが、盲唖ろう者はお互いにしましょう。でもとやかくメルじゃいけないおもちください。

千葉市
野本　隆　（　才）

十二月十一日に行はれた教育映画の会を鑑賞して感じた事を書いてみたいと思いペンを取りました。現在の様に俗悪な映画のハンランする社会に於て今日の映画会ほど気持よく鑑賞出来た映画はありませんでした。これらの作品を作った人々の厳しい苦しい現実を見つめる心はスクリーンを通して我々の心に伝って来る様にした。苦しい現実の中で社会にも認められず自分達の作品を発表する機会にも恵まれないこれら教育映画の作家の人々の陰の努力に対してはたゞ頭の下がる思いです。

この様によい教育映画は我々は今迄見る機会が無い、たまに新聞などで知っても普通の映画館では上映されなかったりしてほとんど見られないのが現状です。大人も子供も安心して見られる映画は少なく、害を与へる映画は数多く上映されています。教育映画に関心が少いと云うのも今の日本の知的水準の低さを物語っているともいえるでせう。

発達教育の遅々として進まない影響は大きいものがあると思います。今迄知らなかった自分達の社会や身のまわり、自然の動静などの知識が豊富になり色々な面で大変勉強になります。この日に鑑賞した作品の中では記録映画作品の「ひとりの母の記録」がすばらしくよい作品でした。しばらく見なかった教育映画もここまで進んだかと今更ながら驚きました。今迄の教育映画と云へば戦意高揚とか何か宣伝めいたものか、たゞ文化映画と名付けた程度のものでしたが、このドキュメンタリー的作品では許さうものが真に大いに表われています。特にこの作品では現代日本の農村の問題を扱って作者の現実を見詰める目の鋭さと問題を掘り下げた態度には好感が持てました。

今迄取り上げられなかった農村の食事と云う問題、ないても生きるだけで精一杯な農民の主婦を通して女の幸福と政治、それに社会のしくみについて深く考えさせられるものがありました。古いものと新しいものの社会の進歩と貧困、教育映画も新しい社会主義の未来を暗示して悩ましいものを感じました。「女に生れたら一割損だ」と云ふセリフは現代日本の社会の姿の様な気がして悲しくなりました。こだからもこの様な問題を取上げて考へてみる必要があると思います。

他の作品「かえるの発生」「たのしい版画」も参考になるよい作品でした。今後もこの映画会の開催を多くやっていただきたいと思います。この映画の会を開く為に努力して下さった人々に感謝の意を表するものです。

☆ 新宿区　会社員
小山昭鈴（23才）

教育映画の会が少く、すぐれた作品をなかなか見る機会にめぐまれないので、こうした会は大いに歓迎します。

興映画館やニュース映画館でも上映されるようになれば良いと思います。積極的な運動を望みます。「佐久間ダム」「黒部村」「赤ちゃん日記」「月の輪古墳」「ビール誕生」など上映されたのですから。ニュース映画館への売込みも必要ではないでしょうか。「プロレス」ばかりでは全くうんざりしますので。「教室の子供たち」「ビール誕生」「たのしい版画」などは一般の人が見ても面白いと思います。「一人の母の記録」の中で「どこか間違っている」というようなセリフがありましたが、もっとつっこみが欲しいようでした。教育映画を愛する人々は私のまわりにもたくさんいるのですから、今後もこういう会をかんげいします。がんばって下さい。

★特に全般的なお答え

(1) 十六ミリ映写のミス

ごらんのようにアンケートのほとんど全部が「蟻讃の声」などの十六ミリの映写効果についてのみは、さんざんに一杯のおこごとでまったくカン録のきわみです。あのとき実は、はやくも部内からも非難の声があったのですが、あれは映写技師や機械のミスというよりは、むしろ根源的である私ども委員側の不明でした。

いたく責任を感じて、くれぐれもおわび申しあげます。

もともと教育映画界には十六ミリ映写が多いため、映画製作者などの点からも十六ミリ撮影が多くなるわけです。しかし十六ミリだから悪いとは申せません。次回からは必ずこうして、これが十六ミリかと思われるほどの効果を期します。もちろん三十五ミリ撮影の十六ミリ縮写版などでは、ぜったい映写いたしません。合評だった当の作者がだまっていません。

従って当日の十六ミリ撮影作品（くどいようですが三十五ミリ撮影のないもの）「砂川の人々」「伊沼」「かえるの発生」「くじらとり」の四本は、映写さえよければ絶対に見にくい作品ではありません。むしろ傑作になりません。もともとの撮影がわるいものを「見てもらいたい」などとは申せないはずです。

(2) 作品への批判について

個々の作品内容にわたるご批判に対しては、共に協会としての言及をさけました。たゞこれはディスカッションによってこそ意義あるものと思ふからです。むしろ私ども作家の立場とすれば、自由な一般観客の、自由なご批判こそ最大な参考となるものです。それこそ「見てもらいたい」かんじんの対象なのですから。

それで「伊沼」の部分が長いこども、なぜ「くじらとり」が四球撮影者の表現に全力をあげたか等についても、あえて何も弁解いたしません。たしかに適切なご意見ばかり感謝いたしているのです。

たゞし「ビール誕生」と「砂川の人々」を上映番組に入れたのはなぜか、それはあらかじめプログラムの紹介で申しあげました。つまり「ビール」は、PR映画にも扱い方によっては、こんなにイヤミがなくなる、いや立派な、言ばゞ「と」なりうるということです。また「砂川」は事同的などとはともかく、第一義的には問題の重要性によるものです。

かくて前者は映画しおける形式の表現、後者はその内容の点に取上げたのにあります。教育映画とは、申すまでもなく、わが方の様、表の「教育」だけのことを示しません。

(3) 映画会開催のこと

なるべく毎月一回ぐらいの定期的に「見たい」というご要望は圧倒的に多数でした。また、次年などしても「見てもらいたい」一心などとは申すまでもないです。しかし遺かんながら現状では、不可能と申しあげるほかはありません。

あらためて申すまでもないことながら、もともと私たちは映画を「作る」側で「見せる」側にはないわけです。もしも仮りに毎月一回の定期映画会をひらくとしましょう。するとまず少なくとも一ヶ月以上の準備活動や事務経理の時間がいるのですが、それでは、ほとんど私たちの本業はおるすとなります。とても問題になりません。

しかしやはり「見たい」ことと「見てもらいたい」ことには、いささかも変りがありません。いくども述べたのもとで年に一、二回ぐらいで催したいと思っています。これから何とかして実現すべく努力いたします。それは

今回の映画会の直後、協会の運営委員会でもはっきり決定されたことです。しかし事実は、その年々何回自信をもって発表できる作品の数々ができるか、それこそ問題かもしれませんが――まあガンバることにいたしましょう。

(4) 定期的な教育映画会

いずれも都内における有名なもの二、三をあげると――

(A) 「教育映画の会」

日本橋白木屋七階ホール、毎月の後半に開催、主催は読売新聞社と日本映画教育協会（映協）入場無料。

從って毎月の十五日前後に映協にお問合せあるか、読売新聞に注意されること。

映協の住所は港区芝西久保桜川町二六（虎の門下車）

電話（43）一三三五・一八五三～日の三本。

(B) 「新作教育映画試写会」

有楽町毎日新聞社講堂、毎月十五日以後に開催、主催は東京都教育庁（教育映画課）と毎日新聞社、入場無料。

やはり毎月の月半ばに問合せのことですが、中央区銀座西六の三、朝日ビル内、教育映画配給社総務部。

電話（57）の五九七・一七九三・四五五九の三本。

(c)「新しい文化映画の会」
新宿伊勢丹ホール、2ヶ月に3回の開催、六百円の会員制（人員に制限もある由）
朝日新聞社と教育映画作家連盟（各プロダクションの機関）主催。照会はいっさい同連盟が扱い、窓口の地番も電話も前記の「映協」と全く同様（牧野輔氏担当）

(d)「優秀短篇映画を見る会」
新丸ビル地下ホール・毎月一回の有料（一般四〇円、学生三〇円）
照会先は千代田区丸の内二ノ一、三菱ビル別館三階 光業株式会社
電話（28）の八〇三二・六四一七

(e) 常設の教育映画館
いわゆる短篇の専門館は——
「出版文化」＝同所の出版会館下車。
「国際観光文化ホール」＝東京駅八重洲口、国際観光ホテル地下。
一般劇映画（邦画）との同時上映を通例とするのは——
「並木座」＝西銀座並木通り（読売本社裏手）
電話（56）三〇三一

[5] 教育映画を愛される方々へ

私どもの協会への入会や会報を希望されるご熱心な人、は、まことに光栄のいたりです。しかし作家協会はその名のように教育映画をつくる作家の互助機関なので一般の方々の入会は、まず無意味ではなかろうかと思われます。
また会報も会員相互の連絡紙にすぎないもので、あまり一般的な興味もないような非売品です。ただ、いずれは一般的な機関誌を発行したい希望がないわけではありません。もしその節には当方からお願いいたすかもしれません。
さらに近く機をみて一度、座談会など、もつべきではないでしょうか。そうした機会や次の映画会などには、ぜひともご連絡いたしたく存じます。ご期待くださるようお願いいたします。

以上をもってアンケートの皆さん方には当座の「お答え」といたし、当会会員の各位には第一回映画祭記念の「おくりもの」とします。

一九五五年十二月末
（文責・運営委員加藤松三郎）

これだけは見てもらいたい映画の会によせられた
アンケート集"みなさんの声"
昭和30年12月26日印刷・発行
発行所・東京都中央区銀座西8ノ5日吉ビル TEL(57)2801
教育映画作家協会

教育映画作家協會々計報告

昭和三十年三月創立より同年十一月まで九ヶ月間の収支計算書

〔壱〕

一、収入之部

前納會費	三三、四八〇
維持會費	二九三、〇六〇
寄附金	二七、〇〇〇
雑収入	一、三〇五
立替金	一、五〇〇
小計	三五四、三四五

二、支出之部

前納會費	一七、七〇〇
協會結成準備費	八、一三五
交通々信費	三三、九九一
消耗品費	四七五
文房具費	三、七〇九

〔弐〕

雑費	一三、八四〇
事務所費	一一三、六三二
諸手當	九八、〇〇〇
プリント費	五、二一五
立替金	一、五〇〇
行事費	三、〇〇〇
新人會費	八〇〇
小計	二九七、九八七

三、差引之部

現金預金残高	五六、三五八

完

郵便はがき

東京都中央区銀座西八丁目五番地
日吉ビル四階
教育映画作家協会
電話銀座(57)二八〇一

行

110 枚印刷

¥150.- 木村栄進堂印刷

4月試写研究会のおしらせ

最近完成した新作品のうちから、今回は特に教材映画をえらんで比較検討をしてみようと思います。当日は、森脇達夫氏のあっせんにより〈お母さん〉の製作担当者も出席され、いろいろと懇談を重ねたい計画であります。

▽去る4月21日、映教において行なった〈お母さん〉をめぐっての教材映画に関する懇談会は、会員多数出席して、盛会でありましたが、当日も、この討論を更に発展させて話し合いたいので、会員多数の御出席をおねがい申します。

☆とき――四月二十八日（土）午後二時より
☆ところ――映画教育会館試写室
（港・芝西久保桜川二十六・都電地下鉄虎の門下車）

上映作品
〈採光と通風〉（日映科学作品・一巻九分）
〈点字の世界〉（オー映画作品・二巻二十分）
〈雲のできかたかわりかた〉（日本視覚教材作品・一巻十分）
〈お母さん〉（国立中央教育研究所作品・三巻三十二分）

おねがい！
▽動静をしらせてください！　会員の動静をしるために、事務局では、アンケートはがきを送って、協力をもとめておりますが、三月は一一三枚のはがきが十八枚回収されました。会員の動静をしるために、事務局では更に努力をつゞけますが、会員の方々の御協力を切望いたします。

教育映画作家協会
中央区銀座西八ー五日吉ビル TEL (57) 二八〇一

33

☆試写会のお知らせ☆

東京シネマが下記のような参考試写会を行いますので、御希望の方は当日お出かけ下さるようお知らせ申します。

上映作品、フランス美術映画

「ロートレツク」

「ゴツホ」

「ゲルニカ（ピカソの絵）」

「ブラツク」

時、５月１５日（火）午後１時より

所、映画教育会館、三階試写室

教育映画作家協会

34

●シナリオ研究会延期のおしらせ●

先に会報でおしらせした十三日のシナリオ研究会は、出席者が仕事で忙しいため左記の通り延期変更いたします。

変更期日　十月二十日（土）午后一時

場　　所　映教三階会議室

シナリオ研究会世話人

先日お願いした返信用はがきをまだお送りになつていない方は、至急お願い申します。

35

会計報告

７月分

収入の部		支出の部	
現金前月繰越高	9,475	交通通信費	5,577
今月会費収入	57,110	文房具費	553
		行事費	1,660
		新入会費	730
		雑費	1,300
		諸手当	16,000
		プリント費	5,700
		事務所費	12,752
		消耗品費	50
		立替金	3,674
計	60,585	計	47,996

Ｉ差引之部　現金手許有高　12,589

８月分

収入之部		支出之部	
現金前月繰越高	12,589	前納会費	1,500
今月会費収入	37,820	交通通信費	6,759
		新入会費	1,100
		プリント費	5,420
		文房具費	219
		雑費	445
		事務所費	12,967
		諸手当	16,000
		消耗品費	365
計	50,409	計	44,775

Ｉ差引之部　現金手許有高　5,634

以上、八月迄の会計報告は、会報第十八号の巻頭言の如く、危機など言う如く差迫つたものには感ぜられないかも知れませんが、本年一月より例月報告して来ました處を八月分迄、よく見て頂けば判る事と思いますが、多少の波はあつても、その波を平均しますと、毎月六千二・三百円位の不足金を生じて来たのであります。即ち本年初頭、約五万六千の繰越金を持つて居たものが、八ケ月後の今日僅かに五千円位しか残らない。そして九月には間違いなく赤字となり、且つ協会は何らの赤字見返りを持つていない、これが巻頭言の財政危機の意味であります。

又、八月末に於いて、繰越金が僅かに五、六三四円と云うことは、九月初めに於いて会費の集りが悪く、且つその折り、若し壱万円もの出金を要する場合が起きたら、已に融通が全然つかない状態にあることを意味するもので、假りに会計面がまだ黒字だとしても、八月末から九月にかけては非常に財政的には危機を伏在せしめていると云うことであります。

是が巻頭言の財政危機と云う言葉の意味でありますが、その意味する如く、九月末頃には、壱万二・三千円の赤字を出して、遣り繰りに四苦八苦しなければならなくなりました。ここ三日間位で、壱万二、三千円の会費を集めなければ、当然会計面は赤字となりますが、若しうまく会費が集つて、赤字とならなかつたとしても、プリント費の支払を延期して、プリント屋さんに不安の念を起さしたり、電話料の支払が遅れて、電話を二日程止められたと云う事実は厳として残るわけであります。これが巻頭言の「財政危機」のほんとうの意味であります。

（原子）

再び、財政危機に就ての訴え

協会財政の危機に就ては会報十七号の巻頭でもお知らせしたし、また七、八月分会計報告にも付記いたしました。

本年の初頭には、前年度からの繰越金が約五万六千円ありましたが、それが、この六月には七月への繰越は約九千円となり、八月から九月への繰越は約五千円と激減、赤字必至のひっ迫状態となり、九月末には一日間ばかり、電話がとまるというようなことになりました。

委員会は責任を痛感しております。

しかし、浪費の結果の危機ではありません。協会運営費は普段最低、事務所費、人件費、交通通信費、印刷費等計約四万五千円かかります。予算を極度にきりつめてそれだけかかるのですが収入がどうしてもそれに伴わないのです。今日までのところ、収入は会員諸氏による維持会費だけに頼っているわけですが、維持会費を完納している方、おくればちにしても、キチンと納入している方、全然納入しておられない方があり、納入の状態が一部に偏よっているのです。それにはいろいろ事情もあると思います。

委員会並びに事務局はこの点、反省を重ね、会費を持ってくるのが当り前という式の官僚的な考えを排し、常にこちら自ら足を運ぶ努力と態勢をとるようにもしました。そして、なによりも、会費を納入するに値する協会になっていないという運営上、組織上の欠陥に就て反省すると共に、一層の努力を重ねるよう討論をつゞけております。協会のあり方の根本から討論し、維持会費の今の制度に就ても検討を加えております。

しかし足もとに迫った財政危機の現実をどうしようもありません。委員ははげしい討論の末に、次の危機突破アッピールを発することになりました。

一、未納会費は、払いやすい方法で、できるだけ埋めて頂くということです。

例えば、今後毎月、千円乃至千円以上、或は、五百円以上、三百円以上というようなランクで埋めていただきたいのです。

会委員が出かけて御相談もいたしますが、事務所までお届け下されば幸甚です。

これは現在の経済危機を突破し、協会をよりよくする為の足場にしようとする訴えです。御協力をお願いすると共に、将来への御意見も、忌憚なくお寄せ下さるよう切に希望する次第です。

一九五六・一〇・

教育映画作家協会
運営委員会

新作教育映画発表会
のお知らせ

※ 製作者連盟の新作発表会が下記の通り開催されます。

会員諸氏もふるって御覧下さるよう御案内致します。

日時…… 12月14日(金)
午前十一時半映写開始
場所…… 山葉ホール

☆ 拾った小犬……2巻

☆ 王女と指環……2巻

☆ 風の又三郎……5巻

(以上 東映教育映画部作品のみ)

38

拝啓
愈々御多祥の御事と存じます。
協會として本年掉尾の行事である総會も十二月二十六日に迫って来ました。つきましては、未納會費を如何に處理して頂くかについて、一度御相談申上ゲ度いと存じますので、是非御連絡下さいますよう、御願申上げます。それと同時に、今後會費は、その金額や、集め方その他に就いて如何に在るべきかにつき御意見を承り度く、出来れば総会前にも御意見を反影させて頂くよう御願申上げます。

十二月十一日

東京都中央区銀座西八丁目五番地
日吉ビル四階
教育映画作家協会
電話銀座(57)二八〇一

39

作家協会才三回定例総会に就いてのお願い

十二月二十三日

会員各位

教育映画作家協会運営委員会

年末をひかえ、会員諸兄には御多忙な毎日をお過しのことと拝察申上げます。
さて、早速ながら会報十九号その他を以って御知らせ致しました通り、当協会の才三回定例総会は、来る十二月二十六日（水）新聞会館に於いて開催することに決定し、事務局では去る十七日、会報二十号を以って、総会の御案内、議案、総会終了後の忘年会等に就いて、詳細なお知らせを発送致しました。
ところが年末の郵便事務停滞のため、未だに会報二十号がお手もとに到着しない状態であります。事務局では関係方面と接歩を重ね、右郵便物の善処を要望しておりますが、日時切迫のため、改めて左記の通り、総会の御案内を申上げます。御多忙中とは存じますが万障御繰合せの上、是非共御出席の程お願申上げます。

記

一、日時　十二月二十六日（水）午后一時より六時まで、
一、場所　新聞会館　（略図参照）
一、郵便が間に合った方は、当日、会報二十号（議案）を御持参下さい。
一、総会に出席不可能な場合は、運営委員会、又は、適当な会員に委任状（形式随意）を御提出下さい。
一、総会終了後、午后六時三十分より、同会場に於いて忘年会を開催致します（出席御希望の方から、会費二百円、を当日頂戴致します）忘年会出欠のお知らせは委任状と同時に、又は直接、事務局までお知らせ下さるようお願い致します。

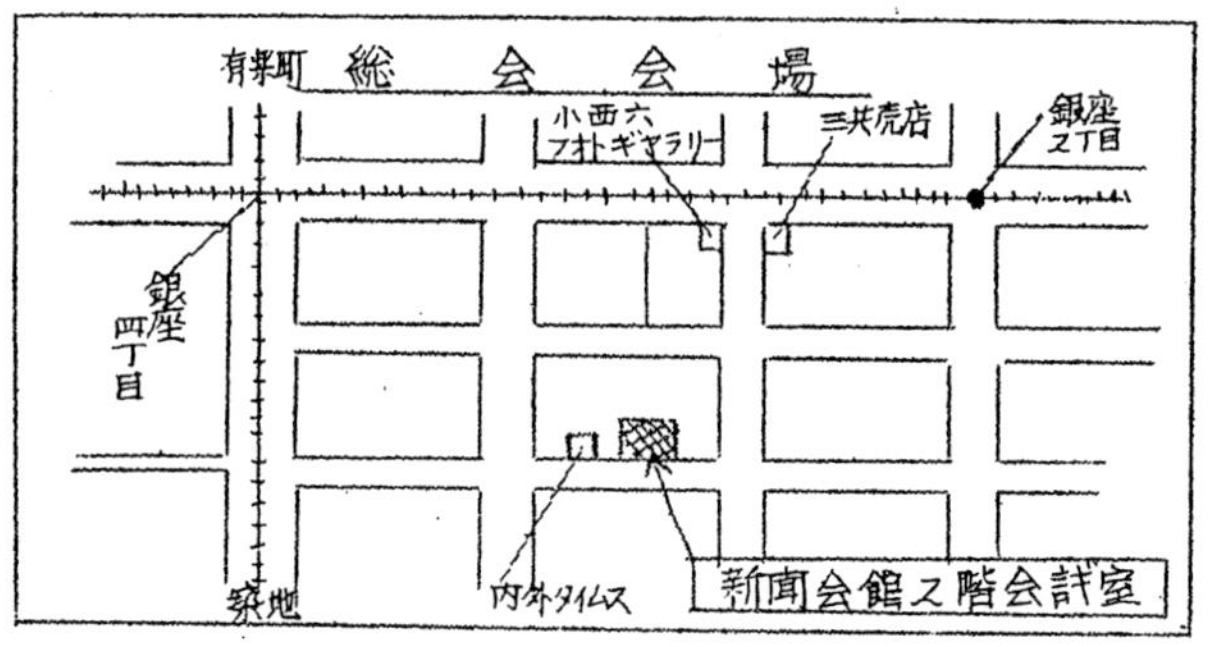

教材映画・テレビの実験研究会のおしらせ！

左記のような教材映画・テレビを実際に学校の授業に利用する実験研究会が行われますので、会員の方々はふるって御参加下さるようおしらせ申します。

教材映画研究会

とき　一月十六日（水）午后一時半より四時半まで
ところ　墨田区寺島中学校（墨田区寺島町八ノ三十一　TEL（68）四〇八一）
（道順・浅草雷門より向島へ寺島二丁目ゝ行都電にて終点下車、すぐわきの三菱銀行左へ入る。東武鉄道の踏切を渡って〒局の左へ入り、パン屋の真向いを入る）
研究主題―学習上どのように映画を利用したらよいか
使用映画は「アルキメデスの原理」（一巻）を上映する
主催―墨田区中学校教育研究会・同視聴覚教育研究部

教材テレビ研究会

とき　一月二十四日（木）午前九時より受付、九時二十分開始
ところ　港区青山小学校（港区青山南町三ノ二十二　TEL（40）三四九〇）
（地下鉄外苑前駅と都電青山三町目の中間、電車通り）
研究主題―教育の効果をあげるためにテレビをどのように利用したらよいか
主催―東京都教育委員会、同テレビ教育研究会、同放送教育研究会、港区教育委員会、港区教育研究会

東京都中央区銀座西八丁目五番地
日吉ビル四階
教育映画作家協会
電話　銀座（57）二八〇一

☆　動静をしらせてください！　昨年末の会報に同封してお送りした動静おしらせ用はがきが、一月十日現在で三十五枚しかおしらせがありません。まだおしらせのない百余名の方におねがいしますが、ぜひ一筆かいてすぐに送ってください。協会々報一月号にのせるため、ぜひおしらせねがいたいのです。

☆　協会々報No21は一九五六年度総会討議録特集として目下鋭意編集中、一月二十五日発行の予定です。

会計報告（自　昭和三十年十二月一日　至　昭和三十一年十一月三十日）

昭和三十一年度即ち第二回総会より第三回総会迄の会計は左記の通りであります。

一、収入之部

現金前期繰越金	五六、三五八
前納会費	七、八〇〇
維持会費	五二六、三〇二
寄附金	一一、〇〇〇
雑収入	一、五九〇
立替金	三、一五四
計	六〇六、二〇四

一、支出之部

前納会費	四、三〇〇
交通々信費	六五、六二一
消耗品費	四、八三五
事務所費	一四八、二九四
プリント費	五五、一七〇
雑費	二七、八八五
文房具費	三、三八六
行事費	一九、八五〇
諸手当	一九七、三〇〇
特別手当	二六、〇〇〇
立替金	六、〇七四
新人会費	六、六二五
計	五六五、三四〇

一、差引之部

現金後期繰越金	四〇、八六四

会計監査書

別表昭和三十年十二月より昭和三十一年十一月迄、壱ケ年分の収支計算表を監査致しました処、相違ありません。

昭和三十一年十二月　日

会計監査　教育映画作家協会　樋口源一郎

会計監査　教育映画作家協会

羽田会計監査は年内出張の為、総会に間に合うように監査を受ける事が出来ませんでした。総会後必ず監査を受けることにします。

東京都中央区
銀座西八ノ五
日吉ビル
教育映画作家協会
行

郵便はがき

5 日本郵便

名	所

一九五六年度推せん作品投票

〆切は二月十日迄　厳守

☆協会への御意見、御希望など。また協会への通信事項などを御記入下さい・尚この通信は会報に掲載させていただく場合があります。

☆最近の動静を御記入下さい。

☆動静は書きたくない場合、書けない場合などは未記入のままでも結構ですから、この葉書は必ず2月10日までに御返送下さるようおねがい申します。

記録映画研究会のおしらせ

本年度オ一回の記録映画研究会を下記のようにひらきます。
多数御出席下さって活発な研究会にしたいと思いますので、ふるってお出かけ下さいませ。

日時　１月２６日（土）午後６時より
場所　中央区役所銀座東出張所階上
（下図参照）

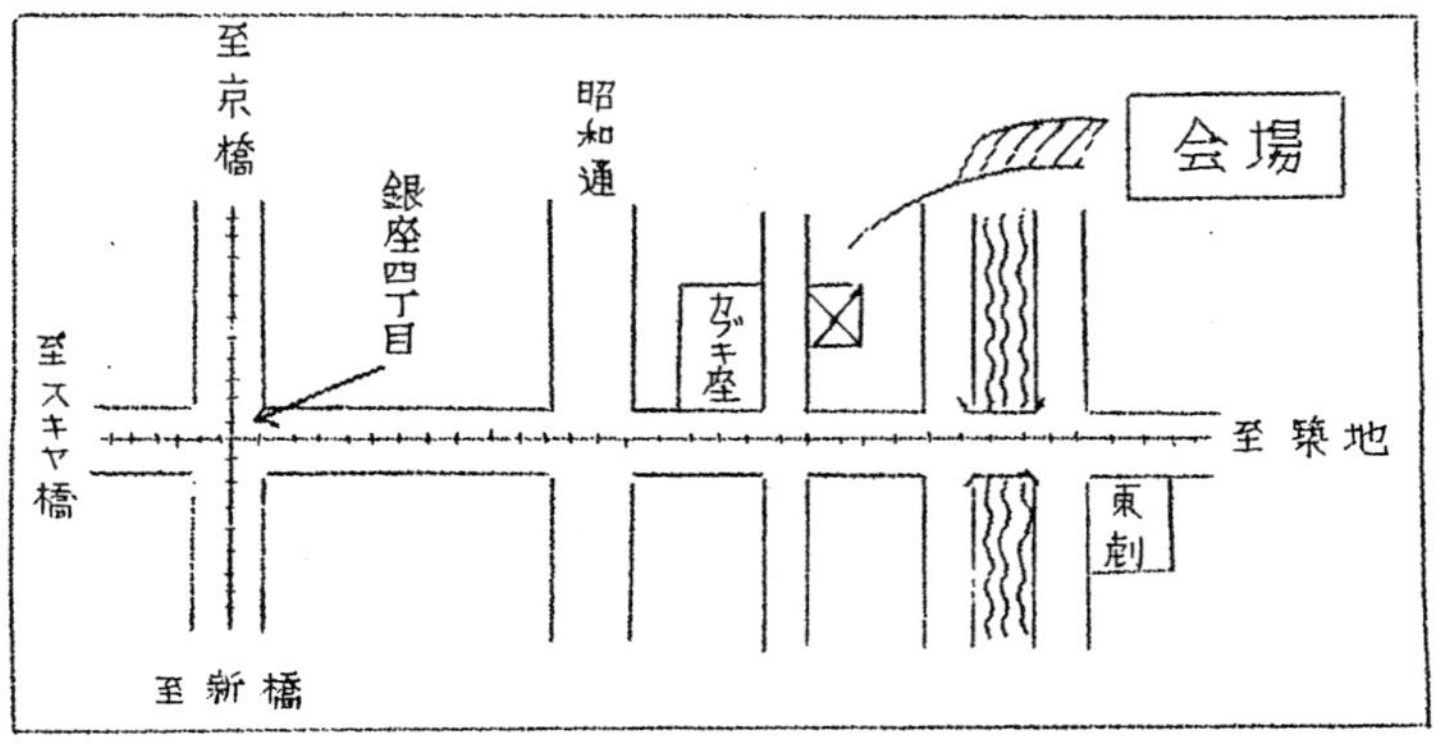

教育映画作家協会
中央区銀座西8-5　日吉ビル　TEL.(57) 2801

☆おしらせ

才二回記録映画研究会を左記のようにひらきますのでおでかけ下さいますよう、おしらせ申します。

とき・三月九日（土）午后六時より
ところ・中央区役所銀座東出張所
二階集会室

記録映画研究会

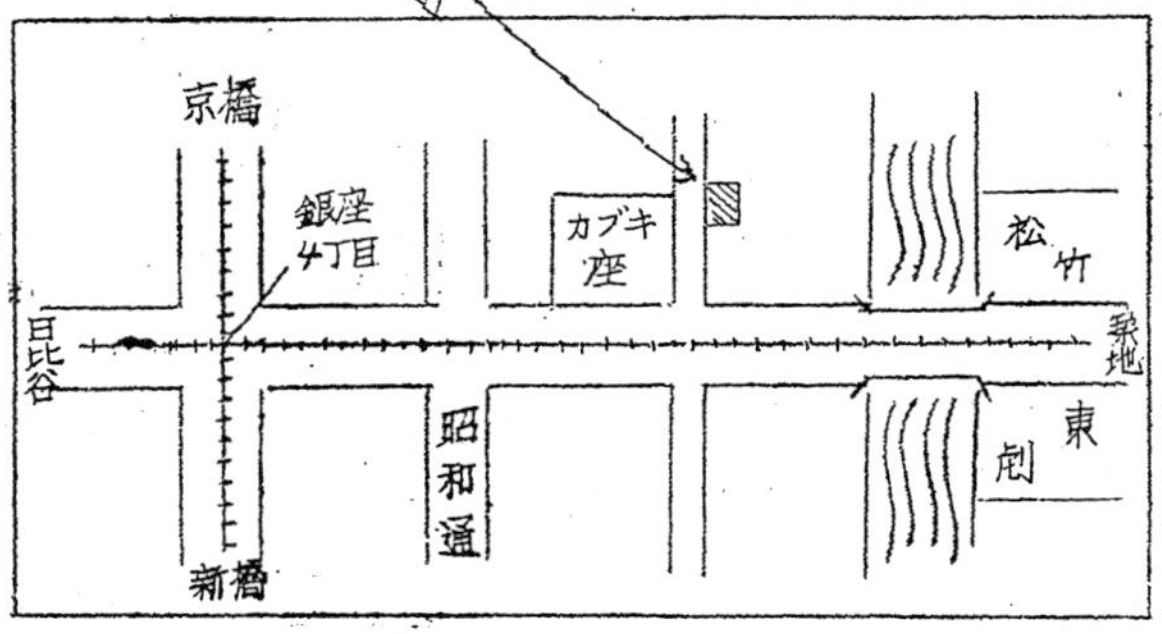

教育映画作家協会

急告

さる三月二十四日に開催した当協会主催の才二回「推せん」教育映画の会は、お蔭をもちまして有意義に、大成功のうちに終了いたしました。ついては、お金の面でも、大成功にさせるためには、さきほど会員各位におねがいした、会員券の代金、一人一二〇円を、早急に納めていただきたいのです。

未納の方は、本紙同封の振替用紙をお使いになり、最寄の郵便局にてお振込み下さるよう、おねがい申します。

尚、会費、健保料などをお納めになる方は、同時に御送金下されば幸甚に存じます。

教育映画作家協会

おねがい

――第六回世界青年学生平和友好祭に記録教育映画の青年代表を送るために――

世界青年学生平和友好祭が、いよいよ来る七月二十八日から八月十一日までモスクワで開かれます。この青年の祭典も一九四七年の第一回から数えてすでに第六回になりました。世界各国の青年たちが再び戦場では会うまいと誓いあうこの祭典に、今年は日本からも六百名の青年が初の大量参加をします。そして世界中から集った数万の青年達と共に、平和を守る話し合い、青年の生活、文化を高める相談、芸術コンクール、文化祭、スポーツ祭等に参加します。

日本からゆく文化芸術代表は一〇〇人で、音楽、美術、演劇、日本舞踊、服飾等に伍して映画界からも九名が加わります。この代表団はボリショイ劇場で日本の舞台芸術を世界の人々にひろうしたり、映画で云えば、青年映画労働者、作家の交流や映画ゼミナール等に出席し、大いに国際交流を深めようとしています。

そしてこの映画代表のうち記録教育映画部門から映演総連演劇連合の[redacted]）、榛葉豊明、福田隆（以上岩波映画）とフリーの吉沢幸男（フ[illegible]）が参加することになりました。そこで私達はいろいろ相談した結果、代表を送る為の実行委員会をつくって皆君を送りたいと思います。

代表が一名参加するには、出発から帰国まで約十万円の費用がかかります。記録教育映画界から一人の青年を送るだけでもこれだけの費用がかかることですから、実際なまやさしい事ではないと思います。しかし、何とかいう世界各国の青年と共に、祭典の中で平和を語り、青年の生活と未来を語り、文化芸術を論じ、映画について研究し交流しあう、その意義と喜びを感ずるとき、何とか、みなで力をあわせて代表派遣を実現したいと思います。このため、私達、記録教育映画界の青年は、出来る限りの資金を自分達で出しあって代表派遣の費用に充てますが、これだけではなお相当の額が不足します。ここで私達は、先輩の方々に、どうか、この第六回世界青年学生平和友好祭の意義と、さらに若々の仲間から代表を送ろうという私達の熱意をお汲みとりのうえ、代表派遣費用の御協力をおねがい申し上げる次第です。

なおまた、来る一九五九年には第七回の平和友好祭が北京でひらかれる予定です。今年の代表派遣運動は何といってもスタートが遅すぎたきらいもあり、従って代表を決めるにも一部の青年しか話し合いに参加しておりません。このために私達はせめて記録映画労組連合会の仲間たちと協同し、また、この友好祭について何も知らせもしなかった仲間たちにおわびし、これを機会に今后の交流と友好を深めるようおねがい申し上げます。そして再来年の北京祭典には、出来るだけ多くの青年が参加出来るように力をあわせようではありませんか。

第六回世界青年学生平和友好祭

記録教育映画部門代表派遣実行委

先輩各位殿

（追記）この友好祭の中に、教育国際映画祭がひらかれますが、日本からも多数の作品が参加するよう要請されております。この祭典にふさわしい作品を、世界に公開するために、祭典期間中、プリントをおかし下さる等、各プロダクションの御協力をあわせておねがいいたします。

47

「お母さんのしごと」を教材とした授業の

特別研究会のおしらせ！

さきに国立中央教育研究所が製作した教材映画「お母さんのしごと」を、実際に小学校の教室で社会科授業に使用して、特別研究会をひらくことになりました。万障おくり合せの上、奮って御出席下さいますよう、お知らせ申します。

とき　六月六日（水）　午前十時より

ところ　目黒区下目黒小学校

★当日は午前十時より正午まで映画使用の授業を行ない、昼食后、研究懇談会を行ないます。尚この研究会は特に作家のためにひらかれるものであり、映教、口研の関係者及び目黒区の社会科担当教官も出席します。

★昼食は各自持参するか、付近の商店街で、自費で召上って下さい。

東京都中央区銀座西八丁目五番地
日吉ビル四階
教育映画作家協会
電話銀座四二八〇一

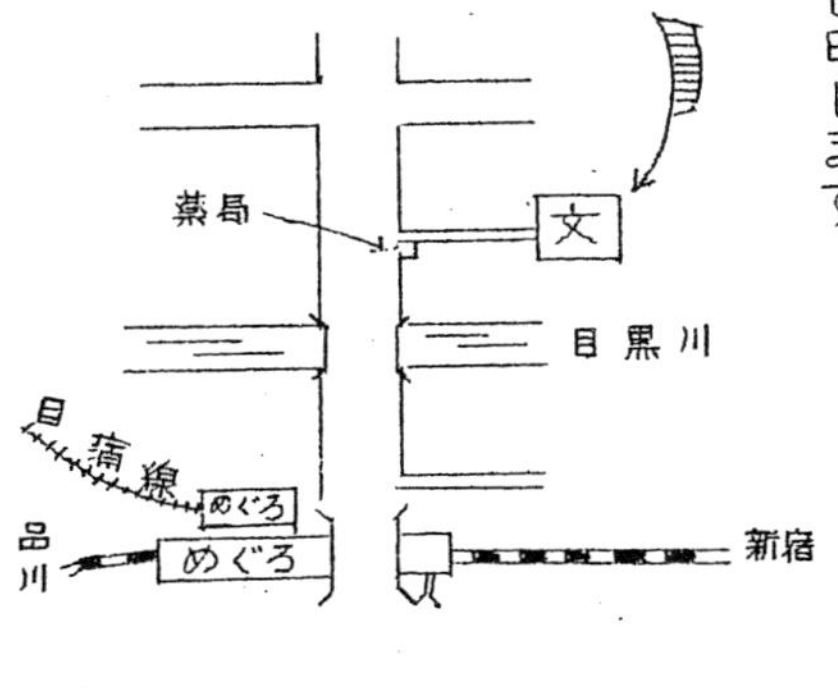

32-6-27.

友好祭ニュース №2

中央区銀座西8−5日吉ビル教育映画作家協会内
第6回世界青年学生平和友好祭教育記録映画実行委員会

映画代表、出品作決る

第6回世界青年学生平和友好祭に参加する日本代表団は総員五二五名。地域・農村・工場・学生・スポーツ代表の部門に加えて、文化代表団からは一〇二名が割当てられた。

その内訳は公演を主とする部門と、一般文化部門に分れ、前者は音楽(うたごえ35、洋楽10、演劇10、洋舞日舞各13、服飾4、計85名、後者は美術5、写真2、映画10、計17名の合計一〇二名です。映画代表10名の氏名は次の通りです。(尚、文化代表団には通訳13名が随行する。)

陣野宣露(松竹労組京京分会委員長)
岩山達彦(新東宝労組)
石川義寛(〃)
橋田寿久年(〃)
高木 昇(〃)
宮沢幸男(教育映画作家協会・演出)
榛葉豊明(岩波映画製作所・演出)
福岡 隆(岩波映画製作所・線画)
堀内貞已(映画愛好者連盟会長)
山之内重巳(映画愛好者連盟常任理事)

○

映画代表が持参するプリントは劇映画3本記録映画は参考作品4、コンクール参加作品3計7本で、題名は次の通りです。

人間魚雷回天 (新東宝)
われは海の子 (日 活)
真昼の暗黒 (独 立)
マナスルに立つ 映画、毎日
生きていてよかった 日本ドキュメント
砂川ー流血の記録 日本ドキュメント
一人の母の記録 岩波映画
日本の青春 日本の青春製作実行委
雪まつりと子供たち 文化映画研究所
蛙の発生 岩波映画

劇映画は当初、「壁あつき部屋」「太陽とバラ」等も候補に上つていたが、共産圏には輸出しないという旧六社協定のため断念せざるを得なくなつたものである。これらの作品は8・1の日本映画の夕を中心にモスクワ市内の15の映画館で上映される。富沢代表は7−30より開かれる国際映画祭に於いて、「日本に於ける記録映画の現状」などを報告することになつています。(別項、文化委の報告参照して下さい。)

代表の言葉

富沢幸男

日本代表団約五〇〇名の代表が、一応旅券の申請を終り、第六回モスクワ祭典に参加する準備を進めております。文化芸術代表団一〇二名のうち映画部門でも十名の代表がそれぞれ選ばれました。記録映画関係としては、今回がはじめての参加になるわけですが、参加する作品も各プロダクションの御援助を得て決定し現在は討論に必要な資料作成に最后の準備をいそいでおります。

すでにニュースに報告されているように、渡航費用のカンパも目標に達しようとしております。先輩の皆さんをはじめ、仲間の青年たちの限りない御支援に心から感謝するとともに、責任の重大さを痛感致します。国際交流の具体的な第一陣として、世界の青年たちと共に平和を守る話し合い、映画を通じての友好を深めて参りたいと思います。

実行委経過報告

一昨年第五回の友好祭がワルソーで開かれたとき、日本の実行委員会がワルソーでの祭典に並行して日本祭典を開きました。その記録映画「日本の青春」の製作に、作家協会の演出家と一諸に、助監督部会の若い連中が多勢参加していました。

さて今年も第六回祭典へ、と日本中のあちこちで若いものが運動を始め、その波がいやでも記録教育映画の若者たちにおしよせて来たのです。

いろいろな記録映画の製作などでなじみのあつた国民文化会議が、日本代表団の中の文化芸術部門の責任団体になつたのですが、そこから作家協会にも呼びかけの手紙が来ました。また、日映、理研、岩波などの映演総連の短篇連合でも、着々と話しが進んでいきました。協会の方は事務局の計いで、助監督部に友好祭の対策が委任され、ここで、助監督部会は総会を開いた結果、吾々の仲間から代表を一人送ろうと決めたのです。

ところが、それが五月末から六月に足をふみ入れてからの事でした。早速作家協会の運営委員会に相談し、協会もそのメンバーに参加する形で、記録教育映画部門代表派遣実行委員会が生れたのです。

そして、同時に同じ部門から代表を出す日映新社労組や岩波映画労組もこの実行委員会の構成団体に加わりました。代表の決め方も、代表申請期日の〆切りに追われ、不完全なやり方しかできませんでしたが、その後、実行委員会の方から各方面に御了解をおねがいしている次第です。

現在、実行委員会は、苗田康夫(作家協会助監督部)を責任者に、事務局、財政部、文化資料対策部にわかれて仕事を進めており、種々の連絡は作家協会の小島が担当しています。どんな点についてでもいいですから、いろいろ御意見をおよせ下さるようおねがい致します。尚、次回の実行委員会は二十一日午后五時三十分から作家協会事務室をおかりして行います。

☆☆インターナショナル☆☆☆☆☆☆
☆☆☆ フイルムフエスティバル☆☆☆

七月三十日から八月十日迄の友好祭期間中には、モスクワ市内の十五の優秀映画館で、記録映画、科学映画、ニュース映画が公開されます。

このフイルムフエスティバルの目的は、各国映画界の交流、－相互の理解を深め、友好を増進する──ために行なわれるものです。

この祭典に上映されるフイルムは、各国のプロダクシヨンや、スタジオ、映画関係団体から送られるものです。

──華やかな行事──

このフイルムフエスティバル期間中には、色々な行事が行なわれます。必ずしも専門家でなくとも、映画や、映画製作に対して興味を持つんならば誰でも、モスクワに到着次第どの行事にも参加出来るのです。

こゝで行なわれる行事の一つ、それは、青年映画作家の作つた作品のコンクールがあります。これは、第六回祭典以前の二年間に作られた作品で、青年の生活、権利のための斗争、とか、よりよき生活のためのとかのテーマをもつた作品です。このコンクールの審査は、各国一流の製作者や、作家が、最上の作品を選定するために、記録映画とか劇映画とかの部門に分けて、七月からジユンジユンに審査が続けられます。尚このコンクールの賞品は、次の様な賞が授与され、最高賞は、第六回、平和友好祭の映画部門優勝者として表彰されます。

一位　金メダルと賞状
二位　銀メダルと賞状
三位　銅メダルと賞状

「どうなっているか？　旅券問題」

今月七日に日本実行委員会から三名の代表委員が外務省に行つて、正式な渡航申請をすませた。

更に連日外務省、法務省、大蔵省ソヴイエト大使館に接渉を続けていますが、現在の問題として外貨申請に対する許可が難しいという事があるようです。外務省では十二日に渡航審議会を開いたが最終的本結論は出ていないとのことですが、ただ五百名というのは多すぎるという理由のない見解を示したそうです。これも世論に押されて困つているようで、一人一人の旅券でなく団体としての参加証を出す等の便法も考えていると言われています。

いずれにしても、国交の回復したソヴイエトへの渡航を拒否するわけにはいかず、不当な制限には世論が許さないでしょう。

フイルムコンクールめざして

友好祭の映画コンクールに参加する記録映画作品として「日本の青春」「雪まつりと子供たち」「蛙の発生」の三作品を又それと同時に行われる参考試写作品として「「生きていてよかった」「流血の記録砂川」「一人の母の記録」「マナスルに立つ」の四作品を選び、送ることに決定致しました。

友好祭では映画コンクールばかりではなく世界の参加各国の映画代表との交歓やら上映された作品の検討批判及びそれがおかれている製作状況などの話し合いも熱心に行われることになつております。これらの話し合いの中で私達が現在心のそこから願つているもの－平和をまもつてゆこうという決意について、直接身にうけた爆のキョウイについて、人類の敵原水日本人の訴え又増々ふえつつある基地問題－それについて日本人はどのように考へ、どのように対処しているか。日本の農村の母親達は今も古い家族制度の残滓の中でどのように苦しみ、又その苦しみの中からどのようにして生きぬこうと努力しているか。そしてそれらがすべての平和への斗いに通じているのであり、私達記録映画人もつまずきながらではあるけれど、平和への道につき進もうと努力していることなどを私達の代表に訴えてもらいたいと思います。併し参加各国の映画代表たちと話し合いといつてもそそれぞれ言葉の異なる人々の集りの中で如何にしたら以上のような事柄が訴えられるか。勿論作品ににじみ出たそれぞれの感動はたとえ言葉が通じなくとも観る人々には訴えることは出来ましよう。だが私達は世界の代表達が単に素材から受けた感動、画面から受けた感動ばかりもつて帰るのではなく、それぞれの作品がどのような要求のもとに、又どのような状況のもとにつくられたかをも合せ知つてもらいたいと思います。

そこで私たちは出来得る限り詳細な資料（各作品のシナリオ、作品解説・日本の記録映画の現状についての小論文）を英訳して現地でなるべく多勢の代表達に読んでもらい積極的に討議に参加してもらうよう手配したいと思います。

聞くところによりますと、一昨年ワルシャフで開かれた第五回友好祭において、世界の青年達が一つになつて平和運動を推進する為の記録映画をつくろうとの話しがおこつたとのこと、今年は両計画が更に具体的に進めて再来年の北京で開かれる予定の第七回友好祭にはぜひとも実現させなければならない問題だと考えます。このような世界的な規模の記録映画も各国の多勢の映画人と親しく接して始めて具体性をもつてくるのではないでしょうか。

活況の映写会

今度の戦争では一〇〇〇万の青年が殺され、一〇〇〇万以上の青年が負傷し、戦線で病気にかゝり不具になつた。戦争で最大の被害を受けるのは青年であり、戦争は嫌だ！　という声も青年の中で最も激しい。これを基盤にして平和友好祭が開かれるようになつたけれど、一昨年ワルソーで開かれた平和友好祭に参加した早大シナリオ研の西江孝之君の言葉を借りると、「それは大変明るい希望に充ちた世界のあらゆる国々から集つた青年のるつぼだ」という。ヨリス・イヴエンスはブカレスト祭典の記録映画「平和と友情」の中に我々を誘い入れて、世界の青年の連帯によつて平和をつくり上げてゆけることを感動的に語つてくれた。六月十一日、新聞会館会議室で開かれたモスクワ平和友好祭参加代表を囲んでの会は小人数ながら二十余人の楽しい会だつた。私達の代表富沢幸男さんは、大きな誇りをもつて代表としての任をつくすと、そしてまた吾々も代表を送りだすために残されたあと一ケ月を頑張るとはげまし合つて会を閉じた。この会の主旨をくんで映写機を借して下さつた東京映画社の皆様、フイルムと解説を担当して下さつた青年文化協会の方々ありがとうございました。

日程

6・28(金)	東京祭典大集会　日本青年館PM6～ モスクワで発表する歌・舞踊・演劇を中心に東京在住の全代表が集う中央祭典
7. 5(金)	日本代表結団式
7. 6(土)	富沢代表歓送会（予定）
7.10(水)	出品短篇映画・資料出来
7.13(土)	日本代表団東京発
7.14(日)	全代表歓送会（新潟市）
7.16(火)	代表団新潟出港
7.18(木)	ナホトカ着
7.19(金)	シベリヤ鉄道経由出発
7.27(土)	モスクワ着
7.28(日)	平和友好祭開幕
7.30(火)	国際青年映画祭開会式（於ウダルニク映画館）
8. 1(木)	日本映画の夕 記録映画製作者との懇談と科学普及映画上映
8. 2(金)	映画職能別集会
8. 5(月)	フエスティバル参加者と著名映画人の懇談
8.10(土)	国際映画祭閉会
8.11(日)	平和友好祭閉会式

尚、映画代表はモスコ、レーニングラードの各撮影所及映画大学等の訪問が組まれている。

東京祭典のおしらせ

友好祭の東京実行委員会の企画によつて、モスクワでの祭典に先立つて東京祭典が開かれます。代表団が海を渡つて外国の人々に披露する日本色豊かな舞台芸術を、まずは東京で公演し、みなさんに叱咤激励して頂こうというプランです。入場券は当日会場でも、作家協会内記録映画部門実行委デスクにても扱つております。ふるつて御参加下さいますよう。

とき　六月二八日午后六時
ところ　青山青年会館

☆第一部
一　実行委員会あいさつ
二　来賓あいさつ
三　合評円小集会報告
四　代表団紹介

☆第二部
一　六段　琴合奏
二　桜々　合唱　日本の歌声合唱団
　　伴奏　琴合奏
　　舞踊　日本舞踊代表団
三　秋の調べ独唱　内田るり子
　　伴奏　琴　尺八代表
四　琴　尺八　演奏
五　花笠踊り　洋舞代表団
六　どん太のたるや。人形劇団プーク
七　独唱
八　詩の朗読
九　合唱　日本のうたごえ合唱団
十　全員合唱

カンパ資金10万円突破!!

皆様の御協力により集りましたカンパ資金と合計の中間報告を申上げます。

尚、友好祭実行委員会の方で始めにたてました代表団員一人当の予算内訳を御参考迄に別表でしるします。

予定はこの他

☆コンクール、ゼンナール、出品作品のシナリオ、解説書、及び"日本の記録映画の現状"のレポートなどの作製費
☆事務局費
☆代表団員送迎費
☆帰国後の報告会、報告書作製費
等々

なかなか欠く事の出来ぬ大盛の出費が控えておりますので、会計の方はがっちり財布の紐をしめながら、何とかこの大仕事を完遂したいものと思っております。皆様の貴重なカンパに胸一杯の感謝をこめて実行委員一同頑張つております。

（会計責任　杉原記）

Ⓐ

①船賃最高	50000
②参加費	10800
③代表団事務局費	7000
④実行委員会分担金	3000
⑤渡航申請費	3400
⑥土産料	3000
⑦文化団体世話費	2000
計	¥ 79200

他に新港迄の旅費、宿泊費などみて、大体一人当り10万円という予算が計上された様です。但し、後に船賃が1万円安くなり差当つての一人の納入額は¥6720[illegible]になりました。

Ⓑ

月日	カンパ資金	支出	
		①アツピール・カンパ用紙印刷低代	1,900
		②カンパ領収書15冊及び金銭出納帳代	365
		③宮沢氏身分証明写真15枚代	300
		④通信用葉書10枚代	50
		⑤友好祭記録映画をみる会々場費	1,500
		⑥プリント及び映写機往復運搬車代	270
		⑦青文協より友好祭プリント借用代	500
		⑧実行委員プロダクション連絡車代	360
		⑨マジツクインク3本代	90
		⑩掲示用々紙3枚代	45
		⑪領収書貼布用10円収入印紙10枚代	100
6/15現在			
計	¥ 100320	差引残¥ 25640	

尚、代表一名分（宮沢）渡航費六九、二〇[illegible]円は、支払済です。従つて、渡航費に、B表の支出をプラスした残高が二五、六四〇円となっています。

49

拝啓　お元気で御活躍のことと存じます。さて同封の「おねがい」にもありますように、このたびモスクワで開かれる第六回世界青年学生平和友好祭に記録教育映画部門の代表として富沢幸男（教育映画作家協会）榛葉豊明（岩波映画製作所・教育映画作家協会）福岡隆（岩波映画製作所）の三君が参加することになりました。ついてはこの代表派遣の資金カンパについて同代表派遣実行委員会より当協会へ協力方の要請がありました。協会としても海外との交流活動を積極的に行なおうと考えているときでもあり、この代表派遣は非常に意義あるものと考え、全面的に賛同いたしております。ついてはこの趣旨を御了解のうえ、何分の御協力を下さるようおねがい申しあげます。

教育映画作家協会
運営委員会

会員各位

通常払込料金加入者負担

払込通知票

口座番号 ※	東京 90709
加入者名 ※	教育映画作家協会
金額 ※	億 千 百 十 万 千 百 十 円
払込人住所氏名 ※	
備考	受付局日附印

（郵　政　省）

文字は正確明りように、数字はアラビヤ数字を使つてお書き下さい。

各票の※印欄は、払込人において記載して下さい。

通常払込料金加入者負担

払込票

口座番号 ※	東京 90709
加入者名 ※	教育映画作家協会
金額 ※	億 千 百 十 万 千 百 十 円
払込人住所氏名 ※	
料金	払込 円　特殊 円　受付局日附印
備考	

局番号	番印

（郵　政　省）

記載事項を訂正した場合は、その箇所に証印して下さい。

各票の記載事項にまちがいのないことをお確め下さい。

御注意

この用紙により振替貯金の払込をなさるときは、表面※印の欄にそれぞれ記入し、これに払込金を添えて郵便局へお出し下さい。

なお、払込の料金は、加入者が負担することになっておりますから、納付する必要はありません。

通信欄

この欄は加入者あての通信にお使い下さい

1957.8.

友好祭ニュース No.4

中央区銀座西8―5 日吉ビル教育映画作家協会内

第6回世界青年学生平和友好祭教育記録映画実行委員会

映画代表は一名に

―富沢幸男君出発す―

日本政府の、平和嫌い、友好嫌いのおかげで、モスクワに行く日本代表団は一五〇名にされてしまい、その結果文化芸術代表は三三名にしぼられました。平和を愛し各国と友好を深めたいという日本中の青年の意志をふみにじつた政府の方針に対しては、吉川英治氏をはじめ心ある人々が嘆ぜざるを得ないものだつたし、私達も大へん腹の立つ思いですし同時に自分達の力が足りなかつたのを反省させられます。いずれにしても文化芸術代表団が三三名そして映画一名をどう決めるかを関係者で話し合つたすえ富沢君に落着いたことについては神野さん岩山さんをはじめ映演総連の方々の御配慮に深く感謝いたします。

私達は今後も、このニュースで友好祭や海外の様子をおつたえし、代表帰国後の報告会を開くなど、何とか皆さまの熱意に応えたいと思います。

（記録教育映画部門実行委事務局）

この次は、きつと大ぜいを

何よりも先ず、富沢さんがモスクワの平和友好祭に参加されたことを皆様と一しよに喜びたいと思います。

私たち岩波映画労組の二人（私と福岡君）も、富沢さんと一しよに行くことになつて居りましたが、私たちの参加は会社の了解を得ることができなくて、結局、実現できませんでした。組合もずいぶん交渉を重ねたのですが、何にしても、私たち自身の意志と努力が足りなかつたことで、去る五月以来、教育記録映画の代表を一丸として送ろうという趣旨のもとに、非常な努力を払つて下さつた実行委員会の皆様、さらに私たちを含めた三人の参加を、終始力強く御支援下さつた多くの皆様に、本当に申し訳けなく、福岡君とともに心からお詫びを申し上げます。

いまは、モスクワにおける富沢代表の御健斗を祈るとともに、今回の私たちの不首尾を充分検討して、来るべき北京の友好祭には、私たちの組合からも必らず代表を送り、世界の青年たちと一しよに、「平和と友情」の為の映画をつくる一員ともなれるように努力したいと思つています。

（岩波映画労組 榛葉豊明）

友好祭だより 第一信

（富沢代表の第一信、第二信が海をわたつて三〇日につきました。第二信は次頁に。）

出発に際しては大変おさわがせ致しました。二二日無事モスクワに安着致しました。モスクワ郊外のホテルにいます。モスクワは大変静かな街で東京のように自動車の警笛は一つも鳴りません。ただ夜は九時ごろまで明るいので寝不足になります。

今の所、東も西もさつぱりわからず、たゞ自動車の運転手が頼りです。

取あえず第一信を送ります。

みなさんによろしく

モスクワにて

（富 幸）

代表団見送りの記

―上野から新潟まで―

七月十七日。旅券手続きも漸く終り、二十二時三十分上野発準急で、先発のスポーツ代表を除く百余名の代表団は、いよいよ東京を出発する事に決った。全くのあわただしさで旅券交付から出発迄のこの僅かな時間に、海外へ向うこの人達にどれ丈の心の旅仕度がとゝのえられたろう。

二十一時—上野駅十四番ホームは続々と集結する代表団や見送りの人波で埋まった。旗や幟が頭上を揺れ動き、合唱が起り、スクラムが組まれる。歌声は口から口へ、人から人へと拡がってゆく。

二十一時三十分。ホームに列車が入り、続続と乗込みが始まる。歓送の雰囲気はいよいよ高潮し、車窓をはさんで幾十幾百となく力強い握手が交わされる。二十二時三十分。遂に列車は、激励、感激の声の中を滑る様に上野駅ホームを離れた。とおく、ホーム突端で未だ手を振り見送っている人影が、次第にかすみ、やがて暗闇の中へ静かに溶け込んで行った。

七月十八日。明方の新潟田野をつっ走る列車の中、こゝ数日間の旅券交渉の疲れがどっとこの人達に覆いかぶさって来たのだろう。代表団のどの顔にも深い疲労の色が見えている。隣席の富沢さんは、上野駅出発後のこの数時間を、右に伏し、左にのけぞり五体をもてあます様にして、眠りをむさぼっていた。

午前六時、新潟駅着。駅前広場に集りスケジュールその他の通達があってから、各グループ別に一まず旅館に落着く。

今日のスケジュールは午後一時半、新潟労働会館前集合、最終的グループ分けその他。四時、新潟港にて歓送会。四時半以後乗船開始。そして一夜を船上で明かし、明朝六時出航 — 。

午前九時、新東宝労組の渡辺氏にフイルム受取りの件連絡。間もなく渡辺氏が訪ねて来られ、新東宝出品作品〃人間魚雷回転〃と税関書類をあずかる。（三十五ミリ十二巻、その重量がずっしと腕にこたえる。）

十一時。人形劇団プークその他の見送り人と共に、新潟駅より小荷物を三輪で波止場へ運び込む。

正面岩壁には一万屯近いソ連客船アレクサンドル・モジャイスキー号が純白の巨体をほとんど横づけに停泊している。

こんな巨船の、又こんな和やかな空気を積んだ外国船の入港は新潟港開港以来初めての事とて新潟市民の歓迎は一しお。船上の客人達の顔も明るく、その素朴な姿態表情が私達の胸を強く打つ。片言まじりの日本語で、市中で果物などを買っている姿には、民族、思想を越えた素朴な人間的感情を呼び覚まされる。

税関手続きは仲々はかどらず、書類提出などあって約三時間後漸く荷物検査が始まった。パンフレット、土産その他、帰国時には持ち帰らない荷物は、個人の携行品として極めて軽く扱われる。帰国時持ち帰りの大物、私達の場合ポジフイルムは、輸出品と見なされ、その申請・許可証が必要で、これがない場合、帰国の折、輸入品として関税がかけられる。

税関検査は二三の問題はあったものの、新潟税関員の好意的処置により無事通過。全ての荷積みが完了した。

五時、港内での歓送会も終り、代表団は静かに乗船を始めた。昨夜迄の疲れの色も見せず、元気な足取りでタラップを昇ってゆく。もう下船を許されないその一歩一歩の足どりが、新たな緊張と心がまえを呼び覚ましている様だ。船上では先着のスポーツ代表が出迎えている。

六時。乗船を終えた代表団及びア号船員、接待のソ連婦人など全員左舷甲板のテスリに集まり、そして又私達、代表見送り及び数百人の新潟市民は岸壁に立ち並び、夕暮の中で最後の歓送、交歓の一時を送った。〃若者の歌〃〃幸せの歌〃声が港のすみずみまで響き渡った。ロシヤ民謡を歌えば、彼国の人々も一勢にあの声量ある美しいコーラスの波を陸地におしかえしてよこした。それは誠に、モスクワが此処まで来たかと思われる様な、平和と友好の、素朴に美しい情景だった。

二十八日朝。いよいよ出航である。明方来の小雨もいとわず、千を越える新潟市民が岸壁を埋めつくしている。何十本、いや何百本にも及ぶ五色のテープが船と岸壁とを結んで、潮風にはためいている。船上の顔が手にとる様に見える。

富沢さんは何処だろう。あ、あんな隅の方にいる。向うへ走って行く。八ミリキャメラをたづさえ、盛んに動き廻っているのが見える。

午前六時、いよいよ出航である。その時一陣の潮風がサッと吹き上げ、網目の様に織り重った数百本のテープが、湿気の重圧を耐えかね音もなく船腹の辺りへくづ折れた。小さなどよめきの渦が起る。出航。ア号が動き出した。もうテープさえ要らないのだ。船上から岸壁から、正に感激の嵐。打ち振る手の波 — 。一万屯の巨体が、するすると岸壁を離れてゆく。別れがたい心と心の絆を突き裂くあの汽笛の音もなく、静かに、二百米、三百米、墨絵の様にぬるんだ裏日本の洋上を、ソ連船ア号は、音もなく立去ってゆく。

十九日ナホトカ港着。二十日上陸。二十一日ナホトカ鉄路出発。

立去りがたく未だ岸壁から洋上を見送っている人々。感激も覚めやらぬまゝに、人の群は静かに市街の方へ動き始めた。

（近藤才司記）

友好祭だより　第二信

〔モスクワ発二四日、航空便〕

ナホトカで始めての大歓迎をうけ、直ちにシベリヤ鉄道に乗込み約一二〇時間でハバロフスクに着いた。ここで私たち芸術代表四名を加えた一二〇名の先発が組織され、一三〇名の乗ったシベリヤ鉄道を見送る。ここから私たちは飛行機に乗り出発することになる。ハバロフスクの街は、眼下にアムール川を見下ろす丘の上に拡がっている。自動車で市内見物のあと三六時間の旅に出発する。

アルバシン→チタ→イルクーツク→ウラル山脈→カザン→モスクワとシベリヤ鉄道にそって横断するわけだが、時計がそれぞれ違っているので何時間かかったのかさっぱり訳がわからない。着陸するたびに歓迎で、食堂に運ばれ、なにか食わねばならぬ破目になり、一日の食事は通算すると五回食べる勘定になる。

気候も寒い所、暑い所さまざまで肉体的にはみんな参ってしまった。この飛行機の旅はロシヤ人にしては段取りよく運んだようだ。モスクワについたのが二三日午后八時、まだモスクワは明るかった。午后九時頃陽がくれる。モスクワ市内まで三〇KMの道をバスで走る。まずはじめにみたのは郊外にそびえているモスクワ大学である。夕陽に輝いて実にリッパなものだ。

モスクワ川のほとりを走り、赤い広場を通る。寺院の塔が金色にかゞやき、広い道路を走る自動車は数台並んでおり、警笛は一さい鳴らさず静かなものだ。

私たちの宿泊所はモスクワの西北、オスタンキノというホテルである。ここは昔ある伯爵の私宅であったもので、現在は改造されて立派なビルになっている。ここに私たち東洋の代表団が泊る。

私たちが着いた時、すでに泊っている中国代表が出迎えてくれた。ここまでの間に、実にいろいろのロシヤ人に会ったが、私の感じたことは、人種的な差別がいっさいないということである。それは論理的にでなく感覚的に感ずることができた。

二三日は河崎保君、土方美恵子さん等と一日中モスクワ市内を日本代表団の到着にそなえて歩きまわっている。まだ落着いて通信をかく暇もない。

この便りも、二、三回にわたってかいたので粗雑なことおびただしい、次の通信にゆづる。

みなさんによろしく　　幸

○○○○○代表に寄せる言葉○○○○○

当実行委員会で五名の方々からお手紙を頂きました。三菱商事のタイピストさんたちで、激励文と共に靴下一足ハンケチ一枚と六〇〇円を同封して来て下さいました。

☆　☆　☆

労力、カンパ、思うようにお手伝い出来ませんで申訳ございません。〃ぶどう〃の代表タケちゃん（竹内敏晴）たちに要請されて、こんなカンパもあることに気がつきました。

誇るべき仕事と作品に確信を持って下さい。そして世界の青年（世界の未来ー可能性）との友好を立派に果して下さい。

タイピスト仲間から集ったものを両方にお贈りします。

彼女らの一人いわく。〃日本の青年のみだしなみのために!!〃

こうした人々にも励ましと理解があることに自信を持って下さい。

お元気で

江村　佳枝

御成功をお祈り致します。

三浦　悦子

代表のお荷物は行李に七杯

日本映画代表となった富沢代表のお荷物は看板に恥じないウエイトである。内容は次の通り：

(A) フイルムの部

コンクール参加

日本の青春　三巻16m/m

雪まつりと子供たち　三巻〃

かえるの発生　一巻〃

人間魚雷回天　十二巻35m/m

映画祭参加作品

生きていてよかった　五巻16m/m

砂川―流血の記録―　六巻〃

一人の母の記録　四巻〃

日本のうたごえ　二巻〃

朝鮮の子　三巻16m/m

北斉　二巻35m/m

以上10作品　41巻

(B) 報告論文

記録映画の諸課題　英語版32頁
五〇〇部　吉見泰起稿

日本映画の現状　英語版
八二〇部　映[illegible]連編

(C) 資料

短篇シナリオ及梗概　英版42頁
五〇〇部　実行委編

人間魚雷シナリオ　英版2頁
一〇〇〇部　新東宝編

北斉シナリオ及梗概　英仏版

○○○○代表によせる言葉（つづき）○○○○

世界の人々はお互いをもっと知ってよい筈です。未来の宇宙戦のために地球は一つになれなどとはけちで厭なことですが、色々な国の青年が一堂に集まることに大いなる意義があります。

どうぞお互いに意志を通じ理解を深め仲良くなつてきて下さい。そうなれば、戦争など、信じられないものになります。

大石　則子

元気で行っていらして下さい。

堤　美智子

汗の結晶の作品の数々を他国の人々にも理解していたゞける様、大いに話し合い紹介して下さい。御元気で

馬渕　悦子

五部　青年プロ

(D) その他

レコード5枚（日本民謡等）
作曲家西山氏より依託

靴下、ハンケチ各2

タイピストより代表にカンパよせ書、その他行李にして実に七個分、それに加えて、

キヤメラニコン同フイルム200呎

8m/mターレットキヤメラ　1台

〃シングル・キヤメラ　1台

〃カラーフイルム　50本

チエンジ・バック　1ケ

に及ぶ撮影機械が彼を取まいてモスクワに向っていった。

ニコンは日映科学後藤君、フイルム二〇〇呎を細く切ってパトローネにつめてくれたのは日映の山口君、8m/mターレットは自映連の小松さん、8m/mシングルとカラー50本は朝倉摂さんのカンパによるものです。

尚、8m/mキヤメラには常焦点レンズがついているのでピントだけは多分大丈夫であります。

富沢代表は四〇貫の荷部に加えて、天然色映画「ソヴエート紀行」撮影というお荷物をしよって出かけたという次第です。

会計報告（杉本）	カンパ資金		支出		残
	7/31より		①ニュース・資料・通信印刷代	47,205	
			②ほんやく代	12,000	
			③通信費	2,444	
			④歓送会費	4,630	
			⑤交通費	205	
			⑥17日出発当日諸費用	18,199	
			⑦電話及び事務所借用費(但し6月分として協会へ支払)	2,000	
			⑧入沢氏に弗化謝礼	4,000	
			⑨資料貼布用写真代	880	
	7/31	¥41,317	⑩フイルム代及カメラレンタル	8,000	
	小計	¥41,317		¥99,163	¥−57,846
	前回分	¥152,939		¥81,555	¥71,384
	合計	¥194,256		¥180,718	¥13,538

52

研究試写会お知らせ

七月二十九日の運営委員会で研究試写会を持つことがきまりました。テレビ映画が問題になつているおりから、山本プロ、近代映画協会で製作した〃都会の虹シリーズ〃を試写することとなりましたから御出席下さい。

とき　八月八日（金）午后一時より（時間厳守）
ところ　映協会館三階試写室
内容　〃都会の虹シリーズより〃三本を選び上映
出席者　絲屋寿雄氏又は能登節雄氏

昭和三三年七月二九日

教育映画作家協会
運営委員会

53

厚木たかさん帰国土産話の夕
御案内

厚木たかさんは、国際民主婦人連盟総会に代表として、ウィーンにお出かけになり、又海外映画事情及び国際交流につくされて、先ほど無事帰国されました。
ついては、帰国の土産話をみなさまと共にお聞きしたいと思いますので左記のような報告会をもつことにしました。
皆様方の御出席をお待ちしております。

記

とき・八月十二日（火）後６時～八時
ところ・映教三階会議室
会費・一人五〇円

三三・八・五・　教育映画作家協会

各位

世話人　藤原智子
中村麟子
山口淳子
西本祥子
時枝俊江
かんけまり
吉見泰

小高美秋君退職金カンパを
再度お願いします

昭和三十年秋以来、当作家協会の創成の期に、事務局の仕事を中心的に支えてきた小高君に、退職金をお渡ししたいと思います。

小高君自身は、協会の困難なときに自分からやめるのだから退職金など受けとれる筋はないと、強く辞退の意を表明していますが、委員会は小高君の三年間の労に報いるため、些少ながら退職金について左記のようにきめました。協会の事務活動も、最近に至つてやつと機関誌創刊号を発刊しただけで、全体として不活潑なおりから、会員諸氏に負担をかけることは申訳ないのですが、どうかよろしくお願いします。

記

一、退職金額　参万円

一、会員全員一人当り弐百円カンパ
（但し、七月、八月、二ケ月にわたつて分納して下さつて結構です。）

運営委員会

右によりみな様にお願いしたのですが、集まつた合計が、現在、六五〇〇円にしかなりません。

そこで協会員みなさんに負担をかけることは心苦しいのですが再度お願いする次第であります。

昭和三十三年八月二十二日

運営委員会

機関誌〃記録映画〃が出来ました。！

すっかり遅くなってしまって、まったく申し訳ありません。

印刷作業の遅延とはいいながら、こんなことでは先が思いやられる。と多数の方々から叱られてしまいました。

こんごは、こんなことのないように気をつけます。

尚、会員の方々には、この機関誌は毎号、無料で配付いたします。つまり印刷費の一部を会費によってまかなう訳なので、会費の完納については、従来のようによろしくおねがいします。また、お知り合いの方々に〃記録映画〃を宣伝していただきたく、出来れば予約購読者になってくれるよう、すすめて下さいませんか。よろしくおねがいします。

東京都中央区銀座西八丁目五番地
日吉ビル四階
教育映画作家協会

会員各位

56

（註）この資料は国民文化会議三一日映画部会に使われたものであります

短篇映画の現状と普及上映の今後の問題点

共同提案

教育映画作家協会
株式会社 東京シネマ
株式会社 共同映画社

短篇映画界の現況

製作は年何本ぐらいか。

映画座館を中心に映画を見る人々は一年に推定九億ぐらいといわれております。そして座館は全国で七千余館あります。

又、短篇（記録、文化、会社、官庁、のP.R.、教育映画）の観客は推定四億ぐらいだといわれています。上映設備としての16ミリ映写機の年産四千台そのうち六―七割が学校に購入される。台数から見てみますと全国で一万四千台（サイレン映写機も含むと約一万七千台）ぐらいあるといわれています。全校数の一割ぐらいに設置されています。次に役場、区役所、公民館、公社などであります。

短篇映画を活用するためには、全国に六三六あるフイルムライブラリであります。これの総所有数はどのくらいありますか今の所不明であります。

ではこれらのライブラリに配給するために一年間どのくらい製作されているでしょうか？ 昭和三十一年には七五三本（一六八八巻）（テレビ含む）三十二年は八三二本（一九一五巻）うちテレビ一四七本（一九三巻） 三十三年前半期には三一七本（七六〇巻）テレビ含まず）製作されています。

この製作された中には会社や官庁のP.R.映画も含まれていると同時にグランプリ入賞作品（ミクロの世界）もあります。しかし、主食などから全然見られていないといっても過言ではありません。

どのようにして見られているでしょうか？

一番多く見られるのは教材用として学校教育のために児童生徒によってでしよう。次は公民館を中心として社会教育のために見られているのではないでしようか。ここで見る方法は極めて充実した見方がされています。それは村の青年団、婦人会、或は農村技術の研究会等でみんなで見て、その後で映画についてディスカッションし、その関連性について、この村では、この会では、どうすればよいか等の方向を引き出すなどして、極めて有効に活用していることでしよう。

この外会社、官庁のP.R.或はリクレーション用として、新聞社の新聞購読の拡張のための上映、婦人団体や、其の他の団体の映画会等に上映されているが、いずれもこれは16ミリ版に縮写された劇映画等の併用作で、いわば、そえものとして上映されるものである。

全国にニュース及短篇を上映する映画館 約三六館（全国座館名鑑による）あるといわれておりますが、これに集まる観客数は日本の全体の比率は僅少といわなければならないでしよう。

労仂組合では

次に労仂組合における映画の製作、上映（短篇）について見ましよう。機関紙誌に次ぐ教宣活動の武器として、また教宣活動の近代的なものとしての映画の製作及び普及活動は近年盛んになってきております。

しかし全体の製作本数と比較（比較することは無理なことですが）すれば極めて微弱であると考えられます。大単産の定期大会などでは大分撮影されているようです。また九州国鉄労組の『雪と斗う機関車』全日本海員組合の『新しい航海』等あり、組合の自主製作として高く評価しなければならないものですが、もっと他の組合でも製作されることを望みたいものです。

普及上映では大会映画の活用をもっと下部の分会あたりまで上映して組合員にもっと親しみのある労組大会映画とすることが希望されるのではないでしようか。

全海員組合の『新しい航海』（二巻）企画は製作の時から『小型船舶』の組織活動のために活用するという目的意識的に製作され普及上映も計画的に進めている。

其の他組合における組合員及び其の活動、また地域工作用としての上映については、劇映画が中心で『短篇』については、そえもの的なものになっているのが、現状だと思われます。

労組機関紙誌の掲載について

労仂組合の機関紙に現われる映画の扱い方については、紹介が主で批評が少ない。これも殆んどが劇映画であります。短篇映画については紹介、批評が掲載されることはないといってよいぐらいである。これは非常に多忙な仕事に追われている編集者には無理なお願いであるかも知れないが、積極的にみて、其の批評なり紹介なりをやってもらえるとよいと思っております。

製作社、配給社はどのくらい

短篇映画の製作会社は現在東京だけで一五〇社ぐらいあるといわれております。その中で製作社の団体である教育映画製作者連盟に加入しているものが七十二社あります。ここを中心に社と社の間の親睦、連盟全体のP.R.調査などをやっております。

また短篇映画の配給社も東京だけで数十社あります。その中で、教育映画配給 協議会が結成され、ここに集っているものが二十六社

—1—

—2—

はかりあります。ここで配給に関する振興等を検討されていますが極めてゆるやかな話し合いの場です。

テレビにおける上映に対しては現在の所、一方的な上映を要求するのが一方的テレビ会社にあるということがあるのでここでははぶくことにしました。

千羽鶴の製作と上映に当って

共同映画社
梅田健三

独立プロの作品が二・一年余製作されていない。独立プロに対する要望は大衆団体より、色々な意味でなされている。この時小品ではあるが『千羽鶴』を作った。内容は平和をテーマとしたものである。以上のような点から国民文化会議に報告してほしいという要望があったので、報告することにしました。

製作について

製作の企画はどのようにして始まったか。三十二年七月頃『長崎の子ども達という』の映画を完成して、これの劇場上映に広島出張所の社員が一生懸命に取組んでいた時、たまたま広島市の教育委員会にいき『長崎の子』や其の他の教育映画について話し合っているうちに、広島にも原爆症にかかった子供達がたくさんおり、その中には『長崎の子』にまさるドラマ以上の事実があるということを話された。それが佐々木禎子ちゃんのことと『広島平和をきづく児童生徒の会』とこれにまつわる原爆の子の像の建設運動の状況であった。

このことが本社に報告された。原爆の子の像の建設運動で最も感動を呼んだものは、全国の学校から十円、二十円の建設資金が五百数十万集ったことである。この事実は、全国の児童、生徒のうちに低流として流れる素朴なまた純心な平和に対する渇仰であることだ。このショッキングが映画化への決意をうながせたものである。

製作の決定がなされ、其の準備の過程で、業界の通信社の記者や他の映画社のものからたびたび原爆ものは、すでに数本作られている。作っても無意味だとか、製作費の回収もおぼつかないから止めなさいと、何回も忠告やら時には嘲笑されたこともあった。

脚本を書くに当って

脚本を誰に書いてもらったらよいか、我々の映画では新人を育てるということも大きな役割として考えなければならない。そういう時に、山口県、広島県、島根県を中心として演劇活動をつづけ、又その指導者である山口少年劇場はぐるま座の諸井条次氏がいることがわかり、現地広島からもすいせんしてきた。諸井氏は映画の製作についてはずぶの素人で、シナリオも全然書いたことがなかった。けれども事象の真実をあくまで追及しようとする情熱、彼の性格の誠実さ等は、在来のシナリオ作家に時々見られない特長をもっていたので、ストーリーだけでなく、シナリオまで彼にたのむ事にした。

諸井氏は持ちまえの誠実さと、苦労も意とせず情熱を傾注して広島で半年以上調査につとめた。共同映画社の広島出張所の人たちも禎子ちゃんの在学していた幟町小学校、基金を最後に集計したといわれている幟町中学校の先生方の協力をえて、映画製作について

教育委員会、学校長会、P.T.A、婦人会、青年団という各方面に協力を訴えた。

諸井氏の調査が進むにつれて、終戦直後のすさんだ社会は大人の社会ばかりではなかった。児童たちの社会もすさんでいた。その中で禎子ちゃんの性格もクローズアップされて来たのであった。シナリオの第一稿が九月に出来、それを書き直して正式の第一稿として五万部印刷して、全国の中小学校の児童生徒をはじめ、各方面に配布し広く意見をもとめた。名古屋市の或中学校では増刷して学校教科のテキストとしたところもあった。

我々は平和ということに対して自主的に子供たち自身が活動して行くことを意欲的に画くということによって一応わりきって撮影にかかったのである。

演出はあらかじめ木村荘十二氏があたることになっていた。この演出にあたっては木村氏も非常に情熱を傾けて行われた。

撮影は四月の半ばから広島で開始されたが、市教育委員会、学校長会、P.T.A、婦人会、原水協、教組、地区労協、等の有力団体で映画製作推進委員会を作り、非常な熱意をもって献身的に協力をしてくれた。このことは今後の独立プロ映画製作には尊い力の結集と得難い協力として高く評価しなければならないことである。

ここで製作費について一言言う必要があると思う。製作費については協力団体には金銭的な負担を一切かけないということを原則とした。これはかつて独立プロの映画製作といえば募金の呼びかけがつきもののようになされた時代があり、募金に応じた者には試写に招待するとか、座館の入場券をやるとか、募金のための手段として使われたきらいがあったり、誤解されたりした。また直隔地より二十円とか五十円とか基金してくれた方に対しては何らの約束もはたされなかったことは今も事実として語り伝えられている。

このようなことがあっては今後の独立プロの映画製作にはマイナスになっても決してプラスにはならない。特に誠意のある人々の気持を裏切るようなことがないようにと念願して、一切の全費は、共同映画社で持つことにした。

この映画の内容に感銘し自ら進んで協力してくれたことは、数々あった。交通規制はすべて市が提供してくれたし、夜のお祭りのシーンなどは町全体が仕事を休んで、ほんものの祭以上のにぎやかな祭りの情景をつくってくれた、また学校の使用等も進んで提供してくれたなど、協力と援助はさまざまな形でやって貰った。

製作は一ヶ月余で完成することが出来た。

配給について

配給については、在来の常識的な商取引でやっては到底出来ないと見通しをつけた。

そこで組織動員を中心として上映館の獲得から始めることにした。教育委員会其の他大衆団体に対する動員についてのお願いは、先ず第一に『千羽鶴』について動員して下さいということは絶対さけることにした。各団体には団体としての性格があり仕事がある。それを尊重すること、第二にはそこで文化活動、原水爆の禁止運動など展開されておるということでしたら、原爆に関する内容をもった映画、平和をあつかった映画千羽鶴を運動の一かんとして取上げてもらうように、以上の点を明らかにして動員するための運動を展開した。

時に映画サークルに対しては、映画サークルは観客組織としてあらゆる映画について、組織的な動員もするし、批判もし、推薦、審定もやる。この中の一つの活動部分として千羽鶴の組織動員をしてもらい、出来得ることなら映画サークルの自主的な活動の中で映サそのものの組織の拡大強化陣の向上をはかるものとして活用してもらう、という方針を立てて、映サにはお願いすることになった。実行の上では、若干の誤解などもあつたが、基本的な方針としたのは以上のことであつた。

北海文芸座では、座と共に原水協、教組、地域婦人会、映画サークル、P.T.A、地区労協、教育委員会、その他の団体で『千羽鶴上映促進実行委員会をつくり『原水爆被災者救援基金募集特別興行』と銘打つて上映した。組織動員も功を奏したわけである。

広島では撮影した土地だけあつて、企画、製作の当初から各団体の協力のもとに進行して行つたので、製作――上映二の期間をどのようにして協力体勢を持続して行くか、この問題があつた。上映館はきまらないとなると協力して製作したが如何にして見てもらう場を作るか？このためには協力団体と共に座館上映工作を開始した。色々の迂余曲折はあつたが日活系福屋劇場に決定した。

学童、生徒の動員は、七月中旬から二十日間早朝興行、一般上映は七月一日から一週間、一週間の動員数五三一四六名、福屋劇場はじまつて以来の大動員であつた。

東京に於ても十数館の上映をすることになったが、平和、原水協映サの独自性の意義を前面的に訴えて動員に協力を願つたところは成功もしている。

以上が、千羽鶴上映についての一般的な私の報告である。しただがつて評価もあきらかでなく、成果も欠陥も明らかにしていない。会社全体としても、スタッフをまじえ、早急総括をやらなければならないと考えている。

短篇映画の観客の動勢

＝会員制グループ
劇場上映の報告＝

(イ) 新作短篇映画試写会の報告

。山葉ホール（東京銀座）にて月三回～四回（一回八本から十本上映、八〇〇名入場）を招待して開らかれている。こゝが新作発表の場所としてあるのみです。

。招待先は、文化人クラブ（余り出席がない）各新聞、雑誌、通信の映画記者（例、映画記者クラブ、各通信記者出席率わるし）映画関係者、教育関係新聞雑誌（出席よく、よく新聞雑誌に紹介されている）製作者（スポンサーにも呼びかけている。製作者には交流の場になつている。）その他作家関係者にわたしている。教育関係者（P.T.A、視聴覚ライブラリー関係、教育委員会、婦人会等）の出席が多い。

以上より見ても、文化人、映画関係の出席の悪いことは関心のうすいことを証明している。

。十六ミリだけの場合もあるが、三五ミリの方が多い。

。上映作品は、教材、児童劇、社会教育、科学等の自主作品と、PR映画が併用して上映されている。

(ロ) 会員制による記録映画を見る会等のグループ報告

①朝日文化映画を見る会（東京）

毎月一回（月中に三回十一時、一時、三時）会員制半ヶ年一二〇円会員一六〇〇名、主催団体、映連、朝日新聞、伊勢丹、会場は伊勢丹ホール、この会は三年間つゞいている。毎月一回テーマを決めパンフレットを発行して開いている。会員は中央線沿線方面のお母さん連中、学生、サラリーマン、中年の人たちでしめられている。

②京都記録映画を見る会（京都）

この会も三年間つゞいており京都の祇園のヤサカ会館を中心に、学校、お母さんのグループ、全専売等のグループにわかれて小映画会をそれぞれで開らき、季節的にヤサカ会館で大きな会を開らいている。特長は会員制であることはかわりないが、自主的な運営委員会がもたれ民主的に会がはこばれている。会員は三〇〇〇名近い、近く共同紙を発行して記録映画をそだてて行く会としてモハン的なものである。

③山形教育映画を見る会（山形）

この会は鶴岡市、酒井市の映画館主の協力もあり日曜日の早朝を、利用して、映画館を開放してもらつて開いているもので、町の一つの文化センターとしての存在となつている。

④城南良い映画を見る会（東京）

映協の協力によつて誕生したもので品川方面のお母さんたちが子供達に〃良い映画を見てもらおうと〃作られたもので映協のアッセンでフイルムをかり、定期的に映画会をひらいているもの。

⑤アジアの映画を見る会（東京）

二回目を九月二四日に国鉄労力会館で開らく、これに成功すれば毎月一回定期的に開らくよう準備中、インド、インドンナ、エジプト、中国等のアジアの文化映画を大使館、その他より貸り出して開らく。主催団体は、日本アジア連帯委員会、東京映愛連、その他友好団体、会ヒは一回五〇円、この会の成功により、各東京の地域、各地方にひろめることが出来ると主催者はいつている。

⑥その他の会について。

⊙映協では月一回、読売新聞と協賛〃教育映画をみる会〃を白木ホールで一ヶ年一〇〇円（通信ヒ）をとして開いているが、だれでも無料で見る会になつている。

⊙日経、毎日の新聞社でも不定期で開らいている。

⊙新丸ビルを中心にして三年前〃記録映画を見る会〃を開らいていたが、今は中止されているが、再会するための準備がされている。

⊙各地方の映画サークルで、定期、不定期の会を開いている。

(A)岡山映サ協、十六ミリ映画会（定期）

(B)東京映愛連、新宿映サ（山の映画会、中野公会堂、九月三十日）中部映画友の会（オ九回短篇映画会、日比谷図書館九月十九日）城北映サ協（十月二十五日頃、豊島公会堂）

(C)その他にもあると思う。

⊙浦和科学映画を見る会（浦和）

現在は中止されているが、劇場と協力して開らかれていた。

⑦教育映画祭（年一回）教育映画総合協議会主催

十月十七日～二三日、山葉ホール、日本の教育映画の授賞発表、国際短篇映画上映、地方教育映画祭を開らく（一年間に作られた教育映画の中から選ばれて用いられるもの）別に東京都教育委員会でも用いている。

以上は教育映画製作者連盟より資料を提供してもらう。

(二)劇場上映館数とその傾向について
全国に六六〇〇館以上映画館がある中で、短篇教育映画、ニュース上映館はわずか三六館（全体の〇.五%にすぎない）
県ごとでみると大都市に集中していることがわかる。
◎東京一一館、神奈川二館、青森二館、仙台一館、秋田二館、福島三館、名古屋二館、岐阜一館、大阪一館、京都一館、神戸三館、福岡一館、札幌三館、函館一館、小樽一館、
◎劇場の中にも会員制をとっている所や、とろうとしている所が多く、それによって維持されている。
その例を東京にとると、
△観光文化ホール（東京八重洲口）＝は毎月一回製作者をまねいて会員制で行っており、テーマを決めて毎週上映されている。
△テアトルニュース（東京銀座）＝はこれから会員制にしようとして居り、今迄入場のよかったのは〝サーカスの王者〟〝雪の華〟等、番組にお客の入りの多いことが出され、スキー、バレー、音楽特集等で何して行きたいと支配人はのべていたし、会員制でなければ維持していけないといっている。

劇場上映について

(一)教育映画製作者連盟（七十四の教育短篇映画の製作者の集り）では、主婦連、地域婦人団体、子供を守る会等と共に、政府、国会政党等に呼びかけ、映画入場税減免に関する運動を展開している主意は、現行の入場税法は、五十円以下は一割、八十円以下は二割、百三十円以下は三割、百五十円以下は四割、百五十円以上は五割の五段階にわかれているが、教育文化政策は全然考慮されず教育芸術価値の高い映画でも、低俗な映画でも同一の税率を課しており、映画に対する保護育成策は全然ない。映画の優劣によって税率を区分すべきである。その基準は、映倫管理委員会と映画倫理規程に従わるべきである。
青少年向推薦映画と教育映画を併映する場合及び教育映画とニュース映画のみ上映する場合は免税とし、一般劇映画と教育映画を併映する場合は減税にして、そのかわり成人映画を上映する場合は高率な入場税を課し、この種映画の製作又は輸入を阻止すべきである。としている。
(三)劇場上映運動をどうすゝめるか。
(1)短篇記録映画がどんなものであるかを先ず知ってもらうために労働組合、主婦団体、映愛連、その他各種団体の集りに、短篇記録映画の映写会をひらき、その内容を製作スタッフから聞くことにより、意義を深めて行く。

(2)広く文化人に呼びかけ、短篇記録映画の入場税減免、劇場上映の署名運動を行う。
(3)文化人の集りで短篇記録映画の映写会を行い、広く文化人に短篇映画を認識して貰う。
(4)ニュース、短篇映画上映劇場の育成（劇場を中心とした観客組織）
(5)各新聞に、教育短篇映画の批評欄を設けてもらう。
(6)運動の核となるセンターを設置する。
（教組のプロで準備会をもっているが、これに労組、映愛連、文化人、主婦などをもふくめた推進母体をつくる。）

今後の運動の提案

一、秀れた短篇映画（文化、教育、記録等）の借りられる場所、映画のリスト等を皆にわかる様もっとP.R.しよう。
そのために、サークル共同紙での紹介や貸出の能能を強化し、又映画教育協会、学視連、全視連等により、新聞、ラジオ、テレビ、雑誌を通してのニュースのP.R.をする事にしよう。
一、映愛連でサークルの力を盛り上げ〝文化映画を見る会〟の様な会を各地に設け、作品を見る場、向上させる場を作ろう。
更に作家も、大衆の中に参加し、映画の地位をより大衆のものにしよう。
一、劇場（一般座館、ニュース館等）に协らきかけ、文化映画を見られるような体勢を作ろう。そのために、文化映画の免税等の運動も起そう。又一部地区で行われているような子供劇場のように、一定時間を文化映画に解放する運動を押し進めよう。
一、今迄の成果である、ライブラリー活動、組合教宣部活動、諸サークル、団体の活動による、映画上映運動をさらに前進させよう。

11日作品発表会（前十時半～十一時半）
教育映画参加作品

製作者挨拶　吉見　泰

記録科学映画
イーストマン・カラー
ミクロの世界
—結核菌を追って—　全3巻
1958年ヴェニス国際記録映画祭
最優秀科学映画賞受賞
株式会社　東京シネマ

企　画	中外製薬株式会社
製　作	岡田桑三
脚　本	吉見　泰
演　出	大沼鉄郎
	杉山正美
撮　影	小林米作

編集　伊勢長之助
録音　片山幹男
音楽　松平頼則
解説　篠田英之介
現像　東洋現像所

製作意図

結核菌の実体について、科学者の努力は、多くのことをつきとめてきました。しかしまだ追求すべき多くのことが残されています。その増殖の仕方はどうか。分裂か、発芽か。また、食細胞の食菌作用の詳細はどうか。食菌された結核菌は細胞内でどうなるのか。細胞と結核菌の関係はどうか。

主としてこうしたことを、私たちは、映画による生態観察によって追及してみました。

結核菌の研究と結核対策の上に、なにか役立つことがあれば幸ひだと考えたのです。

製作者挨拶　羽仁進

アグファカラー
美術映画

法隆寺（全二巻）

1958年度
都民コンクール受賞作品

企画　文化財保護委員会
製作　岩波映画製作所

◇はじめに◇

映画法隆寺は、さきに「教室の子供たち」「絵を画く子供たち」「動物園日記」等の演出をした羽仁進の脚本演出によるキャメラはアグファカラーによって瀬川順一が担当した。

いうまでもなく「法隆寺」は日本最古の木造建築として古代美術の至宝として世界的に有名であるが一般には其の価値を十分に認識されていないきらいがあるところから、その啓発の目的でこの映画は企画された。

従って国内は勿論のこと広く海外に紹介するのが目的である。

＊製作スタッフ

製作　吉野治
脚本　羽仁進
演出　〃
撮影　瀬川順一
音楽　矢代秋夫
美術　高木潔
解説　芥川比呂志
照明　若月荒夫

以上

57

郵便はがき

東京都中央区銀座西八ノ五日吉ビル
TEL (57) 五四一八番
教育映画作家協会

様

記録映画研究会のお知らせ！

今回フリー監督部会ではひさしぶりに野田真吉氏を囲んで"忘れられた土地"を見たあと研究会を開くこととなりました。

とき　◎十月四日（土）后六〜九時

ところ　◎華僑会館二階会議室（銀座西八の八）

内容　1. "忘れられた土地" 七巻上映

2. 製作者野田真吉氏を囲み話し合う

主催　教育映画作家協会
フリー助監督部会

註、この記録映画研究会は"記録映画"十月号に掲載します。あしからず。

58

郵便はがき

東京都中央区銀座西八丁目五番地
日吉ビル四階
教育映画作家協会

試写研究会のお知らせ

主催　教育映画作家協会

今度、研究活動の一つとして国学院映研の"山に生きる子ら"原水協製作の"平和行進"アジアの映画の試写を開きますので御出席下さい。

とき　十月十日（金）午后六時より

ところ　華僑会館二階会議室

内容　一、「山に生きる子ら」（二巻）
国学院映研製作

一、「平和行進」（四巻）
原水協・日本ドキュメント・フィルム製作

一、「カシュラホ」「蒼のカシミール」他
アジアの映画…全三巻

註、この試写研究会には国学院映研の方々も参加します。試写后懇談会を開く予定です。

協会よりお願い

一、前事務局員小高美秋氏の退職金カンパをあつめていますが、まだカンパを納めていない方は十月末日までにお納め下さい。

一、九月分までの協会費未納の方は至急事務局までお納め下さい。十日の試写研究会のときお持ち下されば幸です。

教育映画作家協会事務局

59

声明書

われらは思想、言論、表現、集会の自由をあくまで守る。

それは国民の基本的人権であり、作家活動の生命に関係するからである。

われらは、あらゆる作家活動の自由、あらゆる文化活動の自由を、権力によつて侵害し、統制しようとするくわだてには絶対に反対である。

殊にいま強行されようとしている警職法改正は、警察の自由を拡大して、国民と作家の自由を警察の監視のもとにおき、権力による統制と支配をほしいままにしようとするものであることは明らかである。

われらはここに、警職法改悪絶対反対の意志を強く表明すると共に、右法案を行動をもつて阻止することを声明する。

一九五八・一〇・二三

教育映画作家協会運営委員会

吉見泰
河野哲二
加藤松三郎
富沢幸男
野田真吉
道林一郎
小島義史
川本博康
渡辺正己
富岡捷
中村敏郎
下坂利春
吉岡宗阿彌
樺島清一
大野裕
泰康夫

60

警職法についてお願い

警察官職務執行法は昭和二十三年社会党内閣当時制定され、戦後の民主警察を支える柱でありました。

しかるに政府は、今度のオ三十臨時国会に殆んど全条文にわたる根本的な改正案を上提し、目下審議中であります。

協会運営委員会は二十三日委員会を開いて検討した結果、この改正案は協会にとつても重大な影響があると考え、声明書を発表し反対運動を進めることに決定いたしました。

つきましては、協会員一人一人のこの改正案に対する賛否及び御意見のアンケートを求めます。

事態が極めて緊急を要するので至急御返事をいたゞきたくお願い致します。

尚、ロケなどで出張されていた方はたとえ期日がおくれてもアンケートをいたゞきたくお願いします。

昭和三十三年十月二十四日

教育映画作家協会運営委員会

61

郵便はがき

中央区銀座西八ノ五
日吉ビル四階

教育映画作家協会 行

住所

氏名

[illegible]職務執行法改正案』についてのアンケート

賛成

反対

右[illegible]についての理由、御意見などをおきかせ下さい。

このはがきはかくじつに事務局へおゝくり下さい。

☆☆ 11月試写研究会のおしらせ

下記によって試写研究会を開催いたしますのでお知らせ申しあげます。

★日時．11月4日（金）
午后1時

★場所．映教3階 試写室
（港区芝西久保桜川町26）

★作品．

「ひとりの母の記録」
京極高英演出（4巻）

「世界の川はひとつの歌を唄う」
~~ポール~~ヨリス・イヴァンス構成編集（9巻）

司会．岩佐氏寿（予定）

東京都中央区銀座東8－5日吉ビル
教育映画作家協會

署名のお願い！

上記のように教育映画作家協会では作家活動の自由を守り、権力の統制支配に絶対に反対して、警職法に反対し、声明を発表すると共に、映画人及芸能人、又職能団体として、デモ行進及、集会、又はパレード等の統一行動に参加することをきめました。又映画製作のことも出ています。この反対運動はきっと永くつづくことだと思います。すでに三十日間も国会の会期を延長した政府、自民党に対して国会の慣例も法令も全く無視したことに対し、反対運動がおこされています。作家協会として警職法改悪反対国民会議に加盟して運動をすゝめています。

どうか各プロダクションを初め、皆さんの反対署名運動に協力をお願いする次才であります。

一九五八年、十一月五日

東京都銀座東八ノ五
TEL(97)五四一八
教育映画作家協会運営委員会

各プロダクション団体名

警職法改悪反対署名簿

教育映画作家協会

共同声明

わたくし達　ここに集ったすべての団体および個人は、国民の基本的人権をおびやかす「警職法改正」に、反対の強い決意を表明します。

政府はこの法案が成立しても、乱用を許さぬと言明していますが、国民に真実を語らず、反対行動はいつでも権力でおさえてきた岸内閣の言明に、国民が信をおくことは出来ません。このことは法案反対の世論が、かつてみない高まりを示していることで明らかです。政府が民主主義のなにものかを知っているのであれば、直ちにこの法案を撤回すべきです。

世論に耳をかすことを知らない政府と自民党とは、慎重審議を口実に、国会の会期延長によって法案成立をはかろうとしていますが、「警職法改正」は自民党の選挙公約ではなく、国民は自民党に白紙委任状を与えてはいないのであり、これこそ多数の暴力といわねばなりません。

政府と自民党とは、国民すべてに重大な関係をもつこの法案を、審議の強行や強引な会期の延長で成立させるのではなく、撤回すべきであり、どうしてもこの法案を必要とするのであれば、解散によって民意を問うべきです。

わたくし達は、こうした要求をもって、十一月五日を「国民統一行動の日」として、一斉にたち上り、強い抗議を行うことを決定し、平和と民主主義を愛するすべての団体と個人が、わたくし達の行動に歩調をあわせて可能な最大限の抗議を行われることを訴え、ここに声明いたします。

一九五八年十月二十九日

警職法改悪反対抗議集会

警職法改悪反対声明書

われらは思想、言論、表現、集会の自由をあくまで守る。

それは国民の基本的人権であり、作家活動の生命に関するからである。われらは、あらゆる作家活動の自由、あらゆる文化活動の自由を、権力によって侵害し、統制しようとするくわだてには絶対に反対である。

殊にいま強行されようとしている警職法改正は、警察の自由を拡大して、国民と作家の自由を警察の監視のもとにおき、権力による統制と支配をほしいままにしようとするものであることは明らかである。

われらはここに、警職法改悪絶対反対の意志を強く表明すると共に、右法案を行動をもって阻止することを声明する。

一九五八・一〇・二三

教育映画作家協会運営委員会

警職法改悪に反対します。

氏名	住所

氏名	住所

教育映画作家協会
御中

郵便はがき

中央区銀座西八ノ五
日吉ビル内
教育映画作家協会

様

☆記録映画部会

第一回を十二日に開き運営委員六名を決め第二回を十一月二十九日(土)午後五時・協会事務所で開く。

短篇劇映画に
ついての話し合い

はじめてこんな会合をもつてみたいと思います。当然、総括的な話し合いになるのかもしれませんが、その結果から次への段階に進めるはずです。
どうか是非御参加下さい。

とき 十一月二十六日(水)夕六時
ところ 作家協会 務局
担当者 道林 一郎

教育映画作家協会各分科会お知らせ

PR映画の分科会

一、第一回集会 十一月十七日(月)夕5時30分・於協会事務局
二、第二回集会 必要あらば当日の会合で決定
三、議題の内容 A、PR映画の理念の問題 B、今年度の問題(作品―量と質・プロダクション・問題点) C、来年への問題
四、出席予定者 (諸岡青人・丹生正・赤佐政治・八木仁平・村田達二・伊勢長之助・大方弘男・石本統吉・水木荘也・加藤松三郎等)
五、なお来年度から分科会は毎月一回位の研究会に発展させたい。
六、特に目下PR映画研究会のスポンサーを交渉中

(責任者) 加藤松三郎

科学映画専門部会

問題作品の試写・あるいはその作品の製作者、技術者を招いて問題をもちこむ事も考えられます。
又、協会員にとつても一番いそがしい時期にかゝるので問題を担当者を中心とした、小人数でまとめて会員全部にアンケート式に意見をもとめ、その中から問題を摘出整理する方法も考えられます。
結論としては来年以降の研究会のもち方、問題のたて方等方針を決める事にあると思います。

第一回会合・十一月二十一日(金)午後六時
協会事務局

議題 科学映画の反省と展望

◎ 関心をもたれる協会員の積極的参加をお待ちいたします。

(担当者) 樺島

協会活動発展と健全財政の為に
協会費を全納下さい。

一九五八年もおわりに近づきました協会活動の総結ともいうべき総会が十二月二十七日（土）后一時より開かれます。又六専門部門に分けて分科会が開かれています。皆さん方もおのおのの分科会に出席されていることと思います。

又『記録映画』も軌道にのって才六号まで発行されるまでにいたりました。試写研究会せ月に一度は持たれるようになり、協会の活動は日に日に発展の方向をしめしてきています。

これも協会員一人一人の協力によるものと感謝している次才です。

然し財政的に健全とは欲目にもいえない状態であります。会費の長期滞納者が三二名もおり、全金額が一一六、二〇〇円にもなつています。

運営委員会は長期会費滞納者え呼びかけを行い、その処置をすすめているにもかかわらずまだ前記のような額がのこつているわけです。

この十二月は総会の費用を初め事務局員三名のボーナスをも支給しなくてはなりませんので運営費は多くなりますし、協会財政も現在数万円の赤字を背負つているような状態です。従つて、会費滞納者は一日も早く滞納を一掃していただきたいし、十一月まで完納されている方も十二月まで完べく早く納入して下さるようお願いする次才です。総会前迄に御納入いたゞければ幸いですのでよろしくお願いします。

昭和三十三年十一月二十二日

教育映画作家協会運営委員会

協会員各位殿

才五回定例総会のお知らせ

今回は六分科会の報告と提案もあり、今までにない活溌なものになりそうです。協会員全員の出席を切に呼びかけるものであります。総会草案を十二月二十日各人に発送しますので熟読の上、総会に出席下さい。

とき　十二月二十七日（土）　後一時～九時

ところ　中央会館築会所　（中央区役所となり）

内容
一、運営委員会報告
二、財政報告
三、各分科会報告
四、今後の方針
五、役員改選

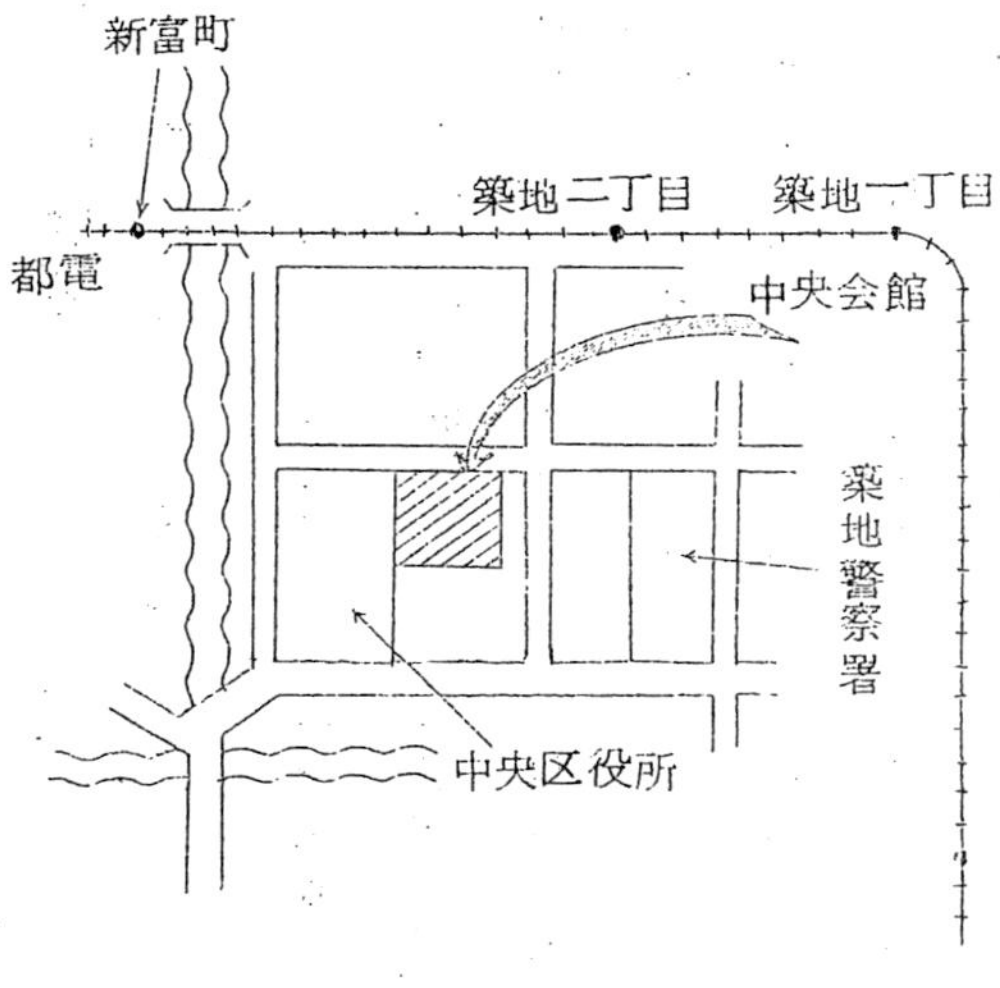

中央会館（都電築地２丁目）
築地１—28　中央区役所となり
ＴＥＬ（54）　0092

新理研映画労組
協力要請に対しお願い

新理研映画労組では、目下給与改訂問題で争議中ですが、組合から強力な要請があり協会は下記のような申入書を会社側に提出しました。

右主旨に御賛同の上、会員諸氏の御協力をお願いいします。

教育映画作家協会
運営委員会

会員各位

申入書（写）

一九五八年十二月一日

新理研映画株式会社殿

教育映画作家協会
運営委員会

貴社におかれては給与改訂の問題で、貴社労仂組合との間に紛争中の由うかがいました。当協会は作家の生活権の擁護を切実の主旨の一つに上げています。よって紛争の早急且つ誠意ある解決を強く要望いたします。なお、当協会は、スキヤップ行為とう争議を妨害し、かつひきのばさせるようなすべての行為をかたくつゝしむことにいたしました。

右申し入れます。

郵便はがき

「記録映画」の読者拡大について

教育映画作家協会編集による我が国唯一の記録映画・教育映画の専門雑誌「記録映画」も、一九五九年一月号で通算七号まで発行、体裁、内容共に充実してまいりました。

今までベースボール・マガジン社の好意により同社から発行して来ましたが、一九五九年二月号を期して、独立し、編集・発行ともに当教育映画作家協会で行なうことになりました。

この機会に、記録・教育映画を愛するすべての人々のための雑誌、観る者と作る者とをつなぐ雑誌、として新しく出発したいと思います。全国の記録・教育映画を愛する人々の間を結ぶ唯一つの月刊誌として、多くの人たちの雑誌にして行きたいと思っています。

どうか一人が一人のなかまをふやして、「記録映画」発展のために御協力いただきたいと思います。

全国にちらばっている、地域の、職場の映画サークル、学校の研究会、その間を強くかたくむすびつけること、８ミリ映画の問題、短篇映画の劇場上映運動、ますます深まるでしょう教育・文化統制に対するたたかいそして映画という立場から常に相対している平和を守る運動などなど、やらなければならないことは非常に多いのです。

読者の方と協力して作り上げて行く雑誌にしたいと思うのです。

重ねて「記録映画」誌の拡大に御協力いただきますようお願いいたします。

○　予約講読のお知らせ
半年分（送料共）　四〇〇円
一年分（〃）　八〇〇円

○　振替番号
東京・九〇七〇九

○　現在まで書店を通してお買い求めの方は今後、直接当協会へお申込み下さい。

○　申し込み先
東京都中央区銀座西八の五（京橋局区内）　日吉ビル四階
教育映画作家協会
「記録映画」　編集部

各位様

なお今まで発行した各号の主な内容は次のとおりです。バックナンバーの残部が多少ありますので、お申込み下さい。

☆創刊号
前衛記録映画の方法について　松本俊夫
戦後の記録映画運動（１）　吉見泰
座談会・教育映画をめぐって　岩佐氏寿　菅忠道　佐木秋夫　大久保正太郎　かんけまり　山家和子　谷川義雄　森和子　他
対談・二つの社会教育映画を中心に　厚木たか　藤原智子

☆八月号
戦後の記録映画運動（２）　吉見泰
実践的前衛記録映画の方法　渡辺正己
東欧の人形劇映画　川尻泰司
「ミクロの世界」製作始末記　岡田桑三
シナリオ・「忘れられた土地」　野田真吉

☆九月号
自然科学映画の発展のために　吉見泰
記録映画の方法　京極高英
アニメーション映画の技術　岡本昌雄

戦後の記録映画運動（３）　吉見 泰
最近の記録映画について（１）　岩佐氏寿

☆十月号
戦後の記録映画運動をめぐって　高島一男
木村荘十二大いに語る　木村荘十二
上半期の話題作　加藤松三郎
チエコの映画祭のぞ記　厚木たか
連載続・ぶっつけ本番　水野・小笠原

☆十一月号
アクチュアリテイの創造的劇化
ドキュメンタリー方法論（１）　野田真吉
「忘れられた土地」研究　西本祥子
八幡省三　河野哲二　間宮則夫、他九氏
最近の記録映画について（２）　岩佐氏寿
児童劇映画の歴史的あらまし　道林一郎
記録映画についての覚え書　大島辰雄

☆十二月号
記録映画・教育映画の「暗い谷間」の思い出。
亀井文雄・水木壮也・上野耕三・厚木たかの諸氏によるレポート集。
迫りくる危機と作家の主体　松本俊夫
アクチアリテイの創造的劇化
ドキュメンタリー方法論（２）　野田真吉
教材映画の世界　永原幸男
児童劇映画と児童　古川良範
アランレネエにきく　大島辰雄

☆一月号
フイクションについて　柾木恭介
アクチュアリテイの創造的劇化
ドキュメンタリー方法論（３）　野田真吉
P・R映画の考え方　石本統吉
記録映画の範囲拡大　羽仁進
「松川事件」を撮って
座談会・記録映画の社会変革実行力
亀井文夫・松本俊夫・長野千秋・渡辺正己

☆ 十月号より「続・ぶっつけ本番」（水野le・小笠原基生）を毎号連載しています。
☆ 毎号観客組織の問題についてのエッセイをのせています。
☆ 常時掲載記事として、「現場通信」「観客のページ」「プロダクション・ニュース」があり、作品評、書評なども問題作をえらんで掲載しています。
☆ 各号共、四頁アート紙「写真頁」をのせ、新作、問題作の紹介、系統的フイルムの収録を行っています。
☆ 一月号から「女流作家の生活と意見」を連載しています。
☆ 新しい企画、希望記事などありましたら、どうかお寄せ下さい。
☆ 二月号は、長谷川竜生、谷川義雄、加納竜一、野田真吉氏の論文、花松、ト、吉見泰氏の協会総会をめぐる論文、社会教育映画についての座談会、アラン、レネエ「ヒロシマ・わが恋」の要約シナリオ、作品評などを編集、近日中に配本予定です。
☆ 三月号には、花田清輝、岩崎昶の諸氏の論文を予定しています。

（キリトリ線）

申し込み用紙

『記録映画』を購読したいので料金をそえて申込みます。

一、『記録映画』　月から　月まで　ケ月

一、料　金　円は（ふりかえ かわせ 同封）で送ります。

住所
氏名
年令　才
職業

一九五九年　月　日

「記録映画」経営委員会御中

68

国際短編映画試写と
映サ活動家との懇談会

御　案　内　状

（記録映画を見る会）優秀映画を見る夕べも回をかさね作家協会の協力もあり、今後の計画又、映画の批評等について映サ活動家と作家協会会員との懇談会を左記で開きますので御出席下さい。

とき・　六月十五日（月）后五時より

ところ・　虎の門映協会館三階

オ一部　試写会　后五時……七時

イ　小さなボールちゃん　（チエッコ）

ロ　同じ空のもとで　（ポーランド）

ハ　戦うワルソー（ポーランド）

ニ　エイゼンシュタイン伝記映画　（ソヴエト）

オ二部　懇談会　后七時……八時

・オ一、二回映画会について

・今後の映画会、その他。

昭和三四年六月一日

教有映画作家協会
中部映画友の会
官公庁映画サークル協議会

各位殿

ヒロシマ・わが想い

＝「二十四時間の情事」をめぐって＝

大沼鉄郎

大映が「二十四時間の情事」と邦題をつけたこの作品は、「ヒロシマで君は何も見ていなかった」という仮題を経て、「ヒロシマ・わが恋」と題されている。僕はこの映画を二度見た。そしてこれをどう受け取っていいかわからない。いわばそれは人の心を千々に乱す。だから僕は自分の考えをまとめるためにも、フィルムの展開から、僕自身のうけた感動をたどろうと思う。

　トップ・シーン。銀色の灰か粉のようなものでおおわれた丸い立体感のあるものがうごめいている。それが男と女の裸体の一部分であると判断されるまでの時間を、僕はかつて見たことの無い物々しい目の前にして、異様な緊張感でみたす。だがそれが、何であるかと判断された瞬間、異様な緊張感は、解消されずに、むしろ高進される。自分の中にひそんでいて、しかも自分から切りはなすことの出来ないだろうと感じられる、あるもの、が暗闇の中からえぐりだされた思いがする。

　そして広島が、女の、私は見たわという言葉で登場してくる。映像(カットで)登場してくる。それも真昼の明るい広島が——。想念は何かのきっかけを次々に(オーバーラップで)追うようなものではなく、ベッドの上にある自身がいることと同じ重さで、同じ瞬間に、そこにある。原爆病院も記者も、あらゆる原爆の記録も、彼らが抱擁しあうのと同時にそこにある。原爆と抱擁の間には、つながりがなく何か共通のものがある、と僕はそこに予感をあたえられる。

　だが男の声がいう。君は何も見ちゃいないんだ、と。女は何も見ないのだ、と僕は思う。患者たちが非難の目差しで、と共に他者の介入を拒否するアクションで横たわっていた。僕に一べつもくれずに去る猫。しかし僕は実に沢山んのものを見た。見せられた。マドロも雨も涙も。人間讃歌も灰も。デモも——。つまり原爆にかかわる一切のものを僕はその女と共に見たことになる。しかし男は、君は何も見ていないのだ、と、しつように断定してやまない。

　彼らはなにを言わんとするのか。すると、廊下を吸いして通るものがある。誰か知らないが、同時に敬礼もして通るのだ。僕はそのことから何も感じない、つまり、あのあたりかと思いつくことも出来ず、余計なことをいうことも出来ない。まして、このせりふが会話の総てだとも思わない。しかし、こういう会話の手触りはあるものだ。自分でない人間の話でこういう形で会話がポロポロとたやすく口からこぼれる時と場合があるものだ。すると僕は、二つの個に介彼らにあたえるもののような時と場合を出発している。

　それは、そこに夜の上でしかし始っている。ヌベールという町の名がでてくる。ベッドの彼らのカットが映される。何か説明があるわけではないのだ。しかし、ヌベールと女と知っていた女を想像させることしかないのだ。そこに何があるのか、と僕は考える。

　朝になった。いい天気だ。女はコーヒーをのむ。テラスからベッドへ男の様を見にゆく。女が(いとしげに何かを)コーヒー茶碗を揺くようす——。寝ている男の手の先がピクピクリ動く。動く指先のクローズアップ、再急にパンすると、男がイメージが一瞬あらわれる。何が、誰が、口から血を出して倒れている男の顔と、それにおおいかぶさっている女の顔が。

　それは夜の男と女——しように、楽しそうにコーヒーを飲む、シャワーを浴びる。しかし僕はあの異様なイメージを忘れない。それは一瞬であったためにむしろ忘れられないでいる。女は、この男と、特に広島で出会ったことを楽しんでいるらしい。しかし広島は女にとって何の意味しているのか。割り切れない恐怖。無限だという恐怖の始まりなという。無限だという恐怖。何故無限だと割り切れない恐怖であるのだろう。そしてまたヌベールという町の名。前にそうなったと僕に感じられる)その町も平凡な町だという。そうなのだろうか。彼女は久しぶりに郷愁を感じているのか。だが彼女はフレイムアウトしている。僕はヌベールを追求したく思う。男もそう思う。十八才の時の手に何があったかという想像は、彼女がはっきり喪失してしまうので、なおさら辛いのだ。しかし時間が迫っている。と、くり返すら焦ってばかりいる。

　女が！偶然に時間を過したヌベール。その秘密を知ろうと思う。その秘密を知ることが、その女の真の時間を知ることになり、その女の緊急を相手にすることになるのだと予感される。女はフィルムに語ってもヌベールには決して帰らないという。だが、そこに彼女の狂気があったという。その狂気から、彼女が徐々にさめ、そして結婚して結婚の来た、ということが、彼女は自分自身に隠されていたのだ。彼女はいらいらし始める。それを言い、大声で言う。〈何が彼女を大声を出させている。〉つまり男が何でも知りたがっている。この執着をみずから喪失することを拒否し・見る喪してしまうことを拒否し——。

　ロケが始まっている。何か、色々なものが混乱して出てくる。撮影の様子を見ているのか、兵の、撮影隊員なのか、見物人なのか。主役なのか。そのカットを今すぐ見たいほどに出てくる。男はやがてそこに現れてくる。いきなり、あの大通りの中に二人がいることとなって大勢の日本人がそうぞうしく行ってくる。広場の中央に日盛りの撮影現場のあたりから二人の間で女の来るはずのない所に二人の出逢いが行われ彼女もつけたのだと感じられる。ロケも済んで、デこれといって、ここの日の、日本人の男は、せっき二十三だといった。女はその時、四五歳だといいった。夫と妻が同年齢だったのだろう。日本人の男とこの女が同じ位の年令だといっていたが。そうではなかったのか、と思う。あるいは、そういうこともいったのか。女の心の中では、夫があったら、同時に生きていたのではないか。あの一つの物事は、一般的にも、同時に二つの意味を持ち、持っているのではないか。

こうしてヌベールと二人の抱擁が交錯してゆく。明らかに二つのことが進み始めている。

広島の町をキャメラがくぐり抜けていく。平凡な市民の生活がある。時がたっているのだ。ヌベールから今の二つの広島まで。女の町に到する屋根が止まりようもなく走っていく。どこまでも走っていく。

喫茶店の中でヌベールが語られる。会話は作者が当事者たちの傍らで考え出した論理や必然のではなく、愛しあった男と女の心の流れにつれて動く。美しいロワールの河。地下室。この女の苦しい日々の生活が、切れ切れの断片で前後しながら、僕の心の中に組み立てられていく。女がとらわれていた狂気がはっきりしてくる。その狂気は本当に、去ってしまったと、もう人は言えるものだったかわからない想念で想像された狂気ではなく、最後にやって来て自分が狂気で一杯になるとはじめてわかる狂気なのだ。ドイツ兵に愛した頃の髪を切られ、そのハサミの音にまいることでむしろ変身しようとする程の苦しみ。このドイツ兵との過去があって、この人間にとって本来的なことが、ここでこうしてもとめ

が踊る。そのテーマとしても盆踊りの影のさうなものがあらされる。僕はとてもヘンな感じになってしまう。廣島の家々が日本の音楽を通過して使ってたのではないか。遠くなったり近くなったりする盆踊り歌の中で進む下手な、進歩の男っているデモではない。しかし何となく、軽快動物の踊りのように、日本の女たちが盆踊り（？）を踊りながら現れる。男と女が人種の中にいる。ケロイドの兵隊が傍に立っていたりする。ここの混乱と騒音は、原爆そのものをもたらしたものにちがいないと思う。

二人は男の家に行く。そして遂にヌベールが本体を示しはじめる。女がヌベールを愛したのはドイツ人だったという。口から血を吐いて倒れていた男にちがいない。そして、あの下にかぶさっていたのは二十の女なのだ。ヌベールの町は、苗路であり、愛撫だ。ある何々の情景ではなく、ヌベールそのものがあらわれてくる。ヌベールは切れ切れの断片であらわれてくる。ドイツ兵の恋人を求めて走る女であり、遠くで手をふっている、そのドイツ兵だ。作者が勝手に作りあげたヌベールではなく、この女にとってヌベールがあったそのものだと分かる。ドイツ兵は僕の目には少しも中年男とはつながらない。つまらない男に見える。小娘と兵隊の、ありきたりの恋物語かと思う。同時に、それがありきたりになる程に、人々にとって避けられない決定的なものが彼らの中にも作用しているのを感ずる。ドイツ兵が殺されてひっくり返っている。いたましくって若い兵士が血を見せてもがいている図と等しい。彼は二十三で女が十八だっ

りとなれる。人々をしてそのようにしか還るまうこの頭に、その女の髪を切ることに手をかして甘ばかり身がったのだろうと思う。それが、ここのフイルムの前では、おおぞい、言葉からへだたることを近かったのを知らされる。女は手を血で染めその血を舐め、ドイツ兵を想っている。石をかじっている。僕はむかし心理学者ボツリクスの新しいペンキの匂いが、ある少女の匂いと結びついていたことを思い出す。女は想い出に全身と全心を傾けて、アタマをあげて、夢のように、口だけで、コップの酒をのむ。女には、ドイツ兵と自分の男が重なって見えているに違いない。二人称と三人称がごっちゃになる。何十年かたって見たった過去の時間がよみがえらせられる。かつて見たりバルコニーがまたあらわれる。それは二度あらわれることで、意味が立体的になったことを感じさせる。女のつぶやき。男のビンタが中断して、正気がもどる。頬を打つ激しい音と痛みが僕にまで伝わってくると、僕は、その狂気と、今ある姿との断絶の大きさにおどろく。その驚きが、ショックだ。女は現実に適応しようとする。あの苦しみは考えないようにしたいという。もっともだと思う。しかし女は考えたのだ。長く、その断絶を考えたのだ。新しいペンキの匂いや、創、烈しさをあたえている。僕は結局がツカツカと家の中へ上って手帳をいわず押入れというわけで主張するのは、自分の家が倉を建て視にがと考えていたのを思い出す。結局たちが母の着物をぬがせて身体検査するのはいつも自分が全部ちに見せやるせなさからだろうとする

さていたのだと思い出す。それらは今、新しい家に住んで、広い空が見られることを喜んでいる僕と、どんな関係にあるのだろう。女は男と別れようとする。別れてしまうだろう自分を見つめている。戦争があれば、という。戦争があれば——、どうなるのだろう。

女は頭を水につける。はっきりしてきた頭で自分を取りもどそうとしているのが分かる。すると、彼女は僕がまだ本当に死んでしまっていなかったことを責めるかもしれない。ヌベールで死んでしまっていればよかったのに、と彼が彼女にいう。私もそう思うの、でもヌベールで死ねなかったの。と彼女が答える。

帰って喫茶店へ入ってそれを消したのだ、今、このように生きているか。彼女は、広島、広島とくりかえすラジオ・スピーカーの声の中で、歩きまわる広島の街の中で、ヌベールに想いをはせている。想い出は僕を殺したと自分で知ったとき、ヌベールを認めている。ヌベールでの愛を告白する。それが戦争によってきずなにされたと分かったにちがいない。僕は戦争を忘れられるだろうか。忘れていた。

シンポジウム ■ 六月二十日（土）■ 午後六時（会場の関係もあり時間厳守）■
中央会館三階和室（中央区築地一の二八・(541)〇〇九二）■ 大島辰雄氏 長谷川龍生氏
柾木恭介氏 大沼鉄郎氏 高島一男氏 野田真吉氏（司会） 松本俊夫氏

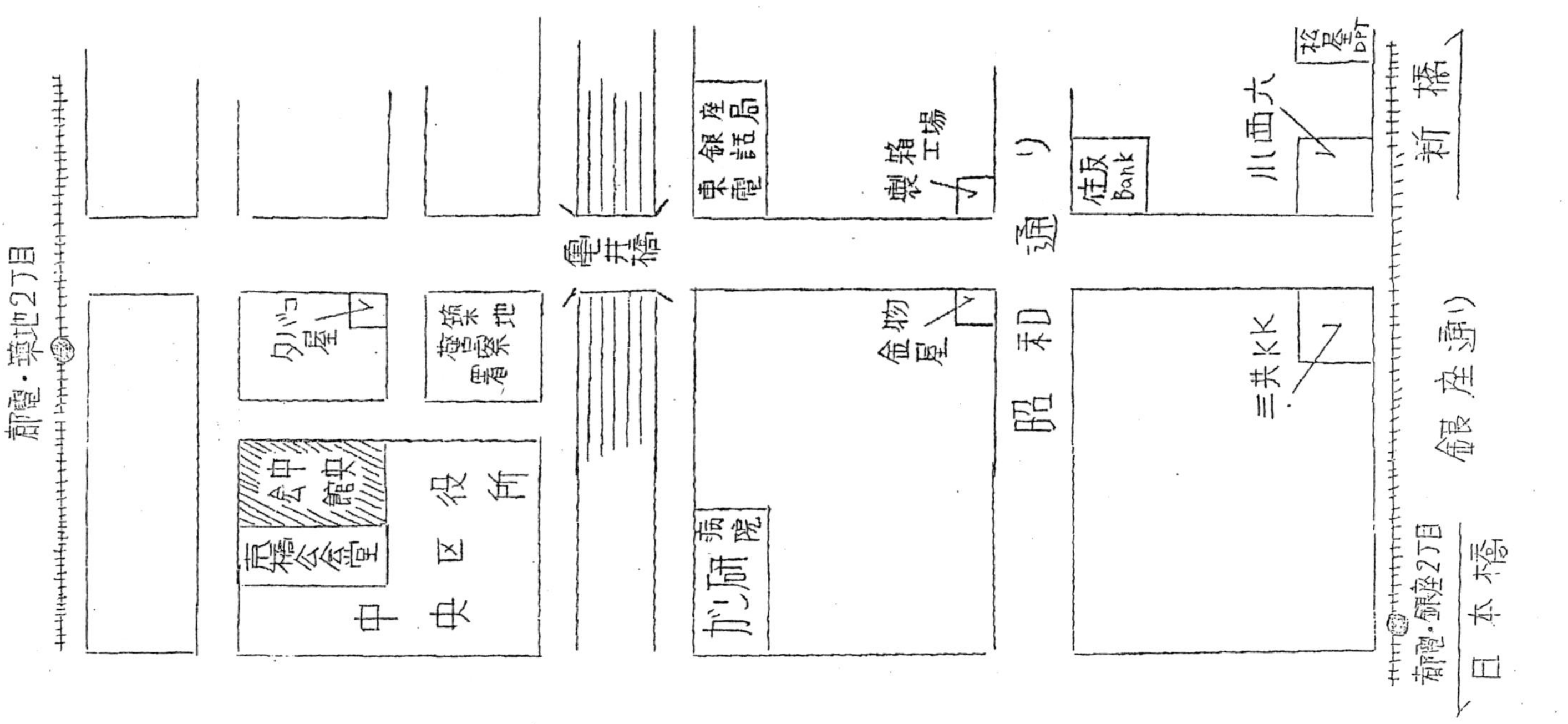

安保条約反対の映画製作に意見を！

総評の呼びかけで〃課題安保条約の映画製作の準備委員会〃が七月七日開かれました。

出席した団体は総評、全電通、国民文化会議、共同映画、東宝商事、独立プロ協組、自映連、作家協会の各団体で、作家協会としては、矢部、富沢、大沼、杉山の四名が出席しました。

いろいろ討論の結果、予算七〇万円、八月初旬完成の予定で製作に入る事になり、とりあえず七月十一日から他の諸団体も加えて正式の映画製作委員会をつくり具体的な活動に入る事になりました。

運営委員会としてはこの報告を承知し、又、〃悪法〃〃日本の政治〃の製作の経験から考えて広く全協会員の中の意見や考えの上にたつて製作を行ないたいと思い、まず手始めとして、映画安保条約はこうあるべきだと云う意見から具体的な〃シノプシス〃にいたるまでどんな考えでも良いですから協会運営委員会あてに、七月十五日までにおくつていたゞくよう全会員におねがいする次才です。

一九五九年七月八日

教育映画作家協会
運営委員会

協会員各位殿

実験映画公開研究会お知らせ

日大映研、シネマ五九同人、の等の作品を上映したあと、公開研究会を開きます。

各人の御出席をおまちします。

とき　七月十四日（火）午后三時上映

映写場所　教育映画配給社試写室

（朝日ビル二階）

TEL (57) 九三五一

懇談会場所　レインボー奥の小部屋の予定

TEL (57) 七三九四

懇談会開催時刻　午后五時

内容

一、東京一九五八（シネマ五九　二巻）

二、クギと靴下の対話（日大映研　三巻）

三、同じ空の下に（ポーランド映画二巻）

上映後懇談会を開きます。

会費　六〇円（コーヒー代）

主催　教育映画作家協会
記録映画研究会

安保映画 製作ニュース NO.1

総評安保映画製作委員会

<事務局> 東京都中央区銀座東8の8. 東信会館 共同映画社内

☆合理化反対。安保条約破棄に斗おう。

安保条約改定阻止 安保条約廃棄のために

"破滅への行進" 製作開始!

(仮題)

計画

総評では去る六日、本部において拡大幹部会をひらき、安保改定阻止、合理化反対斗争を中心とする当面の活動方針を決議した。その結果、安保改定阻止、合理化反対斗争について、七月二十五日(土)を第四次全国統一行動とし全国主要都市において、安保条約改定阻止総決起大会をメーデー的規模で実施する。ついで八月六日、八・六原水爆禁止世界大会と呼応して第五次全国統一行動を実施する。そこでこの全国統一行動を発展させるための当面の教育、宣伝活動の一つとして記録映画十六ミリ、全二巻ものを総評で八月中旬完成を目途に製作することを決定し製作にとりかゝった。

映画製作の内容、次の通り。

一、企　　画　日本労働組合総評議会

一、製　　作　安保映画製作委員会

一、規　　格　全二巻、十六ミリ、白黒、記録映画

一、内　　容　安保条約改定をめぐる国内外の情勢と、改定そのものの内容による将来の問題、戦争の危険等を啓蒙的に編集する。

一、製 作 費　七拾萬円

一、完成予定日　八月二十日

一、上映対策　中央総評で必要のプリントを焼増しし、各単産並に地評に配給する。各単産地評ではこれを上映する。

一本の配給価格　八、〇〇〇円

製作に当って

総評教宣部長

山中　志喜

承知の様に、日本国民、とりわけ日本の労働者階級の直面している中心的な課題は、日米安全保障条約に反対する斗いであります。

総評がこの度、"破滅への行進"(仮題)製作を決定したことも又この斗いの重要性を深く認識したからに他なりません。

とりわけ、映画をとりあげたということは、過去に製作した「悪法」「日本の政治」が、活用によっては、労働者諸君には勿論、農民一般市民の認識を改め、団結を固める上に大きな成果をあげることが出来たという実績にもとずくものであります。

特にこの度は、新聞、ビラの類と同等の扱い方、つまり教宣予算にくみ入れ、製作費を回収する方針をとらないことです。

そのため、フィルム代も、プリントの実費(八千円)だけで、配布する計画です。

従って、愛媛総評が「日本の政治」の上映運動を組織し、立派な成果を挙げた経験にのっとり、百名ら二三百名の中小集会を無数に組織し座談会、講演会を結合させ斗いを確実的に進められる様、望みます。

唯、问題と思うことは、シナリオ検討の過程でも論議になりましたが、合理化反対等組合の当面している問題との結合であります。

この点については今後の過程で更に努力する考えでありますが、何分限られた巻数と一日も早く完成し斗いに役立てることが重要である現在、幾分の不充分さがあっても完成を急ぐ考えであります。

従って、製作を「安保反対運動」の重要な一環と考え、各活動家諸君がシナリオ検討等組織活動を通じ、積極的な意見を製作委員会に集中するよう特に要望します。

製作委員会発足

総評で安保条約反対の斗争の強力な教宣活動の武器として、記録映画「破滅への行進」(仮題)を製作することになったが、去る七月七日、製作の為の第一回関係者会議を開き、次のことを決定した。

一、映画の内容をより充実していくため、シナリオ、編集等について徹底した大衆討論をつみかさねていく場として、製作委員会を発足させる。

一、この映画の製作の方向は、労働者だけにみてもらうだけでなく、広く国民一般の理解をうる映画にしていかねばならないが、基本的な製作意図は、労働者が納得する映画であること、労働者的な観点であること。

一、単に映画をつくりあげるばかりでなく、その上映普及の活動も指導できるような製作委員会を構成すること。また映画製作後、上映組織等も集約できるようにする必要があること。

一、出来れば、この製作委員会を母体としてメーデー映画等の労働映画の恒常的な製作委員会を構成する方向を志向することが確認された。

七月十一日には、右の基本方針の下に、別表のような各団体が参加して、正式に製作委員会が構成され、その構成が、次のように決められ、製作が進行されることになった。

議長団体 — 総評

常任製作団体 — 総評、共同映画、作家協会

普及、宣伝、上映担当団体 — 東宝商事

"シナリオ完成"

クランクインは八月一日（予定）

次いで開かれた七月二十二日の製作委員会では、脚本の最終的検討を行い、各方面の援助で一層よいものにしようと申し合わされた。

尚、脚本は七月二十七日完成し、本格的な検討に入ったが、製作開始は八月一日、クランクインの予定で準備中であり、八月二十日完成を見る模様である。

製作委員会参加団体

日本労働組合総評議会
映画演劇労働組合総連合
国民文化会議
教育映画作家協会
自由映画人連合会
独立プロダクション協同組合
株式会社　共同映画社
株式会社　東宝商事映画部

小集会学習討論に幻灯会を！

●日中問題と安保条約　五〇コマ価五〇〇円――内容――日中関係打開をはばむ安保同盟も巨大の中国経済政策の前の中からとして、特に岸内閣の東南アジアに対する日本独占資本の帝国主義的進出をするどく追求している作品。製作、日中国交回復国民会議。

●安保改定と核武装のねらい　価五〇〇円――内容――写真とマンガを組み合せわかりやすく作ってある。(1)、現在の安保条約で国民がどんなに苦しみをうけているか。(2)、安保条約が改定されたら日本はどうなるか。(3)、安保条約改定を阻止する国民の力――にわけられ現在の安保条約がもっと露骨なものに変っていく様子がよくわかる。製作、日本幻灯文化社。

●貧しさからの解放　五〇コマ　価五五〇円――内容――第四回働く婦人の中央集会で討論された「賃金」「合理化」からみた安保改定の問題をわかりやすく製作されている婦人の小集会には適している作品。製作、日本幻灯文化社・協力総評調査部。以上

安保改定と破棄の斗いのために
役立つ映画のもくろく

種別	題名	巻数	備考
劇映画	爆音と大地	一一	砂川事件に取材・ワイド
〃	ひろしま	一二	
〃	長崎の子	五	児童劇構成
〃	千羽鶴	七	同右
〃	純愛物語	一五	ワイド・カラー
〃	第五福竜丸	一一	ワイド
記録映画	警鐘	三	戦后の歴史の流れをえがく
〃	日本の政治	二	岸内閣の性格を暴露
〃	悪法	一	警職法反対斗争記録
〃	基地の子たち	三	基地をめぐる子供の生態
〃	砂川の人々	三	砂川斗争第一報
〃	麦死なず	三	砂川斗争第二報
〃	流血の記録――砂川	六	砂川斗争第三報
〃	原子力の平和利用	七	ソビエト・カラー
〃	原子力発電所	二	ソビエト・カラー
〃	世界は恐怖する	九	死の灰の記録
〃	永遠なる平和を	三	原水爆反対運動の記録
〃	原爆の図	二	
〃	生きていてよかった	五	原爆被災者の記録
〃	無限の壁	二	意欲生活者の記録
〃	戦争のない未来を	三	第三回原水爆禁止世界大会
〃	僕ははばたく	四	第四回原水爆禁止世界大会
〃	死の灰	三	ビキニ被災記録

◈シナリオ構成意図◈

①危険のプロローグ	一切の戦争を放棄したはずの日本が、安保条約の締結で戦争準備に加担した。（現象）			過去の事実の確認
②安保条約は日本に何をもたらしたか。	アメリカの基地化	民族の受けた数々の屈辱／基地化反対の民族的抵抗の弾圧 → 屈辱	なぜこのようにして日本は武装するのか 日米共同の敵とはなにか。	
	日本の自己武装化	自民党を無視し、国民の生活を犠牲にして進められた再軍備化。独占資本の利益		
③安保条約の意図する方向は正に世界の方向と全く逆であり、非常識である。	ソ・中。社会主義諸国の向っている生活、平和と繁栄の道		歴史は平和と独立と建設の方向に向って [illegible]	偏見の打破 ↓ 歴史への開眼
	アジア・アフリカ・中南米諸国も、次々と欧米資本主義列国のきずなをたち切って独立と平和と中立の道を歩んでいる。			
	社会主義陣営の科学の優位、人工衛星の成功、大陸間弾道弾の成功 → 軍事力の圧倒的優位			
④安保の改定は、日本に何をもたらそうとしているのか。危険の新段階	アメリカの戦略	新たな戦略体制の意図、原水爆軍事同盟の方向、米独占資本のヘゲモニー確立	アメリカは資本主義陣営の軍事戦略を一新し、ミサイル基地同盟を組織して資本主義の利潤追求の体制を固めようとしている。	起きうる事態への回答、置かれた位置への本質的解明 自覚
	日本の独占の帝国主義化	日米独占資本の協調、日本独占資本のアジア制覇の夢、日本国民の犠牲・合理化		
	急速な反動化	労働者、国民の斗いを弾圧し、勤評から警職法、そして安保改定へと指向する姿		
⑤破滅のエピローグ	安保改定→原爆戦争体制への加担→完全破滅、人類の悲劇			

安保阻止映画

製作に意見を‼

安保阻止映画製作にあたり、作協としましてはシナリオ委員会、及運営委員会等会を重ね、こゝにシナリオの完成を見るまでにいたりました。この成果は〃悪法〃及〃日本の政治〃の反省の中から今までにない力を集中したたまものであります。

総評を初め、共同映画社、その他製作委員会のメンバーに対しても、作協の位置が大変重要になつております。

製作費及製作日数の少ないことを頭におきながら安保阻止の意見を討論し、シノップスをも皆さんから募集、五通近くが集り、シナリオ委員会をもうけ、いくたの方々の意見、と協力によりシナリオを完成いたしました。これまでの間には総評との意見の調整等行い、作家の主体制を持つて製作の段階に入ることゝあいなりました。

協会員全員にシナリオ及製作ニュース、又会報等により、製作のありさまをお知らせすると共に、協会員一人一人この映画に対し、積極的な意見及協力をおねがいする次才であります。又シナリオをおくりしましたので意見及協力について至急事務局までおとどけ下さい。

八月二〇日をもくとに映画を完成すべくスタッフ及運営委があたつていますが、この映画は協会員全員の協力なしにはありえないことを再度認識下され、運営委員会の呼びかけとします。

一九五九年　七　月　二十四　日

運営委員会

協会員各位　殿

優秀映画を見る夕べ

〃記録映画を見る会〃才二回　研究会

先きに才一回研究会を開きましたが、充分なる討論がされませんでした。今回は今までの会の反省と今後の会のあり方について、〃記録映画〃読者の方々及映画サークルそれに作家の方々をまじえて、社会教育映画等、今後上映するレパートリーについて話し合いたいと思います。

とき：　八月十日　（月）　後六時〜九　時

ところ：新聞労連会議室　（中央区京橋二ノ一　田口ビル四階

TEL　(56)　二一二七〇、　二九一九、

京橋交叉点パイロット万年筆本社裏そば

地下鉄、都電、京橋下車）

内　容　一、試写　（社会問題をテーマにした教育映画）

◎　日鋼室蘭（二巻）　記録映画製作協議会　作

日鋼室蘭の家族ぐるみの労働者の斗争を画く。

◎　お　や　じ（二巻）共同映画社

農村のおやじの話。

◎　おやじの日曜日（二巻）桜映画社

合理化運動をテーマとしたもの。

二、今までの映画会と今後の映画会について（注　当日は社会問題をあつかつた教育映画のリストを配布します）

この会合にて九・十月の〃記録映画を見る会〃をきめます。積極的に参加下さい。会費　一人　二〇円　（会場費）

主催　教育映画作家協会

中部映画友の会

機関紙映画クラブ

共同映画社

安保条約反対映画

〃破滅への行進（安保条約）について

＝意　見　発　表＝

安保条約廃止にまでもっていこうと云う映画の主旨は誠に結構だしその製作に就いて協会が協力するのはいゝ事だと思う。だが問題はシナリオだ。色々の人達が頭脳を集めて書かれたそうだがそれにしては誠に古風な宣伝映画のにおいがする。戦時中いやになる程出たあのプロバガンダ映画のにおいが―。爆弾がパンとはねて線画の太い線がビュッと走って、アナウスが吠えて、と云う手は今日でも通用するのだろうか。も少し、我々の生活の身近な事柄の中に安保条約が如何に影響しているかを静かに解いてもらえないだろうか。アメリカ兵達の駐トンすることにぶら下って生活している連中の中の悲劇、いや喜劇だって沢山ある。対米の不当なる裁判によって泣いている人達だっている。そんな事に関係ない風に我々の原稿料から一割五分の税金が引かれている。それが大いに関係があったら喜劇的要素がつかめると思う。見あきた岸の顔が何べんも出るより、自衛隊の汗くさい行進をたいくつして見ているより、何かぽっくり庶民の前に掘り出して見せて貰えないだろうか。安保の土の下にある掘り出しものを…。でなければ安保条約ってどんなものだかを解説して呉れる映画、条約文を画にして見せて呉れる映画がほしい。安保ってそんなにみんなが知っているのかしらと思う。自分でも試験されたら四十点とれるだろうかと心配だ。ナーニお前だから或いはだれが知らねえんだと云われゝばそれまでだが……それから構成の才三にソ連、中国は楽土であると云うくだりは如何なものでしょう。日本軍も王道楽土というやつを世界に宣伝した事があるしそんな映画があったが、それもこんな構成だったように思う。米国側だけが鬼畜で……と云う行き方も似ている。もので素直に信用しないのは今日の時代に不当であろうか。それにしてもこう一方的に断定を下されると、一寸ボカンとなる。そうなるのが自分だけならいゝが観衆の中にそういう不心得ものが出なければいゝと思う。この項は全篇のマイナスである。こんな事をほざいていると後から、ともに天を載かざる徒なぞと古風なセリフをあびせられそうな気もする。〃不倶戴天の敵〃と云う言葉で思い出したけれど、ＰＲ映画が毎にその対象になっている。〃破滅への行進〃もそのＰＲ映画になってもらい度くないと思う。この映画こそ、本当に〃安保条約と民衆の関係〃を本当の意味でのＰＲにして貰い度いと思う。政府のＰＲに代って作家の眼で見たそれを。（八・二）

丹生　正

中に画かれた問題の基本的態度と方向性に対して全面的に賛成いたします。しかし、表現にかんしては、まったく反対です。というのは、あのような映画言語を用いて安保反対に協力するだろう人ははたして何人いるでしょう。一部それもわかっている人にはいゝでしょう。わからない人にＰＲする所にあの映画を作る意図があるのだと思えるのです。ならば芸術性でなく大衆の言語におきかえて表現することは出来ないものでしょうか。そこに現実や新らしい発展の芽があるような気がします。

島谷陽一郎

〃記録映画の友の会〃をつくろう

趣　意　（なぜつくるか）

「ドキュメンタリー」というのは、いちばん初めはフランス語で観光映画をいみしていました。一九二六年に、イギリスのロバート・フラハーティが南海（ポリネシア）の島人たちの生活を記録した映画「モアナ」を、ジョン・グリアスンが「記録としての価値をもっている」と評したことから、記録映画という呼びかたがはじまったのです。それがのちに「アクチュアリティの創造的処理」と定義され、僅々二十年のあいだに、社会分析のため映画を広汎に利用するものとなり、さらに今日では自然と人間のいとなみをあらゆる角度から記録する創造的な仕事となっているのです。

いまや映画芸術は、こうした記録性なしには芸術として成立しないといえましょう。それが一つのヒューマン・ドキュメント（人間記録）であるとしたら、もはや劇映画と記録映画といった区別は無意味だとさえ思われます。少くとも私たちはそのように考えているのです。

こうして私たちは、こういういみでのドキュメンタリー・フィルム（記録映画）を日本でもっともっと大きく成長させ発展させたいと念願しているのです。教育映画作家協会の機関誌『記録映画』を中心に、日本のドキュメンタリスト（記録映画作家）たちのよき

友として、私たちは、戦争と平和のわかれみちである今こそ、この記録映画の友の会を力強くスタートさせたいと思います。オランダのシネ・クラブは今から四十年も前にヨーリス・イヴェンスという世界的な記録映画作家をうみだしました。私たちの会も、そのようなものでありたいと考えます。

事　業　（なにをするか）

右の目的で、この会はつぎのことをやってゆきたいと思います。

記録映画をみる会（例会月一回）
研究会、座談会、懇談会等（作家をまじえて）
新作発表会への招待
内外の長短篇試写会への招待
講習会、「自主映画大学」の開催
各地の地域活動
移動映写のあっせん　　その他

構成と運営（どう組織するか）

『記録映画』の読者を中心に構成され、関心と興味のある人なら誰でも参加できます。運営は読者の手で教育映画作家協会事務局の協力のもとにおこなわれます。

そのために世話役数名をえらび、いっさいの運営に当るようにします。

会費を誌代とも月百円とします。雑誌購読だけ、あるいは例会その他に参加するだけでも自由で、その場合は、それだけの実費をお払込み下さい。なお詳細は左記事務所宛ご照会願います。

事務所は東京・中央区銀座西八の五（日吉ビル）教育映画作家協会内におきます。

一九五九年八月

記録映画の友の会準備会

十壱月記録映画研究会

今回は〃二十四時間の情事〃（ヒロシマわが恋）を中心に研究会をひらきます。

と　き　十一月二十六日（木）后六時
ところ　岩波映画製作所　三階試写室（国電都電水道橋下車）
（国電都電水道橋下車駅より一分）
内　容　二十四時間の情事（ヒロシマわが恋）
上映後研究会をひらきます。
会　ヒ　一人五十円

主催　記録映画研究会

（正誤表）

二頁　記録映画十二月予告の中、月の輪古墳の（墳）を脱字しましたので挿入します。
三頁　動静の(1)二段目右より八行目岩波氏寿の（氏）に訂正致します。
同じく二段目の左から十一行目矢部正男は富沢幸男に訂正致します。

矢部正男の追分
岩波映画で「原子力発電」十巻の演出中

校正の不充分により誤植の続出したことをお詫び致します。特に富沢氏矢部氏には深くおわび致します。

十二日 記録映画を見る会

o ピラミッドの技術 （二巻 十八分）
監督 エチエンヌ・ペエ カミー ） 日仏
o ロダン （二巻 二〇分）
o 新しい劇場 白黒 ドキュメンタリー 白黒 [illegible]

o PR
● ダイヤモンドのふるさと. [illegible]（[illegible]） 三〇分 カラー
カソリックの誕生

森林
ダイナマイト
巨船誕生 川崎造船
南極 カラー [illegible]二十周年
エンジンの個性 技研
スリッパ・スーパー [illegible]の話 カラー 三巻 [illegible]
チーズ カラー 二巻 [illegible]
たのしい陶器 [illegible] [illegible]
水族館 日本映画新社 [illegible]
東京の自然 日本映画社 [illegible]

o D.[illegible]
o アメリカ [illegible]
描きつけた三本の土産 [illegible] [illegible]

■ 企 画・日本労働組合総評議会

記 録 映 画

失業

—炭鉱合理化との闘い—

■独占資本は、まづ炭労をたたきつぶし、分断することによつて、全労働者への攻撃を開始しようとしている…………………

この炭鉱労働者に対する独占資本の攻撃は全労働者階級への宣戦布告である………■

首切り、合理化に反対し、安保条約を廃棄するために！

製作意図

独占資本のもっとも端的な矛盾をあらわにした石炭合理化と、その非情な結果としての「失業」を描き、現在の労働者闘争の昂揚に役だたせたい。

失業　首切り
それが何をもたらすか
はたらくものだけが知っている
はたらくものだけが
何故これ以上たえしのぶ必要があろう
われわれはたたかう
たたかいのつづく日のあるかぎり……

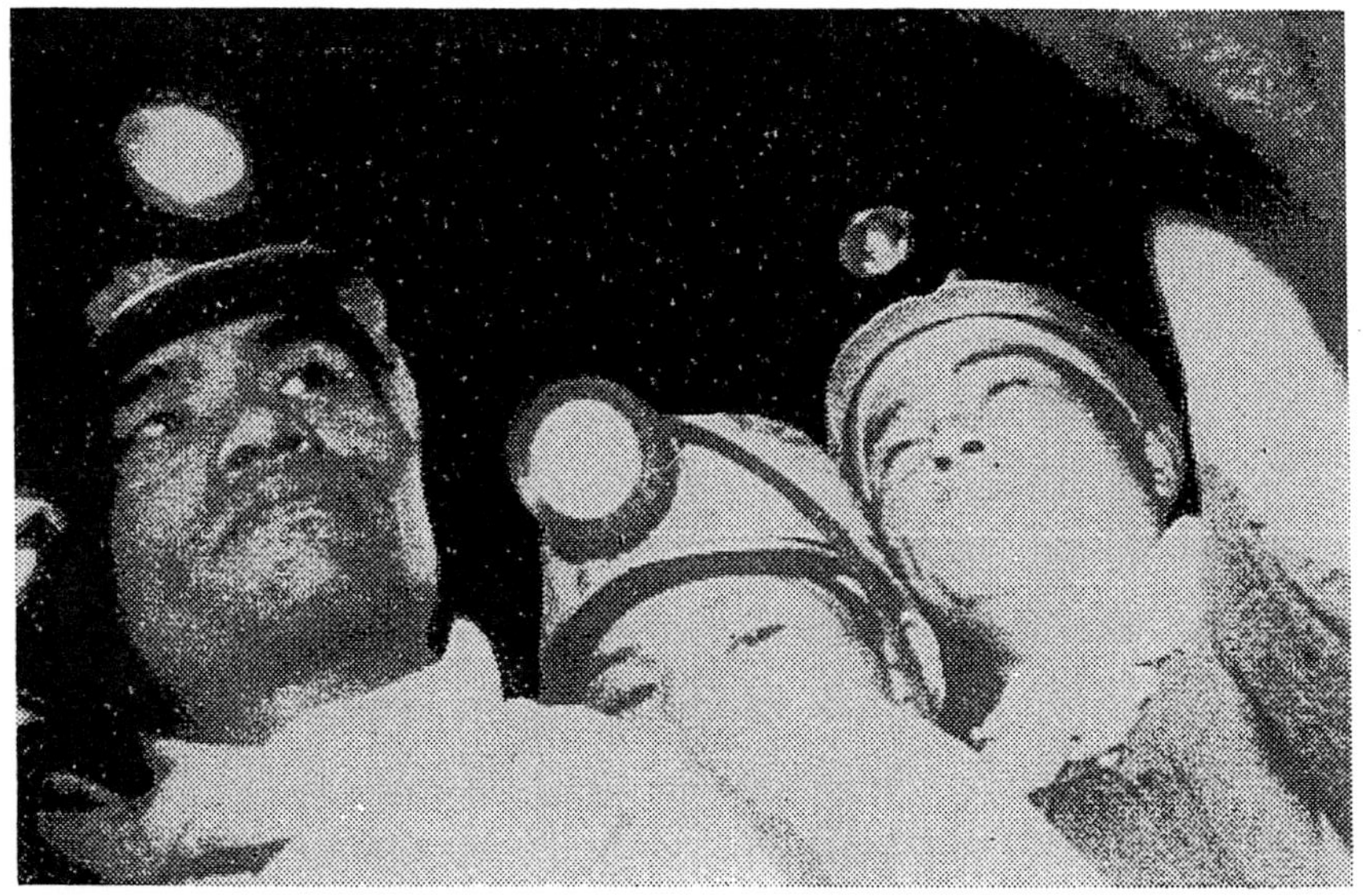

4巻　440m　売 価 18.000円

製作・映画製作委員会

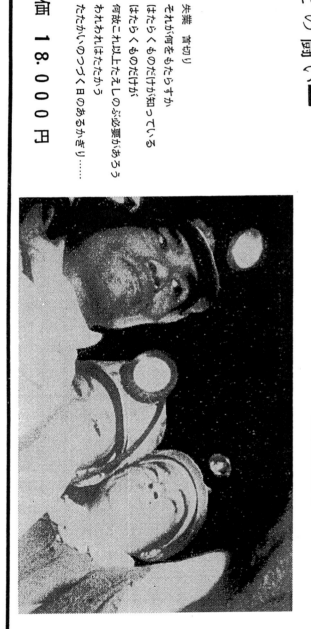

総評・炭労・国鉄労組・全電通労組・動力車労組・全逓労組
九炭労・映演総連・新聞労連・自由映画人連合会
共同映画社・独立プロ協組・教育映画作家協会・東宝商事

製作にあたって

総評議長　大田　薫
事務局長　岩井　章（談）

いま炭労を中心に大量の労働者が職場からおわれ、悲惨な生活をよぎなくされている。（略）

しかもこの事態は石炭産業だけでなく、あらゆる産業に波及しようとしている。安保改定によって、日本を極東の戦争基地にしようというアメリカの意図と固く結びついた日本の独占資本とその政府は、全産業の合理化によってその経済的基盤を確立しようとし、ために、労働運動の[illegible]をたくらんでいる。（中略）

このような事態にたって、われわれは独占資本とその政府の圧倒的なマスコミに対抗するために昨年来、「悪法」「日本の政治」「安保条約」と闘いの武器となる政治映画を次々とおくりだしてきた。数多くの反響は、この武器が大変有効であったことを示している。

総評では、更に、闘いを進めるために、合理化の本質と失業の実態を明らかにするための映画を製作することになった。完成の暁には、この映画が、充分闘いの武器になることを確信している。全組織をあげ全国民に見せるよう、活動されんことを期待する。

失　業

（四巻）

あらすじ（解説原稿より）

★技術の革新、産業の合理化という輝かしい二十世紀のスローガン――それが人間に幸福をもたらさないという不思議なくいちがい。

★全国で五百万の失業者、一千万人を上廻るという生活困窮者、ますますふえていく失業者。

★炭質（石炭）が悪く、能率があがらなくなり、大きな資本から見離されたヤマを借りうけて、ほそぼそと仕事をつづける小さな炭坑。日本の石炭の四割近くは、今もなおこのような中、小炭坑で生産されている。

★大手筋の炭坑でさえアメリカの十分の一にもならない日本の炭坑労働者の賃金にも拘らずその石炭の値段は五割も高い。

★アメリカからおしつけられる安い石油に対抗するためには、もっと安い石炭がほしい。

〃資本家は、労働者の働きがわるく、賃金が高すぎるから、石炭が高くなってしまう〃といっている。が果してそうだろうか？

そうではない。賃金は安いのだ。しかも、そのもうけは、石炭以外の近代産業につぎこんで、資本家は、さらにもうけ炭坑労働者はみすてられていったのである。

★昭和三十一年、岸内閣は、労働者の烈しい抵抗にも拘らず「石炭産業を安定させるために――」と称して、ついに「石炭産業合理化法」を強行実施した。

★無責任に握りつぶし、価値のなくなった老朽炭鉱は、国民の税金で買いあげてやる。大手筋の優良炭坑には、もっと金を貸してやろうという合理化法。経営者にとっては、何とも笑いのとまらない有難い法律。だが退職金すら貰えずだましうちのように追いだされた労働者はどうなるのか？

★エネルギー革命、日本の石油資本の半分以上を持っているアメリカの石油資本。ばく大な世界銀行借かんに依存した電力資本。全産業は今、アメリカの手におさめられようとしている。それと手を組んだ日本の大資本と政府の産業プラン。それが政府のいうエネルギー革命であり、産業の合理化である。嵐は日本の全産業に吹きおよんできた。

★一方では中小炭坑をつぶし、その犠牲のうえにたって、大手筋では大規模な機械を導入し、日本産業をまかなうに必要な五千万トンの石炭を集中生産している。

★資本家の利益だけを考えて次々に据えつけられる大規模な新しい機械は、次々と労働者を追いだしていく。それにもあきたらずに、さらに大きな利益独占のために追いうちをかける大量の首切り、企業合理化。

★六月、一、七〇〇名、更に四、六〇〇名の首切りを発表した三井。二瀬一、〇〇〇名、杵島六〇〇名の首切り。労働者はこの一方的な首切りに反対して次々に起ち上った。

★その最初の突破口として、日鉄二瀬の労働者の攻撃が開始された。――組合は、首を切られた仲間を守って、最後まで家族ぐるみで闘うと決意した。たたかいは、暁の一番方入坑から始まった。

★全産業の労働者は、炭鉱労働者を守ってそれぞれの要求を高くかかげ、あいついでたたかいに起ちあがった。

「失業反対、職よこせ、社会保障の拡大をたたかいとろう」
「勤評反対、民主教育を守り、ILO条約を即時批准せよ」
「首切り合理化に反対、安保条約を阻止しよう」

（配　給）　○株式会社　共同映画社　東京都中央区銀座西8－8（華僑会館）　TEL（57）1755・6517・1132・6517

○株式会社　東宝商事映画部	東京都千代田区有楽町1－3 電気クラブビル TEL(20)3801・4724	○(株)共同映画九州支社	福岡市橋口町15～1 サンビル TEL（4）7112	○(株)共同映画北海道支社	札幌市北二条西二丁目 TEL（3）2984
○株式会社　東京映画社	東京都中央区銀座東1－8 TEL(56)2790・7271	○(株)共同映画関西支社	大阪市北区曾根崎上1－38（片山ビル）TEL(34)7102	○(株)共同映画富山支社	富山市安住町4 TEL（2）4038
○株式会社　北星商事	東京都中央区銀座東3－2 TEL(54)7115・6152	○(株)共同映画名古屋支社	名古屋市中区南鍛冶屋町2－2 TEL（24）4609	○長野映画研究所	長野市新田町1535 TEL 2026

アジア・アフリカ連帯強化。

昂揚のための国際映画製作案

（カイロ常任書記局会議決定事項）

○趣旨＝ＡＡ連帯国民運動を各国で大衆化するための最も有効な手段として、この共通の課題のもとにドキュメンタリー・フイルムを合作する。その製作が同時に具体的な連帯運動の展開となろう。

○テーマ＝平和共存と反植民主義（平和五原則）。そのためにたたかいつつある各民族のすがたをリアルに描き出す。

「十六億の歌」　「連帯の闘争聖歌」といつた題名が考えられる。

○内容＝各国それぞれの自然と社会をとらえた記録映画等をモンタージュする。必要部分だけを新しく撮影し、主題を一貫させる。

つまり、一九五三年の世界労連大会を機として労働者の団結と統一をテーマに製作された「世界の河は一つの歌をうたう」（ヨーリス・イヴエンス編作）と同様のシステムによる。映写時間を一時間乃至一時間半のものとする。

○製作方式＝全ＡＡ連帯委員会の製作とし、ＡＡ諸国のドキユメンタリストたちを結集して実行委員会を構成する。日本側は、この仕事を通じて戦争責任の一端を果すイニシヤチヴをとることができる。（日本教育映画作家協会がその中心となりうる。）

○経費＝各国より利用しうるフイルム、技術出資、製作カンパ基金等による予算を出しあい、それを検討しつつ全ＡＡ委員会として予算を組む。16ミリのプリントを各国に必要本数だけ反対給付する。（各国の能力と必要の原則にたって）

○なお、これと併行的に地域別の合作映画を実現しうるし、そのためにも力をさくべきであろう。

右案は八月十一日のアジア・アフリカ連帯全国会議で可決された提案をメモ的に整理しなおしたものである。

ー経過報告と今後の方向についてー

常任運営委の中では前項の提案を具体化すべく、日本アジアアフリカ連帯委員会事務局長説徳三郎氏にあってそこでわかったことはカイロ常任書記局会議で出された内容はアフリカの南端にあるギニアの首府コナクリーにおいて才二回ＡＡ会議が開かれる、そこに日本から〃アジア・アフリカ連帯強化、昂揚のための国際映画製作の具体案〃を議題として提出することがあげられた。日本としてはこの十二月に体制を組、シノツプス及構成（財政面をふくめて）を出す為の会合を作家協会側と連帯委員会とで開くことも出されています。（十一月下旬に開く予定）

又連帯委員会では十二月頃に才一回会合を、一月十五日頃までに日本代表団をきめたいといつています。作家協会としての対策をこゝで作りあげるべきではないかと思います。一、シノツプスの作製、二、映画製作提案及製作者の代表団の派遣三、カンパ運動等があります。

教育映画作家協会

才六回定例総会予定表（案）

とき　○十二月二十七日（日）　十二時〜六時

ところ　○中央会館集会所又は新聞会館

内容　一、映画会（作家協会協力の総評企画のもの）

〃悪法〃　〃日本の政治〃　〃安保条約〃　〃失業〃

十二時〜一時まで

二、開会及議長選出　　一時より〜五時

三、事務局及財政報告

四、会計監査報告

五、雑誌〃記録映画〃について編集部報告

六、年次報告要旨及来年度の方針に関する提案要旨

七、討議と採決

八、役員改選と新役員挨拶

九、閉会

註　○以上のことについて特に（六）の年次報告要旨及来年度の方針提案要旨について運営委員会として意見を出しまとめること。

○総会当日の中で以上の他に追加すべきものがあれば申し出て戴きたい。

ー事務局よりー

79

機関紙〃記録映画〃運転資金募集のおねがい！

一九六〇年を迎え教育映画作家協会も今までの活動を発展させなくてはなりません。又今までの活動を反省し機関紙〃記録映画〃を充実する為に協会の運営委員会及編集委員会は努力してまいりました。

つきましては機関紙〃記録映画〃も発行されてより三年目を迎えようとしてをります。又〃記録映画〃が内容あるものにすることの出来たのは偏に各方面の物・心・共による協力があつたればこそといえます。

つきましては一九五九年十二月二十七日の第六回作家協会の総会におきまして、機関紙〃記録映画〃の自主出版を守りそだてて行く為に、運転資金の借用を協会員の皆様におねがいすることがきまりました。

毎月一ケ月の費用の中印刷費として六五、〇〇〇円を支払わなくてはなりません。広告収入はいつも一ケ月から二ケ月おくれでないと入金しません。処が雑誌〃記録映画の方は雑誌の印刷が出来ると四万円〜五万円近くをすぐに納入しなくてはなりません。

又機関紙の財政は協会財政とは別に独立採算で組まれているわけであります。以上のように不足金の方へまわすのではなく自主出版をつゞけて行く為には印刷屋へ先払の為の資金四万〜五万円近くの運転資金がどうしても必要になり、それがありませんと運営出来ません。

そこで左記のように機関紙〃記録映画〃運転資金借用の方法がきまりました。

一、一口、五〇〇円として一年間借用します。

二、一年目には返却します。但し無利子です。

三、一月下旬から二月上旬までに借用にまいります。

運営資金の借用は何口でも結構です。協会員の皆さんの御協力を節におまちします。

㊟ 一、運転資金借用の為の申込書をつけます。何口でいくらということの返事が戴ければばさいわいです。又同封のハガキに書きこんで下さつても結構です。

二、借用金は一月分会費納入と共に戴きます。

昭和三十五年一月十二日

協会各位殿

教育映画作家協会運営委員会
運営委員長　岩堀喜久男
事務局長　富沢幸男

キリトリ線

機関誌〃記録映画〃運転資金募集申込書

口数		金額	円

右の通り機関紙〃記録映画〃運転資金を一年間貸与します。

昭和三十五年　月　日

住所
氏名

教育映画作家協会御中

80

《詩と音楽で　人類の希望をうたいあげた》

世界の河は一つの歌をうたう

〔長編記録映画〕

チョロチョロ流れる山奥の流れ、激しく岩を噛む谷川、世界の六大河——ミシシッピー、ナイル、アマゾン、ガンジス、揚子江、ボルガはそれらの水を集め豊かに大陸を横切りうるおす。それらの流れの異るように、それらの河のほとりでくり拡げられる人間の生活もまた異る。建設と解放の喜びの中を流れる河、貧困と恐怖を横切る河、だが世界の河はただ一つの歌、働く者の連帯の歌をうたっている。

全編に流れるロブソンの独唱

低音の力強い歌声が全編を流れる。それはアメリカの黒人歌手ポール・ロブソンの歌声だ。その歌——「河の歌」は東独最大の詩人だったB・ブレヒトの作詩ソビエトのD・ショスタコビッチの作曲になる。シナリオは仏の有名な作家U・ポズネル、編集は〃セーヌの詩〃を作ったオランダのヨリス・イベンス、そしてフィルムには五十余ヵ国の労働者が、自らの生活と闘いの姿の記録を持ち寄り十万呎（上映時間百時間）の中から一時間半にまとめたもの、もちろん日本の労働者の生活と闘いも含まれている。

日本最後の上映

カンヌ映画祭五一年度受賞

〃忘れられた人々〃

〔メキシコ劇映画〕

「試写がすんだとき、私は冷汗をかいていた。凄惨といおうか、残酷といおうかとにかく『恐い』映画だったのである」。（今川三郎・デリースポーツ紙）このメキシコ映画が放った、非情の世界と鋭い現実の解剖に、一九五三年の秋の洋画の話題は一挙にさらわれた。ロードショウはプレミアム興行にまでなった。

二十年ぶりに沈黙を破ったルイス・ブニュエルのこの作品が、五〇年のカンヌ映画祭で上映された時、映画詩人といわれた名匠ジャン・コクトオは、手帳の一頁をさいて、讃美の言葉をブニュエルに書き送り、ついに監督大賞を獲得したというエピソードがある。

今、この映画を再び取り上げたのは、リアリズムの高峰メキシコが生みだしたこの作品の完全なリアリズムが、戦争の悲劇を今なお、ひたひたとわれわれの胸に波うたせ、このわれわれの世界のどこかが、間違っているという反省を鋭くよびさます、圧倒的な迫力を持っているからだ。

なお、この映画は日本では最後の公開と予想されるので、皆様の一見を是非お薦め致します。

第四回 ミリオン・パール賞記念映画会

とき　2月6日（土）午後5時30分開映
ところ　豊島公会堂（池袋東口）
解説　大島辰雄（映画評論家）
かいひ　60円

監督　ヨリス・イベンス
音楽　D・ショスタコビッチ
独唱　ポール・ロブソン
美術　パブロ・ピカソ
撮影　世界五十数ヵ国の作家

★当日は混雑しますからお早めにお出かけ下さい。

申込先　城北映画サークル協議会
豊島区池袋1〜642　電話（982）5965番

協賛　世界労連日本出版協会
勤労者視聴覚事業連合会
自主上映促進会全国協議会

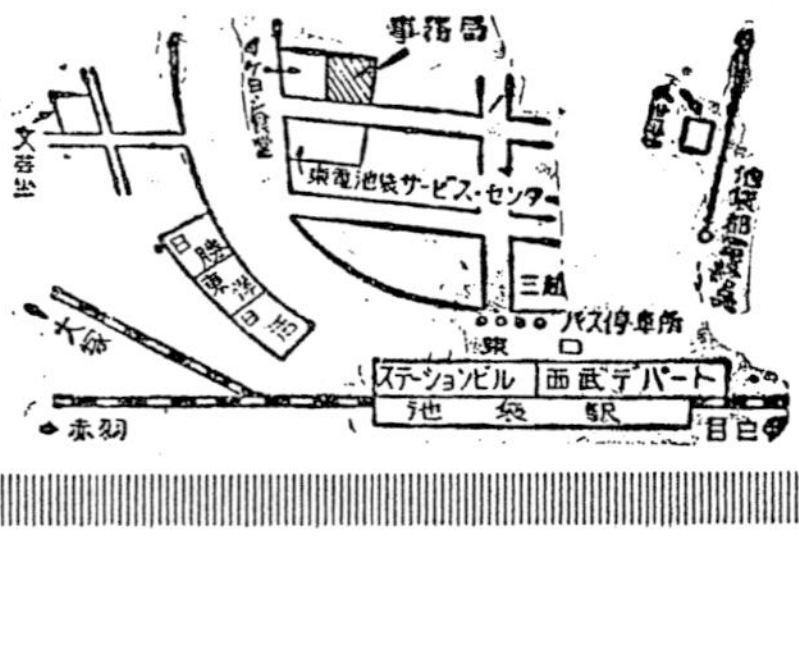

〃記録映画〃読者倍化のお願い！

春らしい頃となりました。皆様には御健在のことゝ思います。
つきましては昨年中は〃機関紙〃記録映画〃を皆さん方に一部づつよけいにお送りして読者拡大にあたって載き二百名の固定読者が出来ました。このことは作家協会の運動の発展であり、総会におきましても以上のことが大変評価されました。ところが事務局では皆さんに今まで一部づつよけいにお送りしていたものを十二月でストップしてしまい、それも皆さんになんらの連絡もせずに行なった為に大変会員の皆さんに御迷惑をかけたことがわかり、この紙面をつうじておわびする次第であります。

　こゝでおわびしたばかりでおねがいするのは大変にむしがよすぎるのではありますが。心苦しいことを承知の上で再度こゝに読者拡大の為に一部づつよけいに〃記録映画〃をお送りしたいと思い、皆様に次のことをお願いし、今後は機械的なストップをするのではなく充分に運動と皆様方の意見をきいたうえできめて行きたいと思います。
次のことで協力下され、御返事下されゝばおもむくなり、会報と共にお送りします。

一、毎月発送する会報および〃記録映画〃と共にもう一部〃記録映画〃をお送りしてよろしいか代金は会費納入の時載くようにする。

二、事務局へTELで新しい読者を紹介下され、事務局の方で半ケ年分四〇〇円の購読料をもらうようにする。又は紹介者が納入してくれる。

　以上のことをくれぐれもおねがいします。

昭和三十五年二月十九日

東京都中央区銀座西八ノ五（日吉ビル内）
TEL (571) 五四一八
教育映画作家協会運営委員会

各位殿

教育映画作家協会規約

一、名　称

われわれの会は「教育映画作家協会」と称する。

二、所　在

協会の事務局は、東京都中央区銀座西八丁町五番地日吉ビル四階に置く。

三、目　的

協会は、企業に所属すると、フリー契約者たるとを問わず凡ての教育映画作家が打って一丸となり、次の目的を果すための力となる。

① 教育映画の製作を通じて、平和で民主的な日本の文化の発展に貢献する。

② 教育映画の製作を活溌にする力となり、作品の質の向上に努める。

③ 作家の生活の擁護と向上をはかり、その社会的地位の向上に努める。

四、右の目的のため左の活動を行う。

① 創作の自由を守り、教育映画の正しい発展をはかる。

② そのために、各プロダクション、教育映画製作者連盟日本映画教育協会、その他各民主団体、文化団体と協力する。

③ 配給上映団体並びに観客組織活動と積極的に提携し、広く国民との結び付きをはかる。

④ 教育映画の自由な国際交流に努める。

⑤ 企画活動を盛んにする。

⑥ 脚本や作品の合評を盛んにし、作品活動の経験を交流しあう。

⑦ 会員は企業の内にあると外にあるとを問わず、仕事の状態を報告しあい、お互いの生活条件の擁護と向上のために力になりあう。

⑧ 協会は各プロダクションに会員を斡施し、契約交渉を本人に代って行う。

⑨ 作家の契約金の基準を定め、不当なダンピングを防ぐ。基準は内規で定める。

⑩ その他、作家の諸権利（例えば著作権の確立）を守るために努める。

⑪ 会員の相互扶助の活動に努める。

⑫ 機関誌を発行する。

五、会　員

① 日本の教育映画作家（脚本家、演出者、演出助手、編集者、動画アニメーター）で、本協会の規約に賛成する者はすべて会員となることができる。

② 加入希望者は本協会の運営委員会に申し入れ、その承認を経て会員となる。

③ 会員は規定の会費を納入する義務がある。

④ 会員はすべて協会に対し平等の権利を持つ。

⑤ 脱会したい場合は、運営委員会に届け出て脱会できる。

⑥ 作家以外で、本規約に賛同の者は運営委員会に申出て賛助会員になることができる。

六、組織と運営

① 協会の最高決議機関は総会とする。総会は年一回開かれ、会員の半数以上の出席で成立する。但し、止むを得ず出席できぬ会員の委任状を認める。

② 総会は、協会の方針を定め、役員（運営委員長、事務局長、運営委員、会計監査）の選出、規約の改正、その他必要な事項を過半数の賛成を得て決定する。

③ 総会は運営委員会が招集する。但し、運営委員会が必要と認めた場合、または会員の$\frac{1}{3}$以上の要求があった場合、臨時に総会を開くことができる。

④ 運営委員会は定められた方針に従って協会の運営に当り、総会に対して責任を持つ。

⑤ 運営委員会は、企業に所属する会員とフリーの会員との若干名を以て構成し、その長を互選する。

⑥ 委員長は協会を代表する。

⑦ 運営委員会による日常の事務処理を円滑にするため、有給の事務局員を置く。

⑧ 会計監査二名を置き、協会の財政運営を監査する。

七、経　費

① 協会の運営は

A 会員の会費

B 事業収入・寄付金

C その他

によってまかなう。

② 会員の会費は、内規できめる。

八、本規約は昭和三十年三月一日より発効する。

以　上

入会申込書

現　住　所

氏　　　名

生　年　月　日

○フリー契約○企業所属（所属会社名）
（不必要なものを消して下さい）

○演出○脚本○助監督
○編集○賛助会員

教育映画作家協会に入会いたしたいので申込みます。

昭和　　年　　月　　日

教育映画作家協会　御中

(註) 推薦者を二名書き入れて下さい。

（簡単な経歴を御記入下さい）

内　　規

一　会員の会費

① フリー作家、企業所属作家の会費は月額五〇〇円とする。

② フリー助監督会員の会費は月額三〇〇円とする。

③ 企業所属助監督会員の会費は二〇〇円とする。

④ 賛助会員の会費は月額三〇〇円以上とする。

⑤ 新入会員（ただし賛助会員を除く）に入会に際し入会金三〇〇円を納入する。

二　ギャラ基準

① 演出料

△ 二巻までの基準（契約拘束四五日を標準として）
　十万円乃至十五万円以上（手取・以下同じ）

△ 三巻より四巻までの基準（契約拘束四五日を標準として）
　十五万円乃至二十万円以上

△ 五巻以上の基準
　二十万円以上

△ オーバーギャラは基本契約料の三十％以上とする。また、長期間のものについては前記の基準にもとずいて話し合いの上決定する。

② 助監督料

△ 二巻までの基準（契約拘束四五日を標準として）
　三万円～六万円（手取・以下同じ）

△ 三巻より四巻までの基準（契約拘束四五日を標準として）
　五万円～十万円

△ 五巻以上の基準
　七万円以上

△ 日当計算が適当な場合　　一、〇〇〇円～一、五〇〇円以上

△なお経験年数や技術の浅いものは別途話し合いの上決定することがある。

△オーバーギャラおよび長期間のものについては、演出料の定めに準じる。

③ 脚本料

△ 二巻もので八万円以上（以上の場合は一巻当り四万円）

④ シノプシス料

△ 一万円以上（ただし巻数および内容によっては脚本料に準じる）

⑤ 構成編集料

△ 一巻当り四万円以上

A・A諸国民連帯幻灯構成案

1、民族の季節

時は四月。アフリカにいつもと同じ太陽が昇るだろう。そして人間も、いつものしきたりで、朝の仕事から始めるのだ。けれど、この日、ギニアのコナクリでは、様子がちがう。町はやがて歓喜につつまれるのだ。しかも、黒い旗、青白い旗、白い旗、赤い旗をかかげて踊り狂うのだ。それは花嫁を、花で飾るように、この未来にかけた日を祝福するいっぱいの旗なのだ。アジア・アフリカの全域から、七〇か国から、集った代表達の旗なのだ。一九六〇年四月、このコナクリで、アジア・アフリカの諸国民会議が開催されている。この日は、植民地制度の崩壊を確認すべく試み、イギリス帝国主義の鉄鎖を粉砕して、住民投票によって一挙に独立を勝ち得た日だ。そして今、村々や、町々での建設が急速に進んでいるところだ。エンクルマ・ガーナ首相の、一九六〇年こそは、アフリカ解放の年にしよう、というアッピールにこたえて、今、アジア・アフリカの全人民が力強く行動を起すのだ。

2、植民地支配

実際、白人だからといって掠奪してよい理由などどこにもないのだ。有色人種から掠奪してよい理由は更に無い。掠奪者はその理由づけに人種差別をもってした。西欧の資本主義列強の三百年にわたるアフリカ支配の基礎である。現に今、アフリカのある国では、黒人は、土地の所有権を奪われて特定の地域に住まわされ、白人の経営する農場や鉱山で働かされ、疲れて死ぬように法律的に定められている。南ア連邦がそれだ。ニアサランドでは人種差別に反対する黒人は投獄され拷問をうける。これはただ単にアフリカのある国の出来事ではない。アジア・アフリカの大部分の国が、同様の植民地支配を苦しんできた。例えば日本帝国主義のアジアに於ける行為など。反植民地デーはイギリスの植民地主義に対するインドの民族解放運動の先鋒の記念として広く取りあげられている。その中で民族解放斗争は活動し、今日多くの独立を勝ち得たように、今アフリカの最後の国で、解放斗争が血で斗われてゆくのだ。

3、民族解放斗争

西欧の資本主義列強の三百年にわたるアフリカ支配の体制が今、音をたてて崩壊している。時計の針をむりやり逆回させようとするもののあがき。アフリカのある国では武力や軍事力が動員されている。ケニアの解放斗争の弾圧がそれだ。南ローデシアでは非常事態を宣言して、解放斗争を弾圧する。民族解放戦線の指導者に対する弾圧、拷問は言語を絶する。アルジェリアの厚い壁の中でもそれは行なわれている。けれども隠そうとしても内側からあばかれる。証人がいるのだ。解放斗争を斗い抜いた民族は、かれらの拷問を知っている。例えば日本帝国主義の憲兵のアジアでの行為は、生前に証拠のあとを残している。拷問に屈せず、アジアの未来に目をむけていた人々が証言する。アジア・アフリカは共通な経験を通じて、今ここに深い連帯を持っている。アジア・アフリカ諸国民会議がそれだ。

4、バンドン精神

一九五八年カイロで開かれた諸国民会議には、当時解放斗争を推し進めていた十三か国を含む、四十四か国が代表を派遣している。反植民地主義、反帝国主義。独立を尊重しあい、建設を推し進め、平和を確立する。これが、アジア・アフリカの諸国民の共通の課題として確認された。そしてそれを解決していくために、アジア・アフリカの連帯委員会が組織され、それぞれの国で活動が展開された。コナクリ会議には、その成果を反映して七〇か国の代表が参加できる程、アジア・アフリカは成長している。そして今ここでは、最後の植民地に対する斗争に支援をおくることが決議されることになる。そして独立を獲得した国々の今後の建設を協力しあう体制がさらに検討されよう。

5、独立と建設

民族解放斗争を斗いぬいて、勝利した独立国は帝国主義の何であるかを身をもって知っている。だからかれらは、自らの国を弱肉強食の資本主義の体制でやっていくことを拒絶した。社会主義国として大きく成長した国家群がある。又、国家資本主義として急速に建設を進めている国家群がある。アジア・アフリカの連帯は、後進独立国の援助を惜しまない。有力な社会主義国の経済技術が建設を急ぐ国に向けられる。エジプトのアスワンベイ・ダム建設、インドの重工業開発、等々。貿易の面でもこの連帯は、大きく実を結んでいる。戦争経済にたよらずに生きぬいてゆける体制が、アジア・アフリカにはできているのだ。中国の援助、エジプトのスエズ運河の改修、各国の改修など、それぞれの国々は古い伝統を持ち、独自のつながり、平和のつながり、民族文化をうちたてて行く。それはアジア・アフリカの諸国民が、お互いを知り合うのに、大きな力となるであろう。

6. 平和の戦

戦争経済によって成り立っている帝国主義列強にとってアジア・アフリカの連帯は不都合なものとなってきた。かれらは戦争の危機をあおりたてることによって、アジア・アフリカの連帯を混乱し、ここに新しい軍事体制による支配を築こうとしている。かれらは朝鮮を二分し、ベトナムを二分し、イスラエルを援助し、軍事条約を強化し、軍事基地と核兵器によって強化しつつある。かつてアジアの各国に対し、帝国主義の侵略を敢行した日本は、この隊列と共に大きな役割を担って活動している。日本の自民党政府は、アメリカとの軍事条約を強化し、平和憲法を改定し日本に再び軍国主義を復活させようとしている。あくまで日本の少数の資本家どもは高い利潤を追求し、民族の希望をすてて戦争経済へ突入しつつあるのだ。げんざいも沖縄百万同胞を中心とする日本の民族民主統一戦線はアジアに対する大東亜戦争の責任を忘れない。砂川の基地拡張に彼らは素手をたずさえて多くの犠牲者を出しながら拡張を阻止した。沖縄は日本の領土であるにもかかわらず、アメリカ軍の軍政下におかれたまま、土地の強制接収が行なわれ、全島基地化が進められている。ここでは今全島をあげての基地反対斗争と日本復帰の要求が高まっている。

7. 統一行動

アジア・アフリカの全域には、地球の全人類の七割にあたる十七億の人間が生活している。そしてこの十七億の人間は、アジア・アフリカが平和五原則とバンドン精神にのっとって、平和に仲良くやっていけると確信している。その声は戦争の危機をもたらす一切のものに断固戦っているのだ。アジアのある国では、アメリカの軍事同盟を廃棄する斗いが進められている。例えばフィリッピン。アフリカのある国では、民族解放斗争は英仏植民地のかたわらで進められている。例えばモロッコ。アジア・アフリカの連帯委員会はこれらの斗争を積極的に支援する。ソヴィエトの軍縮提案はかく十七億の人間達によって力強くうけつがれる。そしてこの巨大なある日、アジア・アフリカの全地域から一つの叫び声が起る。核兵器に反対し、原水爆の実験禁止を呼びかける声が地球をつつむ。そしてそれは全世界の平和者の連帯の中に受けつがれ、世界史を大きく変えていくのだ。

三月定例運営委員会通知

今回の運営委員会は特にAA諸国民連帯映画構成案がでて、この構成案の内容並びに作家協会としてどのように進めて行くかについて充分に審議し運営委員会としての見解をきめなくてはならなくなりました。以上の点についてそれぞれ各委員の意見をまとめておいて下さい。

○とき　三月十二日(土)午後五時三〇分

○ところ　協会事務局

○内容　①三井三池映画製作について ②AA連帯映画の構成案について ③研究会について ④その他

◎"三井三池"映画については、第二回の懇談会が、自映連・共同・作協でもたれ「労仂組合映画製作協議会」を作ろうという構想まで出されています。又"三井三池"は総予算六〇万、あと全額を共同が持って製作する話が進められています。

◎"安保と権利"の小委員会は第一回が開かれ、長期案約のギャラ基準の問題が出されていますが、その他の点についての審議も必要で西沢氏の報告あり。

◎"AA連帯映画"については常任委員においても具体的に検討され、右の構成案を各運営委員に配布し、各自の意見発表に基づき今後の方針について討議することになりました。

◎その他研究会◇社会教育映画研究会・三月十八日午後六時・共同映画社試写室・「明日を耕す」三巻・「二つの家計簿」二巻・「[illegible]」五巻・配給社の人々と共に行く。◇記録映画研究会・三月二十七日午後三時半・近代美術館試写室・「アインシュタイン研究フィルム」・「タイム・イン・ザ・サン」(マリー・シートン編集) ◎映画会「記録映画資金の為の映画会」四月十五日又は十九日 虎の門共済会館「二十四時間の情事」「プドフキンの母」 ◎文部省の選定映画制度について

※重要な会ですので必ず御出席下さい。(事務局)

『世界の実験映画を見る会 会員制

映写機は北辰商事へ

とき○1960•4月19日（火）后6.00上映

ところ○虎の門共済会館ホール

（都電•地下鉄•虎の門下車2分）

申込先

◇教育映画作家協会
中央区銀座西8～5
TEL (57) 5418

◇官公庁映画サークル協議会
千代田区霞ヶ関1～2
TEL (58) 5311内733

◇中部映画友の会
中央区西八丁堀3～12
TEL (55) 4608

◇新宿映画サークル協議会
新宿区西大久保1～462
TEL (35) 6631

◇山の手映画友の会
渋谷区桜ヶ丘6
TEL (46) 9441

◇城北映画サークル協議会
豊島区池袋1～642
TEL (98) 5965

◇品川映画愛好会
TEL (49) 9242

◇児童文学者協会
新宿区西大久保1～425
TEL (35) 2644

各処へお問合せ下さい会員券がそろえられてあります。

プログラム

1. 東京1958（日本） シネマ60（予定）
羽仁進•勅使河原宏 他
2. 水玉の幻想（チエコ）
ガラス玉がつくり出す夢
3. タンスと二人の男（ポーランド）
ロマン•ポランスキー
ブリユツセル•サンフランシスコ実験映画祭受賞作品
4. 水鏡（オランダ）
水面にうつったものの世界……
5. 時計（イギリス）ローレックス
6. 隣人（カナダ） マクラレン
となりどをしとは……
7. ゲルニカ（フランス） アラン•レネ
ピカソの「ゲルニカ」を映画的手法をもって……

休憩

8. 二十四時間の情事「ひろしま•わが恋」
日仏合作劇映画 アラン•レネ作品
大映•パテ•オーバシーズ合作
原作•脚本•マルグリット•デユラ
ヒロシマの男とネヴエルの女の広島での24時間

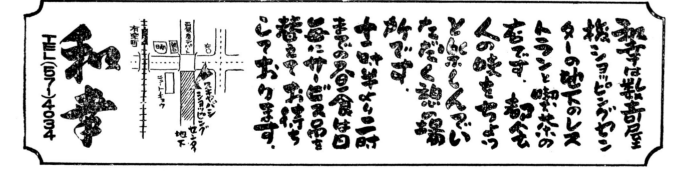

世界の実験映画を見る会作品解説　「記録映画」創刊三周年記念

①東京1958（日本）

羽仁進、勅使河原宏ら、シネマ60同人の共同製作による自主作品。58年度ブラッセル国際実験映画祭に出品。東京という複雑な矛盾を孕んだ怪物のような都会を、実験的な手法によって詞刺的に描き出そうとしたもの。手法としては、非現実と現実、あるいはシュールリアリズムとドキュメンタリーを結合させようとした点に特徴がある。

②水玉の幻想（チェコスロヴァキア）

カール・ゼーマンの48年度作品で原題は「インスピレーション」。ガラス人形のデザイナーが木の葉の上の水玉を見ているうちに幻想を描くという形で、タンポポの男がガラス人形のこびとに恋をし失恋するというモチーフを、見事な一コマ撮りで詩的につくりあげる。ゼーマンはトルンカ、ティルロヴァと共にチェッコの代表的な人形映画作家で、この他に「クリスマスの夢」が46年度のカンヌ映画祭で人形映画第一賞を獲得している。

③タンスと二人の男（ポーランド）

ロズの映画アカデミーの一学生ロメク・ポランスキーの作品で、ブリュッセルで賞をとり、一躍国際的にも有名になった映画である。洋服ダンスを持った二人の男が海からやってくる。彼らはどこへ行っても日常世界に異質の存在だという理由だけで、のけものあつかいにされ、馬鹿にされて、最後に再び海へ戻ってゆく。パントマイムとモダンジャズによる諷刺のきいたリリカルな作品。ポーランドでは最近かなり実験映画が盛んだが、他に有名なものとしては、ボロヴィッチとレニツァが共同監督した「家」、ワシュコフスキーの「夢遊病者」などがある。

④水鏡（オランダ）

この作品を作ったバート・ハンストラーはいわゆるアマチュアの作家といわれ、脚本、監督、撮影も全部自分でやっている。水の国オランダの作家らしく、小川や運河などに映ったさまざまの映像に着目し、不定形に変化するそのフォルムや、おりなす陰影のおもしろさ、美しさだけで、独特の詩情にあふれた映画的世界を創り出している。

⑤隣人（カナダ）

もはや世界的に有名なノーマン・マクラーレンの代表的な作品の一つ。マクラーレンの持ち味は、たとえば「ブリンキティ・ブランク」などのように、カメラを使わず、フィルムに一コマ一コマ直接キズをつけて描きこんでゆく抽象映画の方法であるといえるが、「隣人」は「椅子」などと同じく、実写を特殊技術によって変形させ、いわばマンガに近い観念の世界を具象化していく、もう一つの傾向を代表したものであって、一つの花を奪い合って争う二人の男の醜い殺し合いを、人間関係の日常性の裏に痛烈にひんむいてみせてくれた諷刺映画である。

⑥時計（イギリス）

これはローレックスという時計会社のPR映画だが、いわゆるPR臭さは少しもなく、むしろ実験的な形式を採用したものとして評判になったものである。筋立てとしては日時計や砂時計から今日の時計に至る時計の歴史を、全体に特殊技術を駆使して非現実的に構成したものであり、監督には「赤い靴」や「ホフマン物語」などで知られたマイケル・パウエルがあたっている。

⑦ゲルニカ（フランス）

今日最も注目される前衛的な作家アラン・レネの初期の代表作。ピカソの傑作「ゲルニカ」を中心に、青の時代から最近の彫刻に至る諸作品を縦横無尽に解体し、大胆なメタモルフォーズを試みることによって、37年4月26日、フランコを援けるドイツ空軍の無差別爆撃によっていっきょにこわされたスペインの町ゲルニカの惨劇と、それへの怒りを、強烈かつ鮮明なイメージで表現することに成功している。この映画のために書いたエリュアールのコメンタリー・ポエム「ゲルニカ」をマリア・カザレスが朗読しているのも印象的である。49年度作品。

⑧二十四時間の情事（日仏合作・新）

アラン・レネの長編劇映画第一回監督作品で、シナリオはアンチ・ロマン派のマルグリート・デュラスが書いている。これまでの劇映画の概念を根底からくつがえしてしまうような大胆な方法がとられており、シュールリアリズムを通過したドキュメンタリーの具体的な成果をはっきり確認することができる。映画は一人のフランス人の女主人公が、ヒロシマとヒロシマでの恋を決定的な契機として、十四年前のヌヴェールとヌヴェールでの恋の体験にメスを入れてゆき、個人的な特殊な体験を、普遍的な体験に重ね合わせるようにして、戦争と戦後の意味を意識の深層部で反芻するというモチーフに貫かれている。

アラン・レネについての資料
けいさい「記録映画」及びプリント発売中！

△雑誌〃記録映画〃二周年記念懇談会御案内

雑誌〃記録映画〃も二年を迎えました。やつと歩いてきたといえます。ここまで来たのには執筆下さつた方々、陰ながら〃記録映画〃を維持下さつた方々、それに読者の方々の協力によるところ大であります。そこで作家協会では二周年の懇談会を左記のように開きますのでごつごうをつけて出席下さるようおねがいします。

とき　六月十八日（土）后五時三十分ー

ところ　渋谷労政会館会議室　国電新宿駅南口、地下鉄新宿三丁目下車、新宿第一劇場より トロリー千駄ケ谷四丁目方面そば

東京都渋谷区千駄谷五ノ三四　TEL (341) 一一四二・一一四三

内容　第一部　記録映画上映（ふだん見られないもの）
(イ)チエコ記録映画（予定作品）その他
(ロ)リディツエは滅びない。一九三五・三・十五

第二部　雑誌〃記録映画〃執筆者をふくめて編集部出席のもと読者との懇談会を開きます。

会費一人　五十円（茶菓子代）

各位殿

主催　教育映画作家協会
〃記録映画〃編集部

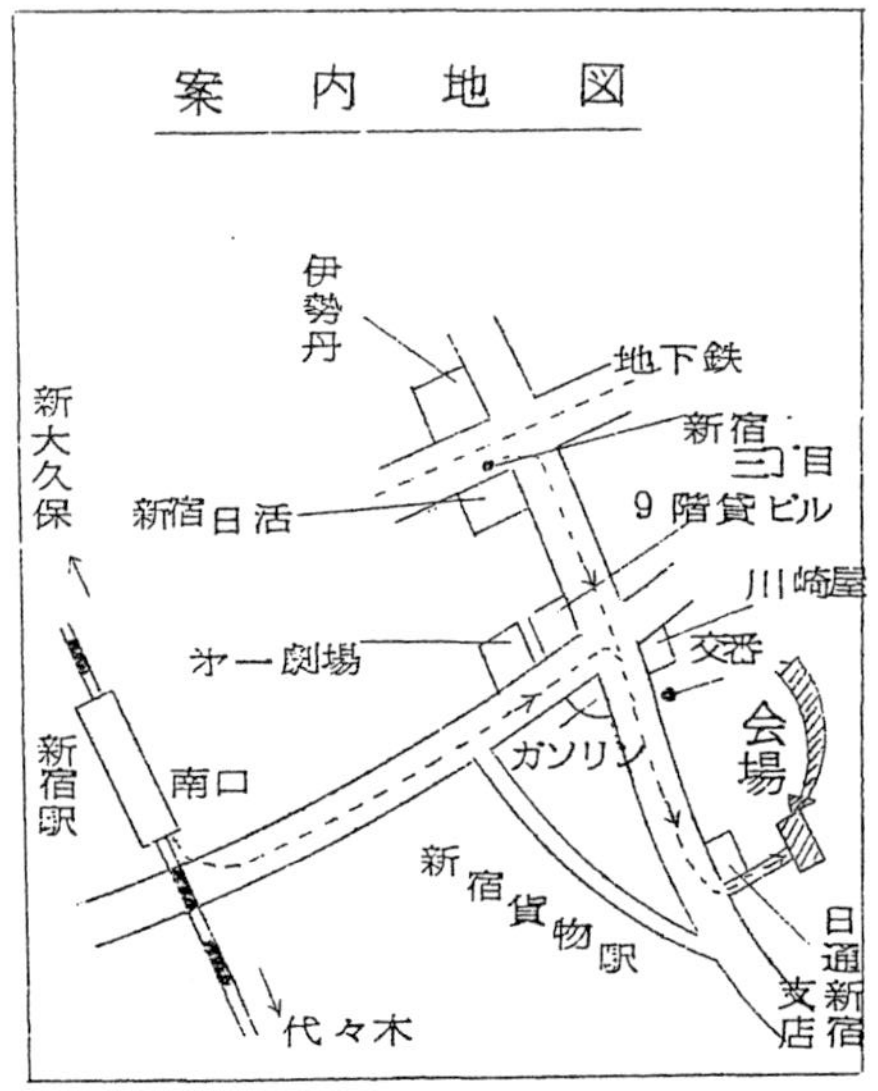

△雑誌〃記録映画〃綴込ファイル申込のお知らせ

創刊二周年を迎え合本ファイル（十二冊綴）が出来上りました。事務局へ申込下さい。

一部　一一〇円（一部送料共）

申込先　東京都中央区銀座西八ノ五日吉ビル内教育映画作家協会事務局

申込方法　代金一部一一〇円を振替又は現金為替等で事務局へ申込下さい。

振替　東京九〇七〇九番（同封の振替用紙で郵便局へ納入下さい）

各位殿

教育映画作家協会事務局

キリトリ線

雑誌〃記録映画〃二周年記念懇談会申込書

住所

氏名

出席人員　名

（註）電話で直接事務局へ申込まれても可能です。

昭和三十五年　月　日

教育映画作家協会御中

キリトリ線

雑誌〃記録映画〃綴込ファイル申込書

住所

氏名

部数　部

（註）代金をそえて申込下さい。振替用紙でも結構です。

昭和三十五年　月　日

教育映画作家協会御中

社会教育映画研究会のお知らせ!!

五月はつごうにより中止いたしました。
六月は充分に検討した結果、テーマとして〃若い人々のグループ〃ということで開くこととなりました。

と　き・　六月十四日（火）后六時ー
ところ・　銀座館ビル地下貸室「松の間」（銀座二丁目下車、三分）
内容・　①〃若いやつ〃記録映画社　二巻
　　菅家陳彦　演出
②〃生産と学習〃共同映画社　二巻
　　森園　忠　演出
③〃職場の中の個人〃日映新社　三、五巻
　　道林一郎　演出
④〃グループ〃第一映画　二巻
　　岩堀喜久男　演出
会費　一人三〇円（室代）
　　世話人　岩堀喜久男、荒井　英郎

（注）　上映後懇談会を開きます。特に演出家をまじえて社会教育映画について話合います。

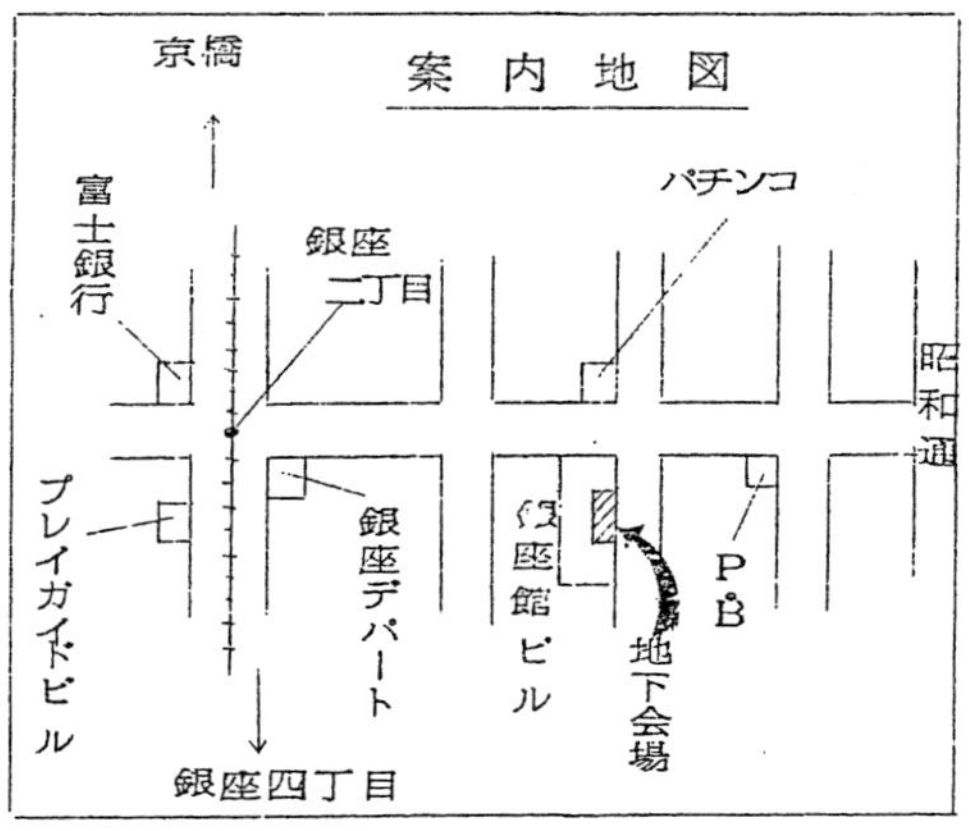

教育映画作家協会

各位殿

88

名称　安保批判の会

目的　安保不承認、即ち文化各界の力を結集し安保体制を切り崩すための国民的統一戦線の一環となること。

活動　この目的を達するための独自のまた他団体と協力しての活動。

会員　この目的に賛同する文化各界の人々。個人でも団体でも可。それぞれの団体に所属する者でも個人参加できる。

加盟団体は下部組織ではないから、それぞれ単独の活動をその会の責任においておこなうが、批判の会として行動する場合には常任世話人会の指示に従う。

機構　Ⓐ 世話人会　加盟各団体の代表ならびに個人加盟者若干名。月一回位会合する。

Ⓑ 常任世話人会　世話人のなかからなるべく各ジャンルをふくめて互選。（三〇名以内）

① 三分の二以上の出席者（委任状をふくむ）によって、全員の賛同が得られるよう努力する。

② 記事録をとり、欠席者にはそのコピーを送る。

③ 代表者はきめないが、必要な場合は、常任のなかから適当な人になってもらう。

Ⓒ 事務局　常任若干名をふくめ事務の処理をする。常任の承認を得て有給の事務員をおくことができる。

会費　個人会員は月一口（百円）から三口まで（できるだけ一年分一度に収め）団体はそれぞれの能力に従って一定の額を収める。

会合の費用はその都度、参加者の会費によりまかなうようにする。

会合　重要な問題を決めるときは、全員に通知し会合をひらく。記者会、デモ等の場合も同様。

以上

拡大世話人会（七月廿七日）で決定

安保対策資金カンパ

（一口百円カンパ何口でも協力下さい）

教育映画作家協会

作家協会では「日本人民の承認しない新条約は日本人民の手で破棄すべきである」という立場で声明を発表、長期の斗いにそなえ安保対策委員会が設けられました。

対策委員会では安保に関する情報の集収状況の分析、統一行動の動員の連絡、民主々義を守る映画人の集会その他連絡等の活動を積極的に行う事に決定いたしました。そのために運動資金が必要になってまいりました。各位へ手紙の通信費及動員のための交通費にあてますが一人百円のカンパを決定しました。会費納入の時に一口百円のカンパをそなえて納入下さるよう協力をお願いします。

昭和三五年七月十日

各位殿

教育映画作家協会
運営委員会
安保対策委員会

「ドキュメンタリイ映画」発行記念

記録映画研究会

＝ポール。ローサー著厚木たか訳＝

今回ポー・ローサー著になる「ドキュメンタリー映画」の再版が七月二六日に発刊しました。

厚木たかさんの訳になるものであります。そこでみすゞ書房と共催で発行記念の記録研究会を左記で開きます。

とき　八月十六日（火）　后六時～九時

ところ　ダイヤモンドホール

（ダイヤモンド社四階、地下鉄虎の門、都電南佐久間町下車一分）

内容

一、厚木たかさんあいさつ

二、記録映画上映

(イ)キプロスは一つの島である。

(Cypr is an island)

一九四六年キーン作品　四巻　三四分

森林伐採と山羊飼人たちの無茶苦茶な生活の報告

(ロ)一世紀先へ（Foreward a century）一九五一年ベル作品

三巻　三〇分

技術と社会の進歩を歴史的に概観したもの

(ハ)木曜日の子供たち（Thursday's children）

ブレントン・アンダーソン作品　二巻　二一分

三、懇談会

(註)「ドキュメンタリイ映画」ポール・ローサー著を購入された方又は購入される方をまねいて開きました。

主催　教育映画作家協会

中央区銀座西八ー五TEL(571)五四一八

みすゞ書房

文京区春木町一ー二二TEL(921)〇〇八六三
〇九二八

案内地図

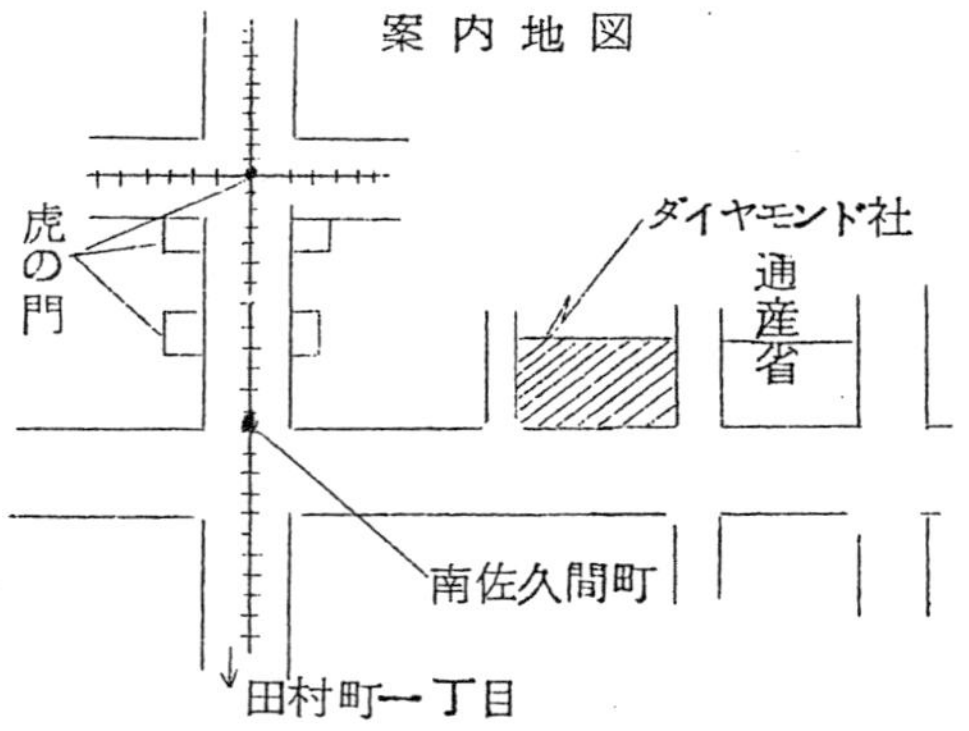

安保問題映画研究会

おしらせ!!

今回協会として安保問題についていろいろと行動し又映画製作にも参加すると共に〃民主主義を守る映画人の夕べ〃へは多数の方々の参加を見ました。又安保問題の研究の資料も発行しております。ついては記録映画研究会と、安保対策委員会の合同で、研究会を左記で開くこととなりましたので協会員は多数参加下さい。

とき　八月六日（土）后六時

ところ　共同映画社　試写室　（華僑会館四階）

内容　一、記録映画「一九六〇年六月」

安保反対映画製作委作品

二、安保問題について懇談します。

主催　教育映画作家協会

安保対策委員会

記録映画研究会

第2回世界の実験映画を見る会

映写機は北辰商事へ

と　き○1960•10月4日（火）后6.00上映
ところ○虎の門共済会館ホール
（都電・地下鉄・虎の門下車2分）

申込先

◇教育映画作家協会
中央区銀座西8～5
TEL (571) 5418

◇官公庁映画サークル協議会
千代田区霞ケ関1～2
TEL (561) 5311 内733

◇中部映画友の会
中央区西八丁堀3～2
TEL (551) 4608

◇新宿映画サークル協議会
新宿区西大久保1～462
TEL (351) 6631

◇山の手映画友の会
渋谷区桜ケ丘6
TEL (461) 9441

◇城北映画サークル協議会
豊島区池袋1～642
TEL (982) 5965

◇品川映画愛好会
TEL (491) 9242

◇新日本文学会
中野区川添町37
TEL (371) 3449

各所へお問合せ下さい会員券がそろえられてあります。

プログラム

1. メトロポリタン（フランス）
ランボーの詩と動く抽象画のコントラスト。

2. 同じ空のもとに（ポーランド）ヴイエルニック
ポーランド版″夜と霧〃とまでいわれている。

3. キネカリグラフ（日本）グラフイック集団
5年前グラフイック集団で製作、大辻清等。

4. 線と色の即興詩（カナダ）マクラレン
カメラを使用しない映画芸術の革命。

5. 白い長い線の記録（日本）松本俊夫
PR映画に新しい表現を試みた実験映画。

6. 珍説•宇宙放送局の巻（イギリス）テイルパー（予定）
惑星に住む少年の超空想的冒険映画。

休憩

7. 忘れられた人々（メキシコ）
ルイス•ブニユエル作品
人間とものをはげしくぶつけ合い、メキシコ社会に渦巻く抑圧の状況と非情な眼で抉り出すブニユエルの傑作。

今年最後の社会教育映画研究会のお知らせ！

ずいぶんと御無沙汰しましたが十二月の研究会を次のテーマで開きます。今年の教育映画祭は大変に問題を持っているようです。文部省の新指導事項につとつての文教政策はよりいつそう教材映画、社会教育映画の作家の意欲をせばめています。そこで、今年の教育映画祭の中での入選作品を取り上げて開きます。奥商会の御好意で会場をおかりしました。

と　き・十二月十五日（木）　后五時より八時まで

ところ・奥商会二階試写室（都電有楽橋銀座二丁目）

　中央区銀座西二ノ一三　ビル別館

　TEL (561) 二六〇四・三六六八

内　容・1、黙つていてはいけない（丸山章治演出）

　2、書くべえ、読むべえ、考えべえ。（柳沢寿男演出）

　3、故郷のたより（今泉善珠演出）

社会教育映画研究会世話人

岩堀喜久男

荒井英郎

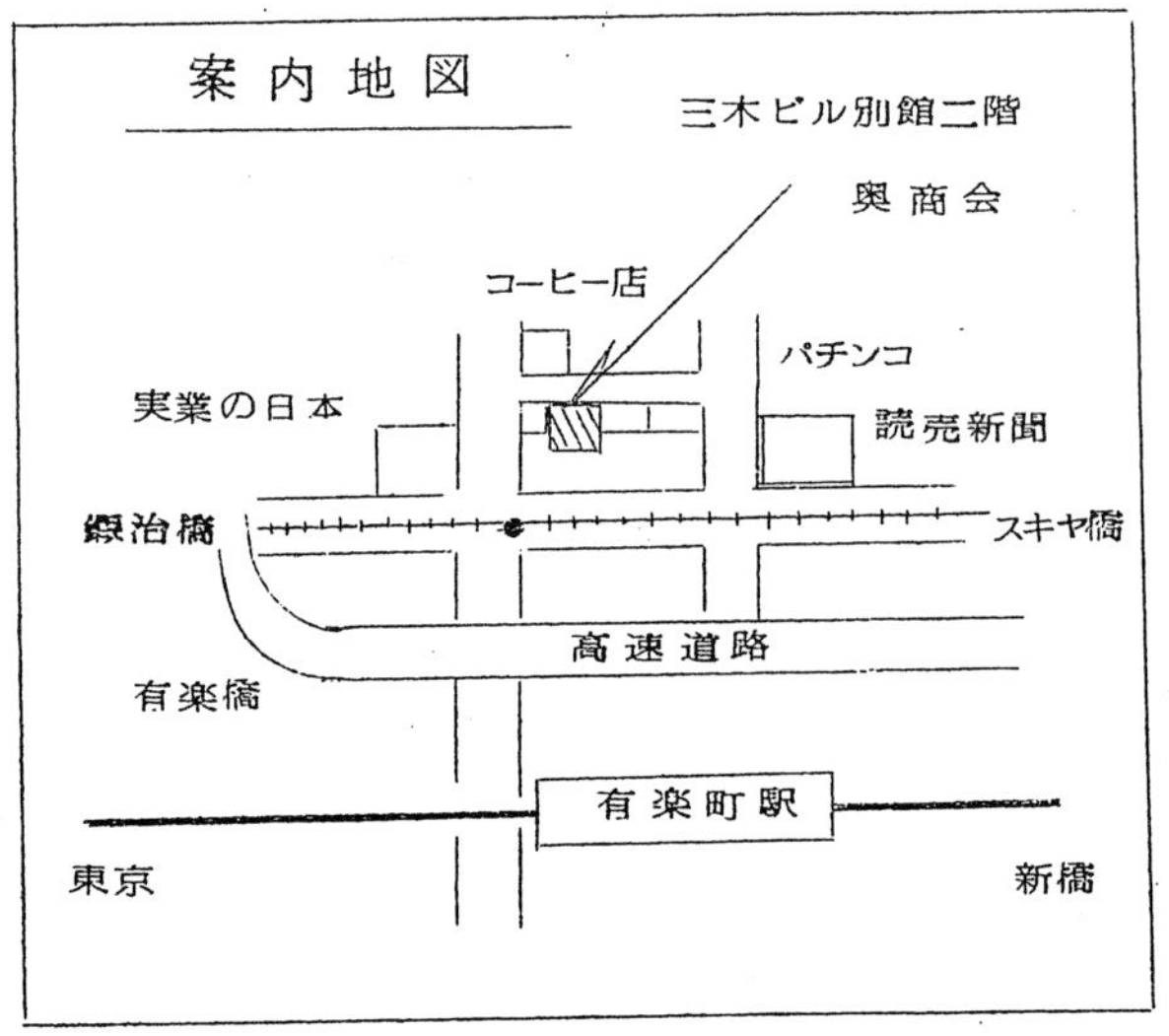

昭和三十五年十一月二八日

（注）今年最後の社会教育映画研究会ですので多数の方の出席をおまちします。

各　位　様

記録映画作家の作品歴と住所録作成にあたり

この六月に記録映画作家の作品歴を入れた住所録を作り各方面に送り、記録映画作家の紹介と共に記録映画作家協会の存在を知らせ、各プロダクションにおいてPR映画、記録映画、教育映画の演出、脚本の依頼を促進すると共に、作家協会の地位を高めたいと思います。同封したハガキの調査用紙に書きこみ至急事務局におくり下さい。

① 作品歴には代表作五～八本のせて下さい。年代、製作会社がわかれば入れて下さい。

② ※印の処はそれにあたるものを〇でかこんで下さい。

③ 六月に新しい住所録（作品歴の入つた）を作りますので五月十五日までとどくようにして下さい。おくれても至急おくり下さい。

昭和三六年五月一日

記録映画作家協会

事務局　大沼鉄郎

各　位　殿

はじめに

むかしから、映画はたいてい、映画館へいってお金をはらって見せてもらい、どこかの誰かが、これは当りそうだという企画をたてて作り、映画館にかかったのを、お金をはらって見せてもらうのです。

しかしいまは、むかしと少しちがったことが起っています。いまでは、8ミリカメラという安い、小型の映画カメラがたくさんあって、それさえ買えれば、誰だって映画を作れます。それは圧倒的に普及して、一家のパパやママ、それに、会社や役所やいろいろな団体の仲間が、自分たちの好きなように撮影しています。人が二人以上集まったところで、8ミリカメラが動いていないところはほとんどないほどです。

機械の進歩と普及は、こんなところでも私たちの生活をすっかり変えてしまいつつあります。しかし人びとの間には、なにを、どう撮ったらいいか、よく分らないとまどいがあるようです。お金をはらって映画館で見せてもらった映画の技術に真似ようとして、どうもうまくいかない人びともいます。しかしよく考えてみると、お金をもうけようとして作られた映画と、いま自分が買ったカメラで、自分たちのことを撮ろうとする映画とでは、狙いはまったくちがうはずです。

映画館の映画は商品ですから、お金をはらってもらうにふさわしいだけの、専門家の高い技術が結集されているのはもちろんです。けれども大事なことは、技術のまえに、表現したい内容です。技術というのは、考えた内容を、上手に表現して人につたえる手段のことです。すぐれた技術は　つねに、内容の必要に応じて生れているのです。

そこでこの書物では、自分で映画を作るときの、内容のつかみ方や狙いのつけ方など——作り手の態度の問題を主として書いてみました。それがはっきりしないと、どんな技術も無意味だからです。内容のつかみ方の問題は、その人の生き方の問題と関係していて、とてもむずかしい問題です。お金を払う映画でも、私たちの生き方に関係した、すぐれた感動的な作品はよく見るようにして、ものを見る態度と眼を養うよう心がけたいものです。

この書物の編集にあたった記録映画作家協会は、現実の中に真実を求めようとする記録映画作家の集まりです。この小著が、普及した小型カメラを通じて、世の中の真実な姿が、広く掘り起されることに、少しでも役立つことを期待してやみません。

一九六一年九月

記録映画作家協会　岩佐氏寿
吉見泰

記録映画の技術　目次

まえがき

Ⅰ　カメラの目・人間の目

1　はじめに行為があった——まず撮ろう……二

2　現実をきりとる……六

3　記録とは……一五

4　映画の目……一九

Ⅱ　企画から作品の完成まで

1　企画……二四

2　シナリオ制作・コンティニュイティ作成……二九

3　演出・撮影……三三

4　編集……三六

5　録音……三九

6　完成処理……四二

7　ある記録映画での実際……四五

Ⅲ　なにを・なぜ撮るか

1　作家と作品——作りたいから作る……五六

2　企画とテーマ——ムードからは生れない……六九

3　作り手と観客——作品は観客と語りあう……七九

Ⅳ　記録映画のシナリオ

1　シナリオ構成の基本……八八

2　記録映画におけるシナリオの役割……一一三

Ⅴ　表現形式と技術

1　演出(Ⅰ)……一三〇

2　演出(Ⅱ)……一五四

3　撮影……一七九

Ⅵ　記録映画の機能

1　記録映画の正しい機能・ゆがめられた機能……一八六

2　記録映画の機能の普及と奪いあい……二〇四

3　記録映画の正しい大衆化……二〇七

4　8ミリ映画運動の提唱……二一三

Ⅰ　カメラの目・人間の目

1　はじめに行為があった――まず撮ろう

世界で、いちばん古い美術作品だと考えられているのは、スペインのアルタミラに残っている、洞窟の中のウシの絵だそうです。四、五万年ほどむかしのもので、ひじょうに獰猛な格好のウシが、じつに生き生きと描かれています。

そんな大昔の原始人が、なんのためにそこにウシの絵などを描きつけたのか――

専門学者の説によると、洞窟を手でさわっているうちに、いろいろな線が残ることを発見し、そこで自分たちの生活に最も関係の深いウシを、なんとなく描いたのだろうということです。

当時のニンゲンは、狩猟採集民ですから、もちろんまだ家畜などはおらず、その辺にうろついているウシをとっつかまえて食べるということは、生きていく上で、最も重要な手段だったわけです。ウシを得たいという切実な願いが、そのころのニンゲンに、ウシの絵を描かせたのだろうといわれています。

これが記録映画のはじまり――などでは、むろん、ありませんが、人間は、もうそのころから、生きているものを、生きているものとして、記録にとどめたいという気を起したものと見えます。いま私たちが、自分のところの赤ん坊をパチパチと写真にとるように――。

後世になってから、肖像画というものがたくさん現れました。ことに中世の絵画といえば、肖像画がじつに大きな部分を占めています。これなども、生きていたときはこんな顔をしていたのだということを、のちの人に知らせたいために、その顔を「生けるが如く」に、記録しておきたかったからに相違ありません。

やがて、絵よりももっと正確に記録したいものだという願いが、一八二九年の、ニエプスとダゲールの写真の発明にまで発展しました。たしかにこれは、一応、絵よりもずっとよく実物を記録するものです。もっとも、へたな写真よりも、はるかに肖像画の方が、その人の内部をよく表現する場合が、じっさいにありますけれども、いまは単純素朴な、「記録したい」という人間の願望と行為についてだけで、考えていきましょう。――そういうわけで、絵は写真へ進みました。ところで、写真は、動きません。絵よりも正確に記録することのできる写真が、もうひとつ、動けば、これはさらに正確な記録だということになりましょう。なんとか、動いているものを、動いているままで記録できないものか――それが映画の発明

に導いたものといえましょう。つまり、「記録する」ということは、より真実へ、真実へと発展してきています。十九世紀末に、リュミエール兄弟が「活動写真」を発明し、最初に撮ったのは、汽車がプラットホームへはいってくるところでした。人間の記録したいという願望は、ついに、ここに、事実をそのままに記録し、事実を再現するところまでいったのです。

すなわち、映画は記録映画からはじまりました。そして記録映画は、さらに真実へ、より真実へと近づくことをやめていません。

さて、記録映画についての論議は、最近なかなかやかましく、文学の方でも、映画の方でも、最先端において、記録――ドキュメンタリーの問題として論じられるようなあんばいですが、それはいままでの自然主義的な方法では、この複雑な現在の状況がとらえ切れなくなった、その突破口をドキュメンタリーに求めているのだといえましょう。だがそれももとを正せば、ウシの姿を大むかしに洞窟の中へ記録にとどめたその人間の素朴な願いに基づいているのです。真実を記録したいという意味で――。人間のアタマが進み、社会の構造が複雑になり、どこに真実があるのか、容易に見出しにくい現在においては、事実を記録するとい

っても、事実が直ちに真実ではないという事情もあって、ウシを描くようには簡単にいかなくなっています。それにもかかわらず、記録にとどめたいという素朴な願いは、依然として現在の人間を、とらえて離しません。論より証拠、8ミリカメラを買った人が、自分のうちの赤ん坊を撮ったり、恋人を撮ったりするところを見れば、人間の、自分の生活に最もかかわりの深いものを、記録したいという素朴な願いは、五万年もの間、連綿として、とぎれずに、続いていたのだといえましょう。

記録映画をつくるということは、事実を記録したいという願いを、実現することであるという、最も原始的な行為から、はじまってよいのだと私は考えます。ただ、単純に、記録したい――そのためにカメラがあるのだと、こう考えればよいのだと思います。万事はそこからです。

ですから、まずはじめに申しあげたい――「まず、撮ろう！」

と。

さて、まず撮ると、人間は、もっとよく撮りたくなります。もっとよく撮るというのは、どういうことなのか。どうすればよいのか。じっさい、撮るということだけについていえ

ば、わけのないことです。とくに近ごろの8ミリカメラなどは、なかなかよくできています。「このボタンを押せ」と書いてあるところを、押せば、機械の方で勝手に写してくれるような仕掛けになっています。だから、極端ないい方を許してもらえば、慣れれば、誰が撮っても、そう変りはないということになります。そうなると、「もっとよく撮る」ということは、主として、機械やレンズの問題ではなくて、撮る人の側の問題だということになります。

そこで、撮る側の、その人の、対象に対する対し方と、事実とはなにかということが問題になってきます。「まず、撮り」つつ、撮影に当っての考え方、とらえ方を、実践的に身につけてゆくという、「二本足」の進み方が順当でありましょう。

では一体、記録映画というものを、どう考えればよいのか、どう相手をつかまえればよいのか——。

2　現実をきりとる

「事実」を、ありのままに写すのが記録映画であると、一般に考えられております。

まあ、そういえないこともありません。

しかし、そうでしょうか。「事実」をありのままに写す——ということが、果してそのまま真実を伝えることになるでしょうか。例えば、あなたの家の赤ちゃんが、きょうはじめて、やっとヨチヨチ歩きができるようになった。それを写した。それは「事実」ありのままだ。だから立派な記録映画だ——でしょうか。そうでもあり、そうでもないというほかはありません。あなた自身それで満足されるなら、それも記録映画だというほかはないのです。

しかし、ここで考えていきたいのは、そこからもう一歩踏みだしたところです。それが果して「事実」か——さらにもう一歩踏みだして、「事実」を素材として真実を伝えているかどうかということです。例えばあなたのところの赤ちゃんは、きょう「はじめて」ヨチヨチ歩きをはじめたのだそうですが、その「はじめて」が写っておりますか。それからまた、そのヨチヨチ歩きという「事実」をもう少し分析することができると思うのです。ヨチヨチ歩きでいちばん喜んだのは、ほかの誰でもない赤ちゃん自身だということがまずあります。それから母親であるあなたの奥さん。そしてあなた自身。初孫のヨチヨチ歩きを手離しで嬉しがっているあなたのおかあさん、即ちおばあさん。ヨチヨチ歩きのまわりには、こうしたものがあります。「事実」というものは、そういう複雑なものである上、まだほかにもあり

ます。あなたの月給二万八千円では、失礼ですが暮しは決して楽だとはいえますまい。せめてもう五千円会社がくれればなあ、——そうすれば赤ちゃんのセエーターも、母親のカーディガンの解きほぐしの仕立直しなどでなく、新しいやつが買えたろうし、おれのネクタイも女房の靴も……というところではないでしょうか。つまり、一九六一年×月×日に、赤ちゃんがヨチヨチ歩きをはじめたのは、そうした苦しい暮しの中での出来ごとであった。暮しが苦しい中で苦心して赤ちゃんを育てあげただけに、一層ヨチヨチ歩きが嬉しかったとすればそれやこれやの状況が、フィルムの上に豊富に表現されていての、その頂点としてのヨチヨチ歩きであればあるほど、はるかにその喜びは、スクリーンから切実に感じられるのに相違ないのです。すなわち、赤ちゃんが歩いた、それを撮った、おわり——では、「事実」の何分の一かにすぎない。真実からはほど遠いものであると考えるべきだと思うのです。まわり全体の中でのヨチヨチ歩きをとらえるのでなければ、とらえたことにはならないのです。こうした単純な素材でさえ、現実を、本質的なところでとらえようとすると、一筋縄ではいきません。複雑な現象をとらえるにはなおさらのことです。

ところが、ここでさらに考えねばならぬことがあります。

スクリーンは——この場合、ファインダーはといってもいいのですが、四角な平面です。

8ミリであれ、16ミリであれ、35ミリであれ、シネスコであれ、寸法が違うだけで、少々横に長い四角な区切りのある平面だということであります。われわれ人間の肉眼はどうでしょうか。人間が、じぶんの目でモノを見るとき、四角な区切りで見ているでしょうか。そうではなく、そのモノ以外のモノも視界にはいってきています。それは四角な平面などではなく、奥行きのある、漠然としたひろがりとして見えています。すなわち、事実ありのままといっても、肉眼で見えているとおり、そっくりそのまま撮るなどということは、実際にはあり得ないのです。

その上漠然と見えているようでありながら、その時、その時によって、見えるものは意味を持っています。木や石ころでさえ、意味を持っている場合が少なくないことは、われわれが平ぜい経験するところです。さらに、見えるものだけが事実ではなく、事実をとりまいている、そこには見えない状況をヌキにして、事実を考えるわけにはいきません。例えば、社会党の浅沼書記長が、日比谷公会堂の壇上で暗殺されたという事実が、テレビやニュース映画でとらえられていますが、現象だけを見ればそれは「殺人行為」です。しかしこれはただの「殺人」ではなく、背後に、戦争準備に賛成するファシストがあり、言論、集会、表現の自由を拒否する、民主主義の原則をふみ破ったファシズムの思想というものがあり、そうし

たものが、テロを生んだのだという重大な事実の結果にほかならぬのであります。それをヌキにすれば、ギャングの殺人と変らぬこととなります。すなわちその殺人という事実には、ひじょうにたくさんの、日本の運命にかかわる意味が含まれているということになります。

そうしたことが、見る人の胸にリクツでなく、直接ぶっつかって来る形で、映画は創られなければならないのです。そうした事実を見る作者の目は、思想を持った人間の、生きものの目です。

そういうわけで、作者の目と対象とのかかわりあいは大へん複雑なものです。

対象を四角に切りとって映画をつくるということだけについていえば、わりあい簡単です。具体的な例をあげれば、赤ちゃんの歩く姿の全体を撮るためには、赤ちゃんから少し離れなければならない。ところが、離れると、なるほど全体はよく見えるけれども、全身の力をふりしぼっている必死の形相などはよく見えないし、今にもつまずいてひっくり返りそうな足元もよく見えない。それならば、近ずいて、顔、足などを、別々に撮ればいい。そして全体のショットを、それぞれ、つなぎあわせれば、ちゃんと赤ちゃんの歩く姿の全体は、よくわかる——。

四角に切りとるということだけについていえば、このように簡単です。

しかし、それだけではすまないものだということは、もう分っていただけたと思います。あなたが赤ちゃんを写した場合と、隣りのオバさんが写した場合は、同じヨチヨチ歩きの現象を撮っても違ったものになるということであり、浅沼書記長暗殺事件を写しても、その意味の深さを知って写しているのと、そうでないのとでは、全然違った映画になるのだということです。暗殺事件のショックを、ただ殺人の目撃者のショックとしてとらえるのと、深く日本の運命にかかわるショックとしてとらえるのと、どちらが正しいかは、申すまでもないことです。日常的に、現在の政治状況を、作者が、どう受けとめているかによって、瞬間的な殺人事件を写しても、それは必ず、画面にあらわれてくるものなのです。いや、瞬間的なものであればあるほど、作者の根性は、いやおうなしに、画面に出てしまうのです。もう一度いいかえれば、作者が事実を見る場合、作者の主体と、対象の事実とのかかわりあいが、決定的であることのほかに、その作者の事実を見る目は、一人ひとり違うということです。

誰が見ても「同じ」ではありません。しかし、「真実」はひとつなのです。おタクの赤ちゃんのヨチヨチ歩きを見る目は、お隣りのオバさんとあなたでは違います。「あら、かわいいこと」ぐらいな、無責任な見物人の立場が隣りのオバさんでありましょうし、あなたは、より肉身の、ハラハラしたり嬉しがったりの複雑な見方をするでしょう。あなたとあなたの

奥さんでも異なる筈です。まして、一九六〇年六月の、あの安保反対の大デモを見るときデモの仲間である労働者は、それを、力のつよい革命的エネルギーとして、わくわくしながら見るでしょうし、警官はそこに「敵」を感じるでしょうし、保守政治家は、恐怖を感じるのに相違ない、同じひとつのものを見ても、人によって受けとり方が違うのです。しかも、重要なことは、真実は、つねにひとつしかないということです。そして、記録映画は、その真実を、フィルムの上に、表現するのだということです。だから、記録映画の作者は、現象のさまざまの上っ皮をはぎとり、真実をとり出してやろうという構えを、先にもっていなければならぬということになります。作者は、漠然としたひろがりとして見えている事実の中から、四角な区切りへ、事実を選択して切りとって来ますが、先にいったように、見えるものだけが事実ではない、そのくせ目に見えるのはただそれだけのものしか見えません。そうした事実を、つなぎあわせ、事実の背後にひそんでいる真実をえぐり出すように構成しなければならないのです。作者と現実とのかかわりあいは、このようなものです。

しかし、ここで注意したいことは、現実がつねに先にあるということです。いうまでもないことのようですが、このことは、記録映画では、ひじょうに大切です。作者のイデオロギーが先にあって、それに合うように、現実を切りとるのではないのです。記録映画の素材は

「事実」ですが、その「事実」と、作者の主体がぶっつかったときに、はじめて画面の選択となってあらわれます。例をあげていえば、一九六〇年六月に国会周辺に大きなデモが行なわれた——という事実が先にあります。あの大きなデモにカメラを向けたとき、ファインダーの四角な区切りの中心をどこへ持ってゆくか——という画面の選択が、いやおうなしに行なわれます。もしあなたが、新安保条約の性格が、日本のわれわれを、どのように非人間的なものにするかを、自分自身の問題として、しかと、肌で受けとめていれば、デモの参加者の、怒りへ、カメラの視点が向いてゆくことは、当然でありましょう。けれども、現実が先にあるということは、あの十何万人の人の中には、チューインガムを嚙み嚙み歩いていた人もいるかも知れないし、にやにや笑っている瞬間だってあるし、この大ぜいの人出でこそ商売になるというので、パン屋がパンをかついで歩いているかも知れないのです。全部が全部、青筋をたて、眼を血走らせているとは限らないのです。作者のイデオロギーが先にあって、現実をそれにあうように切りとるということであれば、あなたは、安保条約に反対し、怒っているのだから、怒った男の顔ばかりを探し歩くのに違いありません。そういうショット、ショットを、つなぎあわせて、安保反対のデモの記録映画をとったというのに違いありません。

だが、そうしてでき上った映画は、さっきいったような意味から、ただの、「怒った顔の男たちの行列」にすぎないこととなりましょう。

さまざまの現象の上っ皮をはぎとり、真実をえぐり出すということは、そういうものではありません。パン屋がいてもいい、笑っている男がいてもいい、チューインガムを噛んでいてもいい、そういう一見呑気そうに見えるだけ、それだけ民衆の怒りは大きいのだということになります。そういう男たちをも巻きこんでいる、あるいは、ひじょうに戦斗的な男たちが、にやにや笑って歩いているくらいにユトリがあるのだという、そのくらい怒りの規模が大きいのだということこそ、大切です。笑っているという現象に、ごまかされてはならない。かりに、笑っている顔のクローズアップが、この映画の中にでてきても、かまわないのです。むしろそういう男の顔を入れることで、民衆のエネルギー――土性骨の強さが感じられるかも知れない、そういうことで、より真実に近ずくことになります。大ぜいが、ざわざわと、行列をつくって歩いている、その様子を、ただ見えるとおり漠然と写せば、それは上っ皮です。その中から、意志的な顔や笑った顔や、パン屋を選択してきて、組立てるという行為によって、民衆の怒りが、見る人の胸にぶっつかってくる――それが上っ皮をはぎとり真実をえぐり出すということではないでしょうか。

それができたとき、作者は、歴史の断面をきりとったことになります。

3　記録とは

いままで述べてきたことで、ある程度わかっていただけたと思うのですが、事実を素材として、作者がその事実に自分のすべてをもってかかわりあい、そこで選択が行なわれて、画面が構成され、つながって、ひとつの映画になるわけですが、ここで誰でも気のつくことは、そうして構成されたものは、現実そのままではなく、フィルムによってつくられた、もうひとつの現実だということです。

このことは、現在の複雑な状況をとらえて、フィルムによってもうひとつの現実を創造し、現在の典型を、目に見えるものとして導きだすということになります。それが、フィルムによる記録であります。

フィルムによる記録ということを、単純に考えれば、人間の目にかわって、レンズによって、よく見えないところまで見る、というふうないい方もできるのです。例えば、東京上野

の、西洋美術館をはいったところに、ロダンの「考える人」の像が立っています。誰でもそれを見上げ、正面から見たり、ぐるぐるまわって見たりします。悲しいことに「考える人」の顔は、人間の立っている位置から見れば、うんと高いところにあって、ガクンと仰向かねば見えませんし、それもよくは見えません。記録映画のレンズは、そうした不自由な人間の目のかわりになって、顔だけを、ずばぬけて大きく、四角なスクリーンに、とり出して見せてくれます。もしあなたが見たいのならば、手の指だけでも、そこだけとり出して見せてくれます。また、長島という野球選手が、ホームランを打つところのフォームを、高速度撮影は、念入りに見せてくれますし、肉眼で見えないチフス菌や白血球の動きさえも、微速度顕微鏡撮影は、大へんわかり易く見せてくれます。人間の目の不自由さを解放するといえましょう。その意味では、レンズは、人間の目にかわって、さまざまのものを記録してくれるといえるのです。記録映画の、最も素朴な効用だけをいえば、それはそれとして意味のあることでしょう。

しかし、ここでいう記録映画は、そこで止まっていてくれては困るのです。それだけでは、現在の状況の法則を発見することもできませんし、現在の状況の典型を創造することもできません。

先に述べた作者と事実のかかわりあいから生れる、現実の、四角な平面へのその切りとりは、向いあった事実のどこでもいい、どれでもいいということではありません。人間の目のかわりを、ある意味ではするレンズですが、その人の、思想によって、視点も、レンズの性質も、露出までもかわってくる筈です。私たちは、何かを撮影するとき、一メートル横へ寄っただけで、相手の意味がまったく違ってくるので、顎然とすることがあります。ある記録映画作家は、山の上から、畑を耕す農民を、俯瞰して撮りましたが、その時望遠レンズを使ったので、あたかもその農民が、畑の土の中へメリ込んでいるように見えました。そうなると、それはもはや、単なる農民ではなく、土にしがみついている日本の貧しい農民の典型となって見えるのです。それは、すでに作者が、そこに日本農民の置かれた位置を見たので、そういうレンズの選び方をしたということです。わざわざ高いところから俯瞰したことにも、意味があるのです。その際、レンズは、ただ人間の目のかわりをしたのではありません。そこで耕している農民――その農民のおかれている状況と、作者の内部とのかかわりあいから生れた結果なのです。

次に必要なことは、そのようにして生れたショットとショットの組みあわせ、モンタージュということがあります。モンタージュは、フィルムとフィルムをつなぎあわせて、そこに

意味を持たせるひとつの表現技術のように考えられがちですが、そうではなく、作者と、事実の底にあるかくされた真実全体とのぶっつかりあいの結果だといえましょう。映画はもともと、時間的な芸術ですから、つながったフィルム全体で、はじめて意味をもってくるものであることは、いうまでもありません。だから、ひとつのショットだけについていえば、全く意味のない場合だってあるのです。画面に、たったひとつの石ころしか写っていない場合だってあるのです。しかし、映画全体から見れば、その石ころのショットが、ある種のむなしさをあらわすものとして、大へん大きな役割を果すかも知れません。だから、その石ころのショットを、全体のどの辺へ、そしてどのショットの次で、どのショットの前に、どのくらい長く、あるいは短かく入れるかで、全体の意味がかわってくるかも知れないのです。それは、むなしさを表現するのではなくて、全体の意味に、むなしさがどうかかわりを持つかということです。各ショットショットは、すべてそういう役割をもっています。モンタージュは、各々のショットに、その所を得させるということになりましょう。そして、モンタージュは、画面を、見る人に、即物的にぶっつけるものであって、論理的に、絵解きをするために行なうものではないということが、この際重要でありましょう。記録映画にとって、最も重要な要素のひとつです。

さて、こうした手続きをへて、現実を、再構成し、現実の典型を創造し得たとき、はじめて記録映画は成りたつものであります。

4　映画の目

記録映画は、観察にはじまるものです。そして、事実の分析が必要です。観察といい、分析といい、その基礎になるものは、現在の状況に対する作者の受けとめ方です。

現在、われわれを支配しているメカニズムは、人間を疎外しつつあります。一人ひとりがどのようにわめこうと、そういうことには一切かかわりなく、非情に、私たちから人間性を奪い去っていきます。人間を回復したいという私たちの願いは、無惨に踏みにじられていきます。多くの人びとは、その中で、あきらめきって、なるようにしかならない、さからわずに生きてゆくのが、かしこいやり方だというわけで、自分がどのような状態におかれているのかを省ることすら忘れて、ひたすら会社の上役に忠勤をはげむというふうな風潮となっています。そして、ひじょうな勢いで、エネルギーが浪費されています。若い人びとも、自分の

エネルギーのまっとうな持っていき場を見失って、途方もなく見当の違ったところへエネルギーのはけ口を求めるという状況が、どこででも見られます。

そうした状況を、正面からうけとめ、人間の復活を目ざすことが、いま、記録映画に与えられた課題ではなかろうかと思われます。

映画は大衆的なものであり、小型カメラの出現によって、いままでの観客が、つくり手の側に立つことが可能となってきています。そのことは、ますます、映画を大衆のものとします。原始人が、アルタミラの洞窟に、ウシの姿を記録したように、現代人は、自分の生活に関係の深いものを、記録し、それを視覚的表現によって、大衆に訴えかけることができます。けれども、はじめに述べたように、それは作者という思想を持った目が、事実とかかわりあい、それがカメラを通して、視覚的表現によって、真実をつかみ出して、見る人の胸にぶっつけるということで、はじめて成りたつものです。その際、作者の目が、現在の非人間的な状況を、正面から見据え、観察に観察を重ね、分析し、そして事実の中へ踏みこんで、その本質を見きわめたところで画面が構成されるべきだということを、繰り返し申しました。

このことは、何も、人間の生活をとらえた、社会的な記録映画のためだけにいっているの

ではありません。すべての記録映画に通ずる原則的な方法だと考えているのです。

最近、小型カメラ、とくに8ミリカメラがひじょうないきおいで普及しています。あるいは、公民館のひとが、村の青年の記録映画をつくるかも知れないし、学校の先生が、社会科や理科の教材に、8ミリでいろいろなものを撮影する場合もありましょうし、あるいはまた労働組合で、啓蒙・宣伝・学習のために、映画を撮影する場合もあるでしょう。さらにまた、職場でのレクリエーションに利用されるかも知れない――だが、そのどの場合をとってみても、ここに述べたような、原則的な態度、観点というものは、必要だと思うのです。

岩佐氏寿

Ⅱ 企画から作品の完成まで

映画は大体、次のような順序で作りあげられます。

1 企画
2 シナリオ製作
3 コンティニュイティ作成
4 演出・撮影
5 編集
6 録音
7 完成処理

このひとつひとつの段階を、実際について具体的に説明していきましょう。

1 企画

映画にとって何が大切かといえば、視覚的な映像によって構成されるという点が一ばん大切です。映画のためのアイディアを練ることも、シナリオを作ることも、カメラを動かすこと

も、映画製作に欠くことはできませんが、最初のとっかかりで、イメージが漠然としたまま製作にはいったのでは、なにをどう撮っていいのか迷うことばかりで、結局、やっつけ仕事になるか、お手あげになるかいずれかです。

ここに製作の最初の段階としての企画の重要さがあります。

どんな題材をとりあげて、どんな内容の作品を作るか——これをまずしっかりたてねばなりません。

それには、どんな目的で誰に見せるかという目標をはっきり定めることがまず大切です。現実の世界、いや、足もとの家庭の中ですら、毎日毎日、さまざまなできごとが起きては消え、起きては消えしている複雑さなのですから、その中からある題材をえらぶには、それ相当の目的と基準なしには、えらび出せるものではありません。

その意味からいっても、企画は作品の最初の方向づけをする大切な段階です。したがって、この段階をなげやりにしてはいけません。

しかし一般には、この段階がルーズに流れやすいものです。

カメラをまわせば、いやでもうつってしまうし、撮影の興味がさきに走ってしまって、うつしているうちにはどうにかなると簡単に考えてしまうからでしょう。

なにごとも計画が大切だといわれますが、さきにも述べたように、世の中はいざ撮影しようとすると、目うつりすることの方が多いほど複雑なものですから、計画をまずしっかりたてるほど、よいということになるのです。

どんな目的で、誰に見せるか。どんな題材で、どのような内容の作品を作るか。その製作の意図と内容のアウトラインを、自分の考えにピッタリするまで、何度も書きなおして、はっきりさせることを大切にしたいものです。

そのことは、ただ内容に関して大切だというばかりでなく、その内容にしたがって実際の撮影をはじめて完成に至るまでの経費の算定には重要な意味をもってきます。

無計画に撮影をしたのでは、フィルムが何尺あっても足りないようなものです。誰にだって経済の枠があります。映画製作はお金のかかる仕事なのですから、この点についても計画性がなければなりません。この意味からも製作にあたって企画をしっかりたてる必要があるのです。

〝よい企画〟〝悪い企画〟ということがあります。

〝よい企画〟というのは、いつも、目的がはっきりしていて、その人個人にとっても、また社会的にも意義のあるもので、その作品が言わんとすることがらがよく分るものです。

学校の先生がたが、自分たちで教材用に作っている作品の企画でも、教科書や言葉だけではなかなか理解してもらえないような課題を、視覚に訴えて、よりよく教えるために、まことに時宜に適した、目的のはっきりしたものがあります。これなどは〝よい企画〟といえるものです。

〝悪い企画〟というのは、なにをいおうとしているのか、さっぱり分らない、中途半ぱなものです。えてしてそういうものの多くは、個人の趣味に埋没して、他人にはなんの関係もない、ひとりよがりなものになっています。

いずれにしても、いま自分の語ろうとするものはなにかということを煮つめていって、余分なものは省くという訓練を身につけ、いつでも、具体的なイメージで考えるという習慣を身につけることが重要です。――人が見て、分るということがまず大切なのですから。芸術的な肉付けはそのあとの作業だというくらいに割り切っていて丁度よいことになります。

最近、8ミリブームといわれるほどに小型映画が流行しています。それは映画を作る人びとを急激にふやし、映画フィルムをとり巻く社会層が広まったことを意味しています。いいかえれば、映画がより身近かなものになって、私たちの生活を変えてきているのかも知れません。それはそうでしょう。これまでは、映画はただ与えられたもの、あてがいぶちで映画

館にかかったものを見るものときまっていたのに、いまや映画は、自分たちの意見や考えで、自分たちで作れるものとなり、それによって、交流しあえるようになってきたのですから。自分たちの映画を通じて仲間はより身近かに交流するというような場はたしかに、これまではなかったのです。そして映画を作るために、身のまわりの対象をよく観察するという〝作り手の眼〟というものも、たしかに、これまでは民衆の間にはなかったものです。

こうして映画それ自身さえ、これまでの映画館にしかなかった映画とは別なもの、別な働きをもったものとして生れてきつつあります。映画は民衆の生活の新たな道具となって発展してきているのです。それは生活にますます役立つものともなり、それはまたますます生活の楽しみともなってきています。

企画を大切にし、自分たちの映画をますます意義あるもの、楽しいものにしていきましょう。

そこで、専門家の作った映画を見る場合にも、その映画がなぜ作られたかということを見抜くように心がけたいものです。どのような過程と、どのような技術で作られたかということも興味のあることでしょうが、専門家の技術の真似をするより、それを作った会社、作った人びとの腹をさぐってみることです。

なんのために、なにをいおうとして作られているか――それを注意深く見るのです。それは必ず、自分の企画のたて方の参考になってかえってくるし、自分はどんな企画をたてねばならないかということが、次第にはっきりしてくるでしょう。

2　シナリオ製作・コンティニュィティ作成

企画を文字で具体化したものをシノップシスと呼んでいますが、名前などはどうでもよろしい。筋書といっても、製作意図と呼んでもよろしいが、できるだけ関係者に、その映画を作る意図が十分に伝わるように書いたほうが企画を説明する材料となります。

個人一人だけで映画を作るのなら、自分勝手な方法もとれるでしょうが、二人以上グループを組むことになると、他人は自分の意図するところをそうそう分っていてくれるとは限りませんから、書いたものを中心にじゅう分な話し合いをくり返します。

そして変更することがあれば、どしどし変えていきます。

シノップシスが良いと決ると、いよいよシナリオ執筆の段階に入ります。少なくとも一本

の映画を作る場合に、それがいくら短尺のものでもシナリオを生むことは容易な技ではありません。劇映画界で知られている名シナリオライターでも、シナリオの苦しみは同じように味わっているのです。

いい映画を作るためのシナリオは、決して興のおもむくままに野放図に書き流して仕上がるものではありません。

書くより先にまず題材をよく調査し、ことがらをじゅう分消化することです。材料をただ丸暗記したり、う呑みにした程度では駄目です。そして豊富な材料の中から、いま作ろうとする映画に、なにが一ばん大切かを適確に取捨選択し、観客に伝えるのに、一ばんよいと思われる順序で構成じなおすのです。

シナリオは映画製作の設計です。いい作品も悪い作品もこれで大体きまってしまうほどです。

シナリオを書く新しい人は、映画の技術用語をやたらに駆使したり、俳優まで指定している場合が、たくさんあります。このようなシナリオは、どこかでみた映画の模倣か、どこかで読んだシナリオの形式を真似ただけです。本当に自分が作りたい映画をどうして形式から真似してとびこんでいくのでしょう？　その人はいつか再び映画の第一歩にまい戻る運命に

ある人です。

もう一つ、シナリオというものは不思議なくらい自分ではその欠陥に気がつかないものです。できるだけ他人に読んでもらい意見をきく度量をもつ人が成長するのだと思います。

シナリオは撮影のために作られるものであることに間違いはありません。そして企画を具体化した形のものとして、シナリオという設計図は、映画のすべてを推測し、それによって製作予定がたてられるものです。費用・スタッフの人選・製作期間・映画形式・撮影用機材の整備などにわたる広範なことが更に一層こまかに具体化される大切な母型です。

さて、シナリオが決定するといよいよ撮影の運び、といいたいところですが、シナリオ完成後の作業および内容を順次あげてみると次のようになります。

長さ・形式の決定（映写時間・16m/m・35m/m・ワイド・白黒・カラーなど）
製作予算の確定
製作スタッフの確定（企画時に予定されている）
製作スタッフの打合せ
ロケーションハンティング（ロケ地の決定）
セットおよび衣裳などの決定（必要によっては）

カメラ整備
製作予定（製作スケジュール）の決定
コンティニュイティの作成（撮影の台本）
撮影着手

3　演出・撮影

演出者とカメラマンは、シナリオにもとづいて、撮影する画面を考えます。どんな角度で、どんなレンズで、どんな構図で撮影するか、こまかにきめます。この撮影設計を書いたものを撮影台本（コンティニュイティ）とよんでいます。略してコンテともいいますが、テレビなどでもコンテは盛んに用いられている言葉です。ソビエトのエイゼンシュテインは明確な絵コンテを書くことでよく知られています。コンテの絵はただ巧い絵というより、レンズとフィルムを通して現われるイメージを尊重しますから、針金細工のような人物画であっても必要なイメージを描いたほうがよいにきまっています。

ロケーションは略してロケといわれていますが、どこをどう撮るかそのための調査をロケハンとよびならしています。撮影内容にふさわしい土地と場所の選定は足と頭でかせぐ、なかなか困難な仕事です。余談ですが、戦争中は防諜上という理由で、ガンジガラメの制約があって、幾度か警察にひっぱられた経験は多くの映画人が味わっているところです。

ロケハンが終ると、撮影ということになります。

だが機械とフィルムと多くの人手と、お金のかかる映画の仕事の、一ばん派手で、一ばん体力がものをいう作業、それが撮影です。

ところで一般には、映画は撮影であると思いこんでいる向きが多いようです。たしかにそうかもしれません。撮影してフィルムに映像をとらないことには映画はできないのですから。まず撮ること――それにはそれだけの意味があります。企画だ、シナリオだとめんどうなことを言わずに、臆せずまず撮ること、そこから多くを学びます。しかしいつまでもそれでいいものではありません。まず撮って、撮影した画面を計画的に編集していくことによって奇蹟が生れることもあります。だがどんな目的で、何をとるかを忘れた撮影が余りにも多すぎるのです。このことは専門的な職業カメラマンにもよくあることです。作品の意図、内容目的をはっきり理解し、自分のものとして消化してないからです。

カメラを操作する技術も、熟練するにこしたことはありませんが、技術のことだけでせいいっぱいなカメラマンでは、よい画面を撮ることはできません。演出者にしてもカメラマンにしても、とくにカメラマンは、作品の内容を表現するための技術ということをいつも心がけねばならないのです。

カメラ手法というものは、一本の映画の中で幾通りも乱脈に用いるものではありません。アマチュアの場合には技術を乱用しすぎている作品が多いようです。例えば、いつも動いていて静止しない、なにをよく見たらいいのか分らない画面。また三脚を使わないで、いつも手持ちで撮影するのを得意とするような画面。ニュース映画や特殊な条件下で機動的に撮影しなければならない時こそ手持ちカメラの撮影が生かされるのであって、こんな点も映画が分ってくれれば、きっと正しい技術を身につけることができるでしょう。

異様なことに興味をもったり、歪んだ技術を身につけすぎて、オーソドックスな技術をマスターすることから離れてしまうと、そのカメラマンにはきっと、いつかは初歩から勉強しなおす時がくるでしょう。映画はまずフィルムの画像がものをいうのですから、カメラマンの技術は重要視され、いわばその人の思想までが表現されているはずのもので、これほど大切な仕事はありません。

カメラのうしろにたったときのカメラマンの気持はなんともいえないものがあります。それは緊張の中にも、いうにいえない幸福感があるものです。

しかし、撮影というとカメラマン中心の技術のように思いこむ人がいたら大まちがいです。

撮影する対象つまり被写体は誰が決めるのでしょう。 いうまでもなく、それは演出者の大切な第一の仕事なのです。

シナリオの場面を、いくつかの画面で表現するために、演出者は綿密なコンテを描いている筈です。どんな表現によって最も効果的な画面をどうとるか演出者は、撮影のいちぶしじゅうを見届けていなくてはいけません。カメラから離れた演出者に画面のニュアンスが分ろうはずはないのです。

人物の配置から、動作、細かくいえばシワ一本の表情までを細かく注意して演出プランを生かします。みなさんはカメラマンと演出者を一人で兼ねなければならないことでしょう。カメラをのぞいていると、カメラのルーペの世界だけに閉じこもりがちで、ルーペの外の全般を見のがしがちです。木を見て森を見ぬ傾向です。このことにもよく留意してほしいと思います。私はここではごく当り前のことを常識的に述べるに止めておきます。なぜなら、映

画は社会的、歴史的にたどってきた道程の中で、今日を作りあげてきたもので、今日の機構と製作方法には、はなはだあきたらないものを感じていて、自分なりの主張と考えを持っていますが、それを述べるとかえって読者をまどわすことになりそうだからです。一言すれば映画のシナリオにしろ、撮影にしろ、演出にしろ、古い形体や方法から、どんどん抜けだした、もっと新しい方法が生れることを切望しているのです。

多くの人びとが自分たちで自分たちの映画を作りはじめている現在、そこからの新風が専門映画人にも吹きつけてくるに違いないし、そこに大きな期待をかけています。

4 編 集

映画の製作機構は戦前からみると、随分変ったもので、今日のように各作業がこまかく専門化されたのも、ほんとに最近のことです。しかし各作業が分業化されてきたのは映画製作というものが企業の枠内で動いているからで、映画を作る本質的な事由からではないように思えます。

もし金がない個人かグループが作る場合には、一人で何役も兼ね、とくに編集者というもの費用を、無理してまでは作らないでしょう。金がなければ少人数でやらざるをえないという事情は、小プロダクションの場合でも極く当然のことになっています。

編集という仕事はシナリオにそくして撮影したフィルムを、シナリオの意図にしたがって編集することですが、フィルムの画面はシナリオ通りの画面だとしても、編集というものは演出と同じか、あるいはそれ以上の感性と技術を必要とするものです。ただフィルムをきまった長さに切って継ぐという作業ではありません。創作的方法としての編集理論は有名なモンタージュ論が知られているので、ここでは書きません。

私はむしろ具体的な編集の性質について一言したいと思います。

これは記録風な映画でみかける例ですが――編集者に力量があればあるほど、画面の配列が巧みで、流れるように見る人をひっぱってゆき、映画にひきずりこんでしまいます。当り前のことですが、こういう映画は編集が巧いと一般に評価されています。だが、えてしてこんな映画には感動がなく、面白くなく、印象が薄い場合が多いのはどうしたことでしょう。

迫力はすごかったが、何が何んだか分らなかったという作品が多くあります。このような映画の一つや二つはきっと誰もがご覧になっていると思うのです。私もなぜそうなのか気に

なっていたことです。あるとき、時代劇映画の市川崑氏とそういう映画をいっしょにみたので、どう言うかと期待していたら市川崑氏は、

〃うますぎて、つまらない。きれいすぎるんだな——どこもここも。もっとみたいと思ってるところがあっても、そのひまもなく、どんどん映画がひきづっていってしまうんだね〃

これで私は私なりに分ったような気分になったのですが、編集が巧いということも、編集に抵抗を感じたりしたら、どうも巧いとはいえないだろう——こんなふうに考えています。

上手な編集者の手にかかると生彩のないフィルムが驚嘆するような画面になる例はたくさんありますが、余りに編集技術にだけ依存して、なんでも編集で救ってもらおう、編集でなんとかしようとして撮ったフィルムは、やはりそれだけのものでしかありません。そういう場合は、多くの場合、演出に自信がなかったか、シナリオに欠陥があったときの結果です。演出・撮影のときに、必要で適確な画面はじゅう分ねばってフィルムにおさめておくことです。

そして編集を予想して、必要な画面を撮っておかないと、どんなにうまい編集技術をもってきても救われません。

その意味では、どこまでも編集は第二義的に考えるべきでしょう。

5　録音

映画の仕上げ段階の中で最終的に行なわれる創作作業が録音です。

解説・音楽・音響効果などの準備は録音の時までにしあげておき、テープなどに録音し、その音をまたフィルムにいれて最後に一本の音ネガを作るのです。これは専門のスタジオを持つ録音会社が録音の技術面を受持ってくれます。解説の言葉は画面にあわせて耳できくものですから、読む文章とちがって、主語（画面が主語になったりします）がなかったり名詞止めなるようなことがよくあります。

文章としては脈絡がなくても、画面が媒介して意味はかえってよく通じることもあります。そして、解説文は画面の後にかくれている意味を簡潔に指摘することを特徴とします。

画面につける解説の内容は、シナリオの時に概略は用意されているのですが、編集が終り録音という時になると、かならずといってもよいくらい訂正することになります。シナリオで予想した画面と実際に撮られた画面の相違をはじめとして、記録映画というものが製作中

にどのくらい変貌するものであるかということをよく語っています。

前にも述べたように、話しコトバというのは、私たちが日常話している言葉のはずですが、それを解説のコトバにすると、どうも別なものになるようです。映画が、一つ一つの画面で表現していく時間と、話しコトバが綴る時間が緊密にマッチしていなくてはいけないし、画と音の両面から攻めて、ある別の効果をあらわす場合もあります。それだけでも解説というものは、まだまだ進歩するでしょう。

参考にラジオのコトバのテンポを次にあげておきましょう（一分間の字数）。

市況放送　三五〇字
ニュース（実況）　三三〇字
ニュース　三〇〇字
ニュース解説　二八〇字
クイズ番組司会　二五〇字

カメラで画と音を同時にとる同時録音は、ニュース映画などに利用されていますが、現在の映画の音響処理は画と音とを別に、また違う時にとる方法が多いのです。前期録音とか後期録音というのがそれで、音楽映画では音楽を録音してから、その音に合せてアクションを

撮影するし、漫画映画の本格的な方法では、音楽もセリフも同様に、画の撮影前に録音されます。これが前期録音（プレスコ）です。

前期録音とは反対に画面に合せて、音を録音する方法を後期録音（アフレコ）といいます。今日の映画のほとんどはアフレコ方式で、磁気あるいは、光学録音を行なっています。もちろん、同時録音で録音する場合もありますが、音楽効果や音楽や解説をあとで一しょに録音して最終的に、音のネガフィルム一本にまとめあげる——この作業をダビングとよんでいます。

音楽や音響処理は映画にとって複次的な仕上げ作業と考えられがちですが、本当はそんなに軽視できるものではありません。音楽のもつ力は映画とは異なる性質があり、感情的に強い訴えをもっています。音響の中で擬音をはじめとする効果音が映画の創造に重大な意味づけをもっていますから、作り手はこの最後の総合的な仕上げにじゅう分創造力を働かせねばなりません。

一本の映画さえ巧く出来上ればもうそれでよいというのは作り手のいうことではありません。自分の感覚が溢れ、他人に共感をよび、多くの人びとの映画として大切にされなければ、その映画も、その作り手も無駄な仕事をくり返していたことになります。

6　完成処理

ここまで述べてきた私も、映画なんてなんというめんどうな仕事だろうと、いまさらのように考えてしまうわけですが、みなさん、もうしばらくのご辛棒！（もう標題は完成とあらわれていますから…）

録音がすむと仕上げ作業に入りますが、ここまでの間にまだたくさんの作業があったのです。それをここにまた並べてみます。

1　タイトルおよび線画などの製作

2　光学機械操作によるフィルム処理

これらは編集以前から手配できるものもあれば、編集中から録音後まで延期されるときもあります。題名が決定しないこともあれば、特別の技術を要するアニメーション（動画）の線画などは相当時間がかかるので録音のときの編集フィルムに間にあわず、その部分にがい当する長さだけ白いフィルムを挿入して録音することもあります。光学処理（オプティカル）

によるフィルム操作は現像所の作業ですが、編集で決定したら溶明（フェード・イン）とか溶暗（フェード・アウト）などのほか、各種の画面処理を指定して依頼します。画面に挿入されるスーパー・タイトルも、二重焼きの画面もこうしてネガが作成されます。

さて、録音までは編集用ポジ・フィルムですみましたが、いよいよ最後に、画ネガを、編集ずみのポジ・フィルムの画の順序にあわせてつなぎ、それと音ネガを一しょにして、映写用ポジ・フィルムを作ることになります。これがネガ整理とかネガ合せと呼ぶ仕事です。そして、こうして処理した画ネガと音ネガを現像所におくるのです。大会社ではいつもこのネガ合わせのセクションが流れるように動いており、多くの女性が機械と熟練でフィルムを処理しています。湿気と火気と埃をきらうネガ・フィルムの操作は、本来トランジスタ工業以上の換気その他の設備が必要なのです。

そのためか、小プロダクションで不備な部屋で、不慣れな人がネガ整理をすると、せっかくカメラマンが苦労した美しい画面がタワシでこすったように傷つけられてしまうことがおきます。

もうこれで仕事は終ったのと同じですが、良心的にいうとそうはいきません。本当はもう一項改めて〃後始末〃といきたいところですが、ついでにつづけて述べましょう。

試写、現像場で仕上げられた最初の完成ポジ・プリントの試写です。初号プリントの試写はいくら長年映画をやってきた人でも嫌なものらしい。初号試写のときには身のすくむ思いをしたことが何回あるか分らない私も、他人さまの初号を見るときは至って気楽で気分がいい。

完成試写のときは、今までの作業が計画通りにいってるかどうかスタッフの誰もが自分に関係のある角度から目を皿のようにしてスクリーンを注視します。

たいした問題もなければ、まあOKとなるわけですが……、ここで演出から撮影、音楽、録音におよぶ広い意見が出ることがあります。ときには今頃になって何をいうのかといいたいような構成内容にまで、批判がとびだす始末です。

スポンサード・フィルムでは、スポンサーから意図したものとは違うと言われ、プロデューサーが慌てふためき、営業課が青くなる場面さえおきます。

そんな筈はほんとうはないのです。しかし映画というものは出来上るまではスタッフ以外にはなかなかイメージがつかめないものらしいのです。

打ち合せもしたろう、シナリオもよんだだろう、編集フィルム（ラッシュ・プリント）も見ただろう。それでもプロデューサーでさえ最後の初号プリントを見て、自分のイメージとは

違うという場合があるのです。

いわばそれが映画というものかもしれません。このときそれをどう処理するか、こんな事態をどうさばくか。これも重大な仕事です。映画によっては、この最後の幕切れが、演出者に課せられた最も大きな仕事かもしれません。

7　ある記録映画での実際

昭和三四年度に完成した映画なので、ちょっと古いが、ここに掲載するには適当な素材だと考え、「日本の郵便」、「鉄道郵便車」の製作の具体的な過程を日記から採録してみます。この映画は三木映画社というプロダクションが郵政省の協力で企画したもので、学校向社会科教材映画です。

昭和三三年五月下旬、三木映画社より、郵便シリーズ企画のことを聞きました。当時私は日本視覚教材株式会社製作部の演出者としてTプロデューサーとこの企画の説明をうけ、実際の製作まで引受けることに内定したのです。そんなことからこの郵便シリーズについての

私の日記は昭和三三年六月上旬からはじまります。

六月　五日　逓信博物館に資料調査。
思わしい書物なし。三～四冊を拾い読みして、私なりの猛スピードでノートする。
婦人局長の問題の方が興味あり。目をつむって企画に頭をしぼってみる。
六月　六日　千葉大附属小学校訪問。社会科担任教師にあい、社会科でとりあげている郵便の意図と内容を話しあう。
六月一一日　郵便のシノップシスを考える。
六月一二日　郵便のシノップシス第一稿執筆。
六月一四日　牛込郵便局に調査行。
六月一五日　牛込郵便局に調査行。
六月一六日　中央郵便局に調査行。
六月一八日　鉄道郵便局東京駅分局訪問、資料など調査、借りる。
六月二〇日　鉄道郵便局に資料返却。
六月三〇日　郵便シリーズ、シノップシス三部作成。郵政省との打合せ延期。
七月　二日　郵政省でシノップシス打合せ。
郵便事業の総論と、郵便の仕事の具体的なものとの二種がおおむね取り上げる企画

として意見一致。
七月　八日　シナリオ執筆開始（二巻物二本）。
七月一〇日　牛込局再度調査。
七月一一日　シナリオ、雲をつかむ思い。
七月一二日　シナリオ、「郵便が届くまで」第一稿、「郵便局」第二稿を平行に執筆。前者では〝流れ〟を後者では〝人〟を狙う。
七月一四日　牛込郵便局調査行。
七月一七日　郵便、東京分局行。調査。
七月一八日　「郵便が届くまで」第二稿執筆。
七月二〇日　「郵便局」第二稿執筆。
七月二二日　「郵便が届くまで」第三稿執筆。
七月二五日　泰明小学校M先生とK氏らとシナリオ打合せ。
「郵便局」第三稿についてM氏反論あり、改訂にふみ切る。
七月二八日　郵政省へ行き、資料借りる。
七月二九日　逓信博物館行。再度資料調査。
七月三一日　ほとんど一カ月を二種のシナリオにもて遊ばれた感じ！
少し憂鬱！　いつもながらシナリオはむつかしい、力不足を痛感。

八月　一日～八月　五日　「郵便の届くまで」シナリオ執筆
八月　六日　K氏にシナリオの意見をきく。箱書を作ってみるとの返事。
八月　七日　資料調査。
八月　九日　「郵便の届くまで」第四稿出来る。
八月一一日　「郵便局」第四稿執筆。
八月一二日～八月一五日　「郵便局」第五稿執筆。
八月一六日～八月一八日　福島に旅行（夏休み）。
八月一九日　三木プロ社長、K氏、Tプロデューサーとシナリオ打合せ、検討。
八月二〇日　再び昨日のメンバーと検討。
八月二一日　今までの執筆シナリオを全面的に検討後、「郵便局」は保留、中止。
「郵便のしごと」の過程は「郵便車」に変える。
八月二二日～八月二四日　「郵便車」シナリオ執筆。
八月二五日　「郵便車」シナリオ検討。

八月二六日　三木プロ社長と打合せ。
八月二七日　Tプロデューサーと打合せ。
八月二九日　「郵便車」シナリオ第二稿執筆。
八月三〇日　「郵便車」シナリオ第三稿執筆。
九月　一日　同右。
九月　三日　「郵便車」シナリオ打合せ検討（この検討内容は次の通り）。
九州から上り列車で送られてくる郵便物は、東京中央郵便局を経て、さらに各地へ列車で送られ、配達される――こんなアイデアはどうかという人あり。私は札幌から上京、東京を経て下るという、とかく東京中心的な考え方だったが……私とプロデューサーが共通しているドキュメント形式と、社会科教材映画の形式とは、どうも巧く折り合いそうもない。
九月　四日　「郵便車」第四稿成る。
九月一七日　「郵便車」第四稿、M先生に意見をきく。
九月一八日　「郵便車」第五稿執筆。
別に「郵便局」改訂案として「日本の郵便」アイデア熟考。
九月一九日　「郵便車」第五稿成る。
「日本の郵便」構成案作る。

九月二四日　「郵便車」を「鉄道郵便車」と改題、シナリオOK。印刷所に廻す。
九月三〇日　「日本の郵便」第一稿執筆。
一〇月　三日　〃　第二稿執筆。
一〇月　六日　〃　第三稿執筆。
一〇月　九日　同右K氏と打合せ。
一〇月一〇日　「日本の郵便」第四稿執筆。
一〇月一一日　「日本の郵便」第四稿シナリオ完成。プロデューサーに渡す。
一一月　六日　郵政省にてシナリオ検討打合せ会。シナリオは大体OK、ただし本年中は着手できぬだろう（歳末のため。これより一二月末日まで他の企画の調査、シナリオなどにかかる）。
一二月二七日　東京中央郵便局で年賀状作業を撮影。約七〇呎（16㎜白黒）使用カメラ、ベルホーエル。
昭和三四年
一月　六日　郵政省に製作関係者と打合せ行。郵便車の訓練映画を借用試写。
一月　八日　郵便車の下見調査東京駅。
一月一九日　Tプロデューサーとロケハンおよび交渉のため西下（二名）。名古屋郵政局周知係を訪ね、打合せ。撮影交渉、名古屋鉄郵訪問、打合せ。

一月二〇日　大阪郵政局、大阪鉄郵訪問打合せ。大阪駅助役室など交渉。
一月二一日　広島着、郵政局、鉄郵交渉。
一月二二日　熊本郵政局、鉄郵訪問交渉。
一月二三日　博多郵便局、訪問交渉（朝）。カメラマンその他本隊三名着。宿舎入、打合せ、準備（全員五名）。
一月二四日　博多駅にて早朝、郵便車積込撮影。朝食後博多郵便局内撮影。午後市内集配撮影。
一月二五日　昨朝につづき、上り列車の郵袋積込状況撮影。次の列車で下関行。列車連結および関門海峡撮影。八幡に行き、八幡撮影。門司鉄郵分室訪問交渉、宿舎入り。
一月二六日　門司駅にて、上り列車連結撮影、正午博多に戻る。プロデューサー帰京。
一月二七日　朝五・五七発にて列車便乗、車内撮影。門司より、急行〃つくし〃となり、郵便車内の撮影つづける。バッテリーライト四コ。列車の電源よりアイランプ約一キロを用いる。作業を続ける郵便車の中でスタッフ四名が機材をのせているので足の踏場もなし。車内にて中食。広島県柳井にて、カメラマンと下車。助手君は広島直行。柳井ロケハン打合せ。夕方広島着。
一月二八日　朝八時発バスにて呉郵便局行。郵便自動車を撮影。仁方桟橋で郵便船撮影、薄曇りのためNGか。東京と電話連絡。

一月二九日　終日雨にて一同休養。
一月三〇日　広島駅ホームにて郵袋の積みおろしを撮影（列車「つくし」）。
一月三一日　カメラマンと助手一名で柳井ロケ。私とBカメラマンで広島にて列車撮影。午後急行「つくし」にて柳井より乗りこんだ別班と合同、郵便車の中で撮影しながら大阪へ、先着のプロデューサーとあう。
二月　一日　神戸から舞子までロケハン、カメラ部機材整備。
二月　二日　終日雨天。電力区でライト使用手続きすます。大阪駅の夜間撮影は雨のため、危険があるといけないので中止する。夜九時半頃伊丹飛行場に向う。雨は夜に上ったので夜間郵便機の撮影準備。午前三時三〇分着の全日空機をバッテリーライトで、カメラ二台使用。伊丹の旅館に入って仮眠、朝食後大阪へ戻る。
二月　三日　夕方までスタッフ休養させる。夜大阪駅上りホームにて郵袋積卸し作業を約一時間撮影。急行「つくし」の停車はわずかに七分。とくに狭い大阪駅ホームは貨物の山積み。その中での撮影はかつて例のない忙しさだった。今晩の撮影は映画〃郵便車〃中最高の難関だったので、調査、準備、打合せも、細心に行なっただけに、ホッとした思いだ。乾杯して眠る。
二月　四日　大阪より彦根方面の小駅ロケハン。野洲駅にて列車通過を夜間撮影。彦根泊。プロデューサー帰京。

二月　五日　大阪に戻る。A班は姫路に向う。私とBカメラマンの二人で三の宮にて列車撮影。大阪駅にてA班乗こむ。急行「つくし」に便乗。郵便車内の一番郵便物の多い作業を撮影。名古屋着。
二月　六日　名古屋にて打合せ後、岐阜に向う。夜になり雨。〇時一五分着。急行「つくし」を岐阜駅ホームで撮影。やむをえず雨のシーンで押し通す。午前二時五〇分発上り列車で名古屋戻り、就寝午前四時。
二月　七日　宣伝カーで名古屋郊外、千種台団地に向う。郵便局およびアパート撮影、午後休養。夜——午前一時急行「つくし」を名古屋駅ホームにて撮影。
二月　八日　名古屋の乗務員に疑似赤痢発生。午後スタッフ休養させる。午前一時発「つくし」にて東京へ。郵便車、作業撮影。
二月　九日　一睡もせぬうち東京着午前七時四十二分。会社にゆき、ラッシュフィルムをみて解散。眠い。疲労。
二月一〇日　郵政省にて打合せ。
二月一二日　私のみ長野行。長野郵政局訪問、雪の郵袋搬送シーンのロケ地調査。今年は雪が少ないので適当な土地なく、妙高付近がまあまあときく。その他地方の集配シーンとして小諸付近を内定する、長野一泊。
（そのメモ）

平原↓小諸間（農家と山）

滋野↓田中間（広い景色）

上田をすぎると畑地広し。浅間山をとり入れるもよしなど。

二月一三日　管理課の人と小諸郵便局訪問。本隊着。（全員四名）小諸一泊。

二月一四日　雨、付近ロケハン、上山田泊。

二月一五日　戸倉より田口へ↓妙高に向う。郵便局を訪ね打合せ。池の平までロケハン。雪の深いことで知られている妙高も、なるほど今年は少ない　（防水靴もぐっしょりになる）。

二月一六日　昨夜よりの降雨で、雪はますますきえて、黒々とした土はだがあらわれてる処ふえる。東京に電話、ロケ費不足のため急送依頼。午後三人の外勤員を頼んで、雪中の郵袋搬送を撮影。雨にぬれたザラメ雪なので、ポコリポコリと足がはまりこむ。夕方の列車で戸倉行、上山田泊。本日の画面は、条件も悪いし、どうもそうぞうしい動作だった。もうどうにもならない。忘れろ忘れろ！

二月一七日　小諸行。小諸は昨日快晴——今日は雨ときどき曇天、なんということか。明日という日が良い日でありますように……眠る。小諸泊。

二月一八日　曇時々晴間。小諸郵便局行。集配シーン撮影。走りゆく列車のラストシーン、まああの出来。「急行」白山にて帰京。夜八時着。

二月一九日　ラッシュ試写、打合せ。

二月二〇日　朝、郵政省に中間連絡。正午、別の用件でＮＨＫ行。午後東京郵政局行。奥多摩付近の小さい局を調べる。沢井局と決る。中央郵便局訪問。撮影予定打合せ。東京鉄郵訪問——不在（伝言）。夜プロデューサーと打合せ。昼は室内で二〇度をこす暖かさだった。

二月二一日　青梅線の沢井局を訪ねる。大丹波川流域の南平をロケハン。白壁の土蔵。美しい渓流。瓦屋根。のどかでゆうふくな民家。私はランプをともしてる村を探したが、ここは文化的な村だ。むしろテレビアンテナが多すぎて困るくらいだ。それでも無理にチベットの山奥みたいな村をとりあげることもあるまいと、ロケ地に決定。沢井局の局長さんに地酒をご馳走になり、ご機嫌で帰る。夜着。

（中略）

その後、三月一三日の羽田空港撮影まで、ロケは、東京中央郵便局、東京駅地下の鉄郵連絡口、八丈島、奥多摩、都内各所と続き、編集は三月五日より「日本の郵便」「鉄道郵便車」の二本を平行にＮ君の協力で毎夜半まで続けた。三月一九日「鉄道郵便」車のアフレコ、三月二一日に「日本の郵便」のアフレコをすまし、三月二六日に郵政省で完成試写を行なうこ

とができた。三月末日までに納品が間に合ったわけである。しかし二作品平均六十点のできばえ。余り愉快ではない。

郵便シリーズの〃日本の郵便〃および〃鉄道郵便車〃の二作品は、俗にいう注文映画とはちがい、社会科教材映画として企画製作するに際し、郵政省が協力しようというもので、プリント買上げの形で援助したのです。製作会社はあくまで三木映画社であり、企画にはＭ氏やＫ氏が参加、具体的には私の日記の中に書かれたような経過で、私がシナリオと演出を受持ちました。ながながとした不明瞭なメモていどの日記から何かご参考になるなら幸いです。

岡本昌雄

Ⅲ　なにを・なぜ撮るか

1　作家と作品―作りたいから作る

人間は自己表現をして生きている

作り手は、作りたいと思うからこそ作品を作ります。その限りでは当り前なことです。けれども、ここでは、「作りたいと思う」ということはどういうことかを考えてみましょう。なぜなら、そこに、作品への最初の出発点があるのだし、作品の存在価値や質を大きく左右する要素がかくされているからです。

私たちは言葉を持っています。私たちはそれによって考え、それによって相手（あるいは他の社会）と通じあったり、反撥しあったりします。言葉を語らずに、だまっていることもあります。そして、状況によっては、沈黙を守りきれずに、爆発的に、なにかを口ばしることもあります。とたんに、おしゃべりになって、一きょにしゃべりまくってしまうこともあります。意あまって、口から出る言葉だけでは間にあわず、ついつい、手までを出してしまう人もあります。

それはすべて、「自分自身の表現」です。人間は誰でも、毎日、その人に応じたやむにやまれぬ表現をくり返して生活しています。表現はなにも芸術の世界に限られたことがらではありません。

ただ、私たちの日常生活では、誰でも言葉を持っていて、それに馴れすぎる傾向があるために、言葉が言葉を生んで、本来表現したかったことがらの本質を離れて、空虚な言葉をもて遊んでしまうことがあります。日常生活でいえば「売り言葉に買い言葉」などといって、本来、話しあい、主張しあっていたことがらの本質から、ぐんぐんそれていってしまって、気がついてみたら、あらぬ地点にいきついていたという経験は誰にもあるでしょう。

それは、他人と自分との喧嘩ごしの関係によって生まれるばかりでなく、ひとり自分自身の中だけにも現われてくるものです。日常的には、いわば、自分の言葉に酔っているときなど、たぶんにそうした傾向を生みがちです。われながらうまいことを言うものだとばかり、自分で自分の言葉に酔いながら、あれこれと言葉だけを修飾でかざりたて、かざりたてして書いた文章を、いつか酔いのさめたときに自分で読み返してごらんなさい。歯が浮くばかりで、われながらうまいどころか、われながらあさましいことになったものだとガッカリすることになるでしょう。

ということは、自分の感じたことや、ある事実など、そのとき自分の書きたかったことがらよりは、飾り言葉だけが浮き浮きとひとり角力をやっていて、うまくきれいに書きあげることだけに熱中していたそのときの自分の見栄坊さ加減だけが鼻についてくるからです。歯の浮くような、人の自慢話は、まともに聞いていられないのと同じようなものです。

言葉は、沈黙も含めて（言葉があるから、沈黙も可能になるわけです）、自分自身の、有力な表現手段であると同時に、それはまた、以上のような危険も持っているわけです。そして私たちは、ややもすれば、言葉が言葉を生むという、この危険におちいり勝ちです。ですから、語るべき（あるいは表現すべき）ことがらの内容やその本質をよく見きわめて、言葉は正しく選択されねばなりません。それが作品への第一歩です。

ところで、私たちの日常は、いつ、どんな場合でも、自分自身の表現に終始していますが、それはなぜでしょう。

それは私たちが生きて、生活しているからです。ことに、他人と交わり、社会生活をして、生きているからです。そういう場では、自分を守らずには生きていかれません。他人と（あるいは他の社会と）交わるためには、自分の存在を明らかにし、それを基礎にしてこそ、交わることが可能になるのです。生きるということは、本来、能動的なことで、「かくれて

生きる」などということは本来の姿ではないのですから、自分自身を表現し、自分の存在を明らかにすることは本能的なことがらなのでしょう。そしてそれを通して、相互の理解も深まって、社会的な連けいが強まり、さらに新たな自己表現を刺激し、前進させてゆくことになるのでしょう。それは、個人の自己表現から、ある地域、ある団体の自己表現ともなってあらわれてきます。

私たちはそのようにして生きています。私たちはさまざまな場で、さまざまな経験をし、さまざまな知識を得、さまざまな感動を得ています。私たちは、そうした体験や感動を、井戸端でも、職場でも、どこでも仲間と話しあって、経験と意見を交換しあっています。そのとき、私たちは、自分の言葉で（自分に独得のいい方、話し方で）、自分の意見を交わしあって、語りあいます。そのように自分自身を表現しつつ、他人と交わり、連けいしあいます。

このようなわけで、自分の体験や感動や主張を、言葉以外の形式で作品に仕上げようとするのも、一つの自己表現にほかなりません。ただ、作品を作るという場合には、井戸端や職場で話しあう場合と、だいぶ違った事情が加わってきます。

作品は創造された一つの世界

作品はそれ自身、一つのまとまった、創作された世界です。しかもそれは公表されるものだという性質を持っています。仲間との日常の話しあいにあり得るような、断片的な話や、まして内しょ話ではもはやありません。作品の作り手は、まとまった具体的な一つの世界の創造主です。

あるできごと、あることがらの報告という形をとった作品であれ、ある風物、ある紀行の記録という形をとった作品であれ、作品という一つの具体的な世界としてまとめられたものである以上は、現実の必要な部分が、作り手によって切りとられ、それらが作り手によって再構成されたものであるはずです。なにかの教材映画であったとしても、それはおなじことです。たとえば竹細工の工作の教材映画にしても、指導すべき必要な要項が、作り手によって取捨選択され、再構成されて、体系づけられた世界が創造されることになるのです。

すべての場合を通じて、現実の中から必要な事象が、作り手によって切りとられ、再構成されるわけです。そうである以上、現実を切りとり、再構成する作り手の側に、一定の態度なり、考え方なりというものが要求されます。作品という一つの具体的な世界の創造主に、これが欠けていては作品という名に価するものはできません。ただ漫然と、ある景色が美しいから、というだけでは、その風光は作品になりません。なにが美しいと感じさせるのか、

その美を作品として構成するには何を切りとらねばならないか、そのあたりが究められねば作品はできません。ただキレイな絵ハガキ写真の羅列でしかない映画は作品の名に価するでしょうか。

この章のはじめに、作り手は、作りたいからこそ作品を作るのだが、「作りたいと思う」ということはどういうことなのか、考えてみようと述べた意味がここにあります。

それは、作品を作るに際しての、最初の基本の問題です。

私たちは、社会生活をして生きているのだと、前に書きました。そして、自分自身というものを積極的に表現しつつ、相互の理解を深めて、社会的な連けいを豊かにする点に、自己表現の積極的な意味があるのだとも書きました。そのことを、ここでもう一度反すうしましょう。

自己の確立

生きるということは一つの斗いです。漫然とでは、生きられるものではありません。私たちは、環境や対象に働きかけ、反省と批判を通じて新たな認識に立ち、その上に立って再び働きかけ——そのくり返しを重ねて、生き、前進します。それはどんな世界でも、またど

んな場でもなされています。そうした認識と実践のくり返しを積み重ねての前進は、台所にもあります。どの職場にもあります。学問の世界にも、また教育の現場にもあります。台所での調理、家計の切りまわしの熟練にもその跡をあとづけることができましょう。台所や家計の問題を、それをとり巻く社会の動きと関係づけて認識し、位置づけ、それに対処してゆくようになるものも、その一つのあらわれです。子供の育て方をふり返ってみても、そのことは明らかです。私たちはそうした認識と実践のくり返しを意識することが大切です。意識して、私たちのまわりを見わたせば、実践し、認識しつつ、さらに新たな実践と認識を発展させていく過程がどこにでもあることを見てとることができます。つまり、私たちは、環境や対象——外部に働きかけてそれを改善し、発展させるとともに、自分自身の力量をも発展させ、それによってさらに外部に働きかけて、それをいっそうゆたかに発展させていくのです。それは私たちの生きる斗いです。私たちはその斗いを意識しなければ、そして目的意識的に斗いをとらえなければ、生きる筋道は停滞し、外部の力に押し流されてお手あげになってしまいます。

自分というものを確立し、鮮明なやむにやまれぬ自己主張がなければ斗えるわけはないからです。外部に対する働きかけということは、ある意味では、外部に対する自己主張です。

自らの立場と主張を明らかにしてこそ、外部と調和することも、また外部と自分とを有機的に統一することもできます。そうでなければ、外部の中に埋没するか、外部から相手にされないか、どちらかです。

ここで「私たち」という言葉を、「個人としての私たち」という風に理解するばかりでなく、「地域社会としての私たち」「団体としての私たち」、あるいは「階級としての私たち」という風におきかえてみても同じことです。個人であれ、地域社会であれ、団体であれ、階級であれ、それが生きて発展するためには、同じようにして斗わなければ生きられません。

作品を作るということは、いま述べた意味での私たち自分自身を明らかにすること、いいかえれば、やむにやまれぬ自己主張を表現することです。

したがって、生きる過程の中で、自分自身を表現し、それによって相互理解を深め、社会的連けいを一層ゆたかにするという活動の一つとして、作品の創造活動があることになります。

しかも、創造活動は、前にも述べたように、作り手が創造主となって、現実から必要な部分をきりとり、それを再構成することによって、一つの具体的な世界を創造することなのですから、自分自身の立場なり、主張なりがつねにはっきりしたものでなければなりませ

ん。それだけ、その活動はつねに意識的でなければならないということになります。

映画の専門作家は、この自分の立場、主張というものがはっきりしているかどうかということを、創造活動の第一の基本的な生命として、大切にしています。それはそうでしょう。広い意味で、生きて発展しようとする斗いの過程で、それがぐらついていたり、はっきりしたものでなければ、自分を失なって、外部の中に埋没するか、外部の力に押し流されて、自分自身が社会的にも、生きているのに価しない存在になってしまうからです。

以上述べたところからみて、作品はけして個人だけのものではなく、社会的なものだという性質を持っています。

自分が（自分たちが）生きてゆく上でどうしても問題にしなくてはいられない点、自分が（自分たちが）生きて生活する上でどうしても伝えたいことがら、子弟の成長のために指導（あるいは暗示）したいことがら、自分が（自分たちが）生きていく過程での感動――美しいと感じ、あるいはこれこそ真実だと胸をうたれた感動などを、自分の立場で、自分の主張として作品に表現し、それを中にして、仲間たち（あるいは見知らぬ仲間たち）と考えあい、語りあい、共鳴しあい、力になりあって、ともに一層ゆたかに前進しあう――そこに創造活動の社会的な意味があります。それだけに、作り手（作家）は、ふだんから、自分の生き方や

世界観、あるいはものごとについての考え方を勉強し、つねに自分自身を訓練する必要があります。それがゆたかになされていればいるほど、身のまわりに対する視野はひろくなり、作品として、自分の体で受けとめて作りたくなるできごとやことがらもまたゆたかになります。

もちろん、作った作品にあらわれた自分の考えや主張が、観客からたたかれることだってあります。作品の技術的なことはともかく、たたかれたことは、自分自身の人間そのものがたたかれたのだと思うことができるまでに、作品の中に、自分自身の人間をうちこむことが大切です。作品は、頭だけで作れるものではないし、まして小手先で作れるものではありません。技術だけで作れるものでもありません。ですから、批評する方でも、さまつな技術批評的なやり方でなく、その作品の作り手の「人間」を相手にする態度で批評することが大切です。それでこそ、作品を中にして、相互に理解しあい、ものごとを確かめあって、高まっていくという社会的な意義を果すことができるのです。

私たちが作品を大切にする点は、そこにあります。作品は、作り手の全人間的な表白でなければなりません。作品は作り手の全人間を通過してできた産物です。技術はそれをどう表現するかという手段です（しかし、そうかといって技術は軽視できません。それがなければ、語りたいことを、有効適切に語り得ないばかりか、ゆがんだ姿で画いてしまう危険すらあるのです。口がじゅ

う分にきけずに、つい、手が出てしまうというゆがみも、技術不足から出ることです）。

作品は、作り手の人間の反映なのですから、作り手は目的意識を持って生きる人間として、自分自身の人間のゆたかな成長を訓練することが大切だということになるわけです。作り手が、具体的になにを、なぜ、そしてどう、作品にするかという課題は、したがって基本的には、その人の「人間」によって左右されることになるし、批判も、基本的には、その点に向けられねばなりません。

したがって作り手はいつも、社会の前進と進歩という観点から、目的意識をもって、自分自身を鍛え、身のまわりに起る事件や現象を、なにが偽わりで、なにが真実か、なにが美しく、なにが信頼にたるものかを見きわめる目を養わねばなりません。

それにみなさんは、与えられたさまざまな場で、それぞれの日常生活をおくりながら、あるときに、作品を作ろうと試みる方がたが多いことでしょう。ですから、それぞれの場での生活を、どうしたら最も充実させることができるか、あるいはまた、社会の前進とのつながりの中で、自分の場にはどんな問題がかくされているのかを、見定めることができるだけの活動を重ねることが、作品を作る第一の基本の条件になるでしょう。

なにをとりあげて作品にするかということは、自分はなぜ、この作品を作ろうとするのか

という認識と意識が決定します。そしてそのことは、社会的に生きることをおろそかにしない生活態度に通じているのです。

2　企画とテーマ――ムードからは生れない

企画と目的

〝なに〟をとりあげ、自分は〝なぜ〟（どんな目的で）作品を作ろうとするのかということ――それが企画のはじまりです。

今度はこういう作品を作ってみようと企画したとき、大切なことは必ずそれを文字にして書いてみることです。

その目的と、とりあげるべき〝なに〟とを書きあげてみるのです。漠然と頭の中で考えていたときより、ことがらは、書くことによってはるかに整理されるものです。書きだしてみると、意外なことに、すらすら書けなかったり、まるで考えがまとまらなかったりすることがあります。

漠然と頭の中で考えるということは、それほど頼りないものなのです。

最初の思いつきだけで考えている間は、とてもうまい作品ができそうないい気持になることがよくありますが、それはあくまで、気分や気持がよかっただけで、いざ具体的な創作に手をつけはじめると、思ったほどにはうまくゆかず、せっかくよかった気分がブチこわしになってしまいがちです。

思いつきを頭の中だけで考えている間は、自分に都合のよいことばかりを、しかも自分に都合のいいように考えがちなもので、気分やムードに支配されがちです。

ところが作品活動というものは、とても現実的なもので、ムードの中からこつ然と生れでるものではないのですから企画の段階からじゅう分現実的に練りあげないと失敗してしまいます。

そこでまず書くことによって、考えを整理し、まとめていくわけです。

どんな題材をえらび、どんな内容の映画にするか、誰に見せる映画にするか。

それを書いて整理するのです。

ところが、これらのことは、自分はなぜ、どんな目的で、こうした作品を作ろうとするのかということと直接結びついているはずです。それなのに、〝なぜ、どういう目的で〟と

いうことが、えてして忘れられがちです。専門家でも、その辺のところを、よく見きわめないままに、仕事を進めてしまうことがあるのですが、アマチュアのかたがたの中には、そこをほとんどす通りしてしまうかたが多いように見受けます。そしていきなり、人を感心させるにはどうしたらいいかとか、どうしたら人の目をひきつけるだけの新しい手をあみ出すことができるか、どうしたら面白くできるかなど、そんな技術のことに先走ってしまうのです。

その結果は明らかです。——描こうとした重点はどこかへかくれて、妙に手ばかりがチラついて、なにを描こうとしたのか分らないという結果になり、せっかく得意になっていた手そのものまでが、生き生きと観客に迫らなくなってしまいます。そして〝君は一体なにを描こうとしたのか〟という批評にぶつかって、カーッと頭にきてしまい、〝あいつは映画の見方を知らない。あいつなんかには自分のうまさが分らない〟などと、いきまいてしまうことになります。こっけいな見当ちがいです。

〝なぜ——どんな目的で〟ということをよほどしっかり見きわめないといけないのです。

そのために、これも書いて整理してみることです。

その際、〝どんな目的で、誰に見せるか〟ということは割合いすらすらとまとまるでしょう。けれど〝なぜ〟自分はこの作品を作ろうとするのかという点では、ある困難につきあた

ってしまうことが多いと思います。〝なぜ〟というのは、創作への動機ですし、動機というものは、なかなか理くつではあとづけることがむつかしいからです。しかし、この〝なぜ〟の中には相当に大切な要素がかくされているものです。どうしてもこのことだけは映画にして伝えたいとか、教えたいと刺激された衝動とか、どうしても描いておきたいと感じた感動とかがそれです。はじめて知った、ないしは発見した驚異なども、創作への動機の一つでしょう。こうした動機をよく突きとめて、それを創作の出発点とすることが大切なのです。

動機とテーマ

このようにして企画を書きあげようとするとき、もう一つの問題に気がつくはずです。テーマの問題です。

目的もはっきりし、とりあげる題材も整理でき、自分の動機（感動）の所在も突きとめることができたとすれば、それだけで書けないわけはないのですが、とかく意あまって散漫になったり、饒舌になったりします。そして結局いま自分はなにをいおうとしているのかはっきりしなくなります。これはテーマについて意識的でなかったからです。企画で重要なことはテーマです。この作品で自分はなにをいおうとするのかという軸（背骨）になるもので

す。目的が明らかになり、創作への動機が具体的につかまえられたとき、それはおのずと、そうした精神の動きの中に胚胎しているものなのですが、作り手は、それをはっきり、具体的にひき出す努力をしなければなりません。

テーマはシナリオの問題としても重要なことがらです。ここでどうしても一言しておかねばならぬことは、テーマをひき出すということについてです。

テーマは現実の中に

テーマはあくまで「現実」の中からひき出すべきもので、テーマを逆に「現実」におしつけ、現実に対してテーマで型おしをしてはならないということです。こうした逆コースのテーマは、自分の観念のテーマです。観念的な態度で生き生きした真実は、語れません。

私たちがある現実に興味を持ち、また感動を得るのはいつも、ある現実に接し、その現実の中から汲みとられるものです。それと同じように、作品を通して、なにを語り、なにを訴えるかは、やはり現実の中から汲みとらねばなりません。観客が興味をもち、感動する「現実」は、作品の中に扱われている現実です。あるいは、作品そのものがその彼にとっての「現実」になります。だから、その「現実」はいつも生き生きと生きている、具体的な現実

でなければなりません。

しかも映画はつねに、具体的なものです。具体的な現実を通してなにかが語られるものです。したがって、この点からいっても、現実をよく観察し、よく見抜き、よく認識することによって、その裏にかくされている意味をよく理解しなければなりません。そのかくれた意味までよく理解しなければ、自分の感動もどこからきたものか、じゅうぶん分析もできないし、したがって自分の感動や関心を人に具体的に伝えることなどできません。なにを語り、なにを訴えるかというテーマもボヤけてしまいます。

しごく簡単な例でたとえて言えば――

ここにひとりの学校の先生がいるとします。彼は校内での落し物の多いのに悩んでいます。彼はどうにかして、その落し物をなくしたいものだといつも考え、なやんでいます。そして映画を作って訴えたいということになります。彼は頭から、落し物をすることは不注意で悪いことだときめてかかり、生徒の不注意、放心についてがむしゃらに批判、指摘する映画を作ったとします。そして落し物をするということがどんなに無駄なことで、どんなに人に迷惑をかけるかということを描いたとします。ところがやっぱり落し物は依然として減りません。彼はここで、自分の映画の作り方のどこかに欠点はなかったかと反省するか、ある

いは、生徒とはどし難いものだと悲憤慷慨するか、のいずれかに迫られるでしょう。さいわい彼は反省型に属する人物だったとしましょう。

一体、彼はどんな反省の仕方をするでしょう。読者のあなた方だったら、どんな風に反省してみますか。

反省の仕方にはいろいろあると思いますが、おそらく彼はそのとき、生徒が落し物をするという現実についての調査と認識に欠ける所があったと気がつくに違いありません。そして落し物はよくないことに相違ありませんが、それを一般的に、〝悪いぞ悪いぞ〟と叫んだだけでは、まだ駄目だということに気がつくでしょう。どういうときに落し物をするのか、また落し物をすることについて、また落し物の処理をめぐって、生徒たちはどんな風に考え、どんなことを要求しているのか、その辺の現実から出発しなければ恐らく「訴え」の力は弱いでしょう。そこを抜きにして、ただ〝悪いぞ悪いぞ〟というのでは、生徒の持つ現実との間に隙間があって、その「訴え」は観念的となり、少しも現実的でなく、具体性に欠けることになるのです。

したがって観念に流れては説得力がなく、現実とのズレが空転するだけなのです。

このようにして、語りたいなにか、訴えたいと思うなにかは、つねに現実の中から具体的

に汲みとるように心がけるべきなのです。

そしてそのテーマは、現実の調査と、現実認識が深められるとともに、ますます具体性を帯び、テーマそれ自身もまたさらに深められ、ゆたかになっていくものです。

テーマを深める

テーマが深められ、ゆたかになるということはどういうことでしょう。

たとえば、僻地（あるいは辺地）の子供たちの教育の貧しさについて見聞し、それを一つの社会問題として訴えたいというテーマを持ったとしましょう。彼は最初、そうした訴えについての感動を、僻地の学校の貧しさの中から得たとします。そのとき、その学校の中の貧しさだけを材料にとりあげて作品にすることももちろん可能です。しかし彼の調査と現実認識の努力が、学校の外に出て、子供たちをとり巻く日常の生活環境の中にもくい入ったとします。すると同じテーマのもとでも、学校の中の貧しさは、日常の貧しさの中の、一つの集中的表現として理解しとらえることができるようになり、同じ学校の貧しさをとらえるとらえ方も、以前よりはいっそう、底の深いものとしてとらえることになるでしょう。このようにして、テーマそれ自身への理解もまた深められたところで作品活動が行なわれるわけで、そ

の方が作品としても重厚になり、説得力はいっそう具体性を帯びて強くなります。

ところが、同じ貧しさをとらえるにしても、貧しさは現実の中で、さまざまな形をとってあらわれています。貧しい僻地だから白米など食べていないだろうと思われるような所でも白米を食べていることがあります。貧しさを描くのだから、白米は困ると考えて、それを頭から避けたり、また敢えて白米をイモにかえたりして描いてはいけません。白米がかえって、貧しさの象徴であったりする場合があります。白米を食べることが一生最大の念願であったり、白米を食べるために、ほかのなにかが犠牲になっていたりします。そこのところを知りわけ、認識するということをないがしろにして、貧しさという一般的な概念を現実に押しつけて、型おししてはならないことは、前にも述べました。

ところがそういうこととは別に、テーマについてのもう一つ大切なことをここでは述べたいと思います。

テーマは作品を一貫する

テーマの一貫性についてです。現実の前に立ち、現実の中にたち向っていくとき、現実はまことに複雑多岐なものですから、一貫したテーマをしっかり持っていないと、現実にふり

まわされ、大事なことがらも見失なってしまうことになります。

最初に、現実の中から、関心や感動を通して、あるテーマを汲み出したとしたら、それへの理解を深めていくという態度を一貫して持っていないと駄目です。さきほど述べた、貧しさの象徴としての白米も、僻地の子供の貧しさを描くというテーマをしっかり持っていればこそ、見逃さずにとらえ得るのであって、その観点から白米という現象をつきつめて見ていくときにこそ、その背景にかくれていた意味をさぐり得るのです。

テーマは作品のバックボーンですから、それがフラフラしていては、作品はできません。

作品は創造された一つの世界だとさきに書きましたが、一般に世界は法則で動いています。作品の世界でも、テーマは、法則となってその世界を動かします。テーマはバックボーンだという意味は、単に骨格的な意味だけでなく、その世界を動かす法則性だということです。

3　作り手と観客―作品は観客と語りあう

作品の社会性

観客のあることを無視した作品はありません。観客を無視して作品はないともいえます。極端な場合は、作り手自分自身ただひとりが観客ということもあるでしょうが、そのときでも、ひとりの観客はあったのです。

しかし観客を意識しすぎた作品というものに、よい作品はありません。なぜなら、前にも述べたように、作品は自分自身の主張であり、自分自身の「人間」の表現です。観客を意識しすぎたのでは、観客におもね、観客に受けることが目的になって、自分自身の大胆な表現というものがそこなわれてしまうのです。

そこで問題になるのは、自分自身の表現、自分自身の関心や興味、自分自身の主張や感動が、結果として、どれだけ社会性があるか、観客にも（反撥でも、共鳴でもいい）問題にしてもらえるだけの価値あるものかどうかという点です。

個人的な、ひとりよがりの趣味は、人の妾の自慢話を聞かされるようなものです。

世の中は、自分ひとりで生きているものではないのですから、自分自身の興味や関心、自分自身の主張や感動で、他人（観客）とかかわりを持たないものはないはずです。そこで、ほんとうに、自分が主張したいこと、訴えたいことは、熱心に語られれば語られるほど、他人と考えあい、感じあい、語りあうことがらとなって、広まっていくものです。いい加減では駄目です。なにも深刻なことばかりでなくて、ほんとうに楽しみあいたいことだって、いい加減でなければ、観客との間にじゅう分の価値ある作品となります。その情熱がまず大切です。

作品は観客に見られたとき作品となる

このようにして、作品が価値あるものとなるのは、観客との関係の中できまってくるものです。もちろんここで誤解していただきたくないことは、観客が〃いい〃といったから作品に価値ができ、〃悪い〃といったから価値がなくなるという意味ではありません。作品は、観客が見ることによって、そのとき作品が作品になるのだということです。そして、よし悪しは別にして、その作品を通して、観客と語りあえたとき、作品は価値あるものとなります。

もちろん、そのときには、作品を作る技術も問題になるでしょう。しかし技術が問題になるのはあとのことです。

作品を中にしての語りあい――批評活動

観客が見るときに、作品がはじめて作品となり、反撥にしろ共鳴にしろ、とにかく観客と語りあうことができ、感じあうことができたとき、作品は価値あるものとなるという、この点を大切にすべきだと思います。

ということは、作品は自己表現であり、観客もまずその点で語るべきだということなのです。

作り手はなにをどう感じ、なにをどう理解し、どう受けとったか、そこにこそ観客にとっても自分自身とつながりあう問題点があるのです。作品というものは、作り手にとっても、観客にとっても、それほど、「生きる」ことに関係のあるものなのです。

前にも述べたように、人間は日常みんな、自己表現をしながら、嬉しいことは喜びあい、怒るべきことについては怒りあい、理解すべきことについては理解しあって生きているのです。それを作品というと、すぐ技術だけにとびついて、あげつらうのはどういう魂胆なのでしょう。なにごとでも、なにかをやりたいから、それに応じた技術が駆使されるのであって　問題はその、やりたがっていることがらや腹のうちにあるのです。ですから、作品を中にして、その作り手のいいたかったことがらや、その作り手の受けとり方についてこそ問題にしたらいいのです。そして、嬉しいことは喜びあい、怒るべきには怒りあい、作り手の考え方や感じ方の中に、けしからぬ点があれば、攻撃し、やっつけ、みんなで、生き生きと生きあえばいいのです。

作品をそのようなものとして受けとるとき、作品は、日常生活の中で生き生きとしたものになるでしょう。観客もまた自分の生活や生き方にてらして、活発な自己表現を、批評活動を通じて展開できるでしょう。

しかし、作品は、作り手の目を通して、種々雑多なものが複雑に動いている現実の中から、あるテーマと目的に則して、材料をえらび出して再構成したものですから、ある意味を持った「現実」になっており、よくできた作品では、なまの現実の奥にかくれている「意味」がよく表現されているものです。

したがって普通、忙がしい生活をしていては、見のがしてしまっているような「現実」とその意味がよく分ります。この「現実」とその意味を作品によってさぐっていくという効果

も、作品を中にした作り手と観客の語りあいを通して築きあげることさえできるはずです。

それは学校の先生が、図工や理科の教材に、映画を作る場合にもいえます。現実の意味や法則や論理を、作り手の先生と観客である生徒とで作品を中にして語りあい、さぐっていくのです。ある工作の教材映画にしても、どういう順序で、なにに注意しながら、どういう技術で、工作を進めるか、その過程を整理して、再構成し、そこに流れている法則や論理を明らかにしていくことができるわけです。

観客との協同制作

テーマによっては、ある場合には、作品ができあがったとき、観客の側にまわる人びとと作り手とが協力しあって、作品を作るというやり方も必要となってきます。

地域の村の人びとの協力でできた「月の輪古墳」という映画や、それに「日鋼室蘭」というような労働組合の斗争記録映画や、「一九六〇年六月—安保への怒り—」などはそのような作り方の一例です。

「月の輪古墳」は古墳発掘を通しての、地域の歴史運動の記録で、その運動に参加した地域の多勢の人びとが、その運動の現実の中から、どういう材料をどのように選んで構成する

か、また自分たちの運動のどの部分を、どのように選んで構成するか、専門作家に材料と意見を出し、話しあいの中で、映画を作っていったのです。労働組合の映画も、安保の映画も多かれ少なかれ、そのようにして作られました。

本来はそのような作り方をすべき筋合いの作品なのに、それをやらないで失敗した例を一つ紹介しましょう——。

ある保育園での話です。

遠足をすることになり、その記録をとったら、子供たちはもちろん、お父さんやお母さんにもさぞ喜ばれるだろうと考えて、そこの保姆さんが8ミリで記録映画をとりました。

ところが案に相違して、お父さんやお母さんに喜ばれず、つまらないという批評を受けて、保姆さんはガッカリしてしまいました。なにがつまらなかったのでしょう。

遠足ということの本質、保姆さんの仕事の本質にかかわる問題がす抜けていたのです。

つまり、遠足ということの目的が、しっかり映画の中に汲みとられていなかったのです。

遠足はレクリエーションの一つには相違ありません。しかし、幼い子供たちを、新しい自然に接しさせ、その体験と情操をゆたかにさせようという期待がこめられたものです。それは、親たちの期待でもあります。それなら、どこへ連れてゆき、どんな喜ばせ方をしようか

ということは、専門家の保姆さんだけでなく、親たちにも共通の関心です。この保姆さんにとって、そのへんの目的意識が欠けていたか、あるいは、専門職だというので、そうした遠足計画を父兄に相談もせず、ひとりで請負ってしまったかのいずれかだったのでしょう。

そのため遠足計画について、父兄は少しも参加していなかったのでしょうし、遠足についての目的意識が映画に反映していなかったのでしょう。

したがって、映画はただ、子供たちが行列して歩き、ただなんとなく行楽して元気で帰ってきたというだけのものになってしまったのでしょう。

これではつまらないわけです。

遠足計画について父兄も参加し、目的と期待が（保姆さんも含めて）明らかになり、それに対して子供たちがどう反応するかという興味とサスペンスで映画がとられていたとすれば、映画はもっとおもしろかったはずです。

ですから、この映画では、テーマがボヤけていたということとともに、観客である父兄たちも一しょになって、遠足計画に参加し、したがって映画製作の計画にも参加するという態勢がとられていなかったという点に、決定的な欠陥があったと思われるのです。

テーマの不明確さもさることながら、こうした欠陥が埋められていたら、作品は、ただ単

に保姆さんだけの作品ではなく、父兄たちみんなの作品となり、内容も、少なくともみんなの関心の的となるという点で、おもしろい効果を生み、不評はこうむらずにすんだはずです。そして映画製作は、さらにまた次の企画を得て発展したでしょう。

たんに映画製作だけではなく、父兄たちみんなが日常の保育計画になんらかの関心をもって参加するようになるか、保姆さんもまた、みんなと日常計画を考えあうという経験をいっそう発展させ、この保育園の内容がそれだけ発展する可能性を生むことになったでしょう。

みんなと協力しあって映画を作るというやり方は、映画だけでなく、日常生活のやり方にこのような効果を残すことにもなるのです。

このことを別の角度から言えば、遠足の記録映画一つとるにしても、保姆さんの日常の目的意識が問題になり、その活動の仕方が問題になるのだということを端的に語っていると言えるでしょう。

自己表現としての作品は、作り手に対して、それほど、自分自身の日常の生活態度の訓練を要求しているのです。表現技術以前の重要な問題点です。

Ⅳ　記録映画のシナリオ

吉見　泰

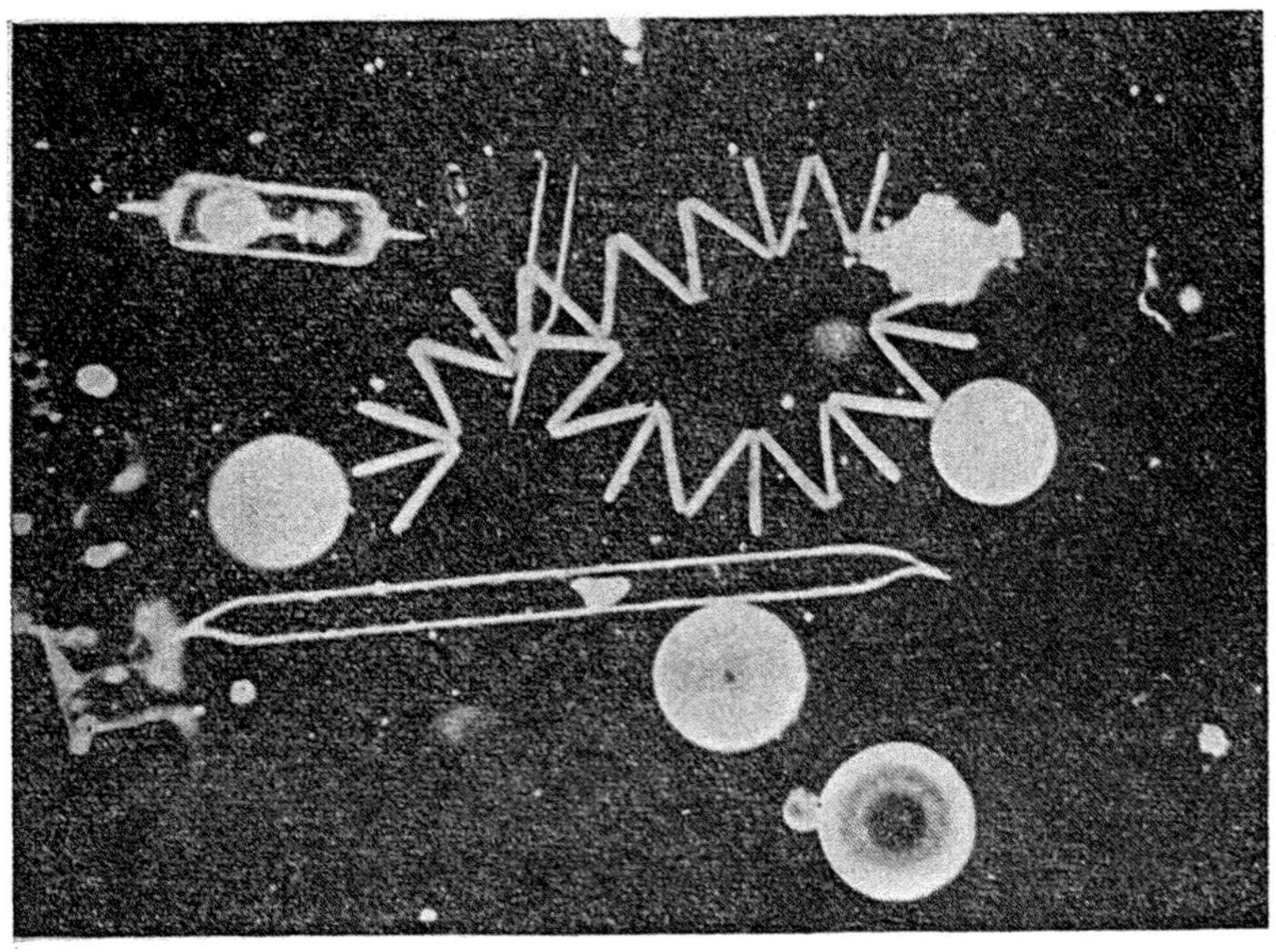

1　シナリオ構成の基本

シナリオとは

テーマも明確になって、企画ができたとします。さて今度はいよいよシナリオを作って撮影ということになります。

それでは、シナリオとはなんでしょう。シナリオはそれ自身、独立した価値のあるものだとか、そうでないとか、そうでなければ、独立した価値あるものにしてみようとか、これまでには、いろいろ議論がかわされたものです。

しかしいずれにせよシナリオというのは、あくまで映画のためのシナリオであって、映画という具体的な作品になることを目標とした、一つの段階なのだと思います。

けれども、だからといって、シナリオを軽視してよろしいというわけにはいきません。

常識的にいえば、シナリオは映画の設計図だといえます。これが四離滅裂であったり、無理な設計であったりすると、映画もまた、ゆがんだものになりがちですし、筋の通らないも

のになったりしがちです。よく、いいシナリオから悪い作品はできないが、悪いシナリオからは決していい作品はできないといわれるほどです。

シナリオ、ことに記録映画のシナリオでなにが一番大切かといえば、それは構成だといえます。

シナリオをはじめて勉強したいという人たちの中にはよく、なにかシナリオというものに特別な技術があって、まずそれを獲得すれば、大半の成功はおさめることができるのだとばかり、勢いこむ人がいます。そして、F・I、F・O、O・Lなどの技術用語を覚えてシナリオを書くのですが、いっこうに体をなさない。シオリオの本体はそんなところにはありません。その意味では、シナリオに特別な技術などないと考えて向った方が、まず間違いは少ないでしょう。もちろん、たくさんのシナリオを書いてきた多勢の先輩たちが、その経験をもとに、シナリオを作る方法として、これがいい、あれが悪いと指摘している技術問題は幾つかあります。

しかしそれを知ったからといって、シナリオは書けません。またそれを忠実に守ったからといっていいシナリオができるとは限りません。

むしろ、なにを語り、なにを主張したいか、その点を自分ではっきりさせて、画面をまず

自分なりにシナリオに構成してみることです。

シナリオは、現実から選び出した必要な画面を、順序だてて構成したものです。ところが、この構成にあたって、一つ一つの画面をどんな画面にしたらよいか迷ってしまって分らなくなるという人たちがたくさんいます。そしてなにか秘けつはないかとよく聞かれます。そういう相談にあずかっていると、それが分らないために、シナリオが書けない、それさえ分れば書けるのだといわんばかりの熱のいれ方です。けれど秘決などはないのです。シナリオに特別な技術などないと思った方が間違いは少ないと書いた意味もそんなところにあるのです。

画面の選択のむつかしさは、専門家にとっても同じことです。一作ごとにとても苦心しています。

ただ、一般のアマチュアの方の中には、キレイな画面、人に賞められるようないい画面を撮ることだけが、頭にきてしまって、どうしたらいい画面を撮るかに迷うだけで、なかなか決断がつかない人も多いようです。

それから、イメージはつぎつぎに頭にひらめくのだが、書く段になると、なかなかまとまらないという人もいます。

この二つの場合、なぜそうなるかというと、自分はなにをいおうとするのか、そのテーマの煮つめ方がたりないからです。それがたりないから、どんな画をえらんだらいいか、ああでもないこうでもないというさまざまな画面の雰囲気あるいはムードに酔って酔眼もうろう、私はどっちへいったらいいんでしょうということになってしまっているのです。

前章でもくどいほど述べましたように、テーマを煮つめるという過程をしっかりふまねばならないのです。テーマを煮つめていけばいくほど、その過程で、描くべき世界全体のヴィジョンが相当明確につかめてくるものです。そうすれば、そこに必要なシーンあるいは画面も相当な確かさで明らかになってくるものです。それをテーマにしたがって、一番効果的な順序で構成していくことになります。

ところで、ここで一つ注意すべきことがあります。

欲ばりはいけないということです。

描くべき世界全体のヴィジョンがつかめてくると、選ぶべき画面もまた相当豊富になってきます。このとき、この画面もあの画面も、この話（エピソード）も、あの話もと欲ばってしまう場合が、専門家の間にもえてしてありがちです。そのおかげで、折角鮮明に煮つめられてきたテーマがボヤけてしまうことになります。全体の話の中のどこに重点があるのか、作

者が本当にいいたかった点はどこにあるのか、よく分らなくなってしまうのです。

とりあげるにたる材料は多いほどよい。多いにこしたことはありません。しかし、その豊富さの中から、さらに選びあげる、いいかえれば、いかに切り捨てるかが成功と失敗の曲り角になるわけです。

いかにして切り捨てるか――これもまた「テーマ」に則して切り捨てるのです。テーマを最も有効に生かし、それが鮮明になるよう切捨てるのです。

この切り捨てに際して、注意すべきことを一つ述べておきましょう。

どんな世界でも、それは一定の秩序のもとに各部分が有機的に構成されてできているものです。シナリオでも同じことです。多くの画面を有機的に組みあわせて、一つの世界を構成するのがシナリオの仕事です。それは、前章でも述べましたように、現実の中から、テーマに則して選択された画面による、現実の再構成の仕事です。その際、現実の世界を構成する各部分にそれぞれの意味があるように、シナリオとして、一つの世界を構成する各画面にもそれぞれの意味がなければなりません。切り捨て、構成していく上で、選ばるべきこの各画面の意味を重視しなければなりません。テーマは描くべき有機的な世界に秩序を与える脊骨です。この脊骨との関係で、各画面の意味を重視するのです。ただし、各画面に対して、テ

ーマの側から、意味づけを強要しては駄目です。各画面の意味は、対象とする現実がもっている意味の反映です。現実から画面を切りとったからといって、その瞬間に、その画面が現実の意味をはく奪されては死んでしまいます。

このようにして、現実の持つ意味を反映した各画面を有機的に組みあわせ構成することによって、これまた現実の中からひき出されたはずのテーマが表明されるというふうにするのです。

したがって、想定される多くの画面の中から、さらに必要な画面を選んでいく作業（いいかえれば切り捨てる作業）は、どちらの画面が、描くべき現実の意味をより集中的、ないし、より象徴的にもっているかを判断しつつ、取捨選択する作業だといえます。

一般の方がたがどんな画面をえらんだらよいか迷うというのも、ひとつには、このような画面の意味というものを重視しないで、画面の形式の方に関心が向けられるところから起る現象なのでしょう。

しかし、以上のことが分ったとしてもなおかつ、画面の選択はむつかしいのです。ですから、テーマに則するということだけを念頭において、まず臆せずに、大胆に、画面をえらんで構成していくことです。そういう実践を通して、より訓練されていくものです。最短距

離は一朝にしてかく得できるものではありません。なにごとでも同じことです。

まず分りやすいこと

各画面をシナリオに組みあげていく場合、いきなり芸術的効果をねらったり、人を感心させることをねらったりせず、自分のいいたいことを、人に分らせるにはどうしたらよいかということをむしろまず考えるべきです。骨組みばかりがギスギスしていて、うるおいがないなどということを、まず、心配しないでもよいと思います。うるおいやムードばかりに酔って、なにをいいたいのか、どこに重点がかかっているのか分らない作品の方が、どれだけ人を悩ますか知れません。ギスギスしてもいいから、まず、話を通すことです。テーマを通すことです。うるおいをつけたり、芸術的雰囲気をもりこむのは、そのあとからでも十分、間にあうことです。

自分の語りたいことを、人によく分らせる（あるいは感銘づける）ように、話をすすめるすすめ方――それが構成の技術です。

すべてのことを同時に一ぺんに、話してしまうということは、とうてい無理な注文で、映画でも、時間とともに内容が展開されていきます。なにから、どういう順序で話をするか、

語るべき話全体の内容を分解して、それを最も効果的に積みあげていかねばなりません。このとき分解された個々の材料が、個々のシーンあるいは画面だということにもなるわけです。

ですから、このシーン（あるいは画面）ではなにをいうか、次のシーンではどんな意味を語るかと、個々のシーン（画面）の意味内容を吟味しつつ、最も効果的と思われる順序で組みあげていきます。

構成上大事なことは、個々のシーン（画面）の意味内容が、ズバリ、ズバリと簡明、的確に分るようにできていないといけないということです。それがまわりくどく持ってまわったようなものでは、見る方でとまどうばかりです。映画は待ったなしで話が進み流れてゆくものですから、一度とまどったり、ひっかかったりすると、観客はもうついてはゆけません。それでは失敗です。

このことは、ファースト・シーンにもあてはめていうことができます。ファースト・シーンが、まわりくどいのは、観客をひきつけません。最初からズバリと入るのが常道だと考えていて間違いありません。ズバリ入るという意味は、その作品のテーマなり、その作品で描こうとする世界と密接に関係する画面によって、観客を規程づけてしまうということです。

観客のさまざまな心象を一筋の方向にしぼりあげて、描こうとする世界の中にひきずりこんでおいて、あとは、観客を、作り手のペースに乗せて、終りまでつまづきなく話を展開しようというわけです。

構成の基本

この、話の展開の仕方が、前に書いたように構成の技術です。そして構成を貫く一貫した脊骨がテーマです。このテーマに則して、必要な各画面を秩序だてて構成するわけですが、各画面の秩序だてに際して、心得ておかねばならない一つの基本があります。これは、秩序だて、ないし、順序だての単なる技術として理解されては困ります。むしろ記録映画のシネマツルギイに通じる課題です。

それは記録映画における葛籐、もしくは劇性の問題です。劇、ないし劇映画の世界では、古くから、有名な葛籐理論というのがあって、人物の間に葛籐関係（対立）がなければ劇はなりたたないとされています。記録映画では、人物関係を中心にして劇を仕組んでゆくのとはちがって、いつも現実そのものが対象となるのですから、劇映画での葛籐理論はそっくりそのまま、記録映画にあてはまるものではありません。

しかしそうかといって、記録映画に劇性を求めなくてもよいということにはなりません。記録映画にとっても、劇性はつねに必要です。なぜなら、対象となる現実そのものもまた劇的に構成された世界だからです。劇的に構成された世界だという意味は、ただ単に、喜びや悲しみ、幸や不幸に織りなされた世界だということではありません。いろいろな矛盾・対立によって動いている世界だという意味です。そして私たちの興味と関心は、動いている世界にあるわけですが、それは、矛盾点、対立点を通してはじめてとらえられる世界です。劇性はこの矛盾の相剋、対立の衝撃によって醸成されます。劇性の本質は、そこにあります。喜びや悲しみ、幸や不幸にしても、それを培う矛盾点や対立点を通してとらえるのでなければ、喜びは喜びとならず、悲しみは悲しみとなりません。そうでなければ、もしとらえ得たつもりになっても、それは形骸にしかすぎません。しかもその場合、なにが真の矛盾か、なにが真の対立かを見極めることがまた大切な条件になってきます。それによって、幸や不幸の意味内容が変ってきます。

いずれにしても、現実の矛盾（対立）点を通して動く現実をとらえるというところに基本があり、そこに劇性が胚胎するのです。

ひ近な例で、私たちの一日をふりかえってみましょう。いや、一日を描くことになったと

しましょう。

朝起きて、朝飯を食べて、仕事に出かけて、帰ってきて、晩飯を食べて、食後の時間つぶしをやって、寝る――こんな描き方をする人があるでしょうか。これではとてもつまりません。つまらない理由として、そんなのはあまり当り前すぎる、陳腐だという人もいるでしょう。また、一日の表面をなでただけの皮相にすぎないという人もいるでしょう。皮相だとなぜつまらないのでしょう。

皮相というのは、ただ目にうつっただけの現実（自然）を、そのままうつしとっただけのことです。そこには生きて生活する主体がありません。主体のないところに、矛盾や対立は起りません。矛盾や対立のない生活は生活ではありません。実際、どんな生活であっても、彼が生きるためには、彼の環境条件との対決があるわけです。食うためにはどうするか、生きて生活する条件を依持し、発展させるためにはどうするか――なにといかに斗い、なにといかに妥協するか、そうした対決があるわけです。みんな彼なりにそうした苦斗をやっているのです。みんな彼なりの対立物と対決し、彼なりの矛盾と相剋するという劇的な生活をしているのです。だから、その矛盾点、対立点をとらえるのでなければ、またいいかえれば、生活の中の劇性をとらえるのでなければ、観客は、アクチュアリティもリアリティも感じと

ってはくれません。皮相な生活描写がつまらないというのはそこに根ざしています。

作り手の主体と矛盾

ここで矛盾といい、対立といってきたことを、さらに拡大して考えることがまた重要です。

対立・矛盾は、生きて生活しようとする彼と彼の外部諸条件（環境条件）との間にだけあるものではありません。外部との対決は、彼に対して主体（主体意識）を要求します。そして外部との対決に成功し、勝利するために、あるいはまた外部と統一し調和するために、またあるいは外部と妥協するために、彼の内部でも相剋をまぬがれません。外部にどう対処し、どう対決したらいいか、そのためには彼の内部のなにを克服し、なにを発展させねばならないか、意識的な相剋をまぬがれません。こうして彼の主体的能力が内部と外部を分析し、批判して、再び外部に働きかけてゆきます。

このようにして、外部とのかかわりあいの発展の中で、彼の内部の潜在矛盾はますます顕在化し、また彼にとって潜在的であった外部世界の矛盾もまたますます顕在化してきます。そして彼と、彼の環境は、ますます複雑に、かつ、豊富になってきます。

相剋する内部矛盾を蔵した彼と、その外部との具体的な相関関係――これが「現実」というものです。相剋を通した彼の内部の発展と、そうした彼の働きかけによる外部の発展――これが「現実」というものです。

このように考えてくると、シナリオ構成（ないしは創作方法）の上での基本となる対立・矛盾（劇性）のとらえ方はまことに豊富なものになってきます。

作り手の意識と目を通した、ある現実の批判――ある人間が生きようとしてつき当った社会的矛盾への怒り（あるいは解明）。また、彼が生きようとすればするほど、連鎖的にあらわれてくる社会的諸矛盾。このような社会生活あるいは社会体制と生きる主体との矛盾の告発はすでに多くの作品にとりあげられていますし、これからもまだまだ後を絶たないでしょう。そうした題材は、あなた方の身辺にもゴロゴロしているはずです。けれども、生きる主体が不鮮明だと、矛盾点、対立点も不鮮明になり、告発自体が鈍くナマクラになるばかりでなく、劇性がボヤけてしまいます。意図は高く買うが、作品としてはどうも……という結果になるのは、ほとんどの場合、原因はそこにあります。

生きる主体を明らかにしつつ、はじめは大まかな矛盾対立から、次第にギリギリ一点の対立点を追求してゆきましょう。ギリギリ一点の対立シーンを最初にもってくるかどうか――

それはそのときどきの手法の問題で、自由に考えていいことですが、行動（生活）を通してギリギリ一点の矛盾点にしぼりあげてゆくという基本をはずしてはならないのです。

対立・矛盾の側から、シナリオを構成してゆくという基本は、社会的な記録映画に限らず、どのような作品にも共通の課題です。それは、さきに述べた、ある人間の内部と外部の関係に照らして明らかなことです。

自然や生物の観察記録の場合でもそうです。自然（生物）観察は、主体の外部への働きかけのあらわれの一つです。その働きかけの意味が作り手の側でしっかり理解されていないと、昆虫や貝類のどんな生態が展開されようと珍奇以外のなにものでもありません。

それでは働きかけの意味とはどんな意味でしょう。主体が外部へ働きかけるのは、主体が生きるための行為であることはすでに述べたとおりです。したがって、自然観察も広い意味では、主体が生きるための行為です。ただそれには、その結果をすぐ利用しようとする場合と、そうでない場合とがあります。観察結果をすぐ利用しようとする場合は、だまっていても、目的が比較的はっきり理解されやすいのですが、そうでない場合になると、なんのために観察しているのか作り手の主体意識がさっぱり不明確な場合がずい分あります。ある人は、理科教材として、子供に教えるためだといって、分ったような顔をしてすましていま

す。すますのは勝手だけれども、そういう態度には不信を抱きます。理科教材として、なにを教えようというのでしょう。自然の断片的な現象を捉えて、それを観察だと称してなぜすましていられるのでしょう。そういう人たちに限って無思想を売りものにしています。主体意識の欠除の暴露です。

自然観察にとって大切なことは、主体と自然とを統一的に理解し把握しようとする主体意識です。主体的な経験、主体的な知識、主体的な体制を通して、自然をどのようにして主体の側に、統一的に組みこむかという視点が重要なのです。事実、自然との関係における人間の歴史は、そのような路線の上で発展してきたし、将来もその道をたどるでしょう。

主体と自然とを統一的に理解しようとする努力と関心は、ますます自然を主体の側に組みこむ成果を発展させつつあります。そしてその成果は、主体と自然との統一理解をますます発展させつつあります。そのことは、主体の側への、自然の統一的な組みこみと、自然観（世界観）との相関的な発展を示しています。そしていまや太陽（核融合反応）をさえ、主体の体制の側に組みいれようとしている。それがまた体制に影響を与えようとしています。今日までのこの発展をもたらしたのは、無思想の成果でしょうか。それは自然開発と思想の体系化との相関的な発展の成果なのです。このようにして、かつて潜在的であった自然の法則性は

つぎつぎに顕在化し、それが統一的に総合され、制御されつつあるのです（いままで述べてきた自然の二字を、世界あるいは社会の二字に置きかえて考えても同じことです）。

このようなわけですから、したがって、自然観察記録の場合でも、作り手は、明確な主体意識を要求されているのです。そして同時に、主体と自然との統一的理解、体系的な理解という視点を一層要求されているのです。

この理解を進める過程は、主体と自然との相剋の過程です。生きる主体が彼の社会環境と相剋しつつ生きる過程と同じことです。複雑に潜在している自然の法則性や体系をひとつひとつ掘り起し、開発してゆくのです。すでに開発された知識、ないし思想の体系と方法によって、自然を掘り起してゆく過程で、足場にしていた体系がくずれ、組みなおされることもあるでしょう。正しいと思われていたテーゼが新たな事実によって、書き改められねばならないのです。Aの事実とBの事実を、どう体系的、統一的に理解すればよいのか、一つの理論体系が組まれ、それを足場にしての探究が、新たな事実の発見となり、AとBとの統一的理解を助けるかけ橋となることもあるでしょう。ひとつひとつの事実を体系ずけつつ、部分的な理解を確かめつつ、それを次第に拡大して、ついに巨象の全貌に達する過程です。

それは、部分的にでも体系ずけて、それを一つの小世界として理解しつつ進もうとする過

程です。

自然観察を理科教材に使おうという場合でも、扱う対象を、いかにそれが部分的であろうと、事実と事実とを有機的に体系ずけて一つの構成された世界として理解しようとする過程が重要です。それは生きる主体が社会環境との対決の中で生きるために、環境条件をどう理解して進むかという行為と同じような性質のものです。

この場合、シナリオ構成上の対立・矛盾はどこにあるかというと、自然の法則性や体系をとらえようとする主体と、バラバラにある自然の事実との対立にあります。それらの事実をどのように結びつけ一つの世界像として体系ずけて理解するか――そこに観察と探究の斗いがあります。新たな事実と新たな知識の開拓が、つぎの事実を見出してゆくというふうに、未知との相剋が、一つ一つ、自然の扉をひらいて進みます。そして対立の克服は、一つの世界像への到達、あるいは一つの体系の発見ないし、体系（世界像）に近ずく鍵（新事実）の発見です。構成を組む基本はそのようにしたいものです。そしてこの基本はどこに端を発するかといえば、前に述べたように、自然の世界を、主体との間に統一的に理解し、それを主体の側に組みこむという主体意識から出発しているのです。自然観（世界観）を体系的に発展させるという主体意識に発祥するともいえるでしょう。

対立点、矛盾点から構成をとらえるという基本は、前章の保母さんの例（幼稚園の遠足）のような場合にもあてはまるのです。あの作品が喜ばれず失敗したのは、そうしたとらえ方がなかったからです。前もって、遠足計画の準備がみんなの間でできていれば（主体が鮮明であれば）、それと子供らの反応が対立関係を産み、計画全体の中の部分に対する子供らの反応のあり方――思い通りであったか、ズレがあったか、思いのほかの反応が示されたか――によって、子供らのヴァイタリティを生き生きと構成できたのでしょう。

学校の先生方が、工作の指導映画を作ろうとす場合も、加工してゆく素材と道具（加工者も含めて）の相剋としてとりあげることによって、映画の内容は一層鮮明なものとなり、一層興味深いものとなるでしょう。素材の性質を明らかにし、道具の性能を明らかにし、そのカミ合いが合法的（合理的）な場合には成功し、そうでない場合には失敗する――それが原理で、その原理をうまく活用するのが加工者技術だという風にするのです。生徒の間で、いちばん失敗することの多い個所はどういう所かを予め調査し、それはなぜかを、矛盾の対立として解明する用意までも整えておけば、構成に一層劇性を持たせ、一層リアリティを持たせることができるでしょう。

官庁の広報映画などの場合でも、生活の向上という点に主体的な立場があるのですから、

そこを明確にすることによって、それを阻害する条件が明らかになり、それをどう除くかという方法と計画をPRするようにしなければ、酒を飲んで夢を見ているようなおめでたい話ばかりができ、それではリアリティもないので、観客は見るにたえなくなるでしょう。

どんな世界をとりあげてみても、それはすべて各部分が有機的に結ばれた世界です。そして有機的に結ばれることを可能にする契機はなにかと考えてみれば、それはみんな矛盾の対立であり、その相剋と統一の発展的循環によって世界が動いているのです。それを見失なえば、どんな世界像もとらえることはできません。シナリオ構成の鍵もそこにあるのです。

構成の実際

以上で大体、シナリオ構成の基本は、矛盾点、対立点で対象をとらえ構成してゆくところにあり、その対立関係が劇性を胚胎するという話をしました。

それは、各画面を単に秩序づけ組立てて構成する技術というよりはむしろ、描くべき世界像をシナリオにとりあげる基本的な方法です。

それでは、各画面をどう秩序づけて組んでゆくか、それをもっと具体的に知りたいという期待を持たれる方があるでしょう。ここで話を打切ったのでは、その方たちに、きっと、期

待はずれの不満が残ると思います。それで、そのことについて一言ふれておくことにしますが、これもまた一つの原則のようなものだと思っていただきたい。

一般に、お話の組み方には次のような方法があるとされています。

最初の段階でプロローグ(紹介)。

それから話の展開部分になって、

クライマックス、

エピローグ。

プロローグ(紹介)の段階では、登場人物の紹介と、それらの人物をとりまく環境や人物関係の紹介です。その段階では、いろいろ伏線がはられていて、次の話の展開段階で、各人物関係が発展し、さまざまな行動がいり乱れる、その用意が準備されています。そしてクライマックスでは、破局であれ、ハッピーエンドであれ、主要人物が、その一つの行為しかないというところまで追いこみます。そしてエピローグでは、クライマックスの緊張から解放された安どというか結材の後の一種の余韻を描くのです。

これは、長篇の劇映画でよくとられている古来からの手法です。しかし、このことにあまりとらわれることはないと思います。ことに、記録短篇の場合には、ただそういう原則があ

るということを承知していても、それにとらわれてしまわない方がいいでしょう。小説でも、長篇小説と短篇では手法がかなり(本質的にまで)違うのと同じです。

ただ、いま述べた手法で、クライマックスの段階に向って、話を追いあげるやり方は一つの基本として心得ておくのがいいと思います。なぜなら、おれのいいたいのはここだという、その一点に話を追いこんでゆく手法はどんな場合にも必要だからです。それなら、どのようにしてそこへ話を追いこんでゆくかということになります。

いきなりのはじめから、ズバリ話の核心にふれてゆくにせよ、これからどんな話をしようとするのかという紹介段階をふむにせよ、矛盾しあう、あるいは相剋しあう対立関係にある二者は、いつでも対置させておくことが大切です。そして、この対立関係をいろいろな断面から見て、積みあげてゆくのです。そしてその度に対立関係の緊迫度が高まってゆくようにします。そして最後の瞬間に、その対立を問題点として訴えるか、あるいはどちらかが相手に打ちかつか、打ちかとうとしているかを描くのです。その場合、対立関係の積上げは、対立関係についての理解を深める説明的要素であると同時に、最後の瞬間に対する十分な説得力を用意するためのものです。

より本質的な表現を

ここまで読まれてきたみなさんの中には、すでにある程度、感づかれている方もあると思いますが、矛盾の対立点でとらえてゆくという方法は、ことに、社会的なドキュメンタリイの場合、ありのままの現実を、釜にいれてトコトン煮つめあげて凝縮し、対立点を結晶にしてとり出す方法です。その結晶を偏向顕微鏡で見ると、その面によって、実にさまざまな色の光で輝やきます。

一口に矛盾の対立点といっても、それが現実の中にあるときは、このさまざまな色の光のヴェールにかくれて、その正体が判然としません。ですから、一度煮つめて、結晶としてその実体をつかんで確かめ、それが現実の中では、どんなかくれ方をしているのかを、見きわめたいのです。

もちろん、実際には、現実を釜で煮つめて結晶をとり出すなどということはできません。そのかわり、生きる主体意識をもって、現実に働きかけ、抵抗し、学び、生きるために積極的に斗うのです。あるときは仲間とともに。すると、その斗いの圧力にたえかねて、彼の生きる主体と矛盾する対立点が、自らヴェールを脱いで露呈してきます。彼の体験と勉強を通

しての体系的な眼（洞察力）がそれらの対立点を見きわめます。そのとき彼は、現実から得たテーマに則して、それら対立点を作品に再構成するのです。作品として再構成された現実は、すでに、日常のありのままの現実とは違っています。しかし、再構成された現実は、日常のありのままの現実のかげにかくれた、より本質的な現実となって構成されています。朝起きて、飯を食って、夜寝るという、見かけの現実からはつかめない、より本質的な現実です。

それは、見かけの、ありのままの現実の再現では本質的な作品にはならないということを語っています。再編成された、より本質的な現実は、当然、見かけの、日常の現実とはちがった表現を要求されます。

たとえば、部落を共同で電化したり、共同で住宅改善をやったり、共同で農機具を買ったり、テレビの共同聴視をしたり、ついには共同耕作、共同経営を目指す村があります。この共同して生活を開拓する村の姿に感動して、これを映画にしようとします。そこには何年にもわたって培われてきた「共同」の歴史と体制があります。これを限られた短い時間の作品にし、しかもそれも現在ある現実から描こうとするとき、ありのままの見かけの現実を再現したとて、「共同」ということが表現できるでしょうか。環境はどのように、この村の生活

に共同を要求したか、共同のエネルギーはどこから出、どのように組織されたか、その過去の話を再現してみたからといって、話の筋道はおえても、どれだけ「共同」の意味と、そのエネルギイを感動的に表現できるでしょうか。現実の環境の中での共同の本質を煮つめ、そのヴァイタリティに集中する新たな表現を試みるほかありません。しかもそのとき、ありのままの再現では到達できないこの村の本質が表現されるはずです。

この村の例に限りません。いま専門作家の間では、より本質的な現実を描き、現実への、生きる主体の働きかけを本質的に描き出そうとする試みが動いています。それは当然新たな表現を要求されています。それはおそらく、再構成に必要な、現実の分解の仕方から変えてかからねばならない問題であるようにも考えられます。そしてそれは、社会の、より多層的より構造的な分解と再構成とを要求しているのだとも考えられます。

このことは、みなさん方にとっても、やがてはつき当る課題だと思って、一応ふれておきました。

2　記録映画におけるシナリオの役割

シナリオは座標

記録映画では、そのときどきの現実が撮影対象になるものなので、あらかじめ書かれたシナリオのとおりにゆかないことがあります。それでもなお、シナリオが必要なのはどうしてでしょう。

それは逆説的ですが、現実とのズレが起るからこそ必要なのだといえます。あらかじめ書かれたシナリオのとおりにゆかないことが困るのではなく、無理な演出をしても、シナリオどおりに撮影しようとすることの方が困りものなのです。記録映画のシナリオはそういうものなのです。

一般的にいって、シナリオは、テーマを、どのような材料で、どのように構成して、表明するかを示すものであり、描くべき世界の全体像（ヴィジョン）を規程し、伝えるものです。ところが記録映画では、とりあげられた材料は、撮影に際して、シナリオに設定されたと

おりにはゆかないということが往々にして起ります。シナリオに設定した材料ばかりでなく、それ以外にも、テーマの表明のために、適切な材料を発見することさえあります。したがって、そのときどきの現実に則して臨機応変、シナリオの設定とはちがう撮影をしたり、設定以外の撮影をしなければなりません。部分の変更です。ところが、いくら部分の変更といっても、それが無原則に、めくら滅法に、あれもこれも面白いからといって、撮りまくり、変更していったのでは、描こうとした世界の全体像がくずれたり、テーマがいびつになったりして、拾集のつかないものになってしまいます。ですから、いつでも座標になるだけのしっかりしたシナリオによる骨組をもっていなければならないということになるのです。

そればかりでなく、シナリオの構成と全体像がよく書かれていればいるほど、カメラをもって、現実追求をする際、それを指針とした現実理解の力が加算され、方向たがわず、シナリオ以上に、現実追求ができるのです。

それだけに、シナリオにおける現実追求の方法と方向の鮮明さが要求されるわけです。現実追求の方法は、シナリオでは構成の仕方に反映していますし、それは描くべき世界の全体像を規程してきます。記録映画のシナリオで、構成が一番大事だと前に述べた意味はここにあります。

そういうわけで、シナリオがすぐれていればいるほど、完成された作品は、シナリオ以上に出たものになる可能性を必然的にもっているのです。

シナリオのテーマを身につけること

記録映画のシナリオはそういうものであると同時に、またこんなケースも出てきます。たとえば、次章でもひき合いに出されている例ですが、ある親が子供の成長記録をとることになったとします。はじめて動物園につれ出して、その反応を通して成長の記録にしようとするのです。絵本などではすでにお馴染みになっている動物や、はじめて見る動物に接して、その驚きや喜びが親の狙いです。

親は期待をかけて、シナリオを準備し、このときはビックリするだろう、このときは不思議そうな顔をするだろう、だんだん動物に馴れて、喜びはつぎつぎに高潮して楽しい一日が終るなどと、対面させる動物の順序などもあらかじめ設定して出かけました。

ところが、どれを見ても最後まで一向に思いどおりの反応をしてくれなかったとします。はじめから終りまで、シナリオどおりには、ことが運ばなかったのです。

このとき、シナリオを書いたことは全然無意味だったのでしょうか。

そうではありません。彼はシナリオを書くことを通して、子供の成長の記録というテーマをじゅうぶん身につけることができたのです。そして現実は予想どおりにはゆかなかったけれど、どれを見ても反応を示さない子供の記録をとりました。つぎつぎに、無反応の子供をとるうちに、いろいろな反省も湧きました。こうして一日を忠実に撮り終えたそのロールは、親の勝手な予想通りにはゆかないという反省の記録でもあったのです。それは子供の成長の記録であるとともに、そうした親の反省の記録の意味ももったのです。そこで彼は、帰宅して子供に、好きな動物の絵本を見せ、いつものように喜ぶ姿をとりました。喜ぶ子供の姿の中には、今日一日、なにを見ても無反応ではあったが、見てきただけそれだけゆたかなイメージが湧いていることを信じて。

そして善良な彼は、シナリオを書きなおし、最後に絵本で喜ぶ子供の姿に救われる親の反省の記録として作品を完成しました。

この例はなかなか役に立つ多くのことを語っています。**その一つは、シナリオがあるからといって、それに執着しすぎてはいけないということ。**

シナリオでは、予定のところで、驚き、不思議がり、笑うということになっています。子供は予定どおり反応しなかったのを、親はそのまま撮りました。それは正しいことでした。

シナリオにあるからといって、この場合、現実をまげてまで演出してはいけないのです。なぜならテーマが子供の成長の記録というところにあったからです。ところがテーマを身につけていないと、シナリオどおりに撮って、かえってテーマを曲げてしまうことがよくあるのです。この例の場合は、シナリオになくても、シナリオのテーマに則して、シナリオ以外の撮影をした好例です。

その二は、現実に則して、テーマの変更をするということ。

これはなかなかむつかしいことですが、あり得ることだし、またその方がいいことがあります。

そしてこのことは、最初にとりくんだテーマの精神をよほど徹して身につけていないとできにくいことです。

この例の場合、親は子供の成長の記録ということに全く徹していたからこそ、その精神（子供への誠実な愛情）を受けついで、親の反省の記録におきかえることができたのです。テーマへの情熱が作品活動にとってどんなに大切かをよく語っています。しかも現実に即応してテーマを変えてもその最初の精神を生かすことができたほどの情熱なのです。この情熱と、現実に即応できる創造性、それは現実理解のゆたかさにも通じます。

シナリオとテーマにがんじがらめになって、現実に即応できず、手をあげてしまうようなのは、情熱と創造性の貧しさを語ります。

そうかといって、そうやすやすとテーマを変更してもいいというのは、いい加減すぎます。

その三は、あらかじめ、大まかにたてたテーマで、撮りため、撮られたものについてスクリプトを書き編集する場合もあること。

全般にわたって予測がなかなかたてにくい材料の場合、おおまかなテーマのねらい（精神）をつけて、撮り集め、それによってシナリオを書き、編集するということは、たとえばオリンピックの記録とか、生物（自然）の観察記録によくあります。

このように、シナリオと撮影現場の関係はいろいろな場合があり、いつもシナリオにしばりつけられる必要もありませんが、シナリオによって、そのテーマを具体的に身につけることはいつでも大切な指針になるのです。

現実との対決

このシナリオの項を終えるにあたって、最後に一言しておきたいことがあります。

作り手は、描くべきその世界に対して客観的に見ることができる批判的態度を保ち、主観や趣味におぼれないようにしなければなりませんが、またそれと同時に、第三者的、傍観者的立場は許されないということです。傍観者はその世界と主体的に対決することができないからです。作り手はその世界に対して主体的に立ち入り、対決しなければなりません。主体的に立ち入り、対決し、その中で自らを主張しなければなりません。そして客観的な批判者でなければならないということは、主体的な対決者として立つときに要求される客観性のことです。主体的な対決者であればこそ、体を張った批判者たり得るし、またそうでなければ対決の場で敗北のほかないのです。

それだけに、シナリオはただ小手さきの技術ではありません。作り手自身のヴァイタリティの表白であり、主張でなければならないのです。

専門家の間でも、そういう意味でのシナリオはまるで作られていません。そうありたいものと、いつも努力しているのです。

吉見　泰

V　表現形式と技術

1　演出（一）

内容と技術

まったくはじめて8ミリカメラを手にした人にも、わかるように——というのが、本書の目的ではありますが、さまざまの技術を、技術だけとり出して、「手をとるように」わかりやすく述べることを、私たちは、できるだけ避けたいのです。——といっても、わかりにくく述べるという意味ではありません。

技術だけをとり出すことは、間違いが起きやすいからです。映画にかぎらず、文学でも絵画でもそうですが、内容をヌキにしての技術をおぼえてもナンセンスだと思うのです。油絵の絵具を筆につけて描く技術だけをおぼえても、それが、なにをどう描くか、そして作者自身の意識や思想の表現とどう結びつくのかということとは、切り離せないのです。映画でもおなじです。あなたがいくらいやだといっても、映画をとるのが、あなたという、ナマ身の人間であるかぎり、あなたの意識や思想は、どうしても画面にあらわれてしまいます。技術はそ

ういうものと、からみあっています。本職の記録映画作家が数人集まって、本書のために座談会をやったとき、みんながまっ先に期せずしてそのことをいいだしたことから考えても、専門家が、日常、どんなに技術をういたものにすまいと考えているか、いいかえれば、小手先だけの技術で映画をとるまいと考えているかがわかっていただけると思います。

ですから、ここでは、現実と、現実に対する人間との関係において技術をみていきたいと思います。

だが、その前に、「演出」とはいったい何だ、という疑問もあるでしょうから、まず、「演出」ということばの意味を明らかにしておきましょう。

演出とは——既成の方法を破ろう

演出とは、もとはやはり舞台の演劇からきたことばです。演劇でも、むかしは演出者というものはありませんでした。役者でいちばんいばっているのが、大体において、今日でいう演出者の役目を果していたのです。演出ということをいいだしたのは、イギリスのゴードン・クレイグ（一八七二—　）だといわれています。演劇の諸要素、すなわち戯曲、俳優、装置、照明などを総合し、統一して舞台の上に作品を創造することを演出といいました。映画

でも、同じ意味で用いられているわけですが、演出家を、監督と呼ぶことのほうが多いことはご存知のとおりです。映画でもタイトルに、演出だれだれと出ることがありますが、これは戦前、東宝でいいだしたのに端を発しています。監督とそれまでいわれてきたのは、アメリカのディレクターを訳した日本語であるということのほかに、監督の職分には、日本では最初、プロデューサーの職分が含まれていたからです。日本では、東宝がいちばんはじめに、映画の製作過程を近代化したところですが、そのとき、プロデューサー・システムをとったので、それまでの監督の職分を、プロデューサーと、演出者にわけたのです。それから演出ということばが、監督ということばにかわって用いられるようになりました。しかし、それでは監督の権限が弱められるという反対意見もあって、今日では、監督と演出は、入りまじって用いられていますが、混乱を避けるために、一九五二年に、日本映画監督協会が「監督」という名称に統一することをきめました。しかし、「映画の諸要素を総合、統一して、ひとつの芸術品を創造する」という意味では、演出ということばのほうがぴったりしているというので、相変らず、演出ということばも用いられているのです。こうしたことばの論議は、たいした問題ではありませんが、もともと俳優の出演する劇映画の世界で、監督するということがいわれたのであり、記録映画では、演出のほうがぴったりするという人もあります。

演出ということばは、そういういきさつをもっています。これでみてもわかるように、演出ということばの内容は、映画の主流をなしてきた劇映画を中心として考えられてきており、したがって演出の技術も、劇映画がつくり出してきたものが定着しているといえそうです。その劇映画は、しかし、西洋でも日本でも、メロドラマが主流になってきました。その上メロドラマは、日本では、外国の近代劇でのメロドラマ作法の上に、伝来の歌舞伎・新派の要素が、大へんに色濃く加わっています。あるいはナニワ節をこの上に一枚加えてもよいのです。「いままでの三倍泣けます」、「ハンカチのご用意を」などという宣伝文句がズバリと語っているように、もっぱら「泣かせる」ことに専念してきたとさえいえそうです。ナニワ節のあの押しつぶされた声と、その内容は、長い封建時代からのつづきである、圧迫された庶民の、その押しつぶされた生活感覚にぴったりくるのだという考え方は、間違っていないと私も考えますが、メロドラマ全体もまた、圧迫された生活の中で、人びとが、あきらめて、それを泣くことで発散させる、泣くことによって、ニセの解放感を味わうことで終るというふうなものが多かったのです。そうした映画の方法は、いわば一種の「語り」です。観客の方もまた、講談やナニワ節などの「語りもの」を聞くのと同じ受けとり方をしてきたと、極言できそうです。

そういう「語りもの」映画をつくり出すものとして、映画の技術が定着してきたとすれば、こんにち、私たちがつくり出す記録映画が、それと同じ技術でよろしいなどとは、どうしても考えることができません。どうしてもそれはおかしいのです。自分で意識しなくても、私たちが、現在の政治状況の、この荒々しさの中で、ともかくも生きていっているのは、ひじょうなエネルギーでそれに立ち向っていっているからであり、さらに、立ちふさがっている現代の壁をぶち破ろうとする方向でのみ、積極的な生き方があるのであり、組織もまた、そのために存在するのですから、その目の前の現実をナマ身のままで素材とし、フィルムの上にとらえ、もうひとつの現実を再構成するという記録映画の方法による技術と、メロドラマの技術と、寸法があう筈がないのです。

このことは、現在では、じつは劇映画の世界でも、もういわれていることであり、いまはやりのヌーベル・バークなどの技術は、メロドラマが定着させた方法を、技術的な面でも打ち破ろうと、必死になっています。そのことは、ありありと画面から見てとれます。そのヌーベル・バークは、じつは、記録映画の方法と、深い関係があるのです。いいかえれば、そこから、既成の方法をぶち破ろうとしているのです。しかし、なかなかどうして、五十年かかって築きあげてきたものが、そうやすやすと打ち破れるはずはありません。劇映画も記録映

画も、身についたそれらを、自らなんとかして打ちくだこうとしているのが現状であります。

映画の約束（文法）——方向性

それにしても、映画には、右に述べたこと以前の約束ごと、文法というふうなものがあるのではないかという疑問が起きてきます。それは、たしかにあるのです。

たとえば、初歩的には、よくこんな例があげられます。

東京から大阪に向う特急「こだま」の、窓から外の景色を撮影するとします。東京から大阪に向って左側——海がわの景色を撮影すると、画面にうつる景色は、右から左へうごいてゆきます（図1）。今度は、右の窓から右側——すなわち山がわの景色を撮影します。すると画面にうつる景色は、左から右へうごいていきます（図2）。

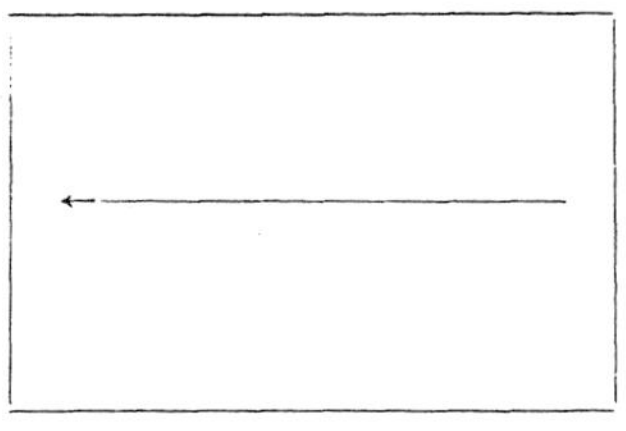

図　1

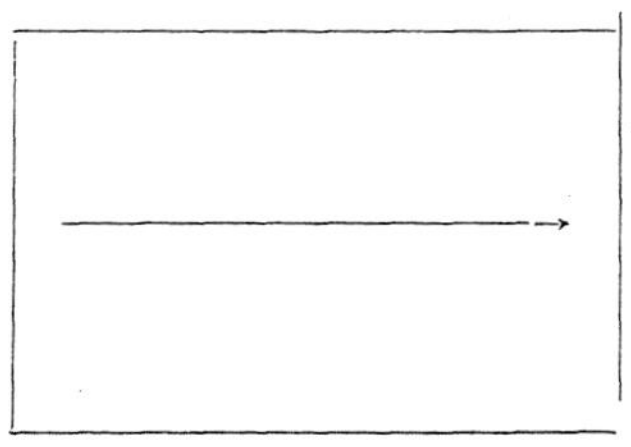

図　2

それだけを、別にきり離して見ていればともに、東京から大阪に向う景色にちがいないのですが、左右のうごきが反対で

す。映画というものは、フィルムをつながないことには映画になりません。そこでこの二つのフィルムをつなぎあわせます（図3）。すると、右から左へ流れていた景色が、とたんに、左から右へ流れるところへきりかわるわけです——ということは、東京から大阪へ向っていたのが、とたんに、

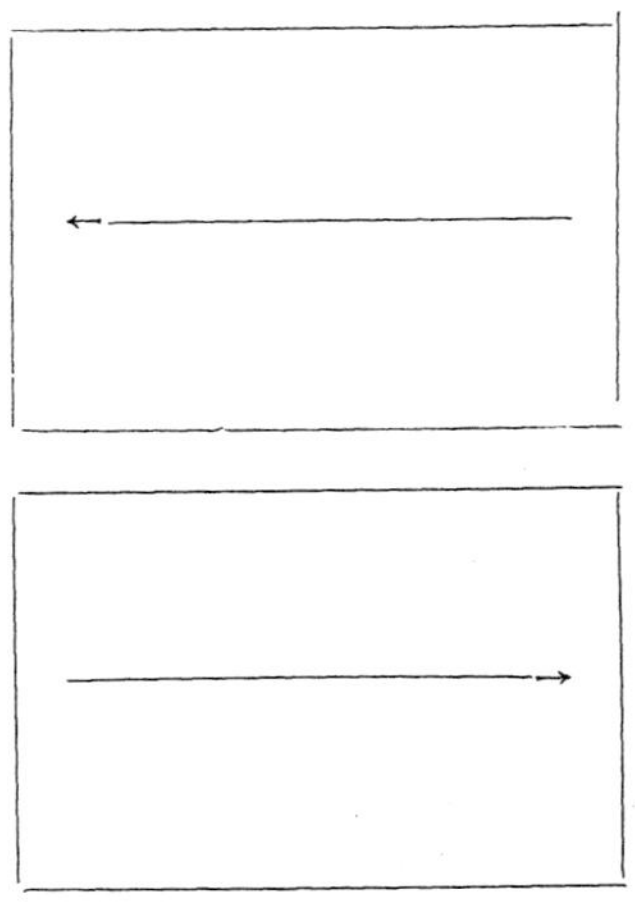

図　3

大阪から東京へ向っていることになってしまうのです。読んだだけではわかりにくいかも知れません。目をつぶって、じっとその景色を頭の中に浮べるか、じっさいにフィルムをつなぐかすれば、すぐにわかることです。すなわち、二番目の左から右へ流れる景色もまた、東京から大阪に向う列車からとったにもかかわらず、大阪から東京に向う列車の、右側の窓からとったのと、同じ結果になってしまうのです。ところが、図1の画面と、図2の画面との間に、もうひとつ、列車の中で、進行方向に向ってまっすぐ、前を向いて、画面に両方の窓がはいるようにとった画面をつなぐと、もうそれで、全部、東京から大阪に向う画面になってしまいます（図4）。

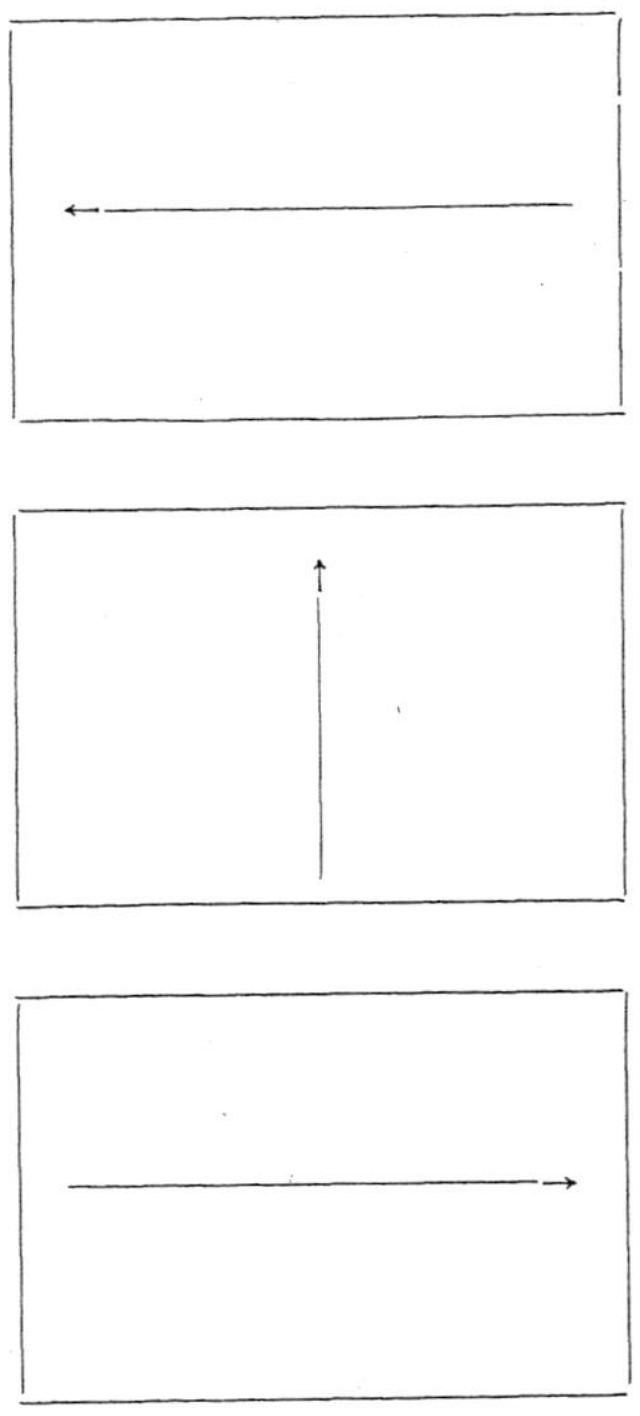

図　4

こうしたことは、あるていど、避けることができません。

これはある意味では、劇映画・記録映画を通じての、原則だといえそうです。しかし、読めば厄介なことのように見えるこうしたことは、実は、一度やってみればすぐにわかることなのです。一度、失敗してみれば、わけなくおぼえこめることなのです。

それればかりでなく、これはちょっと「高級」なことになりますが、いま述べたような景色の左右を続けてつなげば反対になるという「原則」めいたことに、じつは、私ども記録映画をつくる者は、こだわるまいと考えているのです。むしろ、左右反対になることによって起るショックを、逆に利用して、見る人に起る、瞬間的な反応をつぎの画面へ、いきなり没入させ

てしまうというふうに、積極的な意味での「破壊」をさえ目ざしているのです。

いまいったような意味での「原則」なら、ほかにまだたくさんあります。とくに劇映画にあります。

映画の約束（文法）——視線

たとえば、二人の人物が向いあって話しあっているところを撮影するとします。

向いあった二人の人物を、二人いっしょに写しているかぎり、別に問題はありません（図5）。しかし、二人の人物がしゃべる言葉の意味の、重要度に応じて、また、聞いているほう、話しているほうの、人間の内容や、心理に応じて、ひとりずつ写した方が、効果の上る場合がありますし、またいつまでも二人がしゃべりあっているのを、そのまま横から写しっぱなしで見せると、見ているほうでは退屈してしまうということもありますので、Aという人物・Bという

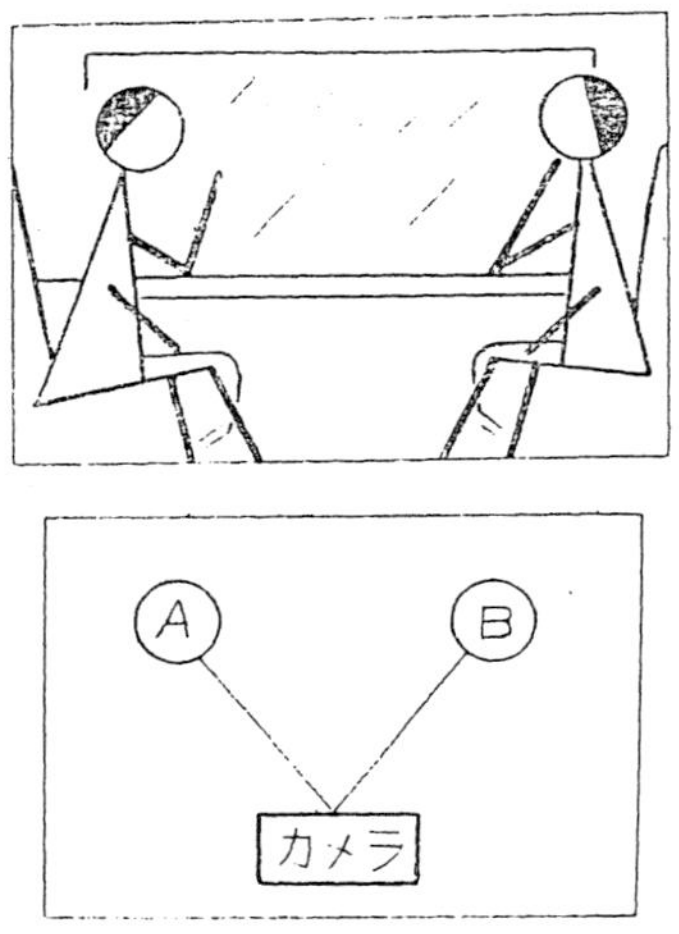

図　5

人物を、交互に写して、そのおのおののフィルムをつなぐと、両方向いあって話している感じになります。これは、映画やテレビでいつもご覧になっているとおりです。また、重要度に応じて、さらにクローズアップするということもあります。案外観客というのは、退屈するもので、みなさんが、ニュース映画などで、総理大臣のスピーチをごらんになるときでも、三〇秒を越えることは、まず、ありません。

向いあっている人物を、ひとつずつ写す場合は、カメラは必ず同じ側からのアングルでなければならないという、原則があります。

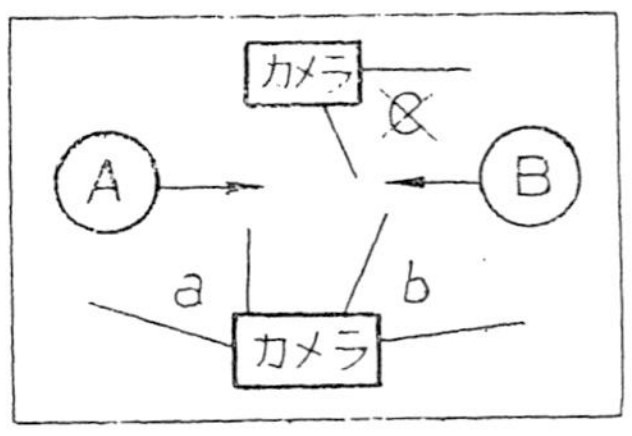

図　6

たとえば（図6）カメラがまずBに向ってしゃべっているAという人物を写す。それを聞いているBの顔は、必ず、同じ側から写さねばならないとされています。反対側のCというアングルはいけないのです。なぜなら、Aのアングルでは、Aの視線はBに向っています。すなわちレンズから見て、右を見ています。Bのアングルから Bを見ると、視線はレンズから見て左を見ています。それではじめて向いあっている感じになるのであって、Cのアングルからだと、Bはレンズから見て、右を見ていることになり、すなわちAと同じ方向を見て

いることになりますから、向いあった感じにならないのです。ならんだ感じになるのです。劇映画では、この原則を、ひじょうにやかましくいいます。しかし、このごろでは、こうした約束を無視している場合もあります。いずれにせよ、たしかに、これは、さきに述べた汽車の窓から外を見たショットとどおよう、原則であることに間違いはありません。このとおりにとれば、間違いはないのですが、原則は、あくまでも原則であって、原則を知りつつ、わざと無視して、それによって別の効果をあげようとはかる場合もあるのです。

さて、こうした原則めいた技術は、映画にはたくさんあります。オーバーラップは、時間経過を示すのだとか、フェード・アウトは、ことがらの終りを示すのだとかいうことも含むことができましょう。だが、文章で書くと、はなはだ厄介なことのようですが、じつを申せば、こうした原則は、カメラをもって、二、三度映画をつくってみれば、みんな自分で気のつくことばかりなのです。やってみることです。映画監督は、みんな、それを知っていますが、それは文章で理くつっぽく覚えるほどのことではなく、ちょっと経験すればすぐに覚えることばかりです。したがって、ここでは、そうしたことに深入りしません。知っているのにこしたことはありませんが、とくに、記録映画では、それほど重要なことではなく、ほかにもっと重要なことがあるからです。

演出五カ条の心得

技術的に重要だと思われる点を箇条書きにしてみましょう。

1　見たいものに近かよれ　上野の山の、西郷さんの銅像を撮影するとします。まず、人間の目には全体がはいってきますから、まず、全体を撮る。銅像はタテに長いものであるのに、映画のフレィム（Frame）（わく・構図）は横長ですから、かなり、うしろへ下がらなければ、全景がはいりません。うしろへ下がれば下がるほど、銅像が小さく見えるのは当然です。西郷さんの顔なんか、よくわからない。だから、それを写したら、そのつぎは、西郷さんの銅像を、もっとよく見たくなる道理です。台座を除いた、足から、頭のてっぺんまでだけを、そのつぎに写すと、銅像は、もっとはっきりわかります。だが、もっとよく見たいとあなたは思わないでしょうか。人間の場合も同じですが、その人をもっともよくあらわしているのは、もちろん顔です。だから、そのつぎは顔のクローズアップを写すということになります。これをつなぐと、「遠写」→「中写」→「大写し」ということになります。この三つをつなぎあわせてはじめて、西郷さんの銅像が、ほぼ完全にわかるのです。私どもは、かつて、三カット主義といったことばを使ったことがありますが、何かを写す場合に、この三カ

ットさえ写しておけば、まずまず無難です。対象を、はっきり、説明的に見せようと思えば、三カットを写すのにかぎります。そして、その三カットは、見たいものへ、見たいものへ——見せたいものへ、見せたいものへと、順に近寄ってゆくのに限ります。

これはまた、「だれが」、「どこで」、「なにを」しているのかということを、満足させることにもなるのです。たとえば、お宅の小学三年生の太郎君が、運動会で、遊戯をしているとします。第一のショットは、見物にとり囲まれた全景——その中で、百人ほどの三年生が両手をふりふり遊戯をしている。このショットでは、太郎君がどこにいるのやら、てんでわかりません。同じユニホームで、みんな、おなじように見える。第二のショットで、太郎君を中心とした二十人ほどが見える範囲へ近づきます。そこではじめて、その子どもたちのやっていることがはっきりわかり、三年生ぐらいの子だということもわかり、その中に、太郎君もいるのだということがわかります。だが、おとうさんであるあなたも、おかあさんであるあなたのおくさんも、遊戯をしている太郎君を、もっとよく見たいのにちがいない。そこで、第三のショットで、太郎君が、ひとりだけ写るところまで近よります。第一で全体、第二で、太郎君の位置がわかっていますから、第三のショットで太郎君がひとりだけしか写っていなくても、どこでなにをしているのかは、よくわかるのです。もちろん、特別の許可でも貰わな

ければ、好きなように太郎君の前へ近ずくことはできませんが、そうしたときは、次第にレンズをとりかえて、広角レンズから、だんだん望遠レンズにしていくとか、ズームレンズを使うとか、いろいろと考えねばならないでしょう。前述の西郷さんの銅像などの場合でもおなじです。私ども、本職の者は、そういうときには、望遠レンズを使わないで、西郷さんの顔のまん前まで、足場を組みます。

2　三カット以上写せ　以上、三カットあれば、話はわかるというのが、大体の、正統派的なやり方です。

しかし、ほんとは、もっと撮れば、もっとよいのです。

例えば、西郷さんの銅像のあたまのてっぺんに、よく鳩がとまっています。西郷さんのあたまは、鳩のフンで、まっ白です。これなど、そこだけをクローズアップすれば、西郷さんの顔が、いかめしいだけに、多少ユーモラスな、また、のどかな感じが出ます。それにまた、西郷さんの連れている犬が、どんな顔をしているかも、見たいところです。そういうふうなものとか、また忘れがちな、西郷さんの下駄とか、腰にさしている刀などを写してつなぐと、ひじょうに、画面が豊かになってきます。すなわち、ただの三カットでは、西郷さんの銅像を、単に説明したのに過ぎませんが、鳩や、鳩のフンや、刀や、犬が、強調されることに

よって、ただの説明ではなく、銅像が豊富な意味をもってくるのです。その映画全体の中の、この銅像の画面の持つ意味が、おおらかな、のんびりしたものに見えてくるわけです。

また、太郎君の遊戯にしても、更に近寄って、ふり上げる手、ふりあげる足、にこやかな顔などを、たくさんとって、くり返しつなぐと、太郎君が、いかに、その遊戯をたのしんで、のびのびと、またリズミックにやっているかが感じとられ、見ている方も、ほほえましくなりましょう。はいている運動ぐつが、まっしろな、新しいものででもあれば、ますます、そのことが強調されましょう。反対に、この日、太郎君が、腹をこわし、朝ご飯をたべずにきてそれをやっているとします。ほかの元気な子どもたちを写したのと較べてつなげば、太郎君のその切なさが、よくあらわれるというふうなことにもなります。

こんなふうに、西郷さんから、のどかさや、外の世界のあわただしさに対する場違いな感じを出すなど、「ねらい」を定めて、アングルを選択し、三カット以上とってつなげば、さまざまの意味を持ってきます。記録映画の面白さは、じつはそこにあるのです。現実の中にあるモノに対して、作者がどう対するか——その対し方によって、選択されるショットが異なってくるわけです。そのショットは、ただの説明ではなく、対象のもつ意味内容を、見る人に、じかにそのまま訴えるということでなければなりません。そのあたりに記録映画の醍醐

味があるといえましょう。

3　**火事に背中を向けろ**　ニュース映画をやっていたころ、銀座に大きな火事がありました。火事だ、銀座だ、すぐいってくれと、いい終ったころには、もう三人のカメラマンがかけだしていっていました。一時間ほどで帰ってきました。やがて現像され、ラッシュ・プリント（Rush print）を試写してみて、みんながっかりしてしまいました。三人のカメラマンの、事前の打ちあわせがよくなかったため、三人とも、火事の燃えているところばかりをとってきたのです。全篇、これ、火・火・火で、火ばかりなのです。火事だから、火が写るのは当りまえですが、じつは、これではいけないのです。火事場というものは、誰でも昂奮するものです。だが、ニュースカメラマンまでが昂奮してしまって、火ばかりを追いまわしているようでは話になりません。なるほど、棟が焼けおちる壮大な場面などは、三台のカメラで余すところなくとらえられていますが、四角なフレームに火ばかりうつっていると、結局、焚火をとったのと、そう変らないのです。どのくらいの規模の火事なのか、家が何軒焼けたのか、消防は、ちゃんと活動していたか、そして、銀座なら交通機関も止るだろうし、ヒマ人の多い街のことですから、野次馬がうんといただろうし、高価な品物が水びたしにもなっただろうし、要するに、そうした材料が、たくさんそろえばそろうほど、火事の内容が

よく伝わるはずです。三人が三人とも、火を追っかけていたのでは話になりません。私たちの間に「火事に背中を向けろ」というあい言葉がありましたが、それは右のような事情にもとづいているのです。三人のカメラマンのうち、だれかは、必ず、火事に背中を向けて、火事のまわりをとらなければならなかったのです。その人は、火をとる必要はありません。ひたすら、火事場の火以外のものをとればよいのです。火事に背中を向けて——たとえば、別の火事ですが、現場へ邪魔者を入れないために張られた非常線の中へ、大さわぎしている人びとを尻目に、バタヤがはいって、大きな籠を背中に背負って、じつに悠ゆうと、紙くずを拾いあつめているのです。火事場というものは、火の勢にあおられて、ひじょうにたくさん、紙などの軽いものが舞いあがり、舞いおちるものです。バタヤが、占めたとばかりに商売にせいを出しはじめたのも、もっともです。だがそこは非常線の中ですから、警官がそのバタヤを追いまわします。バタヤは、商売の邪魔をするなとばかり、警官にくってかかります。火はどんどん燃え、血相をかえた人びとが、荷物を運んだり、わけもなく走りまわったりしているのに、それとは全く無関係に、この奇妙な追っかけっこがおこなわれているのです。このユーモラスな風景をとったのは、植松カメラマンだった、と思いますが、火事場でこうしたものがとれるカメラマンは、よほど冷静な、ゆとりのある、土性骨のすわった人だといえましょ

う。まさに悠ゆうと、火事に背中を向けていたのです。バタヤの背後には、もちろん、山のような野次馬もうつっていますから、この一ショットだけでも、大きな火事だということがわかりますし、大都会の中心の繁華街だということもわかりますし、カメラマンが、単なる火事から、人生の複雑さの片鱗をつかみだしていることが、そのまま、見る人につたわるということにもなっているのです。すなわち「火事に背中を向けろ」ということは、対象を、ひとつの側面からだけ見るなということです。対象の状況に、まきこまれるなということでもあるのです。植松カメラマンは、いつか、メーデーのデモの、ジグザグ行進をとっていて、そのジグザグデモが、道路におちている木の葉や紙くずを——またしても紙くずで恐縮ですが——舞い上らせて、小さな旋風を巻き起している一ショットをとらえたことがあります。これなどは、いかにその蛇行デモが激しいものであるかをいっぺんにつたえますし、民衆の怒りのはげしさを、象徴的に表現しているということにもなります。すなわち、内容を、大へん豊富にすることに役立っているのです。もしカメラマンが、自分もいっしょに昂奮していたら、とてもそこへは目が届きません。また、何年か前のお正月に、関西で電車の衝突事故だったか、あるいは生駒山附近で電車が焼けた事故だったかがありましたが、かなりの死傷者が出たことがあります。そのとき、各社のカメラマンが、死んだ人のむごたらしさなどを懸

命に追っかけている中で、柳さんというカメラマンは、勿論、そうしたものもとりましたが、それ以外に、上天気で、ピカッと光った線路のわきに、赤ん坊の、白い毛糸の靴下が、それも片方だけ落ちているのを、しかもクローズアップでとりました。どのようなむごたらしい場面よりも、その一ショットで、観客は、胸を衝かれたのです。さらに、ペシャンコになったアルミの弁当箱の横に、切り餅が散乱しているようすもとりました。これだけで、お正月の事故であることと、事態のむごたらしさが、いっぺんに見る人につたわるのです。

まあ、こうした例をいちいちあげていけば、きりがありませんが、これを一般論として考えてみると、テーマと、一つ一つのショットの関係が、いかに重要であるかを示す証拠だともいえます。ですから、みなさんが、ひとつデモをとるにしても、人間の歩いているところだけをとっても、それだけでは不十分なのです。それが、賃上げのためのデモであるのか、安保反対のためのデモであるのかすら、わかりません。プラカードの字をとることは勿論必要でしょうし、それだけでも、何のデモであるかはわかりはするでしょうけれども、それではただの説明にしかぎません。いつか、私は、佐世保へロケーションにいったことがありますが、山の上から佐世保の港を見おろして、まことにギョッとしました。ちょっと話が横道へそれますが、佐世保は、旧帝国軍隊の軍港でした。戦後、軍港というものは、軍隊がなく

なった以上、日本にはないはずなのです。軍港でない港は、当然商港ということになりましょう。ところが、佐世保は、実質的には、軍港としか思えないのです。そのようすが、山の上から、ありありとわかるのです。港の右半分には、アメリカの艦隊が、大げさにいえば舳艫相摩すというかっこうで、いっぱいいるのです。ヨークタウン型のばかでかい空母もいますし巡洋艦らしいものや駆逐艦らしいのもいます。かげになって見えないところにも、たくさん軍艦がいるのだということでした。そして、その側の海岸は、米軍基地ですから、日本人は、だれもはいれません。また、左半分には、海上自衛隊の軍艦――例のフリゲート艦などが、舳艫もやいというやりかたで、四隻がぴっちりと体をくっつけあって、停泊しています。そのそばには、海上保安庁の船がいます。そんなわけで、そっち側の海岸も、一般市民は、立入り禁止になっています。では、一般市民はじぶんたちの港のどこへ自由に出入りできるのか。市民が出入できるのは、わずかに、五島列島通いや、沿岸の漁港へ通う定期船がつく、山の上から見ると海へ妻楊子が突きでたほどにしか見えない、小さな二本の桟橋だけなのです。佐世保の、あの広い港の海岸線の中で、日本の善良な市民が使えるのは、三メートルほどの幅の桟橋だけにしか過ぎないのです。すなわち、佐世保は、いぜんとして軍港であるというよりほかにいいようがありません。どうひいき目に見ても、商港などではないの

です。

そこで、山の上から港を見おろすと――、私はじつに鮮明な印象を、深い感慨をもって受けたのですが、そこにあるのは、港なのではなく、「安保条約」なのです。おそらく、難しい文章の安保条約を読むよりは、安保条約とはいかなるものであるかが、この画面によって、じかに、見る人に訴えずにはいないだろうと思えました。これが、日本の港なのだ、いいかえれば、日本自身の姿なのだといえます。

話をもとへ戻しますが、安保反対のデモに、この「軍港」の画面が結びつけば、デモの意味が、じつにはっきりしてくるはずです。ひとつデモをとるにしても、デモ全体のもつ意味内容を、さまざまの角度から、視覚的にさぐることが必要なのです。デモという「火事」に背中を向けて――。

さらに、そのデモ自体の中から、意味内容をとり出してくることが必要です。若い労働者や学生だけでなく、学者や、子どもをおぶったおかみさんなどの、顔自身が物語るものを、瞬間的にとらえる。それぞれの一ショットだけでは、ただの、口をあけた顔とか、目のキラリとした顔とか、怒号とかにすぎませんが、それらがモンタージュされて、はじめてまとまった内容となるのです。佐世保＋デモ＋顔＋足＋デモを見る人＋警官隊＋棍棒というふうなよ

せ集めが、ことがらの本質に近づけます（順序をこのとおりつなぐというわけではありません）。そして、いま、ここに＋と書きましたが、モンタージュというものは、＋を変じて掛け算にするものだともいえます。デモのおかみさんと、港の軍艦のフィルムをプラスすることによって、画面から、日本の現代状況そのものを、観客の胸にたたきつけることができれば、それは結果として掛け算をしたことになるのではないでしょうか。記録映画の妙味というのは、そんなところにもあるような気がします。

4　パンをするな　カメラを、右や左にうごかして写すことを、私どもは俗に、「パンをする」といっています。これはパノラマ撮影の略語のそのまま職業的俗語であります。

もちろんパンをするなとはいうものの、絶対にするなという意味ではありません。してもよいのですが、よほど考えてしないと役に立たぬぞという意味です。むしろパンはしないものと考えたほうが、記録映画の場合は、よいようです。なぜこんなことをいうか、私にとってもたいへん説明がむずかしいのですが、これは編集の段階で、パンをしたショットがあると、そのショットの使い途がひどく強制されてくるからです。第一に、パンをしたショット――たとえば、工場の建物が大きくて、画面にはいり切らないとすると、建物の左端から右端へ、どうしてもカメラをうごかして写したくなりますが――そうしたショットは長いからといっ

て、途中でぶった切るわけにはいきませんから、長くても全部使わねばならないということ。第二に、カメラをうごかすということは、ある一定の速度でおこなわれます。その速度は、いちど撮影したが最後、変えるわけにはいきません。ところが、映画全体はあるテンポをもっています。パンをしたショットが、その映画全体のテンポにあった速度でパンされていれば申しぶんありませんが、よほど慣れない限り、われわれ専門家ですら、パンの速度を全体のテンポにあわせるために、ひどく考えこんでしまうのです。映画のテンポは、時間的な速度であるよりも先に、思想内容であります。自然観賞的な山岳映画のテンポと、安保斗争は、同じテンポではありません。むずかしくいえば、テーマのもつ思想内容と、作家主体とのかかわりあいが要求するテンポです。それがモンタージュによって決定されます。すなわち、その映画全体が早いテンポであっても、そこだけゆっくりした速度のパンを使ったほうが、観客に意外なショックを与えて、テーマがきわだってくるようなショットだってあるのです。だから映画全体のテンポにパンの速度をあわせるといっても、その映画全体のテンポにかかわらず、早いパンのほうがよい場合もあれば、おそいパンのほうがよい場合もあるわけです。そういうことを考えると、うかつにパンはできないということになります。したがって、記録映画では、専門家といえども、めったなことにパンはしないのです。

ただし、相手が動くものである場合は、これは、パンをしなければならぬことが、少なくありません。たとえば、歩く人とか、走る犬とか、驀進する列車だとか、自動車とかは、それにつれてパンをしたほうがよいこともあります。しかし、これとても、カメラはじっとしていて、動く相手をとらえたほうが、「感じがでる」ことも多いのです。たとえば、じっとしているカメラの前を、魔物のように、さっと通りすぎたほうが、列車や自動車のスピード感がでます。もっとも、こうした場合は、このショットだけではダメで、カメラ前へ近ずくところや、走ってきたのにつれてパンをするとかのショットと組みあわせて、はじめて列車の走る感じがでるというふうなことになります。

第三に、これがもっとも重要だと思うのですが、パンをする――カメラを動かしてとるというそのこと自体が、「意味をもつ」ということです。記録映画は、俗っぽくいいきってしまえば、事実をありのままに撮影して、その断片をつなぎあわせて、もうひとつの現実を創りだすことです。ところが、パンをするということは、ひとつの作意です。いいかえれば、パンをしたいという、作者の意志のあらわれです。観客の立場にたっていいかえれば、事実ありのままのつもりで画面を見ている途中で、パンをしたショットがあらわれ、それが、もし、カメラをうごかしてとっているなと感じられれば、それはとりもなおさず、パンをしている

やつがいるんだという感じになってしまいます。事実われわれは、広い野原を眺めるとき、たとえ全部が視界にはいり切らなくても、首をぐるりと廻して眺めるということはしません。顔はほとんど正面向きでも、その広さはわかるし、よほどのときでもちょっとうごかすだけですみます。しかしカメラの視界は限定されていますから、ぐるりとカメラをふらねばなりません。そこに、観客は、作者の作意を感じてしまうのです。ということは、事実ありのままだと思っているのに、そこだけ作者が意識され、ウソの感じになってしまうのです。これは記録映画の作者としては、まことに不本意なことといわねばなりません。下手にパンをすると、そういうことになってしまいます。だからパンをするのならば、そういうことを観客に感じさせないような、上手なパンでなければなりません。パンをするという技術が、技術として浮いてしまうようなパンではダメだということになります。観客を、よほどうまくだますようなパンでなければならないのです。パンは、だから、意味のある――必然性のあるパンでなければならないのです。

このように、パンというものは、たいへんむずかしいものです。

いつだったか、秋田県の能代市が、ほとんど全市壊滅的な大火事をやったことがあります。勿論これは、ビッグニュースですが、悲しいかな、ニュース映画といえども、そんな大

火事のとき、そんな地方都市の現場にカメラマンがいるはずはありません。当時のデスクは、なんとかこれをニュースにしたいと思って、すぐに新潟の支局のカメラマンに飛んでもらったのですが、戦後間もなくのことですから、飛行機もありません。カメラマンが着いたときは、もう鎮火していました。燃えているさなかの画面がないのです。しかし、あきらめないで燃えているさなかを16ミリで写した人がいないかどうか探してもらいましたら、果して、警察官で、写した人がいることがわかりました。大喜びでそのフィルムを借り、早速東京へ急送してもらって試写してみると、二巻ほどもあるそのフィルムの、ほとんどが、使いものになりませんでした。ほとんど全部パンをしたショットばかりだったからです。自分では落着いて写しているつもりでも、よほど昂奮していたとみえて、カメラを、大げさにいえば、ふりまわしているのです。あっちも燃えてる、こっちも燃えてる――そのため画面は、流れてしまい、見たいと思うところを、あっという間に通りすぎてしまうのです。そういうときは、燃えてるあっちと、燃えてるこっちを別のショットでとり、あとでつなげばよいのです。パンばかりだとつなぎようがないのです。パンをするということは、フィルムが長くまわるということでもありますから、短かいニュース映画には、収容しきれないのです。このくらい残念だったことはありません。

大体、パンをしたくなるのは、ワンショットでは、画面にはいり切らないときです。例えば、砂漠の広さは、どんな広角レンズでもはいり切りません。だから、パンをしたくなります。だが、考えてみてください。かりに、左から右へパンをするとしましょうか。カメラを、右へ振るにしたがって、いままで写っていた画面は、左端では、右へふった量だけ、フレームアウト——画面からなくっていっているのです。四角な画面は、いつも同じ大きさです。カメラをふったからといって、画面が横に長くなっているわけではありません。見えているのはいつも同じ量です。肉眼は、四角なワクではありませんから、たとえ視界にはいり切らなくても、全体の広さを感じることができますが、映画では、そうはいきません。事実、私は、エジプトへいったとき、砂漠を、パンした画面と、じっとさせておいて写したのと、二つ念のためにカメラマンにとってもらいましたが、効果は同じことでした。むしろ、カメラがじっとしていて、砂漠の広さを見つめているほうが、底知れぬ広さを感じさせました。そういうものです。そしてもちろん、その映画によっては、パンをした方が、広さを感じさせる場合もあるのです。一にかかって、それは、モンタージュの仕方によるのであり、とくにそのショットの前後に直接つながるカットいかんで違ってくるのです。

念のために、そのような例をあげておきましょう。

「小河内ダム」という映画をつくった時、私は、ダムそのものの圧倒的な大きさを出すのに腐心しました。それまでにも幾度かダムをとったことがあるのですが、あの巨大なコンクリートの壁を、自分の眼で見たときに感ずる圧迫されるような壮大さが、どんなレンズでとっても出ないのです。高さ一四九メートル、長さ三百メートルに近いあの大きな図体を、広角レンズでうつすにしても、ダムから五百メートルも下流へゆかなければはいり切りません。しかし、それだけ離れると、はいるかわりに、それだけ遠ざかるのですから、ダムはひどく小さく見えて、あの圧迫感はとてもでません。だからといって近づけば、全体の大きさは、はいり切りません。一部分しか写らないのです。そこで一計を案じました。高さ一四九メートルといえば、東京のNHKのテレビ塔とわずか一メートルしか違わない、途方もない高さなのです。そのように高いところへゆくのに、毎朝、ダム建設の労働者は、その巨大な壁にとりつけられた足場の、梯子段を、一段一段登ってゆくのです。丸ビルの四倍以上あります。私どもは、デパートの階段を一階から七階まで休まずに続いてのぼることなど、考えてもぞっとしますが、あのデパート四っ分の階段を休まずに登ることに等しいのです。これに目をつけました。その登る労働者を、三〇〇ミリの望遠レンズで、いっぱいにとらえました(図1)。そのうごきにつれて、上へパンしていきます。いい加減にパンをしたところで、

カメラはその人を追いぬき、ますます上へパンします。すると、まだその上に、のぼっている人がおり、さらにパンをしていくと、まだその上にのぼっている人がいるというふうにして、てっぺんまでパンをしました。えんえんと一〇〇フィートもパンをしました。そして、とたんに、広角レンズで、全体をうつしたカットにつなぎました。広角レンズですから、ダムの全景に、その人たちは、まるで、ゴマがへばりついているようにしか見えないのです。点がうごめいているくらいにしか見えませんでした(図2)。

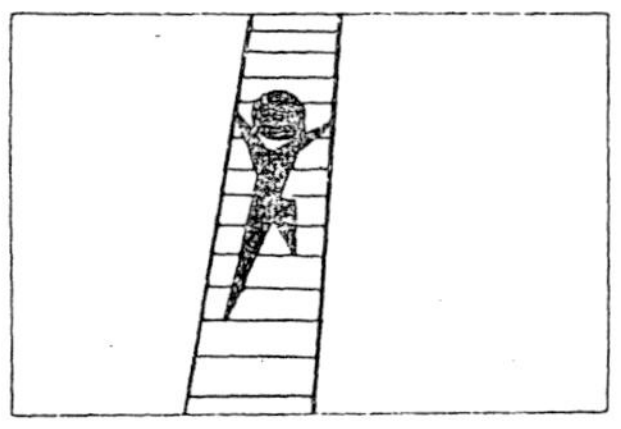

図　1

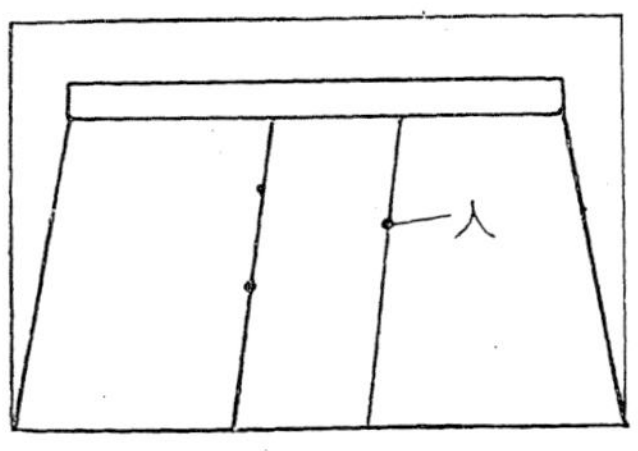

図　2

この二つをつないで、はじめて、それがじつに大きな壁であることをわからせることができた——リクツでなく、そう感じさせることができたと、私は信じています。

パンの効果というものは、そうしたものです。

はじめて映画をとる人は、必ずといっていいくらい、パンをしたがります。子どもの運動会、遊園地、デモ、などで、近ごろ8ミリカメラを持っている人をよく見かけますが、見て

いると、ほとんどの人が、カメラを「ふりまわして」いるようです。いままで、ふつうのカメラを持ってパチパチ写していた人ほど、ふりまわしが激しいようです。きっと、いままで動かしてはいけないカメラばかり使っていたので、映画となると、動かしてもいいということから、大喜びでふりまわすことになるのかも知れません。欲求不満が、解放されるからでしょうか。映画館で見るふつうの映画にも、よくパンをするショットがありますが、決してあだやおろそかに、いい加減にパンをしているのではないことに気がついていただきたいと思います。

5　**こちらが動け**　劇映画と記録映画と、どこが違うか——これは、わがくにでは、ずいぶん長い間論議されたところです。劇映画は俳優を使うが記録映画では俳優を使わない——それでは、俳優でないふつうの人のうごきばかりをつないで劇映画はできないか。できる場合もある。それならば、俳優を使う使わないは、本質的な問題ではない。では本質的にどうちがうのか。こうした問題は、くり返し論じられてきました。いま、ここでそれを述べるのは、私の任ではありませんし、また、この文章は演出の技術的な側面だけを述べることを目的としていますので、深入りは避けます。

ただ、演出技術の上から、劇映画との大きな違いのひとつを、実践的な経験からいいます

と、劇映画では、カメラはじっとしていて、被写体をつくってかかりますが、記録映画では、逆に、現に存在するものを、カメラの側が走りまわってとらえるということになりそうです。原則としてです。

では、記録映画の場合は、絶対に被写体をつくってはいけないかといいますと、私個人としては、そんなことはないと考えています。それについては、後で述べます。

記録映画では、作者は、まめにうごくことです。まめにうごけばうごくほどその映画はよくなるといっても過言ではありません。「エヴェレスト征服」とか「マナスルに立つ」などの山岳映画は、そのもっとも顕著な例だといえましょう。たとえばあなたが、友人たち五人と、ひとつのパーティを組んで日本アルプスに登るとしましょう。すると、つぎのようなコンティニュイティが先ず頭に浮ぶでしょう。

(1) 斜面を、ずっと下から登ってくる人びと
(2) えっちらおっちら登る五人の足
(3) えっちらおっちら登る五人の上半身がカメラ前を過ぎてゆく
(4) 同じく、五人が、画面の中でやや遠景で登っている
(5) その五人は、壮大な斜面を、まるで豆つぶのように登っているのである

いろいろなコンテが考えられるでしょうが、まず、これくらいのショットをつながなければ、日本アルプスのように大きな山を登っている感じは出ないでしょう。

さて、(1)の斜面をずっと下から登ってくる人びとをうつすためには、あなたは、その五人が休んでいる間に、先に必要な距離を登って、そこで下から登ってくるのを待ちうけていなければなりません。それをとり終ると、五人が目の前に近ずいたとき、(2)をとります。(2)で五人の足がカメラ前を通りすぎますから、あなたは、五人に追いぬかれたことになります。そこであなたは、いそいで登って、また五人を追いぬきかえし、待ちうけていて、(3)の、カメラ前を通過する五人を写さなければなりません。カメラの前を五人が通過することで、あなたは、また追いぬかれたわけですから、(4)をとるために、また五人を追いぬき返さねばなりません。そして、(4)は遠景ですから、五人を遠くに見るような二百メートルも離れた位置へ急がねばなりません。(4)をとり終ると、今度は(5)の、豆つぶのような五人をとらねばなりません。そのためには、先にゆくばかりでなく、五人を小さく見下ろすような位置——たとえば、目のくらむようなとなりの尾根へ急がねばならぬことになります。すなわち、わずかこの五カットをとるだけで、このくらいまめに動かねばならないのです。事実山のぼり映画のカメラマンは、これのくり返しをやっているのです。いまここに述べた五カットをそのまま

ほかのものにとりかえても、事情は同じです。あなたが労組員で、自分の組合のデモをとる時もそうしなければなりません。あなたが教師で、クラスの児童の遠足をとる場合も同じです。

先に私は「火事に背中を向けろ」と申しました。これまたいいかえれば、火事場を走りまわらねばならぬという意味でもあります。

演出で作る現実

さて、記録映画では対象をつくり変えてはいけないかということがあります。これについては、以前に「ひとりの母の記録」という映画を、私が書き、京極高英が演出したとき、大へんに論議されたことがあります。私も京極も、このような、日本の農村の構造自体をテーマとするとき、農村の状況の本質がにじみ出ているような日常的な現象である限り、農村の人に再現してもらっても一向に差支えのないものだという考えでした。たとえば、ひとりの母親が、息子を出かせぎにだすシーンがありましたが、その母親には、そんな大きな息子はありませんでしたし、したがって出かせぎにだした経験もありませんでした。けれどもそういう設定をしたところ、うまくやってくれました。うまくやれるはずで、人を家の前で送りだし

手拭をかぶりなおしてすぐつぎの仕事にとりかかるなどということは、農村の人の日常的な体験の中にしょっちゅうあることだからです。そういうことは、本質を見失わないかぎり、かまわないと私は考えています。フラハティという作家は、「アラン」という記録映画で、ひとりの漁民の子どもを、半年にわたって、こちらがいったとおりにカメラ前で動けるように訓練したということです。「アラン」は記録映画の歴史にのこるような佳作です。折があればこの「アラン」とか、ソヴエト映画の「春」とか「トゥルクシィヴ」などという記録映画をごらんになるといいと思います。ずいしょに、ハハンと思われるような画面にぶっつかるでしょう。

結び——観察が大切

以上、こまごまと、いろいろなことを書いてきました。

以上のことから、すでにお気づきのとおり、とくに人間相手の記録映画では、社会全体と、人間とのかかわりあいを、つねに深い洞察力をもってつかまえるのに努力することが、ひじょうに重要だということです。技術は、そうした、作者のがわの思想と、断絶したところには、ないのです。ゴーリキイは、文学の上で、「観察」ということを、ひじょうに重要視していますが、記録映画のつくり手に、もっとも要求されることもまた「観察」です。線路に落ち

ている赤ん坊の靴下の片方といえども見逃せないのです。観察とは、ただ、見ていることではありません。見て、解釈することです。解釈をする主体は、作者自身です。作者の、現実への、きびしい対決の仕方が決定的に重要であろうと、私は、現に考えつつ、いまも映画をつくっています。

演出技術の話は、書いても書いても、書ききれません。なにか、重大なことを忘れているような気さえします。ひとまず、ここで、筆を休めることにします。

岩佐氏寿

1 演　出　(二)

技術の発見

劇映画には昔からひとつの約束――いわば文法のようなものがあります。たとえば、まず、どういう人物が、どんな環境の中にいるかということを観客に知らせてから、その人の

大写しに近寄って、人柄や表情をさぐってゆくとか、対話している二人を、一人ひとりにわけて撮影するとき、彼らの視線がちょうど向きあって話しあっているふうに見えるよう、カメラを一定の位置にきめて撮るとかいうたぐいのことです（演出技術(一)参照）。

このような約束（文法）はながい映画の技術史の中で確立し、疑いもなく信じられ活用されてきました。ところが、そのような約束をいつまでもう呑みにしてかかっていいものかどうか、考えてみなければなりません。記録映画ではむしろ、そういう固定化した手法をうち破っていくところに、記録映画の真髄があり、アクチュアリティを正しくつかんでいくキメ手があるのではないかと考えられています。

もちろん、そうはいっても、記録映画のベテランが、そのような劇映画の約束ごとをじゅう分承知していながら、その上でなおかつ、それを否定していこうという場合と、まったくのアマチュアが、そんなことはまるで知らないで無視してかかる場合とでは、問題は別です。全然カメラをいじったこともない人は別として、記録映画の若い作家でも、ある程度経験を積んで、いざ演出をしようとする場合には、約束ごとをまったくふみはずして仕事をすることはほとんどありません。作品とり組み、経験を積んでいく間に、自然に約束ごとを身につけていくものだからです。文章に文法があるように、映画の語り方にも原則的な約

束があり、それをまったくふみはずしては、映画にならないのです。問題は、いつ、いかなるときにも従来の約束ごとにこだわって、それにしばられてしまうか否かというところにあります。

アマチュアの方が記録映画を撮る場合、そのような約束ごとにはじめからこだわる必要はありません。知りたいものに、カメラをもってどんどん近づいていって少しもさしつかえはないのです。カメラを買って、はじめて奥さんや子供さんを撮ろうとするとき、このような素朴な接近の仕方をするのは当りまえのことですし、それ以外に方法はありません。それをくり返しているうちに、自分の思想や持ち味（個性）をもっとよく生かして表現したいということになるでしょうが、そのときだんだん手がこんできて、むずかしくなると同時に、いろいろな技術（約束）を身につけていくようになるものです。

クローズ・アップの手法は、アメリカの映画監督グリフィスがはじめて発見したものですが、彼にしても、一つの対象に文字どおり肉迫したいという意欲が、それまでにはなかった新しい手法を創造したのです。そしてそれが、ひとつの映画の約束――公式になったのです。表現したいという内容が技術（手法）を産んだ見事な典型例です。

だからやはり最初は、自分の撮りたいものを、どんどん撮っていくことがいいような気が

します。なんといってもそれが基礎です。そうした創造活動の積み重ねの中で、また新しい約束（原則）を作りだし、さらにそれが打破されていくという――そこに映画技術の発展があるといえましょう。

専門作家が撮る場合でも、たとえば紀行映画などの場合、まったく知らない遠い地方へ出かけていって、いままで経験したことのないような事実や現実につき当ったとき、「大へんビックリしました」という新鮮な驚きが、正直に、素直に表現されていると、それにはやはりなんともいえない迫力があります。そしてそういう場合には、約束ごとを越えた、彼なりの手法がよく生かされていることが多いものです。

ひとりよがりではだめ

ところが、「それでは、なんでもカメラをまわせばいいんだな」というわけにもいきません。たとえば、みんなで遠足にでかけて撮影してきたとします。たいていの場合、人間ばかりを追っかけるだけで、人間が具体的にどういう情況に置かれ行動していたか、ということが抜けてしまいがちです。風景の場合でも、ただの絵葉書の連続のようになってしまうことが多いのではないでしょうか。それではなんともつまらないのです。それなのにそのつまらなさ

が、撮ってきた本人にはなかなかわからないのです。見せられる相手はつまらながっているのに、本人は一人でおもしろがっているのです。

なぜそんなことになるのでしょう。

それは、撮った本人は、実際のその現場にいあわせて、その場の一部始終を知っているわけですから、どんなに抜けた撮影をしても、うつっている画面から、いろいろなことを連想して、たりない画面を連想で補なって見ているからです。しかし、見せられる第三者は、うつっている画面そのものしか見ることができず、撮った本人の連想などとは、まったく縁もゆかりもありません。

そんなわけで、「ただ勝手に」撮っただけでは、撮影者本人の経験も興味も感動も、正しく人に伝えることはできないのです。そこにはやはり、「こうすれば伝えることができる」という、一種の文法のような約束ごと（技術）があるのです。

その文法の第一段階はやはり、「なにに心が動いたか」「なにに感動したか」をちゃんと見きわめることです。

ところがそれをつたえるのに、文法どおりおり目正しくしゃべったからといって、それがおもしろく感動的につたわるとはかぎりません。かえって文法をくずした、子供のしゃべり

方のほうがおもしろいということがよくあります。ここにしゃべり方の技術（約束ごと）の問題があるのです。

感動した、あるいは心をひかれたといっても、その対象がどんな情況におかれ、どんな内容のものであったかが観る人に伝わらなければ、まったくの一人よがりに終ってしまいます。

たとえば、前項、演出の技術(一)に述べたように、大火事を三台のカメラで撮るとして、一台はロング・ショット、もう一台は大きなショットばかりを狙う、もう一台は火事に脊を向けて、周囲を撮るという意味もそこにあるのです。これだけのカメラの眼の向け方があってはじめて、大火事のすごさを観客に伝えることができるのです。

ところがカメラマンでも、経験が浅いカメラマンではそうはいかないのです。それだけのカメラの眼の向け方に気がつかないのです。ともするとやはり、火がまわって棟が落下するそのすごさばかりに気をひかれて、火事の火ばかりを撮ってしまいます。そして、どこで、どんなすごい大火事の騒ぎがあったのか、さっぱりわからないことになるのです。火ばかりでは、どんなにボンボン燃えてすごくても、大きなたき火を撮ったものと変りないことになってしまいます。

この場合、ニュース班は職業カメラマンとしてA、B、C班にわかれて組織的に撮影できる仕組みになっていますが、職業的でない場合でも、たとえば子供の、ある仕草なり、生長ぶりに感動したとして、それを撮ろうと思えば、その感動がどこからきたかをよく見きわめて、それを伝えるのに必要な材料を適確につかまえることを忘れないようにしなければなりません。それがじゅう分でないと、あとで編集して、映画に組みたてることができません。そして、同時にひとりよがりの責めをまぬがれるわけにはいかないことになります。

感動の整理

このように見てきますと、演出の第一歩というのは、「感動の整理の仕方」だということになってきます。つまり、心をひかれたり、感動したりして、それを人に伝えようとする場合、作品の中に、それを正しく表現するにはどういうことが大切か――自分が感動した順序、感動のなりたちぐあいとか、その感動がどういう環境でおきたかとか、それを自分で整理して、その中でも、なにに重点をおけば、いちばん的確に表現できるかという分析をして撮ることが肝要なのです。

しかしそれには、ある程度の訓練が必要になってきます。

たとえば40ミリのレンズで撮ったクローズ・アップと30ミリで撮ったクローズ・アップとくらべてみて、どれが自分の意図に近いかということなどは、単に理論としてはわかっているつもりでも、訓練と経験が積まれていないかぎり、なかなかたしかなところはつかまえにくいものです。

ニュース映画の場合、いつ、どこで、なにが、なぜ、どうなったかという満たすべき五つの原則があります。これが抜けると、たしかに事実を正しく伝えることができません。これはニュース映画に限られたことではないのです。

もちろん、この五つの条件を全部そろえなければ、ものがいえないということにはならないのですが、原則的にはどうしても無視できないことがらです。

ただ問題は、どこでといえばロング、なにがといえばクローズ・アップというように、きまりきった画面のサイズだけで処理してしまうのは間違いだということです。

たとえば、アメリカのニュース映画――これについて、いつも同じような感じのものしかないとか、つまらないという意見が多いのは、いつもきまりきった三カットで処理してしまっているからだと思われます。一例をあげれば、ニューヨークかどこかの波止場に船が入ってくる。すると一群の観光団がおりてくる。その場合、カメラはずっと据えっぱなしです。

そしてまずロングの情景、つぎにミディアム、それからパンと、望遠レンズでバストぐらいまで撮るのです。とにかくたしかに、原則といえば原則なのです。しかしおもしろくもおかしくもない。ただ、そうだったのですかというだけのことです。事実の上っ皮はつたわるけれども、内容はちっともつたわらないのです。

つたえたい内容がつたわらなければ、形だけをつたえてもなんにもなりません。

そこで、さきの五つの条件も、いつも満たされなければならない不可欠の条件とは必ずしもかぎらないといえるわけです。

テレビを見ていて、みなさんもすでにお気づきかと思いますが、五つの条件がいつも守られてはいません。というよりは、ほとんど守ろうとさえしていないほどです。それでも、ニュースとしての事実を生き生きとつたえている場合があります。ことに対象がエキセントリックなものなら、クローズ・アップひとつでも、観客はみんな驚いたり、感動したりするものです。

こうした側面から見ると、五つの条件だけではふじゅう分な、かえって、そこからはみだしたなにかが別にあるにちがいありません。

それは、つたえたい必要なもの（ところ）を、どうつかむかという、もっとも基本的な、

対象の把握の問題です。端的にいえば、これこそ、「問題（感動）の整理の仕方」の基本点です。つたえるべき内容の重点はどこにあるか——それを正確に分析し理解して、直截にとらえるということです。

主題をただずるずると追っていくだけでは、かえって感動がなくなるものです。

こちらで感動した主点を、どのくらいのサイズで撮ればいちばん的確か、いったいこの構図の中で必要なところはどこだろうということを発見していくところに、問題整理の道がひらけます。

整理とは、捨てることだと考えてもいいくらいです。なにもかも捨てきれずにゴタゴタするのは、感動の整理ができていない証拠です。

重点はどこにあるかを見つめ、技術そのものは真似しない

はじめて映画を撮ろうというとき、誰もが必ず頭に置くのは劇映画の技術ではないでしょうか。グループで、新聞や広報を出そうというとき、日刊の新聞をまず手本にしたくなるのと同じですが、こんなもの真似は絶対にしない方がいいといってもよいくらいです。

なぜかというと、映画の撮りかたというものは、それしかないと錯覚しがちだからです。

それに、それをやると、できあがるものは自分の作品ではなくて、他人のイミテーションになってしまうし、しかも技術（テクニック）だけを真似るのですから、内容はおろそかになり、対象に対する素直な自分の感動がつたわらなくなるからです。

劇映画から記録映画に移ったある監督は、「劇映画をやってから記録映画に入って、いちばん害になっているのは、アクションだぶりがなければ、なにか画面が流れないような気がしてしようがないことだ」といっています。これを抜けきるのに、十年以上もかかっているそうです。

ですからいきなり、8ミリでももって撮ろうとするとき、劇映画の手法を真似ることは、ほんとうのものを撮れないことになります。既成の手法（約束ごと）を知らないで、思うように、感動した対象にくいさがって撮る方が、かえってアクチュアリティをつかめることが多いといえるでしょう。劇映画自身でも、作家は、既成の手法から抜け出た新しい表現の方法を、自分の伝えたい内容に即して、発見する努力を重ねている現状です。

ところが若い人の中には、そういう経験をへてこないうちから、つなぎがどうの、アクションだぶりがどうのと、そんなことばかりに気をつかっている傾向があります。そして、本筋とはなんの関係もないところで、しきりにこるのです。

ある人物がAというガソリン・スタンドからBというガソリン・スタンドに移って、そこで彼はなにをしたか、ということがわかればそれでいいところでも、どこをどういうふうにしてAスタンドからBスタンドにいったかという過程を丹念に追うという種類の誤まりが多すぎるのです。

これが劇映画ですと、その間に主役の表情がどう変ったか、心理がどう変ったかということが必要になってもきますから、丹念に追う場合もあるでしょう。しかしアクションだぶりのために、そんな段取りをとることはまったく不必要なのです。そのものズバリでBスタンドにいっていればいいのです。こんなところにも、劇映画のもの真似の害が出てきていると思います。もちろん、劇映画の技法そのものが悪いといっているのではありません。

問題は技術のもの真似から先に入ってはいけないということです。

そんなことよりもまず先に、はっきりさせなければならないことは、「なにをどう撮るか」という発見と整理なのです。

ものの見方、内容の重点の見わけかた——そこがまず重要なのです。

劇のメロドラマなどを見ていると、若い娘が恋人の家をさがしに、信州の片田舎に出かけていく、ところが、彼女はどうして彼の家をさがし当てたのかわからない場合があります。

しかし、劇の進行上、彼女が信州の彼の家にいってほしいというだけで、彼女はズバリ、彼の家にあらわれるのです。それがその作品の本筋だからです。

どういうふうにしてさがし、どのようにしてさがし当てたか——本論に関係ないところを丹念に追いすぎては、記録映画であれ、なんであれ、おもしろくはなりません。

しかし、逆にそれが本論ならば、どのようにしてたずね当てたかをじゅうぶん描かなければならないことにもなります。

ですから、彼女がそこをさがすこと自体に話の重点がかかっているのか、またはそこへいくこと自体に重点がかかっているのか、内容の重点を見きわめることが大切で、それによって、表現もかわってくるのです。

作品のポイントと撮影計画

新しく8ミリ・カメラをボーナスで買ったとします。まずなにを撮るかというと、おそらく、自分の子供を遊園地かどこかへ連れていって撮るとか、友達や会社、組合などで一しょに旅行したとき撮るとか、運動会や結婚式などを撮るとか、まず身のまわりのことから撮りはじめることになるでしょう。そういうとき、具体的にどういうところを、どういう考えか

たで撮ればいいか、演出上のことがらを少し考えてみましょう。

よくある、旅行の記録映画の多くは、旅行をしたその順序だけしかつかまえられていません。それはちょうど小学校の低学年の作文によく似ています。朝起きて、どこへいってなにをして、何時に帰ってきて、おなかがすいたとか、寝ましたとか——そんなのとよく似た撮りかたをしているのです。それではあんまりおもしろいとはいえません。

ある歯医者さんが8ミリ・カメラを買って、坊やを連れて公園にいくことになりました。なにを撮ったらいいでしょうと聞かれたので、まず、「どこへいったかわかること」「そこで坊やはなにをしたか」「なにがおもしろかったか」——それだけでいいですから撮ってみてごらんなさいと答えました。たったそれだけでしたが、その人はあとで、「ずいぶん、参考になった」といっていました。どんな電車に乗って、ああいって、こういってなどと撮っていたのでは、フィルムを使いすぎて、肝心のものを撮ろうとしたときには、もう、折角のフィルムがなくなっていた、などということになりかねません。

すると公園にでかけるのに、往きの道中は撮らないでもいいのかという疑問がでてきます。これはそのときの目的によって違ってきます。

はじめてカメラを持ったら、電車に乗るところから、子供が電車の窓から首を出したのま

で撮りたくなるものです。もちろんそれもいいことです。楽しいところを撮るというのが、そういうときの目的でもあるのですから。

いよいよ目的地に到着します。どこへきたかを撮るのに、いちばん常識的なのは、駅の看板（駅名）を撮ることです。それはどんな映画にもよくでてきます。

しかし駅名は撮らなくても、いった目的の場所の特徴を撮ってもいいはずです。もちろん、公園の看板や動物園の看板を撮ってもいい。けれどもそれが動物園か遊園地か、あるいは植物園か、それによる特徴があるはずで、それによって、いった先の性格を出すのもひとつの手段です。そのときの目的（狙い）しだいで、目的地の説明はいくらも方法があるものです。名古屋ということを名古屋城で象徴する方法さえ、すでにたくさん使われています。

さて、目的地へ着いた一行の中に、田舎から久し振りにでてきたおばあちゃんが同行していたとします。そうすれば、おばあちゃんがいないときとはちがって、当然おばあちゃんに焦点をあわせることにもなってくるでしょう。まして自分の子供と一しょだったら、久し振りの、おばあちゃんと孫のまじわりが焦点になってくることも考えられます。

このように同じ一行の中でも、その中でいちばん強調したいものをつかまえるとき、おのずから作品のポイントが出てくることになります。

アマチュアの方の作品を見て、おもしろくない場合の多くは、作品にポイントがないということです。これはいま述べたような視点を発見して、それによる整理をしていないからです。

その上さらに悪いことは、無計画すぎるということです。明日、子供を連れてどこかへ遊びにいくということになれば、誰でもいろいろと、楽しむ計画をたてるでしょう。そうなると、計画が興味の中心になってくるはずなのに、せいぜい、明日はいくんだ、そうだ、カメラを忘れずに持っていこうという程度では、いきあたりばったりにならざるを得ません。

さてとにかく、以上のようにして、おもしろいことがあったら、それを撮ればいい。電車の中の途中を撮るか撮らないかは、その人の目的——必要性から整理して考えればいい。ただここで、演出上の問題としてもうひとこと書いておきたいことがあります。

説明描写として撮っておくことがら（どこへ来たかということや、それはどんな所だということ、そこにはどんなものがあったかということなど）と、出来事をつかまえて撮っておくという、この二つのことについてです。

出来事をつかまえて構成するということは、ただの説明ではなくて、それが楽しかったか、悲しかったかということとして観る人につたわることになります。ですから、ただの説

明描写ばかりでなく、そうした環境の中での出来事をとらえて、嬉しかったか、悲しかったか、内容の表現に努力することが大事です。

たとえば、おばあちゃんがつまづいてころびそうになったのを、小さい孫が、一生懸命、手をかして支えたというような出来事は、とても嬉しく、楽しいエピソードになるでしょう。

どこどこへいったというのはあくまで説明で、そのことがわかればそれでいい。そこへいって、こんなに楽しいことがあった（あるいは悲しかった）ということが作品として大切な要点になってきます。

この場合、計画性についてもう一度ふれておかなくてはなりません。

明日、どこどこへ家族で行楽にいくについて、前の晩、計画をたてるということは、無計画でいくよりは、明日をもっと楽しむということです。明日いったら、子供をどのように楽しませようか、なにを見せてやろうか——あれこれを計画することによって、明日の楽しみの内容が深くなり、楽しむ目的すらはっきりしてきます。それだけ映画のポイントもはっきりしてきます。

ただ、注意したいことは、なにを撮るかということまで、その計画にしばられて、計画し

たこと以外は撮らないとか、映画を、計画したことに無理やりにあわせて撮るとかいうことになると、生き生きした出来事はとれなくなってしまうでしょう。

学校の先生の場合でも、よく旅行映画を撮っている方がいますが、どれを見ても同じような作品になってしまっていることが多いのです。出発、車中、旅館、自由行動、見学というぐあいに、きまりきってしまうのです。

そうでなくて、たとえば道路横断するとき、子供たちが心配だということになれば、あるシーンでは、先生があれだけ注意していたのに、不意に飛び出していっちゃった子供がいて、冷汗をかいたとか、そんな出来事さえ、生き生きととらえればいいと思うのです。あるいは、今度の旅行で、あそこを見学させれば生徒はどんなに喜ぶだろうと考えれば、そのときの反応を注意深く撮るとかすれば、内容は、きまりきった行事的映画より、どんなに生き生きするか知れません。

それはすべて、目的意識をもって、旅行の内容を深めるという計画性の有無によってきまります。心配も楽しみも、目的意識と計画の深さによって、よりこまやかになり、それが映画に反映しないわけはないのです。

出来事を生き生きととらえることができれば、説明描写として撮った画面までが、説明を

こえた、生きた意味をもったものとして活用できるようにもなります。たとえば、公園へいって、そこにこんな木があったと、説明のつもりで、風に吹かれているその一本の木を撮ったとします。また別に、子供たちが楽しく歌を唄いだした情景（出来事）を撮ったとします。あとで編集のとき、この二つのカットをつないでみたら、期せずして、木までが楽しそうに風にゆれているという表現になり、楽しさが一層ゆたかなものになる、というようなことはよくあることです。記録映画を作るおもしろさはこういう所にもあるのです。

肉眼とレンズのちがい

ふつう、専門家でない人たちの作品を見て、よくいわれることは、作品にポイントがないということです。もちろん、撮る人は、ちゃんとポイントのことは考えていると思うのですが、ポイントになるべき画面が一カットしかないことが多いのです。

たとえば、ポイントになるべきシーンで、子供と馬が向いあっているとして、それが一カットしかないのです。それだけで安心して、もっと追求するということがないのです。一枚撮りの普通写真のように、一カットで話をすませてしまうのです。ひとりよがりだといわれるのも、こういう所にあるのです。いい所を一カットとらえたら、もう勝負がついたと思っ

てしまうのでしょう。

一カットでいいと思ってしまうのは、おそらく自分の肉眼に頼りすぎているからだと思われます。子供と馬の例でいえば、向いあって子供が非常に喜んでいるとします。肉眼で見たところは、その通りなのですが、そういうときは、思い切って、馬と子供とを別々に分解してクローズ・アップで撮るということが大切です。そのとき、馬はどんな顔をしていたかとか、馬がひょいと横を向いてしまったとか、馬も喜んでヒヒーンといなないたとかで、おもしろさはずい分豊富になるはずです。

肉眼で見えたままを撮って安心していたのでは、クローズ・アップの技法すら生まれてはきません。

映画は肉眼で見たままの世界とはちがうのです。

これぞと思う対象にぶつかったら、三カット以上は食いさがって撮るようにしようというのも、映画でものをみる見方の一つの特徴を語っているのです。

一カットは一単語

映画の一カットは、言葉でいえば一つの単語です。一カットは一単語にしかすぎないとい

うことを銘記してその組立をやることが大切です。

　下手な文章は言葉が長くて意味がわからないことが多いわけですが、映画も適確な単語で画面を綴っていくことが必要なのです。さらにそれを三カット以上撮るというのは、感動したそのことをどれだけ深く相手に伝えるかということのためで、感動の原因に対して文句なしにくいさがっていくことが、必須の条件なのです。

　記録映画作家としてどこまでも、これでもか、これでもかと追求していって少しもおかしくないのです。これはいま自分が撮っている映画の中で、かなり重要な画面になってくるなと思ったら、考えられるだけのアングルで、しゃにむに食いさがる、寄れるだけ寄っていくという行動的な撮り方がなによりも求められるのです。

　撮っている自分でもわからない、おもしろくないことには、誰も感動しません。外科手術の場合でも、カメラを据えっぱなしで手術の場面ばかり撮ったとしても、それにわれわれが感動するというのは、決定的な病巣があって、それがどうなっていくかということがわかるから感動があるわけです。ところが、たいていはじめてカメラを持つと、劇映画のやり方が頭にこびりついているから、執刀している先生の汗をかいているところを撮れば、それが映画的であるというふうに錯覚してしまいます。なにがどうなっていくかという、かんじんの

手術の進行については最後までわからない。手術の内容にどんどんくいさがっていったときに、その映画は感動的であり、おもしろくなるのだと思います。

パンについて

　パンは原則として、動くものを撮るとき以外はやらないことです。動くものは、動きにつれてパンをしないと、画面からすぐ切れていってしまうから、パンをしないととらえきれません。

　そのように、パンには必ず目標があります。

　ある物と物との関係位置を見せるパンでは、中間の速度を早めてもいいでしょうが、もしその中間を見せたい場合には、パンの速度も、それだけゆっくりしたものになります。

　フレームに入ってこないから、なんでもパンして、カメラにおさめようというようなイージーな撮り方は失敗のもとです。

　一般に、パンが乱用されすぎていますが、それが必要な場合でも、そのパンの速度が早いので、そこになにがあったのかさっぱり分らないことがあります。

　パンの途中におもしろい、見せたいものがあるなら、三尺でも五尺でもとめておいて、ま

たパンに移っていってもいいのです。

　しかし原則は、前に述べたように、動くものを撮るとき以外は、パンはできるだけ、ひかえたいものです。

自分の生活を見つめ、よく知っていることを撮ること

　カメラを持つと、自分の職業や生活と、映画を作ることとはなにか全然別のことのように考えられる傾向があります。これは正しくありません。

　たとえば農業映画にしても、農家の人にとって必要なことはどういうことかということを知らないでは、いい役に立つ映画は作れません。肥料のやり方にしても、どこにポイントがあるかということを、作家みずからよくわかるように勉強してはじめて、役に立つ肥料のやり方の映画がつくれます。

　ところが一般には、いわゆる映画的な処理の仕方で、作家の自分だけの興味で、うまいことまとめあげた農業映画が多いのです。それでは、彼だけがおもしろいと思うかも知れませんが、また、直接農業をやらない人には、よくまとまったおもしろい映画だと思われるかも知れませんが、実際には農家のなんの役にもたたない、空虚な作品でしかありません。

　そのようなわけで、あなたがもし技術者だったら、医者だったら、労働者だったら、その職業とその世界についてはあなたがいちばんよく知っているはずですから、そこの問題点を的確につかんで作品をつくることが、記録映画のかなめです。自分の知らない世界を撮ってはいけないのです。知らないことを知ったかぶりをして撮ったからといって、誰も感動もしないし、感心もしません。自分のよく知っている世界について、どうしても語りたいことがあったら、それを憶せずに撮ることです。感動的な作品が生れる可能性はそこにあるのです。自分は機械技師だが、この機械を撮るのに、映画屋だったらどう撮るだろうかというようなことはいささかも考える必要はないのです。あなたの興味どおりに撮ること、それしかありません。たとえば、機械の美しさはどこにあるかをいちばん知っているのはあなたです。ここが労働者を苦労させる箇所だ、改善したいところだという所は、あなたがいちばんよく知っているのです。

　このような基本的な態度をもっとつきつめていきますと、それぞれ自分の生活に徹することが、映画をつくる場合の自信の目安になり、なにを撮るにしても、見る目ができてくるのではないかと思われます。ところが、そうした自分の仕事を根城にしないで、プロやセミプロの真似をして撮る人があまりにも多いのです。学校の先生にもそういう人がよくありま

す。先生は、年中、子供を相手にしている教育の専門家だから、われわれが教育映画を撮るのとはちがったポイントがでてきていいわけです。ところがやはり、映画を撮るということになると、かんじんの基本的なポイントをにがしてしまい、アクションを問題にしたり、つなぎを気にしたり、つまり映画屋のもの真似に落ちてしまうのです。視聴覚教育の係りの先生で、「あそこのつなぎがまずい」とか「クローズ・アップが不自然だ」などと、すぐ技術批評家みたいになってしまう方がよくありますが、それとちょうど同じことです。そんな技術批評よりも、真執な教育者の立場から、いま必要な教育という観点から、映画になにを求めるか——そういう教育者としての批判が、ほんとうはほしいのです。カメラのアングル、編集技術なども、もちろん教材としての映画に大切な関係をもってはいますが、先生が、教育専門家として批判するのは、やはり自分の職業を大切にした立場——教育者の立場からでなければならないのではないでしょうか。

共同研究　京極高英　菅家陳彦
岩佐氏寿　吉見　泰
植松永吉
（文責　吉見　泰）

3　撮　影

表現内容を第一に——絞りの例

この本をお読みになって妙に思われるかも知れない点は、脚本の項でも、演出の項でも、すべて既往の様式や形式にとらわれず、自分の思うまま、感じたままを大胆に実行しろ、技術は描こうとする内容に応じて生れるものだというような書きかたをしている点です。手をとり足をとるようにして、こういう場合はこうしなさい、ああしてはいけない、とこと細かに手引きをしないで、こういうときにはどうしたらよいかを知りたいと思っている人に、自分で勝手にやってみることだと突き離したような書きかたをしています。手引書としては不親切で、どうかすると無責任なように誤解されるのではないかと恐れるほどです。

そのあたりの誤解をとくために、いま露出の問題をとりあげてみます。8ミリ・カメラの最近の進歩は、明るいレンズの発達、高感度フィルムの発達、エレクトリック・アイ（自動絞）の導入などめざましいものがあります。いまでは誰がボタンを押しても、よほど悪い

条件がかさなった場合でないかぎり、写らないということはないようになり、フィルムの性能と現像技術の発達は階調ゆたかな美しい画面を誰にでも再現してくれるようになりました。残念というか、35ミリ・ムーヴィカメラのほうには、エレクトリック・アイの付いた機械は出ていません。メーカーもそれを付けようとはしませんし、カメラマンから付けてくれという注文も出ていません。こんな便利なものをなぜ付けないのかという疑問がまず生じてくると思うのですが、35ミリのプロのカメラマンは、露出というものについて、独自な考え方があるのです。エレクトリック・アイは、写そうという画面の明るさ全体を正確に測定し、それに適した絞りにレンズを絞るというような働きを自動的に、機械ですから間違うことなくやってくれて便利なものです。しかし機械ですから、その画面の持っている意味を理解しないし、その画面の中で、何が重点であり、何が付属であるかを判定することはできません。

縁側に腰をおろしている人を、部屋の内部から庭をバックに撮ろうという場合、美しい庭を見せるのが目的か、縁側の人の表情が目的かによって露出のとりかたはちがってくるのです。また、庭を陽ざしの強い夏の感じに表現するか、陽ざしの落付いた秋の感じに表現するかも露出のきめかたにかかってきます。こうした「表現」という目的のために露出があるの

で、機械が勝手に、露出を単一の平均値のわくの中できめてしまうのでは、いくらその画面が美しく写っていてもまんべんなく「美しい」だけが表現の目的でないときは、困ってしまうのです。

これに近いことが、演出や構成や編集にもあると思います。一つの様式なり形式なりを採用する場合、様式なり形式なりを忠実にふみちがえないということに、注意の大部分が費されたような作品では、内容は、ともすると形式に押しつぶされて、内容のもつ感銘は弱められてしまうものです。内容を表現するための努力がじゅう分なされていれば、様式や形式に少々の破綻があっても、内容は弱くなるどころか、逆に強烈にさえなるのです。表現内容が、じゅうらいの様式、形式をおし破らざるをえないところまで煮つまってきたときに、その新らしい内容を生かす、新らしい形式が必然的に生まれてくるのだと思います。親切にこと細かくこういう場合はこう、ああいう場合はどうと、手とり足とりの映画製作仕様書のような入門書は、ともするとみなさんの中にこれから育つ、映画の新らしい技術を古い殻の中に窒息させる危険が感じられるのです。

技術上の二、三の注意

撮影技術というものは、当然ながら、表現の技術なのですから、表現の適確と、表現範囲の拡大というものが第一に要求されているのです。

適確な表現の技術ということが、まず技術入門ということになるでしょう。

適確な表現をするということは、自分の駆使する機械および材料（フィルム、レンズ、フィルター）の性能をよく知って使いこなすということからはじまります。最初にも申しましたように、8ミリ・カメラは非常に精度もよくなり、すばらしい発展途上にありますが、なにも機械がよくなければ、よい画面が出来ないというものではないことは、いわずもがなのことでしょう。どんな機械材料でも、よく使いこなすということが第一です。

ではどう使いこなしたらよいのでしょうか。

1　8ミリ・カメラは軽くて持ちやすいですが、三脚を用いないで撮影する場合は、体の呼吸、脈搏などの振動がどうしても手につたわり、その場合、画面の大きい35ミリ・フィルムにくらべて、小さい8ミリの画面には、小さい振動も比較的大きく影響するので、予猶のある限り、三脚を用いるか、柱にカメラを押しつけるかして振動を防ぐことが、画面に安定感を与えることになります。しかし、メーデーの行進をする人びとの上半身のような、被写体

自身がある揺れをもっている場合、カメラを手でもって、フィルムをまわしながらついて歩いても、カメラの揺れは大きな障害にはならずに、むしろ、人びとの表情をじゅう分に捉えることができます。また忙がしく飛びまわって、いろいろなアングルから撮らなくてはならないような「事件」のときは、敢然と手持でゆくべきでしょう。ニュース映画でよくみる、国会の乱斗さわぎのときなど、カメラが押しまくられて、左右上下に大きく揺れ動きますが、大事なものをのがさず撮ろうという意欲の激しさとあいまって、その動揺すらが緊迫感を高めていることもみのがせません。

2　多くの8ミリ・カメラはファインダーとレンズの位置のちがいからくる視野の誤差（パララックスといいますが）はピントをあわせるとファインダーが動いて修正されるようになっていますが、これは狂い易い部分で、いつの間にか狂いが大きくなっていることがあります。そんなときは、ファインダーで見えていたはずの人間の頭が画面になかったりする事故をおこします。ときどき、そういう狂いが生じていないか、画面とファインダーをたしかめてみる必要があります。ファインダーが固定されているカメラでは、被写体が近づくにつれて、画面とファインダーの視野の誤差が当然生じてきますから、その誤差が、どっちの方向

に、どれくらいになっているかを知っておく必要があります。固定ファインダーで、レンズとファインダーの視野が∞で正確にあわされているカメラでは、理論的にいえば、いつも画面の中心は、ファインダーで見える視野の中の中心より、レンズとファインダーのついている位置の間隔の幅だけ、ファインダーのついている逆の方向にあることになっています。すなわち、人の顔の鼻の頭を中心としますと、ファインダーがレンズの上7センチについている場合は、鼻の頭をファインダーで中心に見ますと、画面では鼻の頭の下7センチが画面の中心となり、ひたいがファインダーで見えるものより7センチ、画面から切れ、あごの下が7センチ、余分に写っている結果になります。ですから実際の撮影の場合、鼻を撮ろうとするならば、鼻の上7センチをファインダーの中心とし、また、ファインダーで左についている場合は、鼻の左7センチをファインダーの中心として撮らなくてはなりません。これはそれぞれの機械でちがいがありますから、ときどきテストをしてのみこんでおかなくてはなりません。

もちろん誤差のはなはだしいものは調整をたのむ必要があります（遠くにいる人の鼻の頭は7センチどっちに寄っていようが、画面としてはほとんど問題はありません。問題は近写の場合に注意を要することがらです）。

3　8ミリ映画の映写はほとんど16コマ（一秒間）回転で上映されます。撮影の場合も、映写の場合と同じ回転数であることを確かめておかないと撮影したものの動くスピード感が変ってしまいます。その逆に撮影の時に回転数をかえて——たとえば10コマとか8コマとかにおそくして撮影すれば、映写は——映写の途中で回転数を変えるということはやらないとして、——それだけ物が早く動いてスピード感が出てきます。遠くを走っている汽車など、われわれの頭の中では相当早く走っているように感じているのに、実際に撮影して眼でみると、それほど早く見えず、ガッカリすることがあります。そんな時はやはりコマ数を下げてスピード感を強調した方が、自分のイメージにあう画面が撮れると思います。

今度は回転数をあげて撮るとどうなるかといいますと、もちろんおそく動くようになりますが、それは同時に重量感をますことにもなり、岩にくだける波などは、いかにも大波らしい重量感がでてきます。ミニチュアーの撮影には回転をあげた高速度の撮影がつきもので、洪水の水の迫力、火薬爆発の爆力、家屋、ビルの崩壊の重量感などの迫力がでてきます。

4　つぎにフィルムを使いこなすということですが、フィルムというものは露出の影響だけでなく、現像によってもその性能に影響を受けることが多いですから、なるべく現像所は一

定にしておいて、露出十現像で現われる結果をよくのみこんでおく必要があります。

フィルムというものが写せる明暗の範囲は、眼でみえる明暗の範囲からみれば、ぐっと狭いものです。窓から明るい風景のみえる薄暗い室内を撮る場合、窓の外の風景も室内の暗い隅にあるものも、人間の眼にはたいがいはよくみわけられますが、フィルムでは窓の外の風景に露出をあわせて写すと、窓の外の風景は美しく写りますが、室内は真黒でほとんど細部のみわけがつかなくなりますし、室内の暗い細部がみえるように露出しますと、窓の外は真白くなって、風景もなにもみえなくなってしまいます。すなわち、フィルムで再現できる明暗の範囲は、肉眼よりはるかに狭いのです。

この場合、もちろん、室内を明るくする照明が必要になるわけですが、どのくらい明るくするかが問題になってきます。戸外と同じ明るさにすれば、もちろん戸外と同じような明るい調子に写るわけですが、これではどっちが戸外なのかわからなくなります。われわれの常識からいって室内は戸外より暗いものです。だから特殊なねらいでない限り、戸外は明るく、室内はそれより暗く現わしたいものです。この場合、室内の明るさと戸外の明るさを別別に露出計で計り、室内の明るさを戸外の1/2から1/8ぐらいに照明します。どうして1/2〜1/8ぐらいと大ざっぱなことをいうかというと、室内をどのくらいの暗さにあらわそうとするか、場

合により、目的によって違うものだし、また、フィルムの種類、現像の条件ではっきりどのくらいの露出はどのくらい暗く写るか一定しないので、一律には明言できないからです。つねに同じ種類のフィルムに馴れ、同じ現像所（多くはフィルム・メーカーの指定現像所がありますが）で現像させていれば、どのくらいの暗さは、どのくらいの黒さに写るかが予測できて、じゅう分にフィルムの性能を生かした露出値をきめることができます。明るいほうについても、たとえば戸外の絞りがF11とでても、室内がそう明るくできないとき、F8で露出したとします。戸外は二倍の露出オーヴァになりますが、それがどのていど戸外を白っぽくするか——暑い陽ざしの感じなどオーヴァをうまく使えばかえって表現できるのですが、——ということを知っておく必要があります。照明の条件が悪くてやむを得ず、明暗差のはげしい場所で撮る場合などでも、フィルムの性能をじゅう分に知って、生かして使うと、案外、無理と思える場所でも写るものです。

5　記録映画では、ひどい悪条件の中でも撮らなくてはならない場合が多いものです。余談めきますが、かつてNニュース映画のカメラマンS君が、ある労働組合の大会を神戸まで撮りにいったことがあります。そのとき、予期しない事態となって会議室の内部で大乱斗が

おきてしまいました。電源は切れてしまって室内はとてもフィルムには写らない暗さです。私だったらお手あげ傍観というところだったでしょうが、この記録精神の旺盛なS君は、うまいことを考えつきました。というのは、窓をバックとして選んだのでした。戸外の白をバックに、はげしいつかみあいの姿が右から左へ、左から右へとなだれてゆく。残念ながら、シルエットであるので一つ一つ誰がどうしたのかはわからないが、はげしいつかみあいが室内にくり広げられているようすは見事につかまえることができました。とっさにこんな気転がきいて、撮影に見事に成功するのも、カメラやフィルムをじゅう分使いこなせるヴェテランだったからといえるでしょう。

6　最近カラーフィルムもたくさん使われるようになってきました。これもまたむずかしい問題をたくさん含んでいます。すなわち、昼光色タイプ、電灯光タイプのフィルムの区別がまずあって、光源の色温度（ケルビン）という、私たちにこれまであまり関係のなかった要素が入ってきたうえに、光源の方も、太陽光、電灯光のみでなくいろいろの色の螢光灯、水銀灯まで街なかを照らしているありさまです。それをどう処理するかということは、やはりフィルムのタイプと異った光源を混用しないことと、光源の色温度とフィルムの受けつける

色温度をあわせるようにフィルムを撰び、または色温度変換フィルターをつけることでしょう。

しかし、写真雑誌の色刷をみてごらんなさい。昼光色フィルムで電灯光照明のものを撮ったり、また、その逆の使いかたをしたりして、非常に優れた効果を挙げている例はいたる所にあります。私たちでもそういうフィルムの使いかたに大きな魅力を感じています。要はそういう使いかたをした場合の結果がどうなるかをはっきりつかんでいて、自分の表現効果として生かすことが大切なので、別にアマノジャクな手法を使って人を驚かすのが大切なのではないのです。撮影においてはどんな手法も「べからず」ということはないと思います。その効果をじゅう分予測して、表現力の一つとして活用することが大事なので、しいて「べからず」をいうとすれば、効果の判定もなしに、ただ珍奇な手法をもて遊んで鬼面人を驚かして、前衛作家ぶることです。こうなると、技術は表現から遊離し、技術本来の目的を失なって、堕落する一方です。

7　レンズにはそれぞれ性格のあるものです。それは同じ焦点距離のレンズについても、メーカーのちがい——設計・材質の違いで性能の差があり、それもレンズの一つの性格となる

のですが、それよりも焦点距離の違うレンズが、それぞれ、もっと明確な性格をもっているのです。

それは焦点距離のちがいによる、「奥行き感」のちがいで、レンズのパースペクティヴといいます。レンズには広角レンズ、標準レンズ、望遠レンズと区別があり、広い所を撮るには広角、遠いものは望遠レンズでと、一般に使いわけられていますが、、広角レンズで撮ったのと同じ範囲の画面を望遠レンズを用いて、うんとその場所から遠のいて撮っても画の奥行の感じは全然別です。黒沢明は、普通、標準レンズで撮られているような画面を望遠レンズを使って撮って異常な感じを画面に出しています。ことに「用心棒」などではその効果を極度にあげています。ですから、広角、望遠などを、近距離用、遠距離用と考えるより、それをレンズのもっている性格と理解して使いわけるほうが、表現に直接結びついて効果的だと思われます。

8　つぎに構図ということがよく問題にされます。画面である以上、構図の適否ということは、もちろん内容の感じを左右し作品に大きな影響を与えます。ただここで、絵画と映画の違いを考えてみますと、絵画の観賞は時間の制約を受けませんが、映画の場合は、その一画

面――カット――がほとんど数秒の間眼に止まるだけでつぎに移っていってしまいます。したがってみせようとするものを端的に印象づけるということが、一番大切な構図の要素とみてよいでしょう。つねに視線が画面の中の重要な部分に集中するような構図が必要です。ニュース・カメラマンたちは、ニュース映画に構図の考慮など必要はない、明確にわかりやすく写してくることだ、といっています。この言葉はむしろ構図というものに徹した心から生まれたものと思われます。すなわち、構図のために撮影するのではない。はっきり、わかりやすくみせる心掛けが、自然とその構図をきめてゆくのだという、すこし言葉はたりませんが、記録映画撮影の核心をついた言葉だと思います。構図あって内容があるのではなく、内容を明確につかんで、それをはっきりわからせようと努力するなかから自然とそれに適した構図が生まれてくると思われます。

9　アングルも映画や写真で、よく問題にされるものです。仰角――下から見上げる撮り方――は尊大、権威の感じを出し、俯瞰――上から見おろした撮影――は卑屈、失意、悲哀の感じを出すなどとよくいわれるところですが、みおろそうが、みあげようが、本当に悲しんでいる人を、その表情や悲しむ体つきなどで的確につかんでいれば、訴える力は強く出るも

ので、内容がそれほどの力を持っていないものをアングルの力で助けようとしても、それは形式だけが浮いて、いや味しか残らなくなります。私たち記録映画の撮影者は、アングルがことさらな感じになることを警戒し、必然性のあるアングル、――写そうというものが一番わかりやすくみえるアングルを選ぶことを心掛けています。

10　記録映画の場合、多くは、いつシャッターを押すかは、演出者よりも撮影者にまかせられています。「決定的瞬間」ということがいわれますが、普通写真は「瞬間」をフィルムの上に固定することですが、映画の場合は、その中にも時間の流れがあり、始めがあり終りがあるのです。「決定的瞬間」はその流れの中の一コマでなくてはならないので、「決定的瞬間」にシャッターを押したのではもう遅いのです。ですから撮影は常に「決定的瞬間」を予測して前から始められなくてはなりません。もちろんその場合の予測はずれもあって、フィルムのロス――N・G――も多くなります。皇太子が飛行機を降りてきて出迎えの人と握手する。これが何秒間でおこなわれるか、すなわち、一カットで撮れる長さか、二カットにわけて撮るほど長い秒数があるかをあらかじめ予測しなくてはなりません。これはなかなか困難なことで、いつも同じスピードで事態が進展するとはかぎりません。予測によって、

自分の撮影する位置をきめておいて、予測のはずれたとき、すぐつぎの手――つぎはどこへ動いて撮るか――を考えておかなくてはなりません。ニュース・カメラマンは、ほとんど毎日の仕事がこの予測と応急対策の連続です。だから非常に勘がよくなり、どんな時もあわてず、適確に事件を摑んでいけるのです。ヴェテランの底力というものはこのへんにありそうです。

11　一番はじめに申しましたように、最近の8ミリは、押せば写るというくらいに発達してきました。だからおそらく、写らなかったということはないのではないでしょうか。そうして写したフィルムもどうもウマクないと人にいわれるのはどこが悪いのでしょうか。うまくないというのは、この頃では写りが悪いということでなく、できたものが、散慢で印象が弱いことにあるようです。印象が散漫で弱い原因にはまず一カット、一カットの印象が明確でないということが考えられます。前にもいいましたように、映画の一カットは普通写真の一画面とちがって、みている時間に制限があって、たいがいは秒単位で測られる時間です。だから一カットの中に、あれも、これもとみせたいものをもりこんでも、じゅう分印象を汲みとる時間がなくて印象散漫となります。映画はカットを、作者の思う順序で、思う時間でつみ

かさねて印象をかたるというものですから、一つ一つのカットの印象を単一、明確なものとして、それをかさねて、全体の印象を作りあげることができるのです。

メーデーの集会などを例にとれば、大勢の若い人たちが集まって喜びあっている、という印象は普通写真では一枚でうまく表現できるでしょうが、映画でその印象を強く再現しようというときは、「大勢の若い人たち」というのは一画面になりにくいのです。「わあ！すごい」という多勢を表現する場合、会場の大ロングでその数をみせるとしますと、その多勢の内容である、若い人は小さな像の集まりとなって印象が弱くなります。そこで「若い人たち」という数人の半身像の集合——もちろんバックには、さっきの多勢の中の感じは必要でしょうが——で、若い人たちをつかむ必要があります。つぎに「喜びあう」という心の中の状態は、もっと近寄ったいわゆる若い人のアップが必要になるでしょう。この場合必要な注意は、「若い人たち」は年齢が若いということだけでなく、本当に若々しい感じを溢らせている、みるからに「若い」とあなた方を感激させるような人たちを選ぶべきで、「喜んでいる」顔も、漠然とうれしそうな顔をしているというものでなく、本当に喜びが表情なり、動作なりにあらわれる瞬間をねらって撮る必要があります。こうして厳選して撮られたカットのつみかさねがあなた方の作品を力強いものとします。

あなた方が遠足の記録やメーデー参加の記録を撮る場合、「こういうことがありました、ありました」の羅列に終っているのではないでしょうか。「あった」「あった」「あった」のつみかさねからは、いつも「だからどうだったというんだ？」という質問が生じて、みる者になにかものたりなさを感じさせるでしょう。「こういうことがあって、こうだったんだよ」と自分の気持をつたえるのが「作品」で、「事実の忠実な記録」といいますか、その中に事実を受けとった自分の感じが生きていないと、生きた人間の見た事実の報告とはならないで、見る人たちにも共感が薄いのではないかと思います。極端にいえば「事実の記録」でなく、事実にぶつかった自分の「心象の記録」が必要なのでしょう。「どういう事にぶつかって、どうそれを感じとるか」。これは作家の一番重要なところだと思います。

ロバート・キャパ、カルチエ＝ブレッソン、ブライアン・ブレーク、浜谷浩、などの集団で知られる写真集団「マグナム」のすぐれた作品の感銘は各人のその深いヒューマニズムから生れていることで明らかなように、作家の人間性がその作品の質をきめる一番根本の要素だと思われます。それを思うと夢おろそかに記録映画は撮れないと、われわれつねに自戒しているところです。

植　松　永　吉

Ⅵ　記録映画の機能

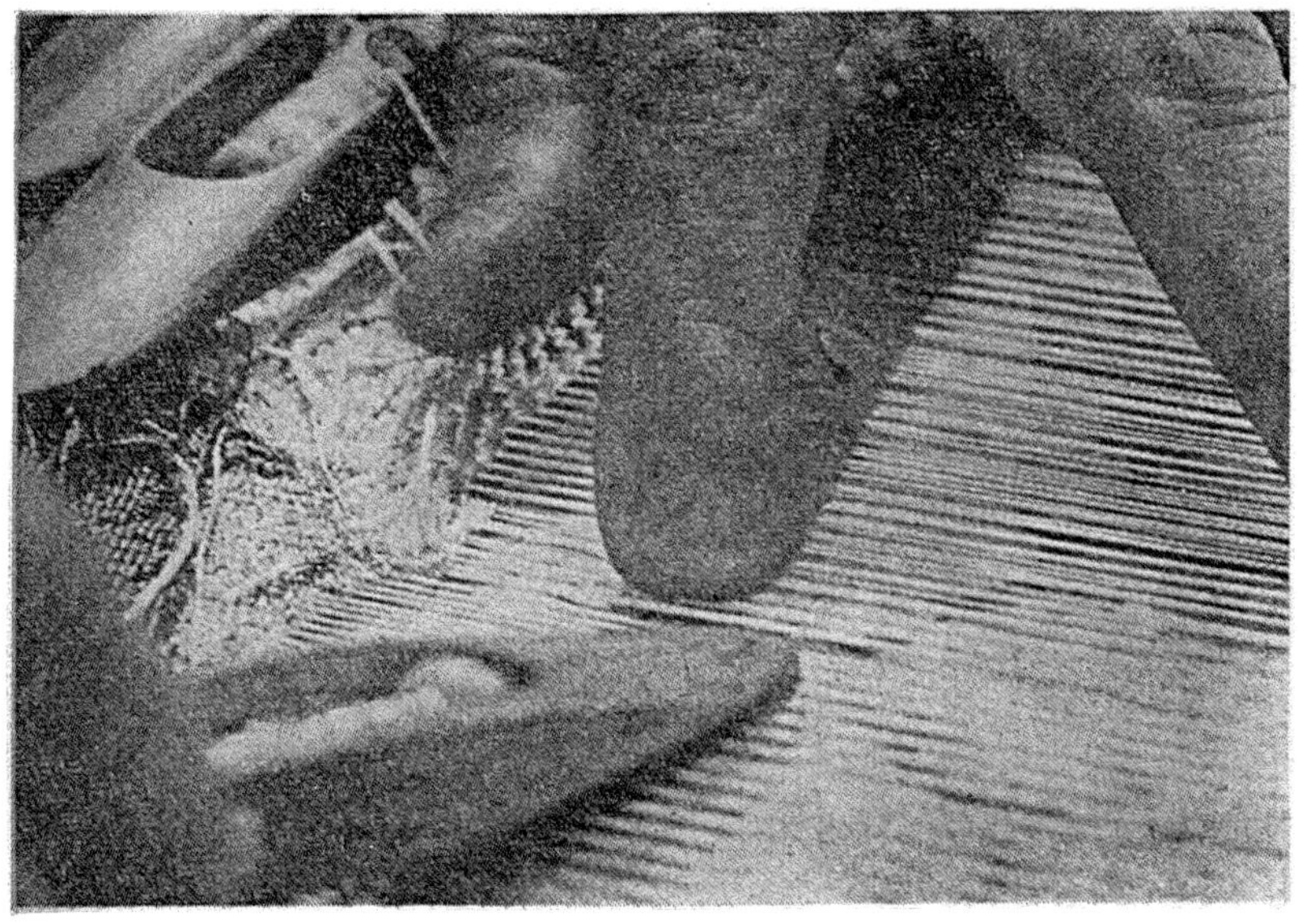

1　記録映画の正しい機能・ゆがめられた機能

作られた記録映画はいろいろな役割をおって活用されています。映画界で、記録映画の範ちゅうに入るものとしては、六、七巻以上の興行用の長篇記録映画のほかに、いわゆる教育映画と呼ばれているものがあります。教育映画は戦前は一般に文化映画といわれていました。ドイツで、クルトゥール(文化)・フィルムと呼ばれていたのを直訳してとりいれたのです。当時、ドイツ、ウーファの科学映画が日本にも輸入され上映されていたのを、読者の中には記憶していられる方もあるでしょう。日本でも昆虫や鳥の生態を扱った自然観察の科学映画や「南京」、「上海」などの戦記もの、それに観光映画、風俗映画や農村、漁村の生活記録、無医村などの社会問題、工場製品の「できるまで映画」、天気図を作る気象台の人びとの働きや、青果市場、魚市場の話など、リアリスティクなタッチで、社会状況の紹介や社会問題の提起をし、一般の社会的啓蒙を狙った作品が数多くありました。これがみんな文化映画と称されたのです。貧しい子供たちの保育問題を扱った「ある保姆の記録」や信州の観光映画的

スタイルを借りて、農民のエネルギーをとらえ、社会批判の自己主張を貫いた「小林一茶」などは当時の名作としていまも忘れられていません。当時の多くの作品には、自然や社会現象の奥にひそむものを観察して真実をとらえ、描こうとした批判者としての作家の努力の蓄積があったわけです。

作品として取りあげられた現実をなかだちとして、多くの観客が知らないことを知り、真実を知りあい、啓蒙されあうという点で、記録的な文化映画は、たくさんの支持を得ました。現実を直接対象とする記録映画は、それ自身、そのような機能をもっていたのです。

戦時中、文化映画は、軍によって啓発宣伝映画と称されました。称されただけでなく、事実、戦意昂揚のための有力な手段として動員されたのです。文化映画の記録性と、それに根ざした啓蒙、宣伝の機能を、軍を中心とした国家権力が手中に独占し、ファッショ戦争遂行の有力な武器として動員したのです。民主的自由と民主主義的「真実」のすべてを圧殺したファッショ権力の統制のもとで、文化映画は、真実はもとより、客観的事実さえそのまま忠実に描けず、事実を歪曲してまで、ひたすら、戦争ならびに戦争政策の美化と、一億総進軍を目指すスローガンの宣伝媒体として駆使されたのです。

フィリッピン沖海戦のごとき敗けいくさをも、勝ちいくさとして報道したニュース映画を

はじめとして、当時のすべての記録的作品は、そうした事情をかたっています。

これを創作上の問題として考えてみれば、対象に対するテーマのおしつけを犯したわけで(第Ⅲ章参照)、それによって客観的事実をも圧殺し、歪曲してしまったのです。これでは、作り手も作品も、その生命を終ったも同然です。事実、戦時中、文化映画が戦意昂揚啓発宣伝映画となったとき、それは創作上のあらゆる可能性を失ない、形式的にも内容的にも枯死したのです。そのとき記録映画は、軍を中心としたファッショ権力の、戦争政策の宣伝媒体に利用された形骸を残しただけで、創作上、そこからはなんの発展の芽も育っていません。

戦後、創作上の課題は、戦中をとび越えて、客観的事実と真実を求めようとした戦前の文化映画の伝統をうけつぐ所からスタートしようとした事情が、そのことを語っています。このことについては、あとで、ちょっと触れておきたいと思います。

とにかく以上の現実は、客観的事実（現実）を基盤とする記録映画は、視聴覚媒体としてすぐれた宣伝的、啓蒙的機能をもっており、国家権力もそれが魅力で、それを独占し、統制して戦争遂行に動員したことを示しています。

これは日本だけのことではなく、当時のナチス・ドイツ、ファシスト・イタリアでもどうようでした。

それはまた、当時の反ファッショ連合国各国でもどうようで、民主主義擁護のための武器として、教育に、啓蒙に、反ファッショ宣伝に、国家的規模で活用されたのです。

それ以来今日にいたるまで、記録的映画の機能の活用はますます各方面にわたって、圧倒的に世界を風びしています。

このような世界的風潮の中で、しかし、基本的に留意しなければならないことは、記録映画は、正しく客観的事実を基盤とし、その上に立って真実を求めるという原則を無視したときには、つねに、その生命を終えるということです。主観主義で事実を歪曲したとき、記録映画はその生命が涸渇するということです。

戦時中、疲労こんぱいして行軍する兵士を、疲労こんぱいした兵士として描くことができず、また、なんの生活の保障もなく、転業を強いられて徴用工となった人びとの生活の不安を不安として描けず、すべて忠君愛国、一億総進軍の栄ある行為、行動として描くというような所からはどんな真実の芽ものびるわけはありません。すべて現実を歪曲した主観的観念の絶叫が、現実の上をうわすべりしていくだけです。現実を掘りさげ、現実の中に自由にわけ入って、その本質をさぐり当てる試みのかわりに、どんな現実に対しても、「聖戦遂行」という権力からの一方的な枠を機械的におしつけて切りとるというやりかたでは、どんな現

実の可能性をも無惨に断ち切ってしまうだけです。

戦争直後、記録映画がファッショ戦争のそうした桎梏から解放されたとき、記録映画はニュース映画をはじめとして、その基盤に、客観的事実をとりもどしました。そして爆発的に、人間の生きる自由、生きる権利をうたい、真実を求めて躍りだそうとしました。それは客観的現実と人間の真実を追った戦前の記録映画の伝統に結びついた動きです。そして、その頃ほうはいとして起った民主化運動の一翼をにないました。

しかし当時の多くの作品には、それほど共感を呼ぶようなものがありません。反戦、平和、民主主義と真実を追おうとする良き意図にもかかわらず、作品の多くは、戦中の啓発宣伝映画の裏返しだったのです。客観的現実の上に立ちながらも、現実の中にわけ入って、真実を探ろうとするかわりに、民主主義を求める主観だけが、現実の上をうわすべりしていたのです。戦中の主観主義の裏返しだったわけです。現実に対する批判者としての作家主体がけし飛んでいたわけです。戦中、戦争政策の波の中での作家主体の喪失が、そのまま戦後にもおよび、民主化の波まかせに漂よっていたのだと極言できるでしょう。

現実にわけ入るためには、主体が要求されることについては、第Ⅲ章、第Ⅳ章で触れておいた通りです。作家の主体論がその後、戦中、戦後体験を通じてきびしく論議されたゆえん

は、そのへんにも端を発しています。

戦中の主観主義の裏返しという点での典型例は、戦争直後、アメリカ占領軍の政策で大量に導入された当時のいわゆるCIE映画です。日本の民主化のための有力な手段としてもちこまれたアメリカ民主主義の対外宣伝啓発用映画です。アメリカ流の民主主義の概念とアメリカ流の民主化の〝模範的〟手だてとがステロタイプ的に鋳こまれている作品です。日本の現実の中からなまなましく描きとられた民主化への要求でもなく、そうした民主化の斗い（過程）の記録でもなかったのです。そうした作品を押しつけられても、多くは、なんの感動も感銘も起りません。極言すれば主観主義の押しつけが感じられるだけだったのです。それらの作品はついに、日本で、生き生きと生きつづけることはもちろんできませんでした。それはちょうど、戦時中の、ファッショ戦争政策理念を主観主義的に押しつけた戦意昂揚啓発宣伝映画の末路と同じです。——主観主義のおしつけは記録映画をけっして成功させないのです。記録映画のせっかくの機能を果すためには、客観的事実（現実）を基盤とし、その中にわけ入って真実（本質）を求めるという原則をつねに踏みはずしてはならないのです。

2　記録映画の機能の普及と奪いあい

戦前もっぱら〝文化映画〟と称された記録的映画は、戦後はもっぱら、〝教育映画〟と称されるようになりました。戦前・戦中のドイツにかわって、戦後は文化的にもアメリカの支配と影響が圧倒的になりましたが、そのアメリカで、記録的映画（非劇映画）は Educational Film（教育映画）と称されていたからです。

一面から見れば、それは、記録的映画の機能を、いろいろな意味の〝教育〟にさかんに活用しているアメリカの事情をかたるものでもあります。

日本でも戦後、記録的ないわゆる〝教育映画〟は多方面からさかんに活用されるようになりました。

戦前ようやくぼっ興しはじめていた文化映画が、途中で、軍に独占されていたのが、戦後解放されて、一時に、その機能を各方面で活用することになったのです。

いち早く、その活用に手をつけたのは、労働組合でした。戦後日本の民主化推進の中心勢

力として急速に発展した労働組合が、その教育宣伝活動の一つの有力な手段としてこれをとりあげ、プロダクションと提携して記録映画の製作をはじめたのです。当時の全繊維、電産、海員組合、国鉄、日教組などの大単産が中心になってはじめたのですが、さきに述べた、ただおし着せのC・I・E映画とははるかにちがうすぐれた作品が生まれました。

戦後の荒廃の中で、生活の困窮と斗いつつ、社会の再建にたち向かうはげしい活動をテーマとしたそれらの作品は、組合の内外に感銘をあたえました。中でも、国鉄の、生活と輸送の再建の斗いの記録は熾烈なものがあり、国鉄を確保、支配しようとして組合の骨抜きを狙う占領政策と対立、占領軍による検閲で、目もあてられぬほどズタズタに切りさかれる事件も起りました。記録映画の機能（影響力）をフルに活用しようとするものとそれを阻もうとするもの——それほど、すぐれた記録映画の力は大きいのです。

記録映画をめぐるそうした労働組合の動きとともに、一方では、占領軍の指導で、各都道府県の社会教育課でも民主化を目指す〝社会教育映画〟の製作をはじめました。また、戦前にもあった小・中学校向けの〝学校教材映画〟も、組織的な製作態勢をとって復活しました。

各官庁、諸会社の、政策・商品宣伝映画、PR映画も復活しました。

このようにして記録映画は、有力な宣伝媒体として、各方面から触手をのばされ、その利用のされ方にしたがって、学校教材映画、社会教育映画、コマーシャル映画、PR映画などと呼ばれ、多彩に活用されるようになりました。

その間、記録映画の機能は、労働組合や民主団体を中心とした地域社会の人びとの手によって活用されるという大きな動きも起ってきました。地域社会の人びとが自主的に、専門作家と組んで、自分たちの当面する課題を映画化し、広く世に問うという動きです。

たとえばさきには、岡山県美備郷土文化の会、岡山県教組、岡山県部落解放委員会などの団体が中心となり、地域の村人たちがこぞって古墳を発掘し（もちろん、専門考古学者の指導のもとで）、地域社会の歴史を明らかにしようとした大衆的な歴史運動の記録「月の輪古墳」や、信州伊那谷の青年たちが中心になって、村の生活の真実を掘り起そうとした「ひとりの母の記録」、松川事件対策協議会を中心とした「松川事件」などがあり、こんにち新しくは、京都の映画サークル〝記録映画を見る会〟を中心に、西陣に生きる人びとの協力でできた「西陣」――西陣を通じて日本の底辺をさぐろうとした記録映画が生れています。

また、戦争直後の諸作品にひきつづいて、さきに「日鋼室蘭」「九州炭田」「失業――炭鉱合理化との斗い」「一九六〇年六月――安保への怒り」などを製作し、斗いの組織宣伝に

活用してきた労働組合は、一層、記録映画の機能を重視し、「労働組合視聴覚教育研究全国集会」を、一九六〇年以来、毎年にわたって開催、いまや「労農ニュース」をも製作しつつあります。

近ごろでは、各政党でもその政策宣伝に記録映画を製作、活用しています。

こうして国民のあらゆる層が、その立場、主張の表明に記録映画を活用しつつあるのです。いうなれば、国民各層の下からと上からとから記録映画の機能をめぐっての、争奪がおこなわれているといっても過言ではないほどです。

3　記録映画の正しい大衆化

こうした状況の中で、私たちが8ミリなど小型カメラを有効に使って映画を作るには、自分たちの生活を正確に見つめて記録することにあると思うのです。それこそが、私たちの日常の生活に根ざした意思表示や、仲間づくりや、生活の前進を約束するでしょう。そして、生活を正確に見つめる修練を通して、自分という人間自身の発展を築くこともできるでしょ

う。

日本には、なんでも「文化」という字をつけたがるくせがあって、文化映画、文化ナベ、文化住宅など、人間にまで文化人といわねば気がすまないくらい、「文化」が好きです。ところがこの「文化」は民衆が持っている文化やその創造性に根ざしたものではなく、いつでも、「大衆的なもの」とはちょっとちがうぞと、オツにすました感覚、あるいは「教養の高い者」から「低い者」への、権力者から支配される者への啓蒙活動としての意味をもっているのが特徴です。それは特に戦前、戦中にかけてもっともひどかったといってもいいでしょう。

もともと日本では、外国から知識を仕入れて広めるということが伝統になっていましたから、知識を「紹介する人」と、知識を「持っている人」とを混同したり、そうした人を「えらい人」、大衆よりはなにか高級な人と思いこむ習慣、ないしは思いこませる習慣が根を張っているのです。その点、文化映画でも、その中には、いつも、なにかを教えてやろう、啓蒙してやろうという姿勢が感じとられるものも少なくありません。

これに対して、私たちは、「生活の中に踏みこむ」ということを一つの基本に考えたいと思っています。「生活の中に踏みこむ」ということは、私たちの生活、民衆の生活をどう認

識するかという問題です。

前にも何度か書いたように、なにか仮説をもって、それを主観主義的に現実に対しておしつけるのではなく、具体的な民衆の生活（現実）を正しくとらえたいものです。生活（現実）をどう変えていくか、都市や農山漁村の生活（現実）をどう変えていくかという問題も、そこからしかひき出せないのです。かつて、歴史にものぼらなかった民衆の生活は、しかし、いつでも、歴史を作り、歴史を支え、歴史を動かしてきた生活です。いまや私たちは、そうした私たちの生活、民衆の生活を正しく見つめ、記録することに大きな意義を見ています。そこからこそ、今日の民衆のエネルギーと、その将来への前進の筋道が明らかになるからです。

カメラを駆使される皆さんのおかれている場はさまざまでしょう。場はいかにさまざまでも、その場、その場で、記録映画はその本来の機能を果してくれます。その機能を少しでもよく生かすために、その場、その場での、ひとつの大切な心がけを列記してみましょう。

広報活動と記録映画

公民館や広報係のかたがたは、いわばいつでも、上からの映画を、民衆に見せる立場にし

かないかもしれません。

しかし本来は、民衆がこういう映画を見たいと希望した場合、それを整える（あるいは作る）のが仕事だともいえます。それが民主的なやりかたです。そうしたやりかたや態度をとることはとてもむずかしいことでしょうが、社会教育にせよ、広報にせよ、もともとそうしたやりかたが当然なことなのだと考えます。

もしこの原則を忘れていると、公民館や広報係のかたが自作の映画を作る場合、やはり上から指導しようとか、啓蒙しようとかいう姿勢がどうしても反映してしまいます。村の中にいながら、ほんとうの村の現実の中に踏みこんで見きわめるという立場は、ここでも忘れてはならない条件です。

上から、あるいは外側から見ている限り、本当の現実はわかるはずはありません。たとえば、どこにでもある「生活改善」の例を考えてみましょう。台所改善などは、その中でももっともよい実例になりますが、これも、ご承知のように外側からのかけ声だけではダメです。経費のことももちろん問題になりましょうし、家族の賛成も必要になりますし、台所ひとつ改善するにも、いろいろな障害が起ってくるものです。

この場合、一ばん問題なのは、台所改善が、どうしたら運動としてもり上ってくるかとい

うことでしょう。一家の主人の頭の中は、とても台所のことまでまわっていない。——そういう状況の中での、生活の構造認識をどう深め高めるか、一つの問題をどうしたら、家の中の全員が共通の問題として認識していくかという問題を解決しなければならないのです。

これをさしおいて、ずっと上の方から「台所を改善しよう」と命令をだすみたいにいってみたり、あるいはまた、主婦の方には農協や普及所や婦人会から働きかけ、別に主人の方には公民館から呼びかけるといった具合では、テンデンバラバラ、受けるほうでもどうしようもありますまい。

どうしても現実の渦中に踏みこんで、どこに障害があるのか、具体的に自分で確かめ、相手の立場にたって、問題の解決をはかる実践をしなければなりますまい。映画の起点も、そこからでないと出発できません。

もちろん、むずかしい問題の場合には、解決まで描かなくてもいいでしょう。障害になる問題を的確につかんで、ここに解決すべき問題点があるのだとはっきりさせて、民衆とともに考えあうことも必要です。

もちろん、こうした広報マンの態度の問題は、役所の側だけの問題ではありません。よい広報マンを作り、彼を支えるのは、住民全体の体制の問題でもあります。

しかしともあれ、今日の官庁広報映画は、名所絵ハガキのようなものが多く、見ばえのいい所ばかり見せようとする傾向があります。ただのキレイごとからはどんな発展もありませんし、そんなみえをはるだけの軽薄な態度からは、どんな真実も発見できません。広報映画はただひたすらに住民のためのものです。住民生活の問題点を、具体的に、的確にとらえ、それをめぐって住民とともに、どのように解決しようとしているかということに迫ってこそ、本来の広報映画に近づくことができるのです。みえをはるだけでは、典型的な官僚独善広報映画のそしりをまぬがれません。

広報映画はいつでも、住民みんなの生活の要求を掘りおこしていく態度を強く要請されているのです。このようにして、広報映画としての記録映画は、地域の具体的な住民生活と、役所の側との生き生きした交流（フィード・バック）の役割を果し、また地域と他地域との住民生活の交流をになうでしょう。広報マンはそうした可能性をつかみ、生かさねばなりません。

それぞれの職場における記録と学習

第Ⅳ章で、ある保姆さんが試みた遠足の記録の話をしました。そして、喜ばれるだろうと

思って作った遠足の記録が少しも喜ばれなかったのは、歩く園児と、その父兄の立場に立たなかったからであり、その記録を通じて、もっとも良き保姆とはなにかという課題にまで問題が発展する話を書きました。

そこで明らかになったことは、立場の問題と、この映画をとってどうしようとするのかという目的意識の問題でした。

いろいろな仕事、いろいろな職場の人びとが、自分たちの生活の記録映画をとろうという場合、おそらく前に述べたある保姆さんのような経験にうち当ることが多いのではないかと思います。

そのとき彼女の経験が明らかにしたように、作り手の独善では成功しないのです。いつでも仲間とともに、そして明らかな目的意識を煮つめることが大切です。

運動会や旅行の記録にせよ、自分たちの仕事、職場の問題にせよ、立場をどこに、また誰におくか、目的はなにかということを明らかにしないと、みんなの共感を得られないものになってしまうでしょう。そして記録映画はつまらないといわれてしまいます。

しかし、記録映画はつまらないのではなく、それをつまらなくしているのは作り手の側にあることを反省しなければなりません。このことは専門作家にもいえることです。

記録映画は職場の学習のためにも作られていいのではないでしょうか。特に学習したい材料を映画にすることももちろんですが、職場の生活や問題点を映画化することはそれ自身、討議用の素材として学習の役割を果してくれます。

この場合でも、みんなと話しあい、立場と目的とを明らかにすべきことはもちろんです。

家庭生活と記録映画

近頃では家庭での記念行事や旅行、子供の生活、家庭に起った珍しいできごとなど、一家の記録を映画にすることがさかんになってきました。はじめは、ただできごとを撮っておくというところから出発するのは当然ですが、なにをとるにしても、目的を明らかにするということは、ここでも次第に大事なことになってきます。そして家庭のみんなと話しあい、誰の立場にたつか、映画にする目的はなにかということをはっきりさせていくことをくり返しているうちに、自分たちの家庭生活をそれぞれの立場でじっくり観察するという態度が生れてきます。それは社会とのつながりで、自分の生活を見る目を訓練するということにもなり、家庭生活の意識を豊富にしていくでしょう。

ただ世の中の流れに流されて生きるのではなく、自分たちの生活や自分たちのまわりの生

活を観察することによって生活の意識をゆたかにするという大きな契機を、記録映画作りによってつかんでいけるのです。

学校の先生と教材映画

最近、学校の先生がたの間で、教材映画を、自分たちの手で作る試みが広くおこなわれるようになっています。

社会科教材にせよ、理科教材にせよ、ここでも前に述べたことと同じことがいえます。目的は生徒の理解をたすけ、理解を確かなものにしようとするところにあることは明らかなのですから、なにが（どこが）分りにくいのか、どうしたら分りやすくなるのか、先生のほうである腹案をもったら、それをもとにして生徒と話しあうことです。

上から与えられた教材映画ではなく、現場の先生の必要から生れる作品は、少なくとも、生徒の必要からも生れた作品でなければなりません。ここでも独善は成功しないのです。

生徒と話しあい、生徒の論理水準もはっきり認識し、整理しなければなりません。

必要な技術は、そうした要請にこたえようとするところからはじめて具体的に生れてくるものです。

ほんとうに生徒の立場に立ち、教師として、ほんとうに生徒たちの理解を助けるためにはどうしたらよいか、そのことを生徒と一しょに真剣に考えあわねば、いい教材映画はおそらく生れません。そしてそこまで真剣に考えあうことが、いい教師として発展する課題だということは、さきの保姆さんの場合と同じだと思います。

ここで、教材映画の機能について、ひとつの考え方を書きしるしておきたいと思いますが、科学技術の各分野の進歩が異常な速度で前進し、世の中が目まぐるしいほどに動いている今日、世界の知識の蓄積もまた非常な勢いでおこなわれています。こうした時代に即応する教育技術もまたいかに能率的におこなうかが新しい課題となっています。教材映画は、そうした教育技術の能率化の一つの手段として考えなければならないでしょう。単に視聴覚教育の方が有効であり便利だという考えをこえ、知識の体系的伝達の能率化の手段として考えなおさねばならない段階にあると思うのです。

これはもちろん、教育体系、教育体制全体の問題にちがいありませんが、教材映画をそのような観点からとらえなおさないと、日本の教育は、一層たちおくれてしまう危険にさらされています。これは、教育関係者、教材映画関係者全体の問題です。

労働組合活動と記録映画

教育宣伝活動のために組合員自身の手で作られてきた、これまでの組合映画の多くは、一種の図式化の傾向におちてはいないでしょうか。

○月○日、××投票実施。
○月○日、要求提出。
案のじょう要求は拒否され、
○月○日、いよいよスト決行。
ハチ巻きで団交。
やがて妥決して万才。で終る。

このような式次第のような映画が、毎年、同じような頃に、くり返し作られては、誰だってあきあきしてしまいます。

これは作り手自身が、あまりにも自分を組合あるいは、組合機関のワクに閉じこめすぎて、官僚意識、指導者意識にわざわいされているからではないでしょうか。

どこかの組合の組合員だからといっても、その人は、世の中の普通のオヤジが負う負い目は負っている一人だし、誰かの夫であり、妻であり、兄であり、弟であり、姉であり、妹で

す。普通の社会人と同じ時代の矛盾に悩むひとりです。組合員であっても、子供の親としての側面をもっており、子供の教育や健康について心配しない組合員はいません。小児マヒ問題にしてからが、それを顔色かえて心配しない親はいないでしょう。

ところがさて、これを組合要求として前面にとりあげようとすると、通り一ぺんのものにしかならない。医療制度問題だってそうです。もっとも組合には、当面とりあげるべき政治要求や経済要求が山積していて、それが優先されるという現状にあるからかも知れませんが。

組合の映画の作り手は、単なるスポークスマンではないはずです。彼はオルグです。

組合のきまった行事にしたがって、台本を作り、撮影を進めるのが彼の仕事の本来ではけっしてないはずです。

いうまでもなく、組合員の職場や家庭の生活の中に入り、それを見つめ、組合員の不満や要求を汲みとり、斗いに組織するのがオルグの仕事であるはずです。

オルグとしての組合映画の作り手は、組合の行事に映画を従属させてばかりいたのでは、映画も死ぬし、オルグ活動それ自身も死にます。行事に従属させてばかりいると、いわゆる手がなくなって、商業映画や専門作家、はてはマスコミのあの手、この手を模倣するのがお

ちになります。オルグとしての生命——新たな発見による新たな題材で、内容を充実させるという新鮮なエネルギーを失なうからです。

しかし、組合教宣映画の本来は、かえってそこにこそあるのです。

組合員から組合の枠をはずし、その生活を社会一般の中で見なおしてごらんなさい。彼をこずきまわし、彼を底のない不安におとしいれる当代の具体的な諸矛盾が無限に発見されませんか。それを描いて組合の中にもちこむのです。そしてそれを組合の斗いの中に組織できるようオルグするのです。必ずそれは組合内部の日常要求に結びついて発展せずにはおかないでしょう。組合員が組合の殻に、企業の殻に閉じこもっている現状を、そのようにして少しずつでも破らねばなりません。

前に述べたすべての場合と同じように、もっともよいオルグとなるための課題につき当ってはじめて道がひらけるのです。

オルグの仕事はまた、正しいコミュニケーションの仕事です。商業マスコミのショッキングな手法——ある極点をことさら強調して伝える技法——を真似るだけでは敗北です。強く訴えることが真実なのではなくて、発掘した真実をこそ強く訴えるべきです。

そして、自分たちの真実、自分たちの経験を、他の仲間にも、広いつながりの中で知ら

せ、交流していかねばなりません。そこにも記録映画の重要な役割があります。

組合は大てい映写機を持っています。ところが地域の小さな婦人グループが学習かなにかの映画を上映して話しあおうとするとき、映写機がないので困ることが多いのです。そんなとき、組合の婦人部員、あるいはその婦人グループの中のオヤジさんが、組合の映写機を気軽に借りてやるというようなことをしてはどうでしょう。そしてそんなとき、組合の教宣映画で、その場に適当なものがあったとしたらどうでしょう。

現実はなかなかそこまでいっていないようです。しかし、組合の教宣活動としての映画作りは、そのような方向を目指したとき、前に述べたような本来の姿勢をとることができるのだと思います。組合が地域の人びとと結びあい、学習のための共通の広場を作って進むという態勢を日常的に深めるだけでも、前進への期待が生れるはずです。このような生きた交流の中でこそ、組合活動は、組合主義的マンネリズムから救われ、ひいては、教宣映画自体、広い視野でつねに新しい課題ととり組むことができるようになるでしょう。

4　8ミリ映画運動の提唱

記録映画の機能の活用は、以上にのべた範囲にとどまらず、驚くほどの広さで大衆化されつつあります。従来の普通写真が果していた以上に、記録映画の世界は広汎にのびているのです。

二人以上の人間が集まるところ、8ミリのカメラが動いていないところはないといってもいいほどです。機械技術の進歩は記録映画を決定的に大衆のものにしつつあるといってもいいでしょう。

問題はその使いかた、使いかたの内容です。

すでに述べたように、専門作家は、できる限り、広く民衆生活と接触し提携して、真実の追求を目指してきました。社会生活の前進のためには、なにを捨て、どこを切りひらいて進むか、世の中の支え手であり、進歩の支え手である民衆のエネルギーをどのように結集して、ゆたかに前進するか、現状はどのように動いているか——そのような課題を前にしていろいろな試みがなされてきました。

ところが一方では、上からのマスコミが、個人個人の間を分断し、孤立させ、他人との交流を必要としないような錯覚に追いこんできています。テレビやラジオが民衆の生活を、茶の間単位に寸断してきているのはその一例です。しかもマスコミは一方交通──聞かされたり、見せられたりしても、それへの意見や反論を、即刻はね返していく方法がありません。一方的に選択された事柄や意見を聞かせっぱなし、見せっぱなしの押しつけです。

それに対して私たちが、少しでもまともに生きるためには、自分たちの意見、自分たちの要求を積極的に交流しあって、私たちのコミュニケーションを巾ひろい層に築きあげていかねばなりません。

このとき、8ミリ・カメラなど小型カメラは相当なひろがりをもって、民衆のさまざまな生活層に入りこんでいます。すべての小型カメラが、それぞれの場で生活記録をはじめたら、社会の表面からはかくれたさまざまな民衆の生活──かくれた真実をはらんださまざまな生活とそのエネルギーが、ゆたかな示唆をふくんで、広汎に展開されるでしょう。それは民衆の大きな財産、次代への他にかけがえのない大切な遺産になります。なぜならそれは、民衆の、あらゆる要求をはらんだ実体だからです。社会を支える民衆の底力だからです。進歩を支えるエネルギーの実態だからです。民衆の要求と期待を汲みあげ、それにこたえて再

び民衆にかえすフィード・バック機構を組織する可能性の基盤がそこにあります。

民衆生活の各層から提供される記録の展開は、それほど偉大な可能性をはらんでいるのです。

そればかりでなく、さきに述べた「ひとりの母の記録」一本の上映でさえ、こんな効果がありました。──その映画に記録された地方の蚕棚は昔ながらの文字通りの蚕棚形式であるのを、他の地方の青年がみ、それがきっかけで、地方によっては役所からの補助金で回転式に改良されているのに、昔ながらの蚕棚を使っているのは、その改良補助金が流用されていたためであったことが暴露されたのです。民衆各層の生活記録が展開されることになれば、どんなおもしろいことが露呈してくるかわかったものではありません。

専門作家の側では、その中から貴重な材料を発見して、記録映画によるカムパニアをおこすことにもなるでしょう。

記録映画によって社会生活の前進を目指す運動は、このとき、民衆生活の深部にわたって深く広く展開されるでしょう。記録映画はかつてなかった力強さで、民衆生活の相互理解を深め、相互交流の密度を濃くし、民衆の要求と訴えを組織化することに役立つでしょう。

もちろん、そのような広大なエネルギーの発露は一朝にしてなるものではありません。

はじめは、あるグループから、あるいは地域的グループから運動がおこされねばなりません。しかも運動は全国的に組織されねばなりません。

ここにはまだ、そうした運動の意義と展望とを記す以上に、具体的な提案の用意がないことを残念に思います。

しかし、どこからか、できるところから手始めの組織化を話しあう契機を作ろうではありませんか。編集の責任に当った記録映画作家協会へでも、まず手がかりになるご連絡をお待ちしています。

吉見　泰

連絡先
☆東京都中央区銀座西八―五　日吉ビル四階
記録映画作家協会（五七一局）五四一八

執筆者紹介　（五十音順）

岩佐　氏寿　脚本家，演出家，東映教育映画部専属
「ひとりの母の記録」（シナリオ）「飛鳥美術」「北海道の大自然」「下水道」世界シリーズ，「アフリカ篇」「ラテン・アメリカ篇」「小河内ダム」

植松　永吉　日経映画社技術課長，カメラマン
「風の子」「暴力の街」「第5福竜丸」

岡本　昌雄　フリー，短篇映画製作者
「海べの動物」「霜と霜柱」「雲」「日本の気象」「夢みるくらし」（PR）「鉄道郵便車」（以上脚本・演出）

管家　陳彦　記録映画作家協会所属フリー演出家
「日鋼室蘭」「おふくろのバス旅行」「とうちゃん頑張る」「流氷の町」

京極　高英　フリー，演出家
「西の涯に」「朝鮮の子」「ひとりの母の記録」「失業」「カラー・イン・ライフ」

吉見　泰　記録映画作家協会員，記録映画脚本家
東京シネマ脚本部長「月の輪古墳」「ミクロの世界」「マリン・スノー」

記録映画の技術

昭和36年10月1日　第1刷発行

著者代表　吉　見　泰
発行者　今　田　見　信
発　行　医歯薬出版株式会社
東京都文京区駒込片町32
電話・大塚（941）7137（代表）
振替口座　東京　13816

¥ 370.

（教文堂印刷）

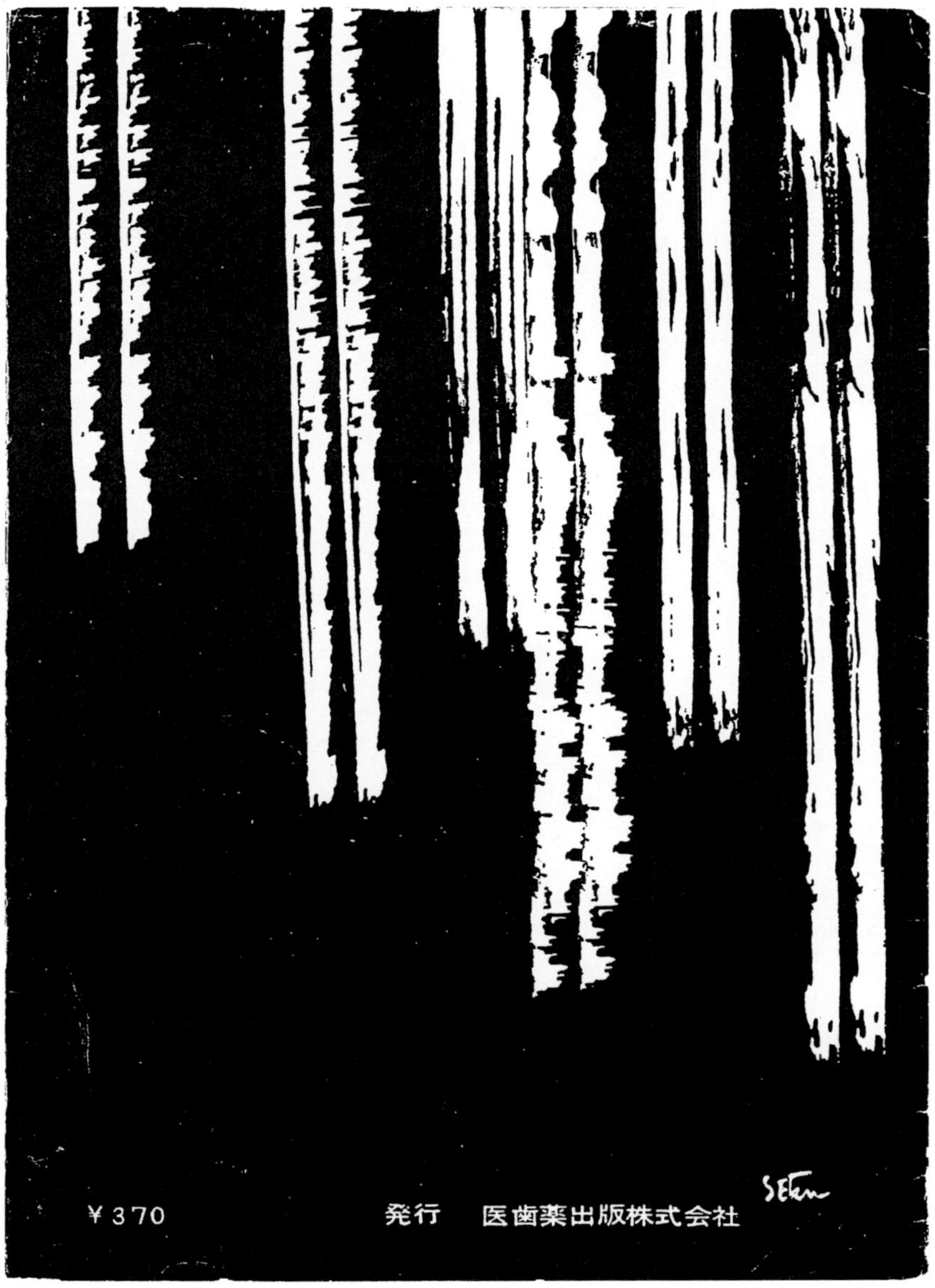

増刷5版 **広報編集の技術**　重松　敬一著　B6判 ¥250

市町村広報・公民館広報の担当者のための広報編集の理論と技術入門！

Ⅰ **広報の編集とは何か**　1）広報とジャーナリズム　2）行政広報の意味
Ⅱ **広報の企画と取材**　1）記事のつかみ方・書き方　2）なにお・なぜ・どう　3）題材を生かす形式のきめ方
Ⅲ **広報紙の編集技術**　1）新聞形式の紙面構成　2）マンネリズムからの脱出
Ⅳ **新しい広報のスタイル**　1）新聞と広報のスタイル　2）見せる・読ませる・考えさせる
Ⅴ **広報の文章技術**　1）話しかけの文章　2）やさしさ・やわらかさ　3）文章のくふうと構成
Ⅵ **町村づくりと広報**　1）町村の広報と公民館　2）公民館広報の問題点　3）広報と社会教育

近刊 **写真広報の技術**　現代デザイン研究所主宰 二科会会員　高橋　春人

初めて公刊される写真広報の実務書。撮影の基礎ＡＢＣから取材，構成，レイアウト印刷や展示技術まで。
著者の豊富な体験事例写真版満載。

講座 **日本の社会教育**　全5巻 完結！

Ⅰ **社会教育計画**　五〇〇円
地域における社会教育活動・計画の立案・施設の運営と活動・社会教育の行財政・社会教育の指導者

Ⅱ **農民・労働者**　四二〇円
労働者階級の教育・農民教育の現状と課題・農民の生活と教育・労働者教育の現状と課題・労働者の生活と教育・労農提携と社会教育

Ⅲ **青年教育**　五〇〇円
世代としての青年・青年の生活・青年集団の形成・青年の集団活動・指導者・勤労青少年教育の展望

Ⅳ **婦人教育**　五〇〇円
日本の婦人・婦人の教育・学習の場と方向・消費経済と生活・学習内容・婦人団体・婦人教育と行政

Ⅴ **マス・コミ**　四八〇円
大衆社会とマスコミ・現代とマスコミ・地域の学習集団と世論集団・マスメディアと学習・児童文化と社会教育・娯楽と社会教育

生活科学調査会編　**医歯薬出版**

夜と霧を見る会ニュース才一号

事務局

「夜と霧」を見る会準備会
○東京映画愛好会連合
東京都新宿区西大久保一~四六二
TEL (369) 三六二六
○記録映画作家協会
東京都銀座西八~五　日吉ビル
TEL (571) 五四一八

「夜と霧」上映にあたり呼びかけ

アラン、レネエ作品〃夜と霧〃が日本ヘラルド映画社の手によつてこのたび日本で始めて日の目を見ることとなりました。

今まで再度にわたり上映申請がされたにもかかわらず「残虐」であるという名目で日本税関はこの六年間上映を押えてきました。

今回上映される作品も五六秒カットされています。このこと事態不合理きわまりないものであり私達は強く抗議するものであります。そこで〃夜と霧〃を完全な形で上映させることをのぞむ者たち及び団体としてこのたび〃「夜と霧」を見る会〃を作りました。

その為にも今回日本ヘラルド映画社が輸入した作品を皆んなで見る運動をも重ねておこし、それらの中で、ノーカット上映運動を広く呼びかけて行く次第です。

各団体及個人の賛成をもとめるとともに関係方面に出かけ要請又は抗議を行していくことを訴う次才であります。

一九六一年十月七日

「夜と霧」を見る会準備会

朝倉　摂
爪生忠夫
大島辰雄
和田　勉
勅使河原　宏
羽仁　進
武井昭夫
野田真吉
松本俊夫
野間　宏
針生一郎
佐藤忠男

東京映画愛好会連合
優秀映画鑑賞会
法政大学編集部
機関紙映画クラブ
国民文化会議映画部会
草月アート・センター
文学学校事務局
記録映画作家協会

飼育（しいく）

上映促進ニュース No.1

連絡所

○東京映愛連(369)三六二六
新宿区西大久保一の四六二
○記録映画作家協会(571)五四一八
中央区銀座西八の五日吉ビル

「飼育」上映促進にあたり

昨年の秋、「日本の夜と霧」の封切中断以来、沈黙を余儀なくされた大島渚監督が現在、独立プロで「飼育」の製作活動を進めている。この作品は停滞しきつた日本映画界に大きな刺戟を与えるであろう。しかしこの劇場上映は現在の配給・興行機構の中では多くの困難を伴うであろうことが「武器なき斗い」「裸の島」等の上映経験から考えられます。（大宝K・Kの配給）
そこで、私たちは各方面によびかけ、「飼育」上映促進の会を結成し、表現の自由を守り、サークル活動の自由を守る立場からもその上映運動を積極的に展開するものである。

一九六一年十月二十三日

飼育上映促進の会

東京映画愛好会連合　佐藤忠男
国民文化会議映画部会　大島辰雄
映演総連新東宝労組　野田真吉
機関紙映画クラブ　岡本愛彦
記録映画作家協会　関根弘
「西陣」製作上映を支援する会　和田勉
　　山際永三
都下大学学生映画連盟　武井昭夫
大学映画研究会連盟　朝倉摂
現代思潮社　北川信
K・K創造社

○「飼育」のシナリオ（田村孟）は映画評論七月号に掲載されています。
23日夜テアトル銀座ロビーにて結成、出席者三十余名。

日本映画の前進をめざして
映画「飼育」の上映を成功させよう
―難航の都内ロードショー会場ようやく決定―

◎劇映画「飼育」（しいく）芸術祭参加作品
監督　大島渚・原作・大江健三郎
主演　三国連太郎、小山明子ほか
パレス・フイルムプロ製作、大宝KK配給

◎上映劇場　八重洲名画座(201)七〇五七
（東京駅八重洲北口・鉄鋼ビル前）

◎上映期間十一月二十二日（水）～十二月五日（火）
（一本立、中日ニュースのみ併映）

◎上映協力の特別鑑賞券　一一〇円（並券です）
（一般一五〇円、学割一二〇円）

この特別鑑賞券とチラシは各職場、諸団体におあずけしますので、積極的にご鑑賞をおすゝめ下さい。

◎八重洲名画座における動員の成否が、「飼育」の今後における劇場上映の鍵となります。特に初日、二日（二十二、三日）に動員して下さい。

「飼育」上映促進の会

申込先

○東京映愛連(369)三六二六
新宿区西大久保一の四六二
○記録映画作家協会(571)五四一八
中央区銀座西八～五、日吉ビル
○大宝株式会社(231)二二三一
千代田区丸の内一～一
第二鉄鋼ビル

世界実験ドキュメンタリー映画会

—第4回実験映画を見る会—

日　　時・1961.10月25日(水)
上映時間・自午後6時　至午後9時
会　　場・虎の門共済ホール
(都電・地下鉄虎の門下車)

申込先

◇ **記録映画作家協会**
中央区銀座西8—5　日吉ビル
TEL (571) 5418

◇ **東京映画愛好会連合**
新宿区西大久保1—462
TEL (369) 3626

◇ **新日本文学会**
中野区川添町37
TEL (371) 3449

◇ **文学学校事務局**
千代田区神田三崎町2の2
竹尾ビル
TEL (332) 6008

◇ **都民劇場映画サークル**
中央区銀座西5—4—1
数寄屋橋ビル
TEL (571) 9356(代)

◇ **記録芸術の会**
千代田区神田駿河台2—3
勁草書房
TEL (291) 4276.1529

＝上映作品順序＝

1. **トンニヤッポ**　カラー　8分　8㎜
堤　正男作品
2. **鍬をかついで**　20分　8㎜
高林陽一作品
3. **かりいれ**　(フランス)　20分　16㎜
1960年東京国際アマチュア映画コンクール大賞　ピエール・ボルデ作品
4. **ゲルニカ**　(フランス)　15分　16㎜
1949年作品　1952年プンタ・デル・エステ映画祭短篇大賞　アラン・レエネ作品
5. **ブロード・ウエイ・バイ・ライト**　(アメリカ)　20分　35㎜
カラー、アメリカの写真家　ウイリアム・クライン作品

——休　憩　5分——

6. **黒の錯裂**　カラー　51分　19㎜
アート・フレンド・アソシェーション作品
7. **悪いやつ**　ドヤニッポン　45分　16㎜
テレビドラマ　和田　勉作品

—映写機は北辰商事へ—

高林陽一作品発表会

日　時　1961年11月16日(木)
午　後6.30～9.00
場　所　東京・京橋・ブリヂストンホール
(ブリヂストン美術館一階)
地下鉄・京橋・都電通三丁目

プログラム

才一部	1. 石庭幻想	(1960・10.制作) 12分
	2. 石が呼ぶ	(1961・8.制作) 15分
	3. 京都	(1961・4.制作) 23分
才二部	(同一主題による二つの作品)	
	1. 石つころ	(1960・11.制作) 33分
	2. クワをかついで	(1961・7.制作) 27分

主催　記録映画作家協会
東京都中央区銀座西8—5日吉ビル
TEL (571) 5418

1

第8回 日本青年学生平和友好祭記録映画（16ミリ白黒 3巻 60.30分）
構成案 及び 製作仕上げ費用明細

① 構成案

1. 製作意図

第8回の祭典の単なる記録にとどまらずに、今年、或は来年、来来年の この運動の発展に活用できるものとしたい。

2. テーマの設定

青年達は、今 あらゆる面で圧迫をうけ、巧妙な手段でバラバラに孤立させられている。一人一人がかかえている問題を皆の問題としてぶっつけ合う場も機会も奪われている。 [illegible]祭典に集まった仲間こそ、自分の心の中の怒りを、悩みを苦しみを、仲間の中にも見出し、輝かしい未来をこの仲間との連帯の中に見ることが出来る。

3. テーマの展開

この映画は青年達の置かれている環境の描写から始まる。センバンを回す青年のひたいには汗がかがやいており、ダンプを運転する若ものの目はきびしい。（註、これから撮影する予定）こうした状況 — 次第に強化されて[illegible]人達や学生への圧迫と[illegible]バラバラにして料理にやろうとする勢力に抗して、[illegible]祭典にやって来る青年達。日常の屈折した若さを、まっすぐ爆発させるマラソン、フォークダンス、すもう etc —— 真夏のギラギラした太陽の下での伸び伸びした若ものの姿に仕事場での汗にまみれた姿がオーバーラップされる。（仕事場の姿はマラソン、フォークダンス、討論会等の間にスチル写真で入れます）

ナレーションでは、青年達の なまの声 —— 日常生活の不満や怒り、友好への期待、未来への希望など、様々な声を織り込んでいく。（註、なるべく青年達の声を取材していきたいが、その声の録音はこれからです。）

こうした青年達の怒りや希望が祭典の中央集会に統一され、力強い平和と独立をめざす連帯の力強い声となって、この映画は終る。

② 協力していただきたいこと。

1. 編曲者（レコードとも）をお世話下さい。
2. ナレーター（若い男女二名＝東芸の方が良いと思います。）をお世話下さい。
3. スチル写真、ムービー撮影、録音の対象にふさわしい組合・職場等を指定して下さい。

③ これまでに 青年劇場の方々や東宝キネマ、作協、共同、アカハタ、[illegible]ニュース、[illegible]、映産労 その他 有志の方々から、フィルム、器材、労力、資金等のカンパをいただきました。

岩波映画 35.11.50 × 1000 T

記録映画作家協会友好祭記録映画製作実行委員会

B案 初号プリント、テープ取り。

スタジオ・レンタル	26,000	5.000
テープ	3,000	3.000
オプチカル	4,000	4.000
タイトル	4,000	1.000
音楽効果	5,000	2.000
器材費	3,500	3.500
スタッフ(ナレーター含む)	40,000	
スチル写真	4000	500
製作雑費	17,500	15.000
ラッシュ現像未払い分	15000	15,000
Total	132,500	49,000
	初号	10500
		59,500

⑤ 販売価格と回収(A案による)

製作費

現像階までの費用(ラッシュ現像代)	35,000
仕上げ費	177,500
	212,500

販売価格を一本あたり¥28,000にすれば8本売却すれば原価消却できる計算になります。

⑥ 仕上げスケジュール

5月10日

4/20
 21 音取り / 編集
 22 スチル・ムービーの撮影
 23
 24
 25 音編集、タイトル原稿 / コメント原稿 、ラッシュ編集
 26 オール・ラッシュ
 27 音づけ 、コメント
 28 ダビング(ミネオ・スタジオ)
 29 ネガ編集
 30
5/1. 初号完成

戦后の記録映画運動からの素描

戦后の記録映画運動から

　現在の記録映画に於いて一つの大きな課題は、つくる側と見る側との相互関係が全くといってよい程ない事です。

この事は映画運動としての記録映画の発展を大きくさまたげているといっても言いすぎではないと思う。

相互の交流といってもそれを、思想、文化の運動として本来どういうものであるべきかという展望についてはそれを明確にする事はまだ出来ていない。戦后の記録映画の歴史は、その試行錯誤の連続であるとも言えます。

こゝで戦后の記録映画の歴史を振りかえって見ると、

大きく三つの時期に分けられるのではないかと思う。

その一つは、東宝争議及び短篇企業の行きずまりとレッドパージなどアメリカ占領軍が直接・間接干渉して来た時代であり、

第二期は、多くの記録映画作家がその製作の場から追放され、意見を同じくする作家技術者が集って、労働組合・民主団体を製作の母体とする労働者・農民の斗い及び生活を画く映画製作を目指して、記録映画製作協議会を結成した時期（一九五三～から五五年まで）

と現在に至る三つの時期に分ける事が出来ます。

第一の時期のとく徴は外部からはアメリカ占領軍の干渉であります。記録映画の新しいスタートを切った

「原爆記録映画」一原子爆弾投下直后の広島長崎の記録一が占領軍によって没収され、又天皇制を最高の戦犯として追求した映画

「日本の悲劇」（同名木下作品とは異なる）も上映は禁止され、[illegible]原版もろともいづれかえ持ち去られた事実などに端的に表われている。

この映画の没収直前まで日映の労組上映運動を進めていた事は、自主上映の場を求めたはう芽ともいえる。

又労働組合運動の昂揚のなかで、主要な単産が参加して、労働組合映画製作協議会が生まれ、各労組の斗い、組合の生活などの映画を記録し、組合内の教宣活動に活用し、併せて国民一般に訴える武器としようという目的でいくつかの作品が生まれた事も、今日の労組中心の製作の原形があったと言えよう。

しかし、一方作品及び作家側からこの時期を眺めて見ると、作家の内部から戦争の体験を通じて民主主義を認識したというのではなく、多くの作品が民主主義とはこういうものだというけいもう、又は押しつけの図式に終っていた事は否めない事実である。

記録映画運動の第二期は、作家が直接・大衆と結びついた映画製作運動の展開である。

「一九五二年、血のメーデー」の製作が、二百万にも及ぶ観客を動員した経験をけい期に、一九五三年記録映画製作協議会が結成

され、その后こゝからいくつかの作品が生み出された。この初期の代表的な作品として「京浜労働者」があげられる。

この作品は、神奈川地評・鶴見地区労・川崎市労協が中心となって映画製作委員会を作り、平和を守り、生活を守る斗いを画き、作品の完成と同時に、それが上映のための委員会に切りかわり、非劇場上映を、大衆の自身の手で行うという、この后の「記録映画製作協議会」の具体的な方法が成立するきっかけをつくった。

しかし、映画「京浜労働者」は、作品的にも、製作運動的にも様々な欠かんを持っていた。

こうした製作委員会方式による成功した例として映画「月の輪古墳」がある。

村のなかにある古墳を自分の手で発掘するという具体的な行動によって、歴史に対する今までの意識を変革して行こうとしたこの文化運動は、参加した人達によって支えられ映画の製作運動の発展とともにどこまでも拡がって行くという、ユニークな性格を持った。そして、こゝで出来た映画製作委員会は、この映画の全国上映活動に成功したばかりでなく、のちに、映画「千羽鶴」の製作上映運動の中心となり、又その発展は「裸の島」の全国上映運動を起しています。

しかしながら製作上映運動のこの様な発展に対し、作品としての月の輪古墳は、歴史観を変革して行くという運動の本質を充分につかみ得ず、みんなも発掘に参加した形を強調する面が多く、この運動の目指す、真の姿を捉え切っていない欠かんを持っています。

協議会作品として上げなければならないものは、労働史上画期的な日鋼室蘭斗争を画いた、映画「日鋼室蘭」があげられます。

この映画は、作家が総評や鉄鋼労連に企画を持ちこみ、映画製作委員会が作られて生まれた作品です。

家族ぐるみ、町ぐるみの斗争を続ける日鋼室蘭の労働者のエネルギーと斗争の意義が適確にとらえられ大きな感銘を見る者に与え、日鋼室蘭の斗争を支えました。

作家が大衆と結びついた映画製作に於いて、内容的にすぐれた作品を創造したよい例だと思います。

記録映画製作協議会は一九五三年から一九五五年の間作品は二十五本を数えましたが、そのなかで製作上映運動に成功し製作費をおぎない得たのは〃月の輪古墳〃を除いて殆んどありません。

こうした経済的な困難さと上映組織を持ち得なかった作品を生み出す事に行き詰りを見せ、一九五五年を界として急激におとろえて行きました。

それは同時に、作家の現実に対する意識と創作方法を発展させて行く、芸術運動とその内部の運動が、欠けていた事も、本当の思想・文化の運動としての発展を止まらせたとも言えるでしょう。

協議会以后悲劇映画の製作はＰＲ映画教育映画のブームを向えて、年々その量をまして行きました。

又教育映画・教材映画は政府の政策に歩調をそろえ、支配体制をとゝのえて来ました。

このような条件のなかで記録映画作家達が、かってなかった孤立し、あらゆる反対運動からはなれていったのも当然でした。

記録映画作家協会と、その機関誌「記録映画」はこのような現状のなかから、過去・現在に至る、記録映画運動を、主体的に克服して行く厳しさをお互に課しながら、思想・文化の運動としての展望を追ろうとしています。そのような方向のなかゝら協議会以后〃悪法〃〃日本の政治〃〃安保条約〃〃失業〃〃一九六〇年六月安保の怒り〃といった作品がつくられる様になって来ました。

しかし、作家の意識と創作方法・表現の追求といった芸術上の課題と・上映部門に於ける・政治に役立つか立たないか、といった効用性を重視する傾向の間に、多くの問題を提起しています。

作り手の内部に起されている現実に対する意識と創作方法、表現の追求という運動は、同時に受け手の側に、過去の観客運動に於ける点検として、良い映画、民主的な映画という所で思考を停止させず、よい映画の内容を追求する運動が、作家の内部に於ける運動と影響しあい相互に発展して行く事、そしてそれを組織化して行く事が運動の展望を明らかにして行く事といえましょう。

101

西武記録映画を見る会
記録映画作家個展シリーズ

第1回　6月3日(日)12時～1時30分

このたび　今までの「西武記録映画を見る会」の内容を充実させて記録映画作家の個展を　連続して開くことにいたしました。なかなか見ていただく機会の少ない記録映画を　作家の自選によって上映いたします。ぜひ　みなさまのご意見ご感想をおよせ下さい。

＜今回の作者＞
西尾善介
今までに作品は多いが　最近作では「地底の凱歌」昭和34年―黒部ダム建設の記録。「エラブの海」昭和35年―沖縄近海の孤島で自然とたたかいつゝ生活する三人の家族の物語。があり　いずれも各種の映画祭で受賞いたしました。最近はテレビでも活躍しています。

＜上映作品＞
盲目のジヤズ―日本テレビ社会教養部制作
東京の文京盲学校には　盲目と知能障害の二重の苦しみを背負つた少年たちが通つています。先生の努力でこの少年たちは音楽の勉強を始め、4年間のきびしい練習の末には　ほかの子供たちに負けない楽団もできるまでになりました。だが　この子供たちも3月には卒業していかなくてはならないのです――

老人と鷹―日本テレビ社会教養部制作
日本テレビのノン・フイクシヨン劇場として1月に放映になつたものです。民放祭で最優秀賞を受けると共に　カンヌのテレビフイルム祭でもグラン・プリを受賞した作品です。沓沢朝治氏を主人公にしながら、何ものにも屈しない野性のタカと　それを人間の意志に従わせようとする　年老いたタカ匠との間にくりひろげられるきびしい葛藤と、和合の美しさとを　雪におおわれた東北地方の山中（山形県最上郡真室川町関沢）を背景にして　詩情ゆたかに描いています。

＜次回予告＞
第2回は6月24日(日)　1時～2時　2時30分～3時30分(2回)
黒木和夫作品集として「ルポルタージユ　炎」「群馬」の予定ですが、ぜひまたおいで下さるよう　おねがいいたします。

記録映画作家協会
新宿区百人町2－66　TEL361-9555

……………… キリトリ線 ………………………………………………

アンケート　当日上映後会場入口でおだし下さるか、裏面宛先へ。

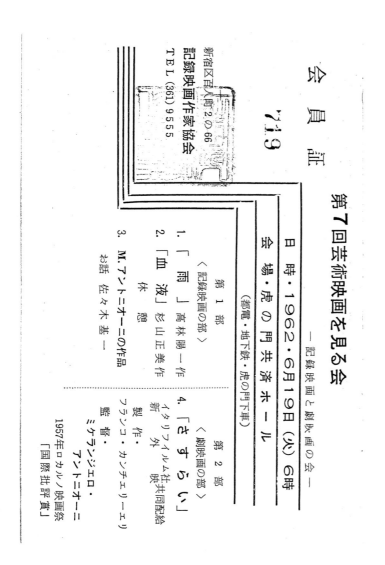

郵便はがき

社会教育映画

いっしょに歩こう

3巻

—本を読む母親たち—

合資会社 奥 商 会

本 社・大阪市西区南堀江通1-3
TEL (54) 2282 (代)
東京支社・東京都中央区銀座2-1
三木ビル別館
TEL (561) 2604, 3668, 6046

第7回芸術映画を見る会

—記録映画と劇映画の会—

会員証

719

日時・1962・6月19日（火）6時

会場・虎の門共済ホール

（都電・地下鉄・虎の門下車）

第1部
〈記録映画の部〉

1.「雨」高林陽一作
2.「血液」杉山正美作
休憩
3. M.アントニオーニの作品
お話 佐々木基一

第2部
〈劇映画の部〉

4.「さすらい」
イタリフイルム社 新外映 共同配給
製作・フランコ・カンチエリーエリ
監督・ミケランジエロ・アントニオーニ
1957年ロカルノ映画祭「国際批評賞」

新宿区百人町2の66
記録映画作家協会
TEL (361) 9555

103

「記録映画作家協会在京者全員集会」議事録

1962.6.20 発行
記録映画作家協会事務局
新宿区百人町二ノ六六
TEL (361) 九五五五

記録映画作家協会在京者全員集会
とき　○六月二四日午一時～五時
ところ　○青年会館、会議室

A. 生活と権利を守る斗いを推し進めよう!。

今日、われわれは、経済的、精神的、創作的に有形無形の圧迫をうけつつある。公共料金を含む一般消費諸物価は値上げされ、生活費は日に日に膨張してゆくのに反し、短篇映画企業界は急速な経済界の不況の波に見まわれ、そのあおりを食って、われわれの仕事は減り、製作条件は切りつめられ、ギャラは次才に低下を強要されて来ている。こうした現実にたち向うのに、ただひとりの力をもって当ったとしては如何にその主体性をもって当ったとしてもその壁をうち破ることは困難である。こうしたとき、今こそ協会員全員がこうした問題に関心をもち、協会としての、このような動きに反撃する態勢をとるべきだと思う。そのための運動を推し進めることをここに提起する。

そのための当面の具体案をここに揚げよう。

一、ギャラ基準の改訂について、

われわれの実質的な生活費は日に日に増大していっている。各企業所属の労付者は年々賃上げの要求を行い、今年もそれぞれ大巾の賃上や一時金の獲得に成功しつゝある。われわれだって生活するための基準はあり、そのために現実と試応する最低線はある筈である。それにプラスする技術的格差があるのは止むを得ないとしても、共通の要求する最低のギャラ基準は当然あっていいと思うのである。しかし、現実的には五年前に定められた現在の基準すら守られていない現状である。そして、今日のように仕事が少くなり、プロダクションの受注額がダンピングされてくると、自らもそのベースにはまり込み、自らを安く売込むことによって何とか仕事の場にありつこうとする者も出て来ているのである。そして当然要求すべき最低線も自ら割り、製作条件も最悪の事態にあることに目をつむり、ただとにかく作ればいい式の主体のない仕事振りへと流れていっているのである。こうした事態をわれわれは直視しなければならない。そして、五年前の基準にこだわることなく、われわれが、今日、そして明日、生活し、創作してゆくに必要な最低ギャラ基準額を、みんなの検討によってうちたてねばならない。そして、その主体は、あくまでも、われわれの生活と創作活動をとしてゆく上に必要な立場から算出されたものでなければならない。

しかし、こうして定められる基準を空文にしないため、その額、並に発表、実施に移す時期や方法は、よく研究された上で行われるべきである。そのためギャラ基準改訂委員会をつくり、あらゆるデーターを集め、具体性のある案を作るようにすべきだ。

二、生活を守るために

これは各個人の問題でもあるとともに協会全体の問題でもある。個人個人が生活の場を守るための積極的なはたらきかけをしなければならないとともに協会もそれに手を貸し、会員全体の生活を守るための出来得る限りの力を与えねばならない。そのために次のことを提案する。

㋑ 他職種団体との交流

例えば撮影者協会とか、照明技術者労付組合とかの映画産業にたずさわっている他団体とも生活を守るための共通の場での話し合いをする。その中から相互的な映画人全体としての問題について、いろいろな具体案を検する。

㋺ 日本映画教育協会、製作者連盟及びプロデューサーとの懇談、

製作者としての会社並びにプロデューサーとの現状打開への話し合いをする。そうした中から現在の短篇映画企業のあり方への意見の交換を行い、今の窮状を切り抜けるための対策を共に考える。

㋩ 各自の企画活動を旺盛に

自主、教材、PRの如何を問わず、各自の作りたい作品の企画活動を盛んにする。特に今日のように待っていて仕事がこない時代には尚更この企画の持込みが必要である。また今までも積極的なこうしたはたらきかけをやっている人の方が仕事も多くやっている。こうした活動が一人で無理な場合は数人がグループを作ってはたらきかけるのもひとつの方法だろうし、シノプシスなりシナリオをもって会社やプロデューサーにはたらきかけるのもある方法だと思う。座して待つ他力本願では何も進まない。創作的にも各自の旺盛なる企画活動を促す。

㋥ 仕事の斡旋活動について

今までも協会に度々スタッフの斡旋依頼があったが、今回作品歴の入った会員名簿も出来上ったので、これをもって協会員主体の各映画各社、テレビ局等への積極的なはたらきかけを行う、そして、そうした中から出て来た仕事の斡旋には本人の希望に応じて契約の交渉も行う。但し、この場合、こうした交渉の諸費用も室む関係上、

協会斡旋の場合、契約額の二%を斡旋料として協会に納めて貰うようお願いしたい。このことを今回の集会で認めてほしい。

三、作家の権利を守る斗いについて

最近、種々の条件から作家の権利を踏みにじるような事態が度々起きて来ている。

例えば、Ｉ映画における日本発見シリーズが、スポンサーの強要により原型を止めないまでに改竄されて放映されたり、機構の中で民主的ルールに従って製作された作品が作風が気に入らないという理由でオクラになったりしている。あるテレビ局で出していたドキュメント番組の作品にも、作家に無断で改竄して放映された事実がある。

また、ＰＲ映画の場合でも、完成したときの作品と、何ヶ月かを経て上映された場合との内容が全く変っていた場合も今迄たびたびあった。特に最近はシナリオコンクールによる入札制度がスポンサー側に流行し、プロダクションはせっせと作家にシナリオを書かし、落ちるとわらん顔をしているという話が非常に多くなって来た。ギャラの基準についても製作者側が連絡して低下さしてゆこうという動きがあることも聞いている。また一方ではそうした動きに便乗して、安く何でもどうにでもやる式の便利家的職人が横行して来ていることも事実である。そして、彼らは安く、会社のいうままに、とにかく作品としてより、段停料理を作って得々としているのである。

このような、創作的、経済的、精神的に今われわれの生活は追いつめられ、権利を踏みつぶされて来ているのである。こうした会員個々人が今うけつつある苦い汁を、みんなで味わい、みんなでこれに抵抗してゆくようにしなければ、われわれがわれわれ自身で墓穴を掘ることになるのである。

協会は、こうした現実の中にあって、作家の、生活と権利を守る母体となり、その足場となり、その運動体とならなければならないと思う。

これらの問題について、協会員全体の真剣な討論が行われ、下半期の新しい運動方針がその中からうち出されることを期待する

（生活対策部）

B. 製作運動を広めるために。

一、「記録映画運動の素描」を中心に討論を。

製作運動の一つとして記録映画の運動が今後どうあるべきかを明らかにする事を一つの目標としている。

このための一つの手がかりとして出された「記録映画運動の素描」は運動部内にも意見が対立したまゝ協会内に討論が拡がらずに終っている。

この問題は、作家協会の今後のありかたについても深く関係を持つので、広く協会内の討論を呼び起す様に問題点を摘出して行こうと考えている。

二、労仂者視聴覚研究集会について。

全国労視研は昨年度、全国集会が流れたため、今年度は、地方別の大会を開催する事になった。

作家協会としては、安保条約、一九六〇年六月の製作の上で様々な未解決の問題をかゝえてはいるが、作家協会としてこの組織労仂者の映画運動を重視して労音記録映画の製作、その他の会合に積極的に参加していく方針である。

三、作家個展形式による〃西武記録映画を見る会〃について。

今までの記録映画を見る会では行えなかった。作家個人が自分の作品を観客に見て貰うという活動を西武デパート文化ホールで試み、第一回を西尾善介氏、第二回を黒木和雄氏の作品について行いました。

この個展形式による映写会は、アンケートの回収、その他にまだ問題はありますが、つゞけて行くものであり、作った作品が上映されない現状から見て作品を作家自身が観客に問うという意味で、ユニークな試みとして発展するものと思い多くの協会員の積極的な参加を望みます。

四、白鳥事件の映画化について。

（詳細は本日報告）

現在シナリオの第一稿が出来上り廻覧中です。協会としては、荒井英郎氏が作家協会有志として、スタッフに参加して居ります。

シナリオは一部協会事務局に置いてあります。

（製作運動部）

C. 研究会活動報告

本年度のはじめ、研究会発足当時の状勢は、自主的な要望もあって年間、三つ位の会を持つはずであった。然し協会財政の悪化に伴って研究会を一本化、記録映画等、雑誌の特集にそって進めてきた。

平均30名の参加者。一応毎月、盛会であった。しかし、昨年に比べ内容的にどれだけの発展と深まりをみせたか……反省の必要があると思う。下半期に、乞ノ期待。

会場費として出席者に50円だして頂くことで財政的には保守であった。今後も協会に金銭的負担はかけない様にしてゆきたい。

2月 P.R映画「地下.ルポルタージュ炎.ハイウェイ住海道」
3月 創造と発見「スラム.風土病とのたたかい」
4月 テレビ映画「日本発見シリーズより（鹿児島.新潟.群馬）」
5月 科学映画「ガソリン.血液」
6月は芸術祭映画をみる会と重なるためお休み

などを中心とした。

6月中旬、すでに第一回の懇談会が持たれたが、社会教育映画に深い関心を示す作家、プロジューサー、配給者が主体で、くら18名が固定したメンバーである。勿論、参加希望者は大いに歓迎する。運営は、研究会費が100円の会費を出し合いその中でまかなっていくという自主的なものなので今後の成果に期待がもたれる。

社会教育映画研究会も発足しようとしている。

（研究会部）

オ13回ヴエニス国際記念映画祭（イタリー）

入賞発表のお知らせ

1. 開催期日　　1962年6月29日〜7月4日
2. 〃　場所　　イタリーヴエニス

カテゴリー　（A）記録映画

イ）現代生活、社会記録映画の部

賞　　サンマルコ、獅子最高賞

作品名　「西陣」映画詩、3巻、白黒、35ミリ

製作・京都記録映画を見る会

〃　浅井栄一

脚本・松本俊夫

演出・松本俊夫

撮影・宮島義勇

連絡先

○京都記録映画を見る会

○「西陣」製作実行委員会

京都市東山区祇園石段下祇園会館内　TEL（6）6475

○「西陣」製作上映支援する会

○記録映画作家協会

東京都新宿区百人町2の66　TEL（361）9555

8ミリ映画芸術の未来像を

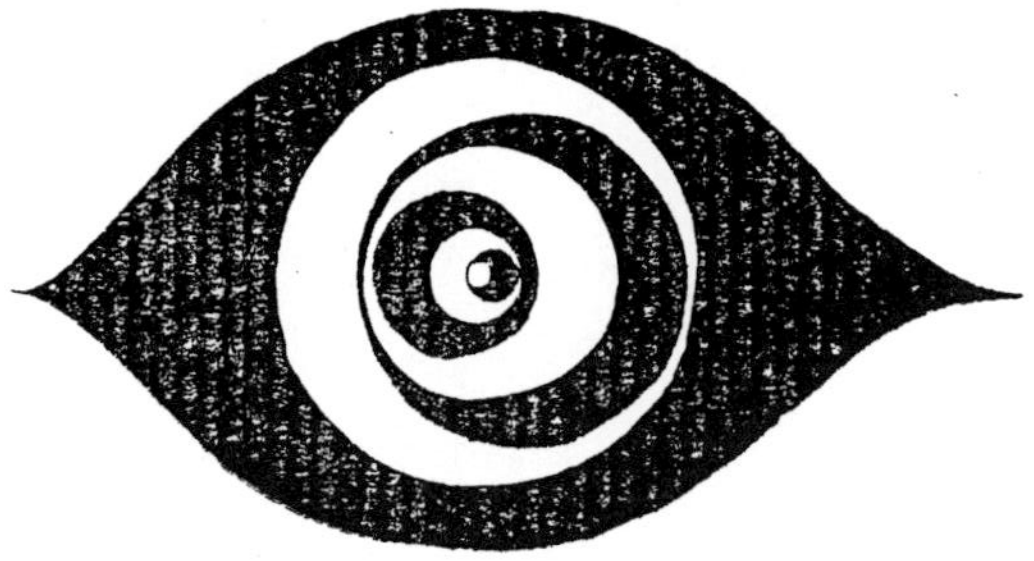

第1回 8m/m映画講座

▶ 1962年9月17日～12月3日

▶ 毎週1回月曜日・午后6時～8時30分

・日本出版クラブ会館（神楽坂）

・日本雑誌会館（お茶の水）

主催・記録映画作家協会　協催・小型映画友の会

後援・東京労映，勤労者視聴覚事業連合会

講座の構成

1　総論・何が映畫的か

2　映畫の製作・あなたはプロデューサー

3　シナリオ　（１）・テーマとモチーフ

4　シナリオ　（２）・映畫の構成

5　演出　（１）・演出プランとコンテニユイテイ

6　演出　（２）・映畫の文法とその応用

7　撮影　（１）・レンズ・フイルター、その機能

8　撮影　（２）・アングルとポジション

9　撮影　（３）・畫調と照明、採光の効果

10　編集・映畫のテンポ、モンタージユ

11　小型映畫における音のもんだい

12　映畫の可能性

＜8ミリ映画講座リフレット＞１９６２・９・１発行
発行者／大沼鉄郎・編集者／渡辺純子・山之内重巳
発行／東京都新宿区百人町２の６６記録映画作家協会
○ＴＥＬ　(361)　９５５５　（非売品）

講座の性格

この講座は、いままでのものとちがつて、プロフエツシヨナルな記録映畫作家の手によつて企畫されました。
８ミリ映畫といえば、これまでは普通のスチール写真の、ちよつとぜいたくになつたもので、やはり記念写真をとつておくための道具と考えられていました。しかし、スチール写真と映畫の基本的な相異点、つまり畫像が動くということと、カツトを重ねてつくるという点が、かえつて８ミリ映畫を中途半端なるものにし、つい、キヤメラは押入れの中でほこりをかぶるということになつてしまいます。
こういう状態をぬけだすために、種々の８ミリ映畫作法が講座としてひらかれまた出版もされました。こうした中で、８ミリ映畫の基本的技術はほぼマスターされ、記念写真から映畫芸術へと一歩ふみこんだ作品も現われるようになつています。

このたびの講座は、８ミリの映畫技術の基礎にふれつゝ、更に一歩を進めて、８ミリを立派なコミユニケーシヨンのメデイアンとして認め、そこから、映畫としての作品を、アマチユア作家としてどう作つていくか、を考えようとするものです。

映畫芸術全体にとつていえば、アマチユアとは、ある意味で新人のことであり、その作品が、プロフエツシヨナル映畫界をおどろかせ、新しい映畫の方法を開拓するということは、映畫の歴史の中にいくつも実例を見ることができます。

プロフエツヨナル記録映畫作家が、この講座を企畫したのも、プロの経験や技術をひれきしつつ、アマチユア作家の持つ新しさをひきだし、この両者の交流の中に、記録映畫の可能性をのばしていこうとすることからに外なりません。

講座の内容

講座は１２の課目からなりたち、それぞれの課目に最もふさわしい講師がえらばれています。各講座は、１時間の講議と３０分の映畫上映、１時間の検討会、質疑応答で計２時間半になります。映畫は、プロの作品とアマチユアの作品を各週交互に上映し、海外の名作も含まれています。

講 師 の 横 顔

それぞれの講議を担当する人たちは、ほとんどが記録映畫作家協会に所属する作家たちである。

次にその作家たちの横顔を簡単に招介しよう。

厚木たか　最近出版されたイギリスの映畫作家ポールローサの「ドキュメンタリー映畫」の訳者としてすでに名を知られている。
この映畫論は、1932年に当時としては全く新しいドキュメンタリーの方法として、ポール・ローサが表し、厚木氏の訳で日本でも出版されたものである。
また戦前から創作活動をつづけ「或る保母の記録」戦后、「セロ弾きのゴーシュ」「どこかで春が」などすぐれた記録映畫その脚本がある。

菅家陳彦　最近作は「おやじ」「父ちゃん頑張る」などの社会教育映畫、またヨーロッパの庶民生活に取材した「ヨーロッパのくらし」など、あらゆるジャンルにわたつて多彩な活躍を示している。映畫の基本を良く知り、またそれを器用に人に教えることも出来る。われわれの中にあつて、この講座でも最も活躍してくれる1人であろう。

京極高英　「米」「朝鮮の子」「西の果てに」「1人の母の記録」など、社会ドキュメンタリーの代表作を通して、常に作家たらんとして、自己の創造活動にきびしく対決してきた作家の1人と云えるだろう。
またこれらの作品を支える彼の高度な演出技術は今だに忘れることのない感動的なシーンのいくつかを思い出させるのである。

杉山正美　最近作「血液」は、従来の科学解説映畫から大きく前進した作品であるといえよう。
日本の科学映畫は相当高度な水準をもつているがすでにパターン化した方法を余りこえようとする努力が多くの作家によつて試みられようとしている。

黒木和雄　「炎」「恋の羊が海いつぱい」「わが愛北海道」などドキュメンタリーの多様性と可能性をＰＲ映畫のなかで実験した作品とも云えるだろう。
それぞれの作品のなかの多様なイメージは、強烈に従来の論理をつき破ろうとしている。
自由な表現と新しいイメージを創造しようと実験精神にとんだ貴重な作家である。

西尾善介　「地底の凱歌」「エラブの海」「鷹と老人」など常にファイトある活動をつづけている。
なかでもすでに知られているように「鷹と老人」はＴＶで放送され、また外国でグランプリを受賞するなど一躍、国際的作家にのし上つたと云うことが出来るだろう。

野田真吉　「忘れられた土地」「マリン・スノー」など作品は多い。
作家協会編集の「記録映畫」の編集長として、この出版界でも特異な雑誌の発行を支えている。
またドキュメンタリー理論の創造に、まさに書きまくつていると云うのが実状であろう。

羽仁進　「教室の子供たち」「不良少年」などから最近では「充たされた生活」「手をつなぐ子等」に至るまで、

作家としてのすぐれた感覚をもつてドキュメンタリーの可能性を追求する活動はこゝにあらためて述べるまでもない。

丸　山　章　治　最近作は「黙つていてはいけない」などの社会教育映画。
無声映画時代から映画界にいると云う、記録映画界ではめずらしい存在である。したがつて映画の歴史はだれよりも知り、体験してきた作家である。記録映画作家協会の委員長という要職にある。

松　本　俊　夫　「安保条約」「白い長い線の記録」「西陣」など前衛的作品を製作。
ともかく彼の作る作品は、難解であるとも一般に良く云はれ作品に対する評価も賛否両論にわかれる。しかしいずれも論議がやかましく戦わされるような作品なのである。

吉　見　　泰　「米」「月の輪古墳」など、また「ミクロの世界」「マリン．スノー」など彼の脚本は相当数に及んでいる。
ミクロ．マリンスノーなど科学的傾向の作品のなかに彼の独特の創造力が発揮されている。
自然科学の方法をこえた科学映画の分野に彼の今後の御期待は大きい。

中　尾　駿　一　郎（カメラ）　今井正氏と長い間のコンビで、撮影を担当し、今井氏の良き協力者として重要な役割を果たしてきたと云える。

1　総論・何が映画的か

かつて、エイゼンシュタインは「資本論」の映画化をくわだて失敗したことがあるという。
またエイゼンシュタインの「戦艦ポチョムキン」は映画史上最大の傑作と評せられる。
では、何が映画的であるか。

映画の歴史。
映画理論の歴史。
映画におけるジャンル、劇映画、ニュース映画、記録映画等々。

8ミリ映画というコミュニケーションのメディアをどう生かすか。

上映作品「エイゼンシュタイン研究フィルム」マリア、シートン
講師（丸山章治）

2　映画の製作・あなたはプロデューサー

映畫製作の三段階。

事前の準備

実際の撮影

撮影後の仕上げ

準備すべき機材、フイルム、スタッフ、出演者等々。

製作費。

期間とスケジュール。

能率のいい仕事のすすめ方。香盤。

上映作品　アマチュア作品　「京のおもかげ」瀬下雅郎

（京極高英）

3　シナリオ・その１・テーマとモチーフ

いかに作るかの前に、何故作るか。

たとえば、家族との一日の行楽を記録しようとするとき、そこにもテーマとモチーフが必要なのである。

いわゆるシナリオ作法の前提として、

テーマとは何か。

モチーフとは何か。

創作方法は、それらとどう関係するか。

シノプシスからシナリオへ。

上映作品　「月の輪古墳」荒井英郎　他

講師（吉見　泰）

4 シナリオ・その2・映画の構成

今まで世に出てくるシナリオ作法の殆んどが、古典劇の劇作法をもとにした、自然主義的な劇映畫シネマトウルギーであつた。ここではドキュメンタリーのシナリオ作法を追求しよう。

コンストラクション。

プロツト。

シークエンス。

シーン。

自然観察映畫、紀行映畫、アニメーション映畫等のシナリオ。

一般にドキュメンタリー映畫において、シナリオはどういう位置、役割をもつか。

上映作品 アマチュア作品「すずめ物語」諸岡公治
講師（厚木たか）

5 演出・その1・演出プランとコンテニュイティ

シナリオができあがつたところで、演出の仕事がはじまる。全体のシナリオをどう解釈していくか、緩急明暗をどうつけていくか。そうしたことが、ロケーションハンティングと併行してすすめられる。

ロケーションハンティング。

ロケ．ハンとシナリオ。

演出プラン。

具体化の才一歩、コンテニユイテイ。

コンテのかき方。

キヤラメルをもつて現実に対したとき、このコンテはどういう変化をうけるか、どう貫かれるか。

上映作品 「教室の子供たち」羽仁 進
講師（羽仁 進）

6　演出・その２・映画の文法・その応用

ものごとを説明し、明示する手段としての映畫は、それなりに一つの文法を持つていた。
たとえば、状況を示すロングショット、次に主人公を示すフルショット、次に動作表情を明確にするクローズアップとカットをつなぐ、といつたような。この文法は、コンテをつくるとき、すでに基礎になつていたはずのものだ。

ロング、フル、ミデイアム、バスト、クローズアップの意味。
視線
流れ
パン、移動の意味。
主観カットと客観カット。

説明としての映畫ではなく、表現の映畫において、この文法はどう応用されるか。

上映作品　アマチュア作品「女体」加藤雅已
講師（菅家陳彦）

7　撮影・その１・レンズ・フイルター、その機能

映畫の畫像は、紙の上にかかれる絵コンテではなく、キヤメラによつて撮影されたものである。焦点距離のちがうレンズは、それぞれ異つた畫面ができる。同じサイズの畫面もレンズがちがえば、ちがつた効果となる。

ワイド、標準、望遠レンズの効果。
各レンズによるフイクッスとパン。
フイルターの種類、その効果。
カラーフイルムのためのフイルター。

上映作品　「白い馬」アルベール・ラモリス
講師（中尾駿一郎）

8　撮影・その２・アングルとポジション

キヤメラ．アングルといえば、ほとんどキヤメラ・ワークとひとしい広い意味を持つが、ここでは、被写体に対するキヤメラの角度と考えていこう。これはまた、当然、キヤメラのポジションの問題でもある。人間の目の高さにキヤメラがあるとき、それは自然なポジションであり、極端な　　や[illegible]ーポジションは異常な効果となる。

ポジションの決定は、キヤメラマン以上に演出家の仕事である。

自然なポジション．アングル

異常なポジション．アングル

パン

移動

クレーンの効果

上映作品　アマチュア作品「輪廻」沖中用明

講師（宮島義勇）

9　撮影・その３・画調と照明、採光の効果

カットを重ねるのが映画だとすれば、各カットの画調が揃つていなくてはならない。あるいは、ある部分では意識的に画調を変化させることもあろう。

作品の内容によつて、画調はどう決定されるか。

画調とフイルム特性との関係。

採光による効果のさまざま。

ライテイングの基礎。

その応用。

上映作品　「いけばな」　岩佐氏寿

講師（大島　渚）

10　編集・映画のテンポ、モンタージユ

作品の運命は、編集の段階で最終的に決定されるといつていい。シナリオから、演出、撮影とすすみ、その中で作家は現実に取り組み、創造をする。それが編集によつて完結する。
そこでは、作家にとつて予定通りの、あるいはまた、予想外の作品が生れる可能性もある。

編集とは、撮影ずみのフイルムを前にしての、新たな創造活動である。そこには、創作方法の基本が貫ぬかれていなくてはならない。

編集技術は、また映畫のテンポ、リズムを決定する。

上映作品　アマチユア作品「4.5帳」高林　陽
講師（松本俊夫）

11　小型映画における音の問題

8ミリ映畫の技術は、かつて不可能だつた録音を可能にしつつある。この新しい技術、8ミリにおけるトーキの問題を検討しよう。

エイゼンシユタイン・プドフキン等は、すでに、畫面と音とのモンタージユを問題にしている。ドキユメンタリーにおける音のモンタージユは、どういうものか。

上映作品　「東北のまつり」野田真吉
講師（西尾善介）

12　映画の可能性

ポール・ローサは言つている。「スタジオやスターという人工的な背景をもち、利潤の追求や個人的野心に支配されるような題材をもつている劇映画が、映画のうちのわずか一種類にすぎない……」

映画はジャンル別に見ても、今より以上に多採でありうるし、方法や技術も、更に開拓することができるものである。

特殊撮影やトリック、

アニメーション。

科学映画の技術。

新しい技術の可能性。

上映作品　「血液」　杉山正美　「人間動物園」久里洋二

講師（野田真吉）

作品による日本の記録映画史

プロキノ作品

1927　「ストライキ」「街頭」

1928　「野田争議実況」

1929　「山宣葬」「地下鉄工事」

1930　「隅田川」「こども」「工場労働者」「共同耕作」「アスファルトの道」「港湾労働者」

1931　「進め戦旗」「奴隷戦争」「土地」「凶作地の農民」「おいらの春」

1932　「世相読本」「延びゆく女性線」「全線」

1933　「労農団結餅」

戦前・戦中

1938　「上海」　亀井文夫

〃　「南京」　亀井文夫

〃　「雪国」　石本統吉

1939　「医者のいない村」　伊東寿恵男

〃　「鵜匠」　松村清四郎

〃　「子供に遊び場を」野田真吉

1940　「小林一茶」　亀井文夫

〃　「貝塚」　下村健二

〃　「機関車C57」　今泉善珠

〃　「南部鋳造工業」　岩佐氏寿

〃　「農民劇場」　田中喜次

〃　「初島」　飯田心美

1941　「和具の海女」

〃　「炭焼く人々」

〃　「土に生きる」　三木　茂

〃　「石の村」　京極高英

1942　「ある保母の記録」　水木荘也

〃　「マレー戦記」　日映

〃　「空の神兵」　日映

戦　后

1946　「日本の悲劇」　亀井文夫

1947　「炭坑」　伊東寿恵男

〃　「　進」

1948　「少女たちの発言」

〃　「北方の霧」　竹内信次

1949　「海に生きる」　柳沢寿男

〃　「子供議会」　丸山章治

〃　「空気のなくなる日」　伊東寿恵男

1950　「セロ弾きゴーシュ」　田中喜次

1953　「雪ふみ」　道林一郎

1954　「段々畑の人々」　豊田敬太

〃　「佐久間ダム」　高村武次

〃　「月の輪古墳」　吉見泰　荒井英郎　他

1955　「教室の子供たち」　羽仁　進

〃　「日鋼室蘭」　菅家陳彦

〃　「ひとりの母の記録」　京極高英

1956　「絵を描く子供たち」　羽仁　進

〃　「生きていてよかった」　亀井文夫

１９５６　「日本の鉄鋼」　伊勢長之助
〃　「九十九里浜の子供たち」　豊田敬太
１９５７　「おふくろのバス旅行」　菅家陳彦
〃　「メソポタミア」　桑野　茂
〃　「世界は恐怖する」　亀井文夫
〃　「遭難」　高村武次
１９５８　「忘れられた土地」　野田真吉
〃　「海壁」　黒木和雄
〃　「どこかで春が」　柳沢寿男
〃　「法隆寺」　羽仁　進
１９５９　「地底の凱歌」　西尾善介
〃　「安保条約」　松本俊夫
１９６０　「ルポルタージュ炎」　黒木和雄
〃　「１９６０年６月」　野田真吉　他
〃　「不良少年」　羽仁　進
〃　「人間みな兄弟」　亀井文夫
〃　「失業」　京極高英
１９６１　「潤滑油」　竹内信次
〃　「巨船ネスサブリン」　楠木徳男
〃　「西陣」　松本俊夫
〃　「人間動物園」　久里洋二

自然観察・科学映画

１９３９　「雪の結晶」　吉野馨治
１９４０　「人体」　太田仁吉
〃　「或日の干潟」下村兼史
１９４１　「富士の地質」　秋元　憲
１９４２　「富士山麓の鳥」　下村兼史
〃　「慈悲心鳥」　下村兼史
１９４８　「生きているパン」　奥山大六郎
１９４９　「あげは蝶」　太田仁吉
〃　「こんこん鳥」　下村兼史
１９５０　「稲の一生」　太田仁吉
１９５２　「結核の生態」　奥山大六郎
１９５５　「かえるの発生」　吉田六郎
１９５８　「ミクロの世界」　吉見泰　大沼鉄郎　杉山正美
１９６０　「マリン・スノー」吉見泰　野田真吉
１９６１　「蛔虫」　杉山正美

○海外の記録映画記家

ブニュエル（ルイ）　Luis Bunuel　１９００〜スペイン．　画家サルバドル・ダリと超現実主義の映画、「アンダルシアの犬」（１９２８）を作って注目された。この作品は超現実主義運動の映画における最高峰として評価されている。つづいて「黄金時代」（１９３０）。スペインの人民戦線に影響されつつ（因みに、当時写真家のフランク・キャパもこの陣営にあった）記録映画「パンなき土地」（１９３２）を作った。人民戦線の敗退後ハリウッドにわたり一編集者として埋もれた仕事をつづけていたが、所詮あい容れず、追放されるごとくにしてメキシコに渡った。（１９４５）。ブニュエルの創造的活動はここで再び開花し、「大カシノ」（１９４６）「忘れられた人々」（１９５０）「天への登り口」（１９５１）「彼」（１９５２）と作品をだした。特に「忘れられた人々」は、超現実主義の方法をいかした名作として知られ、日本でも上映されたが、長い沈黙の後に発表されたこの名作に接したジャン・コクトーはブニュエル健在なりと狂喜したという。以後「ナサリン」（１９５８）。最近作は「ビニデイアーナ」が有名で、これは１９５１年のカンヌ映画祭でグラン・プリをあたえられている。　参考—記録映画１９６１年８月号・９月号　海外映画事情）

クレマン（ルネ）　Rene Clement　１９１３ — フランス．　アマチュアとして映画に興味をもち、漫画映画などをつくったりしていたが、１９３８年アラビヤの記録映画をとった。第二次大戦中はレジスタンス運動に参加し記録映画をとっていたが、解放後この経験を生かして「鉄路のたゝかい」（１９４５）カンヌ映画祭受賞を完成した。これは対独レジスタンス運動をきびしいリアリズムで描いたものとして有名で、記録映画の方法が生かされている。これと並ぶものは「静かなる父親」（１９４６）「海の牙」（１９４６）である。以後「鉄格子の彼方」（１９４９）「ガラスの城」（１９５０）「禁じられた遊び」（１９５２）「しのび逢い」（１９５３）「居酒屋」（１９５５）があり、最近では「生きる歓び」「太陽がいっぱい」などある。

エイゼンシュタイン（セルゲイ）　Sergei.M.Eisenstein　１８９８〜１９４８　ソヴィエト．　はじめ建築を学び、のちに絵画、演劇に興味をもつようになり、革新的な演劇家メイエルホリドに影響された。ソヴィエト革命には赤軍として参加している。彼は、何よりもまず、モンタージュ論の創造者として世界的に有名であり、サイレント映画の芸術理論をはじめて完成した。モンタージュ論は、ただ、サイレント映画のためのものではなく、サイレント、トーキーを通じて、映画が演劇の罐詰ではなく映画の最も基本的な理論を完成したことでエイゼンシユテインは世界映画史の最大の巨人といえる。第一回の作品は「ストライキ」（１９２５）であるがつづいて「戦艦ポチョムキン」（１９２６）こそは彼の革命的な映画理論の最初の大きな結晶であり、今もって全映画作品のベストワンにおされている。作品は「十月」（１９２８）「全線・古きものと新しきもの」（１９２９）フランスで「感傷悲曲」（１９２９）をつくり、ハリウツドで「アメリカの悲劇」を企画したがこれは企画だけに終つた。更にメキシコでメキシコ人民を描く記録映画に着手したが、商業主義や政治の圧迫で完成せず、プロデユーサーの勝手な改編で「メキシコの嵐」（１９３２）という姿にされた。

エイゼンシユテインの理論的活動は１９２８年のトーキー宣言（プドフキン、アレクサンドロフと共同執筆）にも輝やかしい。ここでは、当時のトーキー排撃論に反対しながら、トーキーがサイレント映画の限界を破る武器であること、それと同時にトーキーの悪用は映画芸術を演劇の罐詰的な衰弱にみちびく恐れもあることを指摘し、モンタージユ論の精神を生かした、画面と音とのモンタージユということを提唱している。その後「アレクサンドル・ネフスキー」（１９３８）「イワン雷帝第一部」（１９４４）をだしたが、芸術的には「戦艦ポチョムキン」よりむしろ後退したと見られ、「イワン雷帝第二部」の製作に苦斗しつゝ逝つたことはおしまれる。

フラハテイ（ロバート）　Robert.J.Flaherty　１８８４～１９５１　アメリカ．　鉱山学校に学んだのち、北極地帯アラスカを探険するチヤンスをえた。このとき、フラハテイは、氷と雪にとじこめられたエスキモーの生活をフイルムにおさめたのである。帰国後、このフイルムを失火によつてうしない、再び撮影して完成したのが「北極の怪異」（あるいは「北地のナヌーク」ともいわれる）（１９２２）である。これは、きびしい自然環境の中で食物を求めて苦斗するエスキモーの生活をロマンテイツクにとらえており、世界的に有名な記録映画となつた。これはまた、記録映画の中で探険映画ともいうべきジヤンルを拓いた作品でもある。以後のフラハテイの作品も、自然と人間とのたたかいという主題を世界の各地に求めながら、造型的な美しさとドキユメンタルな、非商業主義的な性格を貫いている。「モアナ」（１９２６）「南海の日影」（１９２８）「タブー」（１９３１）につづいて名作「アラン」（１９３４）がある。これもアイルランドの孤島アランで海に生きる住民の生活を見つめたものである。アメリカで作つた「土地」（１９４２）もリアルな社会的主題をもつていたが、これは、その故に公開されなかつた。

なまの現実をうつすという意味での記録映画はフラハテイにはじまつたといつてよく、彼の影響はグリアスンらのイギリス・ドキユメンタリー派の興隆をうながした。晩年に「ルイジアナ物語」（１９４８）がある。

グリアスン（ジョン）　JOhn Grierson　１８９８～イギリス．　アメリカにおいて、新聞、映画の社会学的な研究をしたのち、エイゼンシユタインやフラハテイの影響をうけ、ドキメンタリーをはじめた。彼の一つの功績は、それまで個別的散発的であつた記録映画の製作を、グループ化して一潮流を形成したことにある。グリアスンの作りあげた潮流はイギリス・ドキユメンタリー派であるが、ここには、ポール・ローサ、アルベルト・キヤヴアルカンテイ、アーサー・エルトン、ベイジル・ライトなど有能な作家が集つた。イギリスやカナダの政府機関にあつて映画製作をすゝめ、ドキユメンタリー映画運動の理論の、最初の体系化をはかつた。グリアスンによれば、ドキユメンタリー映画は大衆教化の手段であり、社会的な問題をとらえ、それに如何に対処すべきかを描くものであつた。それの実現として「流網船」（１９２９）「産業英国」（フラハテイと共同、１９３２）の作品がある。

イヴエンス（ヨリス）　Toris Ivens　１８９８～オランダ．　祖父の時代からの写真屋として育つたイヴエンスは、当時抬頭しつゝあつた映画に没入していつた。「橋」（１９２８）と「雨」（１９２９）の二作をもつてデビユーしたが、これは当時のアバンギヤルド派に属するもので、純粋の映像美を追及したものである。エイゼンシユタイン、プドフキンのソヴイエトの巨匠がこれを賞讃しイヴエンスをソヴイエトに招き、「コムソモール」（１９３２）を作つた。この頃からイヴエンスは反フアツショ戦線の芸術家として活動を始め、世界の殆んどすべての地域にわたつての社会的ドキユメンタリーの連作をだしていく。母国オランダで自然とたたかう海辺の人々を描いた「ゾイデル海」（１９３３）、スペイン内乱をテーマに「スペインの大地」（１９３７）、中国の反侵略戦争をとりあげた「四億」（１９３９）、アメリカで、農村電化の中の一農家の一日を描いた「力と大地」（１９４０）、当時カナダにあつたグリアスンに招かれてカナダで、「ひとり」（１９４２）、つづいて「作戦配置」（１９４３）、インドネシアの独立戦争を描いた「インドネシアは叫ぶ」（１９４５）を作つた。以後東欧人民々主々義国をわたつて新しい建設のもようを描き、つづいて、世界労連の委嘱をうけ、世界各地のフイルムを集めて作つたのが、「世界の河は一つの歌をうたう」（１９５４）である。ここには、全世界人民の、民主々義と平和のたたかいが収められている。最近作として有名なものは、「セーヌの詩」（１９５８）で、これはフランスの世界的映画評論家ジョルジユ・サドウールの原案により、パリを流れるセーヌ河畔の詩をうたつたもので、日本でも好評をはくした。はじめ「橋」、「雨」で出発した作家の回帰が感じられる。（参考一記録映画・５９年９月号・ヨリス・イヴエンス「アヴアンギヤルド記録映画についての若干の考察」６１年７月号「記録映画の任務」）

ラモス（アルベール）　Albelt Lamoviss　１９２２〜フランス．　はじめスチール写真家であつたが、のち映画作家に転じた。「ジエルバ」（１９４７）「ビム」（１９５２）につづく「白い馬」（１９５２）で世界的に注目された。これは彼の写真家としての経歴が十分に生かされ、フオトグラフイの美しさで評判が高い。子供と野性の白馬との愛情をあたたかく見つめ、それが現実の圧迫をのがれて海に消えさつていくというラストシーンに、ラモリスのペシミズムが表現されている。同じような主題で「赤い風船」（１９５６）がある。この技法は「新らしい風船旅行」につづくが、いずれも美しいフオトグラフイと、ロマンテイツクなペシミズムが一貫している。常に子供を描く点も特色といえよう。

マクラーレン（ノーマン）　Norman Molaren　イギリス．　イギリス生まれであるが、彼の映画活動はカナダで最盛期をむかえている。アニメーション映画、特にフイルムにじかに線画をかき音や音楽までサウンドトラツクをかくことで作るのが、マクラレンの特長で、キヤメラもマイクも使わない映画として知られている。グラスゴウ芸術学校時代にトリツク映画「カメラはフーピーを描く」（１９３５）抽象映画「色のカクテル」（１９３６」などを作り、「翼の上の恋」（１９３８）は手描きの第一作であつた。１９３９年から４１年にわたつて「アーグロ」「スケルツオ」「星と条」「ブギ・ドードル」「ルンバ」「幽霊のスポーツ」を製作した。戦後カナダ映画局で作つた諸作品が有名で、この頃からマクラレンは、キヤメラによる普通撮影と動画や線画をミツクスする手法を見せている。

「ブリンキテイ・ブランカ（線と色の即興詩」（１９５０）は、黒フイルムに針で線画をかき、音もサウンドトラツクを針で削つて作つたもの、「つぐみの歌」はキヤメラ撮影による単純なアニメーション「汝の隣人を愛せよ」（１９５２）と「いたずら椅子」は、実写とアニメーションの併用である。「数のリズム」（１９５６）は数字の行列だけが登場するキヤメラ撮影によるアニメーション。マクラレンのアニメーション映画にあつては、椅子や数字などの無生物がアニメートされるが、ヒユーマニステイツクな擬人化が多く、作品のテーマも人道主

義的なものである。手描き映画製作の経験から来た、フイルムのコマの連続の中での光学的心理的効果を出す技術は卓越したものである。（参考一記録映画・１９６２年７月号「マクラレンの技法」岡本昌雄）

レネ（アラン）　Alan Resna　１９２２〜フランス．　中等学校を終えてのち、パリで舞台俳優を志したが、やがて映画に興味をもち、高等映画技術研究所に学んだ。１９４８年に「ヴアン・ゴツホ」を出し国際的な数々の賞をとりデビユーした。ここには、すでにレネの方法がはつきりとでており、ゴツホの絵画だけを材料にしながら、タブローの紹介とは全くちがつて、ヴアン・ゴツホそのものの内部にキヤメラが入つていく、独特のモンタージユがある。「ゲルニカ」（１９５２）もまたピカソの作品だけを素材にしたもので、有名な壁画であるゲルニカの紹介であろうと期待した一観客が、裏切られた思いをピカソにつげたところ、ピカソが、私は絵でゲルニカを描きレネは映画でそれをやつたのだ、と逆に賞讃したといわれる。ここではレネは、壁画ゲルニカの全景を一カツト見せない徹底さでこの絵画を分解し、映画的な再構成をはかつて成功している。「影像もまた死す」（１９５４）はジヤン・ヴイゴー賞をうけているにも拘らず現在なお上映が禁止されている。「全世界の記憶」（１９５４）は図書館というものの異色ドキユメント。「夜と霧」（１９５６）は世界的なセンセーシヨンをまきおこした作品で、ナチスのユダヤ人虐殺に抗議するこのフイルムは、日本の税関でも検閲カツト問題をおこした。日本では「二十四時間の情事（原題・ひろしま、わが恋）」が日仏合作として知られている。シナリオのマルグリツト・デニラはアンチ・ロマンの作家で、このコンビは、つづいて、「去年マリエンバードで」（１９６１）を出し、今、世界的に評判になつている。日本公開がまたれる。（参考一記録映画１９５８年７月号「アラン・レネとフランス記録映画」５８年１２月号、アラン、レネにきく」５９年２月号．シナリオ「二十四時間の情事」。５９年８月号．シンポジウム．「二十四時間の情事」６１年１月．コメンタリー「ゲルニカ」。６２年６月「マリエンバードという城」大島辰雄）

ローサ（ポール）　Paul Rotha　１９７０〜イギリス．　ローサは、何よりも、記録映画の創造と運動の理論家として有名であり「ドキユメンタリー映画」の著者である。日本の記録映画運動にあたえた影響は、エイゼンシユタインと並んで、極めて大きなものがある。著作には他に「現在までの映画」「今日の映画」がある。彼の「アクチユアリテイの創造的劇化」というドキユメンタリーのテーゼは、今も議論の中心課題といえる。

ローサは、美術学校をでたのち、画家、美術評論家として活躍していたが、グリアスンらのイギリス・ドキュメンタリー運動に加わるようになつた。指導的な理論家としてのみならず、プロデユーサー、演出家としても名作をだしている。「コンタクト」（１９３２）「造船所」（１９３４）「ブリテンの顔」（１９３５）「今日吾等生く」（１９３６）「豊饒の世界」「夜間勤務」「ロンドンの子供たち」などをイギリスで作つたのち、ルーズベルトのニユーディール政策に招かれて渡米、アメリカのドキユメンタリー運動の育成に力をつくした。一貫して社会的な題材を社会正義の立場からとりあげることに、記録映画の任務を見るローサは、その限界とともに再検討され吸収されるべき多くを残しているといえよう。（参考一「ドキユメンタリー映画」厚木たか訳・みすず書房刊・記録映画・１９５９年９月号・「ドキユメンタリーはどこにいく」ポール・ローサ）

記録映画作家協会関係

<一　般　論>

「ドキユメンタリー映画」ポール・ローサ　厚木たか訳　みすず書房

「記録映画の技術」記録映画作家協会編　医歯薬出版株式会社

「前衛記録映画の方法について」松本俊夫　記録映画（以下同）１９５８年７月号

「アクチユアリテイの創造的劇化・１・２・３」野田真吉　５８年１１月号・５８年１２月号・５９年１月号

「フイクシヨンについて」柾木恭介　５９年１月号

「アヴアンギヤルド記録映画についての若干の考察」ヨリス・イヴエンス　５９年９月

「創作への条件・１・２・３」吉見泰　５９年５月　５９年９月号　６０年１月号

「私の記録映画論」大島渚　６０年５月号

「私の記録映画論」山際永三　６０年７月号

「ドキユメンタリーとは何か・座談会・１・２」佐々木基一、関根弘、武井昭夫、柾木恭介　６０年５月号　６月号

「創造的想像力・特集」玉井五一、大島辰雄、厚木たか、松本俊夫、吉田喜重、佐野美津男、湯浅譲二、野田真吉　６０年６月

「芸術の未来像」安部公房　６０年７月

「私の方法論・特集」森本和夫、白坂依志夫、飯島耕一、堀田善之、石島晴夫、京極高英、大沼鉄郎　６１年８月

「映画と思想・特集」花田清輝、丸山章治、黒木和雄、長野千秋、厚木たか、成島東一郎　６１年１０月号

「私の記録映画論・特集」野間宏、寺山修司、吉井忠、林光、竹内敏晴、山際永三、和田勉、白坂依志夫、佐藤忠男、小倉真美、木崎敬一郎、浅野翼、高垣孔二郎　６２年１月号

「映画表現の可能性と実験性の特集」花田清輝、大島渚、粕三平、黒木和雄、西本洋子、田畑正一、米長寿、定村忠士、瀬川昌昭、大島辰雄　６０年１１月号

<シナリオ論・作品>

「シナリオ論・特集」吉見泰、長野千秋、野田真吉　６１年２月号

「記録映画のつくり方・シナリオ論・１・２」吉見泰　６１年４月号５月号

「シナリオコンクール作品発表・合評」６２年３月号

「コンテニユイテイ・忘れられた土地」野田真吉　５８年８月号

「要約シナリオ・しろしま・わが恋」アラン・レネ　５９年２月号

「シナリオ・安保条約」松本俊夫　５９年１０月号

「シナリオ・失業」徳永瑞夫、京極高英、６０年２月号

「アニメーシヨンシナリオ・ゲシゲシ」関根弘、真鍋博　６１年２月号

「コメンタリー・夜と霧」アラン・レネ　６１年１０月号

「コメンタリー・ゲルニカ」アラン・レネ　６１年11月号

「アニメーション・シネポエム・Line of Lines」谷川俊太郎　真鍋博　６２年７月号

「アニメーションシナリオ・新竹取物語」関根弘、久里洋二　６２年７月号

＜演出論・モンタージュ論＞

「衝撃的モンタージュの回復」瀬木慎一　５９年７月号

「モンタージュの再検討・特集」山田和夫、神田貞三、樺島清一、羽仁進　６０年４月号

「記録映画のつくり方・演出論・１・２」西尾善介　６１年６月号７月号

「ドキュメンタリー映画のつくり方・演出とシナリオ１・２」岩佐氏寿　６１年１０月号　１２月号

＜児童劇・教育映画論＞

「教育と映画・特集」乾孝、丸山章治、岡本昌雄、岩佐氏寿、高桑康雄、鈴木喜代治、佐野美津男、大島辰雄、重松敬一、豊田敬太、荒井英郎、田中信徹、吉見泰　５９年４月号

「児童劇映画論」岩佐氏寿　５９年１２月号

「社会教育映画・特集」河野哲二、羽田澄子、道林一郎、古川良範　６０年３月号

「映画と教育・特集」稲葉三千男、吉見泰、加納竜一、荒井英郎、石田修、岩堀喜久男、西本祥子　６０年５月号

「映画と子供」阿部進　６０年１２月号

「子どもに〝悪〟を」佐藤忠男　５９年６月号

「映画は現実の子どもをとらえているか」古田足日　５９年６月号

＜アニメーション・人形劇映画論＞

「東欧の人形劇映画」川尻泰司　５８年８月

「アニメーション映画の技術」岡本昌雄　５８年９月

「動画ドキュメンタリスト」征木恭介　６１年１月

「アニメーション・特集」中原佑介、長井泰治、柳原良平、岡本昌雄、杉原せつ、原和夫、権藤貞治　６２年７月号

＜科学映画論＞

「科学映画・特集」吉見泰、奥山大六郎　５８年９月号

「科学映画論・特集」渡辺正巳、吉原順平、長野千秋、吉見泰、矢部正男、岡本昌雄、吉田六郎　５９年７月号

＜技術論＞

「記録映画のカメラマン・座談会」白井茂、林田重男、岩佐氏寿　５９年６月号

「映画表現の技術・特集」岡田晋、矢部正男、勅使河原宏、木崎敬一郎　６０年７月号

「照明におけるリアリズムとドキュメンタリー」田畑正一　６０年１１月号

創　造　社
東京都渋谷区代々木一の五七
TEL (368) 一八五〇・一八六〇

独立プロ協同組合
東京都中央区銀座東一ノ五
TEL (561) 一二五六

東京勤労者
映画協議会
（旧東京映愛連）
東京都新宿区西大久保一ー四六二
TEL (369) 三六二六

映画演劇
労働組合総連合
東京都新宿区柏木一の一〇六
TEL (368) 二一四九

自由映画人連合会
東京都世田ヶ谷区代田二ー一九四一
TEL (414) 五一〇六

日本映画撮影者協会
東京都中野区小淀町二七
TEL (391) 八〇八七

勤労者視聴覚
事業連合会
東京都中央区銀座西八ー八
TEL (591) 六五一七

活版、タイプ、謄写印刷
東和印刷所
いつでも、どこでも御報参上
でんわ　６９１・５５２４

現実に対処する助監督の集り

十月十三日（土）　后六～

日本は今急速な経済不況に見舞われ、その影響は私たちの生活に大きく波及して来ています。ギャラの低下、製作条件の悪化、創作上への圧迫といった形で日に日にその激しさを増して来ています。こうした時代の中にあって、お互いがそれぞれ自己の主体をもって斗っていくことは勿論ですが、会員相互の連帯によって今の反動的態勢に対処していくことも必要だと思います。

助監督同志のこのような現実への共通の問題、生活の問題、仕事上の問題、創作上の問題、共同研究の問題等いろいろあると思います。こうした諸問題をフリートーキングで語り合い、出来ればこれを機会　助監督部会を発足する足がかりにもしていきたいと思います。自由な気持で、企業所属、フリーの如何を問わず、出来るだけ多くの助監督の方がお集り下さい。

記

日時　十月十三日（土）後六時

場所　鬼王神社社務所　ＴＥＬ（369）三八七二

（新宿区役所を入る一角筈より五分）

（案内地図）

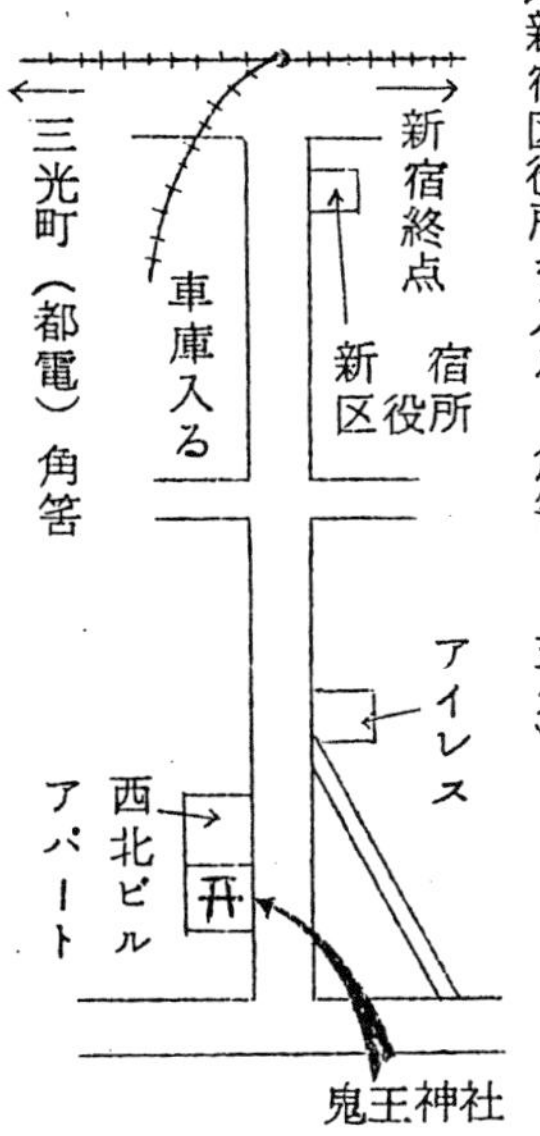

記録映画作家協会
生活対策部責任者　楠木徳男

社会教育映画研究会お知らせ

とき　十月[illegible]日（火）午後　六時－九時

ところ　記録映画社内

（国電　新宿駅南口下車）

テーマー　うれた映画
うれない映画

上映作品　言葉と態度（三木映画）
農村は変わる（科学映画）
約束はしたけれど（三木映画）

会費　一〇〇円

社会教育映画関係の方々は御出席下さい。

世話人　荒井英郎

名簿作成についてのお願い（順不同に！）

去年の暮、皆さんのお手もとに記録映画作家協会の新名簿作成のための葉書を送付しましたが、まだ次の方々のものが回収されておりません。古い名簿の残部はなくなっており、またそれは変更・異動によって役に立たなくなっており、各方面の催促に一日も早く応えたいと思います。

五月二五日まで必着するようお送り願います。形式は下記の通りです。

お名前　　　　　　　　　　（敬称略）

赤佐政治、厚木たか、渥美輝男、岩堀喜久男、伊勢長之助、伊豆村豊、入江一彰、上野大梧、加藤松三郎、岸光男、京極高英、熊谷光之、越田麦寿美、斉藤茂夫、斉藤益広、杉山正美、竹内信次、丹生正、豊富靖、長野千秋、波田慎一、西沢豪、西本祥子、藤原智子、古川良範、本間賢二、村田達治、山岸静馬、柳沢寿男、吉田六郎、青野芳雄、石井清司、石田蔽、飯村隆彦、梅田克己、小川益生、唐木武久、久保田義久、小泉光、康浩郎、佐々木守、妹尾厚、田中学、田中舜平、辻本篤視、塚原孝一、辻功、

桝原六郎、小山誠治、斉藤久、田中喜次、武田つとむ、中村敏郎、福田寅次郎、堀田幸一、松岡新也、水木荘也、村上比久男、桑木道生、高林陽一、多胡隆、鈴木朝雄、安藤五郎、山之内重巳、浅井栄一、

葉書を紛失された方で、以前の名簿に訂正を加えられる方は、どうぞ同封の「動静」用紙の空白部分に記入してください。

氏名	記録映画作家　作品歴及住所録調査用紙（1963年度用）			
生年月日		この欄は、がいとうのものに○をつけてください	フリー、企業所	
			演出、助監、脚本、編集、製作	
住所 TEL		所属企業名		
作品歴	作品名	年代	製作会社	備考（受賞など）
整理の都合がありますので、作品は五本以内にしてください。 新宿区百人町2の66　記録映画作家協会事務局				

中島日出夫、仲原潤作、中村敏、西田真佐雄、西村康世、碩宮慶蔵、村松隆一、安井治、吉田巌、横山弘夫、城之内元晴、古川協、高村武次、羽田澄子、時枝俊江、各務洋一、肥田侃、田中実、秋山矜一、花松正卜、神馬亥佐雄、田中平八郎、北条美樹、牧野昭、諏訪淳、志佐寿弥、奥山大六郎、中村麟子、下坂利春、飯田勢一郎、二瓶直樹、田部純正、山添哲、山口淳子、高瀬昭治、池田元嘉、山川治、安藤令三、原本透、宮崎明子、持田裕生、宮内研、中川すみ子、郡実雄、吉見泰、森田実、渡辺正己、大島正明、泉水剛、長井泰治、平田繁治、諸橋一、小森季雄、安東斉、青木徹、吉田和雄、高橋克己、中村重夫、星合達郎、高井達人、沼田抱孝、光井義昭、秦康夫、小泉修吉、井内久、大久保信哉、佐藤みち子、藤田幸平、二本木哲夫、岡本英雄、石本統吉、石田修、上野耕三、大方弘男、大鶴司出夫、小口禎三、大島辰雄、川崎健史、加納竜一、吉中昇、工藤充、能登節雄、小倉太助、

昨年と同様、プロダクションも名簿に入れたいと思います。事務局でも当りますが、力のおよばぬことが多いと思われますので、皆さんの御協力を願いたいのです。

会社名　所在地　電話番号　代表者名
　　　　　　　　　　　プロデューサー名

を記入してもらい、五百円をいただく（完成後でも結構です。）ということになっています。

おそくとも六月中旬には完成する見込です。

協会員、記載プロダクション以外には、五〇円でお頒けしますので御希望の方がありましたらお知らせください。

連絡は、案内状の「動静」用のハガキを御利用ください。（仕事上の電話だけでなく、私的なものもかかってくることがありますので、動静の連絡をかかさないようにして下さい。需給の関係がうまくいかず、仕事のあっせんは必ずしも円滑に進んでいませんが、仕事を求められる方は、予め空く日を予定として書いておいてください。）

新宿区百人町二の六六　TEL（三六一）九五五五
記録映画作家協会　　　　事務局

「協会は何をなすべきか」

—臨時総会にむけての討論の焦点—

協会はこのままでいいか

○月々の会費の納入率が低下し、広告収入が減少し、現状のままでゆくと、毎月二万円以上の赤字が積み重ねられ、二、三ヶ月後には自己崩壊する危機に迫られている。

○年々あったこうした危機を、一時しのぎのカンパや特定の会員や運営委員の犠牲で今までは補って来たが、もはやそのような方法ではトンプク的効果はあったとしても、根本的な解決とはなり得ない。

○そこで、この際何らかの抜本的対策が必要である。

ではどうすればいいか。次のような意見が出された。

○会費を一率五百円にし、雑誌を百三十円に値上げして協会収入全体の増収を計るべきだ。

○そのためには協会の今後進むべき方向をはっきりうち出さなければならないし、雑誌の内容についても検討しなければならない。

○会費が集まらなかった原因としては、不景気によることもあるが、もっと考えなければならないのは、協会の運動そのものの停滞にある。このことは雑誌にも影響を与え、内容がつまらなくなっている。

○今までは生活権利の問題と芸術創造活動の問題を合わせてやって来たが、前者のうち生活の問題は、今後フリー映画人の職能組合を作り、そこで解決してゆくようにし、協会は、作家の権利を守り芸術運動を推し進めてゆく団体としてその性格をはっきりさせるべきだ。

○作家の、そして芸術運動の根本的危機は、作家が自己の芸術課題を見失い、その内部に燃焼する創造的生命力を喪失するところからはじまる。この状況は、作家主体がその課題追求と創造活動とを、相互にきびしくかかわらせ対決させていく場を崩壊させることによって、運動体の危機的様相を深める。

我々の直面する危機の本質についての、このような認識を欠如したすべての危機打開策は、けっして有効性をもちえない。あるものは、組織運営上の二義的、部分的欠陥に目をうばわれた部分的改良策であるにすぎず、あるものは、運動体の機構と性格を問題としそれを改変することによって、もう一つの新たな形骸化した芸術運動体をもたらすだけにとどまる。

我々がいま声を大にして主張し、作家的生命をかけて遂行しなければならないことは、芸術課題追求および創作活動の・作家主体内部の創造のパトスとエネルギーの回復である。そして、それによってつまれる、作家主体相互のきびしい対決と批評にささえられた運動のダイナミクスが、われわれの内なるジャンル意識とジャンル的規制をつき破り、他の諸ジャンルの尖端的に芸術課題と運動をまさぐる部分とかかわりあうことによって、映像芸術の共通課題の発見と追求の可能性をきりひらき、運動的実体の確立を導き、芸術運動の新たな総合的発展の方向をわれわれのものとすることができるであろう。

○新しい方針をうち出し、会費の改正案を出し、そのために一時的な会員数の減少があってもやむをえない。その方法は慎重にやるべきだが、長期会費滞納者の整理もこの際やる必要があるのではないか。そのことによって真に作家としての創作活動をやる者だけが集まる団体にしてゆくべきだ。

今までに討論されて来たこれらの要点を集約して、今度は次の三点にしぼって集中討議をしたいと思います。

今後の方向について

1　今後進むべき運動の方向

2　雑誌の内容と方向

3　財政　危機を打開する抜本的方法
　　　会費の改正案　雑誌の値上げをどうするか

次回の運営委員会では、この三点に議題をしぼって討論し、臨時総会における運営委員会の案（結論が出ないときは）をまとめたいと思いますので、お忙しい中を再三招集して恐縮ですが、地方ロケとかやむをえない事情がない限り、是非ご出席の上、ご意見を集中していただきたいと思います。

次回運営委員会

日時　七月二十四日（水）六時

場所　MON 三階（冷房完備）

（新宿区歌舞伎町十二）

TEL

（三六八）六四〇一

（三六九）三六〇九

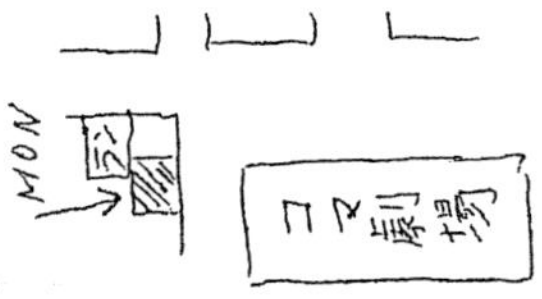

議題　臨時総会における今後の方向について

（前記三点に関して）

※　飲物代百円程度を持参下さい。

各部担当運営委員のかたへのお願い

現在までの各部活動の中間報告を、遅くとも今月末までに届けて下さい。

事務局

米原子力潜水艦寄港問題重大段階へ

六月上旬、外務省はアメリカ側の中間報告を発表し、スレッシャー号の沈没も原子炉の事故によるものではないということを確かめ、それにもとづいて政府は今国会の終了後（七月六日まで）米原子力潜水艦の寄港を正式に認めようとしています。

しかし、この中間報告は、外務委員会での湯川博士の証言や、原子物理学者の反論にもあるように、全く信用の出来ないものです。放射性廃棄物がたれ流しにされることが逆に明確になり、衝突した場合でもアメリカが安全だということだけから信用する他ないという無責任なものであり、その内容は実に非科学的なものだということがはっきりしました。

核装備に関しても、寄港の際は搭載しないといっていますが、一秒間でその勝敗が決するボタン戦争の時代に、戦争がおこってわざわざ本国まで核弾頭を取りにゆくようなばかなことをすることはないでしょう。学会はこぞってこの中間報告を批判し、万が一にも事故があってはならないと、強く寄港に反対しています。

最近、政府は、金し勲章法案、国立大学総長認証官法案、国民祝日法改正案（紀元節復活法案）など、一連の反動立法を強行採決し、失対の日雇い労務者の生活をとりあげる失対打切り法案を強引に通過させました。

いまや、国民に重大な影響を与える米原子力潜水艦の寄港も、このままでいけば現政府によって受入れられそうになって来ました。安保反対国民会議では、このような情勢に対処すべく、六月二十八日から七月七日までを第十一次統一行動旬間とし、あらゆる組織でこれらの問題と取組み、米原子力潜水艦の寄港をあくまで阻止する斗いを展開することにしています。去る六月二十日に結集された「文化人、文化団体の原子力潜水艦寄港反対集会」（映画、演劇、芸能、音楽、美術、文学、宗教、法律、学術、医学、言論の各界七十団体が参加。当協会も加入）でも、この旬間に左のプログラムを組んで斗いに参加することが決められました。各自の参加出来る条件のなかで、われわれもこの統一行動に加わりたいと思います。皆さんの積極的な行動を希望します。

七月四日

「駅頭における反対署名呼びかけ及びビラまき」

この日は、午後三時に東京弁護士会館（霞ケ関東京高等裁判所裏）に集合、新劇人会議の人々を中心に午後四時半から六時にかけて各駅頭（東京、有楽町、新橋、渋谷、新宿、池袋、上野）で街頭署名とビラまきを行ないます。

それに、警官の妨害を防ぐために各地に弁護法律関係者が参加してつくことになっています。

「外務省へ抗議」

午後三時から四時にかけて、各団体又はグループで外務省に寄港反対の意志表示につめかける。これは各グループ独自でそれぞれの方法（外務大臣宛請願など）で行なうことになっています。この前者に参加の方は三時に東京弁護士会館へ、後者へは各プロダクション又はグループ毎につめかけることにして下さい。

七月六日

「都民に訴えるデモ」

午後四時、教育会館前集合、

コース――教育会館からお茶ノ水駅前まで

これは当日「平和を守る科学者のつどい」の原子力潜水艦寄港、F105配置反対集会が開かれた後（一時～四時）で行なわれるもので、老令の科学者も参加するため、旗も使わず、それぞれのプラカードだけで沿道の人々に訴えかけようというものです。仕事に支障のない方はできるだけ参加して下さい。

七月臨時総会にむけて!!

最近、会費の納入率が低下し、「記録映画」の広告収入が不景気のあおりで激減し、協会の運営が非常に苦しくなってきました。この際みんなで何らかの抜本的対策を協議する必要に迫られて来ました。

運営委員会では、今その対策を真剣に検討していますが、是非皆さまのご協力をいただきたいと思います。詳細は追ってお知らせ致しますが、その際は何卒よろしくお願いします。

なお、財政状態悪化をもたらした内的原因の最大のものである滞納の問題については、これまでの慢性的な状態を根本的に克服するため、全運営委員の責任において、臨時総会にむけて最後的な一掃運動を展開します。滞納額の大きい方は、分割でも結構ですから、総会までにお納めくださるようおねがいいたします。

来る七月の臨時総会は、議題を財政問題にしぼり、不正常な財政状態をたて直し、協会存続をかけた根本的な財政改革をおこなうことになります。協会の全努力をあげて、危機克服のための方策を追求しましょう。

一九六三年七月一日

記録映画作家協会　運営委員会

賛助会員の方にお願い

当協会は、発足以来日本における唯一の記録映画作家の集団として、さまざまな事業を行なって来、今日もなお活動を続けておりますが、最近、諸物価の高騰に加え、映画業界の不況に影響され、経済的には極めて深刻な危機に迫られて参りました。

只今、運営委員会では、再三再四会議を開き、その原因の追求と根本的な打開策について真剣に対策を練っておりますが、当面、会員及び賛助会員の皆様に、この危機を切り抜けるための積極的なご協力を呼びかけております。

皆様にもいろいろとご事情があって大変だと思いますが、右状況をご推察下され、この協会の危機を救うため、貴下の左記会費を出来るだけ早くご納入下さいますようお願い致します。

どうか、協会の運営にご援助下さい。

昭和三　年　月〜昭和三八年八月	
月　円　計　円	

尚、納入は分割でも結構ですから、その時期と額を、何月何日何円というようにご通知下さい。納入方法はお電話下されば事務局員がいただきに参りますし、振替または現金書留でご送金いただければ一層有難いと存じます。

昭和三八年八月二〇日

記録映画作家協会

運営委員長　丸山章治

事務局長　楠木徳男

財政部長　河野哲二

お知らせ 111

臨時総会中止の理由

―定例総会にむけての諸活動

たしかに、臨時総会の費用二万円でも、どう捻出するかということからして、壁にぶつかってしまうのですが……しかし問題は、いま臨時総会を開くことが有効適切か、という情勢判断にあります。

○今私達がもっている方針のなかに、はたして会費値上げにともなう脱会、滞納、混乱を防ぎうるだけの強力な方向と内容があるのかどうか。

○残す一か月で、脱会、滞納、混乱による協会の自己崩壊の危険性に対して、どこまで体制を整備しうるか。

今までのところの方向は、脱会者が出ることも辞せずに根本的な転換をとげようというものではなく、いわば、積極的現状維持ともいうべき方向であるから、上記のような危険にいま全てを賭けるべきではない。

漠然とした方針に値上げ案をからめて提出して、そこで自壊してしまうということは、運動体としての最低最悪の事態である。何としても自壊を排し延命をはかり、定例総会までの期間、新たな展望をきりひらくための活動を精力的に展開すべきである。

その期間の活動としては、

○運営委員会は、これまでの討論をさらに続行し、定例総会にむけて有効な方針をうちだすこと。

○方針の討議を全協会員のなかにひろめ、プロダクション単位の場づくりなどを創造的におこないながら、全協会的な規模で方針を導き出すこと。

○依然として明確な見通しをつくることができない協会財政について

㋑事業活動のための小委員会をもち、映画会、シナリオ集作成　等の事業プランを練ること。

㋺依然としてつづく危機の実情を協会員に訴えつつ

(イ)　滞納者一掃運動

(ロ)　会費調整運動

を展開すること。

来る定例総会で会費値上げについての承認をとることができるかどうかは、十二月までにこの二つの目標が遂行できるか否かにかかっている。

○各部の活動が一層精力的に推進されること。

㋑現行方針の有効性を検証し

㋺次に導かれる方向を探求し

㋩運動と組織の内部改革を遂行しつつ

㊁新たな運動と組織の実質をつくりだしていき、

㋭より有効な方針を確立するために、

以上の諸活動の第一歩として

スケジュール

八月二十九日(木)六時　協会事務局にて

財政・事業小委員会

構成員　財政部　河野、二瓶

研究会部　大沼、荒井、東

運動部　富沢、渡辺

共同誌部　宮家、野田

事務局　楠本、新野

このメンバー以外の方も、時間が許せば、どうか出席してください。

議題　財政対策　事業計画

九月二日(月)六時　協会事務局

常任運営委員会

議題　財政・事業対策案の検討

各部活動について

定期総会にむけての方針

九月七日(土)六時　協会事務局

議題　常任運営委員会議題をさらに深める

※上記のスケジュールについて、あらためて葉書で連絡することは、はぶかせていただきますので、御面倒でも手帳にメモしておいてください。

112

これだけは見ておきたい
記録映画の会
―実験ドキュメンタリーの会―

日　時・11月21日(木)　午後6時開映
場　所・通　産　省　ホ　ー　ル　(2階)
地下鉄・虎の門・霞ケ関下車3分

―上　映　作　品―

1．実験ＰＲ映画
「恋の羊が海いっぱい」　黒　木　和　雄　作品　20分
「ニチレ・ア・ラ・カルト」　野　田　真　吉　作品　30分

2．アニメーション
「ペーパーパラダイス」　カルロス・マルキオリー　作品　7分

3．テレビドキュメンタリー
「忘れられた皇軍」　大　島　　渚　作品　30分
「石の詩」　松　本　俊　夫　作品　30分

4．外国記録映画
「世界のすべての記憶」　アランレネエ　作品　23分
「夜」　ポーランドの作品

一枚一人限り　**会員証**

主催　通産省映画サークル協議会
　　　記録映画作家協会
協賛　東京勤労者映画協議会

郵便はがき

東京都新宿区百人町二ノ六六
記録映画作家協会
ＴＥＬ（361）九五五五

113

アンケート（会費問題について）
（※A、Bいずれかに○をつけてください。常任運営委員会としては、B案を支持くださることを希望します）
A案（内規の会費）脚本・演出　五百円　フリー助監督　三百円
企業助監督二百円・賛助会員三百円以上、入会金三百円。
B案（常任運営委員会提案）脚本・演出五百円、
フリー助監督・企業助監督ともに三百円
賛助会員五百円以上、入会金五百円。

最近の動静をお知らせください

協会の活動についてのご意見をお書き下さい。

郵便はがき

記録映画作家協会
東京都中野区松ケ丘一丁目十番十七号
電話（三八六）五八二四

オ三回　アジア・アフリカ映画祭について

一　映画祭の主旨

一九六四・四月にインドネシアのジャカルタで、第三回のアジア・アフリカ映画祭が開かれます。これはアジア・アフリカ諸国民連帯会議の主旨である。バンドン精神を中軸にして、一九五八、タシュケントで、一九六〇、カイロで持たれた映画祭を引継いで行われるのです。

この映画祭は、アジア・アフリカ諸国の映画芸術家、映画労働者の統一と協力と友情を深めて、アジア・アフリカ諸国民間の民族的な映画産業と映画芸術の発展を促進しようとしています。そのことは、帝国主義的－植民地主義的文化侵略に反対し、その根元に対する共通の斗いに貢献して、世界の平和を守り育てることに通じています。

二　アジア・アフリカ

いま地球には二十一億の人間が生活しています。その中で、アジア、アフリカには十七億の人間が住んでいます。アジア・アフリカの大部分の国は新らしい国です。かつての欧米の植民地主義のキズナをたち切って、自らの手で独立を勝ち取った、若々しい人間たちの国です。この若い力に満ちた世界に私たちは深くかかわり合うことの中で、私たちの行く道を発見してゆかなければならないのだと思います。

三　映画祭への招待

拝啓－私たちはタンガニイカでの第三回アジア・アフリカ連帯会議の勧告にしたがって、第三回のアジア・アフリカ映画祭をジャカルタで開くことを、大きな喜びを持ってお知らせ致します。

この映画祭に五人までの代表が参加されますように、心から御招待いたします。（略）－敬具

第三回アジア・アフリカ映画祭インドネシア全国委員会　議長
ウタミ・スリヤダルマ。

四　映画祭の内容

映画祭の前に、全代表の総会を持ちます。それは、映画祭を円滑に運ぶためのもので、同時に、各代表をお互いに紹介することに役立つでしょう。

祭画祭はコンクール形式で持たれます。作品はアルファベット順に上映されます。コンクールの審査員はアジアから六人、アフリカから六人、インドネシアから三人の計十五人です。

この映画祭に参加する作品は、第三回アジア・アフリカ映画祭の目的に合致する、アジア・アフリカ諸国民の民族的な斗争、生活、文化、科学を扱った劇映画、児童のための映画、記録映画です。

映画祭の終了に際して、この祭の特徴を総括するために総会を持ちます。

バンドン賞。芸術賞。感謝賞が審査委員会から与えられます。受賞作品はインドネシア主要都市で巡回上映されます。

五　日本委員会

委員長　牛原虚彦　事務局長　伊藤武郎　常任委員　岩崎昶　野原喜一郎　寺田信義　依田義賢　内田吐夢　滝沢英輔　木村荘十二　野村芳太郎　菅家陳彦　岡島三樹夫　中村純一　山田和夫　宮古とし子

（敬称略　順不同）

六　バンドン精神

一九五五・四・十八－二十四。インドネシアのバンドンでアジア・アフリカ連帯会議が開かれて、アジア・アフリカの二十九ヶ国が参加しました。ここで討議された主要な問題は、①植民地主義　②戦争と平和　③ＡＡ諸国間の相互協力の問題です。会議の共同コミニュケで次の五つの決定が発表されています。①経済協力　②文化協力　③人権の尊重と民族自決　④従属国人民の問題　⑤世界平和と協力の促進　いずれもアジアの一角に住む私たちにとってさけては通れない現代の課題です。その中の、世界平和と協力の促進についての宣言は、①基本的人権を尊重し、国連憲章の目的と原則を尊重すること。②すべての国家の主権と領土保全を尊重すること。③あらゆる人種の平等、大小すべての国家の平等を認める。④他国の内政に干渉しない。⑤国連憲章にしたがって自衛する権利を尊重する。⑥いずれかの大国の利益のために集団防衛のとり決めを用いてはいけないし、他国に全力をかけてはいけない　⑦侵略行為、その脅威、武力行使で、他国の領土保全、政治的独立を侵してはならない。⑧国連憲章に従い、平和的方法で、国際紛争を解決する。⑨相互の利益と協力の促進。⑩正義と国際間の義務を尊重する。

という十原則を明らかにしました。

これがバンドン十原則、バンドン精神のよりどころです。この原則を破ってアジアに戦火をみちびき入れているものがダレであるのかを、私たちはっきり見てとり、バンドン精神をうけついだ、アジア・アフリカの文化交流に、私たちの力を集めて、これを必ず成功させなければなりません。

七　映画祭に参加する

本当に良い仕事をする条件が切りくずされている現実を切実に感じながら、私たちは作品を守り育てる努力を日々続けております。そしてその現実はプロダクションも一息にのみこんで進行しています。

私たちは、あらゆる機会を通じて、良い仕事をする条件を開拓しなければなりません。アジア・アフリカ諸国の映画事情、それらの新しい国々では映画はどのように使われているのでしょうか。私たちの作品はどのように評価されるでしょうか。お互いにどういう点で協力し合えるでしょうか。日本の代表団に私たちの希望をたくして送り出すことでこの映画祭を成功させようではありませんか。この映画祭の成功は必ず私たちによい結果を持たらすことを確信しています。

シンポジュム開催についての呼びかけ

日時　九月十二日　午后五時―九時迄
場所　国鉄労働会館
※参加資格　協会規約による会員及び賛助会員

運営委員会は、会報九二号で提案した趣旨、「作家の権利とは何か。作家の自由とは何か。それはいかにして守り得るのか。作家とプロダクションの関係はいかにあるべきか。大衆団体員の組織的行動とはなにか。（九二号：作家の権利と社会的責任」）にもとづいて、別掲の通りシンポジュウムを開くことを決定しました。今后の協会運営を一そう円滑にするために、会員各位の活発な討論をお願いする次第であります。

このシンポジュウムは、「あるマラソンランナーの記録」の再録音をめぐって、演出者黒木和雄氏と東京シネマの間におこった問題を直接の出発点として企画されたものではありますが、運営委員会としてはこの問題を契机として、今日私たちの殆んどが当面しているPR映画、広報映画の困難な製作条件のなかに潜在し、また顕在している多くの障害を見出し、広く作家の創造的、経済的諸要求にもとづく正当な権利を発展させる場となることを願って止まないものであります。

運営委員会はこのような観点から、会報九二号発行后は一日も早くシンポジュウムを開く準備を重ねてきましたが、遺憾ながら「あるマラソンランナーの記録」の再録音后、協会の内外に起った諸情勢は、シンポジュウムの発展的意義を必ずしも保証しないものと判断せざるを得ない状態となりました。

しかしそのなかにあっても、運営委員会は黒木氏から提訴された問題点を検討し、それを擁護するために十数回にわたる運営委員会をひらき、また直接東京シネマ側の事情を聴取するなど、一貫して問題解決への執拗な努力を重ねてきました。

もとより今度のシンポジュウムは、前述の通り、「あるマラソンランナーの記録」の経過のみをめぐって討論し、また作家とプロダクションの是非に黒白をつけるというものでもありません。今日の困難な諸条件のなかで、記録映画作家の創造的諸問題をどう発展させるか、作家とプロダクションの関係、作家相互の関係はどうあるべきか、それらを真けんに見つめることこそが主題なのであります。しかしながら、会員諸氏のなかには、「あるマラソンランナーの記録」をめぐる問題で、運営委員会のとった方針に或いは疑問を、或いは誤解をもっている方がおられることは事実であります。

ここに、今度のシンポジュウムを発展的にすゝめ、併せて協会の統一を一そう強固なものとするために、「あるマラソンランナーの記録」をめぐる運営委員会の行動を含めた経過とそれに対する運営委員会の見解を資料として提出し、会員諸氏の御批判を仰ぐ次第です。

（尚、「あるマラソンランナーの記録」をめぐる諸問題については、すでに会報九五号でお知らせした通り、会員六八名の署名による「臨時総会要求書」が提出されていますが、運営委員会は検討の結果、この問題は採決によって事の是非を決めるというのではなく、自由な討議によって問題の所在を明らかにすることが大切であるという観点に立ち、当面予定通りシンポジュウム形式の集会をひらき、併せて臨時総会はシンポジュウム后に開催するプログラムを確認したのです。）

―1―

資料

この資料はシンポジュウムの運営をスムーズにすすめるため、「あるマラソンランナーの記録」をめぐる諸問題について、その経過と運営委員会の動きを概略的にまとめたものであります。不備な点も多かろうと思いますが、会報所載の関係記事を御参照の上、シンポジュウムの準備にあてていただければ幸いです。

月日	経過	運営委員会の動き
3/10	○「あるマラソンランナーの記録」初号完成（当時の題名は「青年」）。 ○スポンサー（富士フイルム）試写。	
3/11	○再びスポンサー試写の結果、この作品は「解らない」という理由で納品を拒否される。 ○夕刻、東京シネマは加藤録音技師に「明朝青年のことで出社されたし」と連絡。そのとき、東洋現像所編集室で東洋レーヨンのコマーシャル（東京シネマでの前作「太陽の糸」のトレーラー用）を編集していた黒木氏には連絡がなかった。	
3/12	○再録音の問題について、黒木氏と会社側の間に意見の相違があり、激論がかわされた。 ○夕刻、岡田社長・桑木プロデューサー・黒木氏・菅家事務局長・京極高英氏の五人が会談。再録音のことが決った。	○この日夕刻、菅家事務局長は、京極氏と同行、第三回アジア・アフリカ映画祭に吉見委員長の出席を要請するため岡田社長を訪れた。作家協会がこの作品をめぐる問題をうけとめたのは、この時が最初である。 黒木氏、会社側の意見の相違を概括すると、会社側は「ノー・コメント」という形式には始めから危惧を抱いていた。その黒木方式で納まらなかったのだから、今度はコメントを入れ、会社側の責任で録音する。それに協力できないなら、監督は下りて欲しい。会社としては初号プリントを黒木君の作品として残すから納得して欲しい」というものであった。これに対して黒木氏は「ノー・コメントでも解らないことはない。スポンサーに会って説得できないのが残念である。但し、納品の時状が切迫しているのなら、コメントを入れる用意もある。再び監督してやらせるのかどうかが問題だ」以上のようなものであり、会談の雰囲気はかなりエキサイトしていた。事務局長としては、事態が突然のことでもあり、未だ作品を観ていなかったので、作品の内容を考えての

3/13

○黒木氏は午后三時頃出社。（出社の予定は午前十時であったが、黒木、泉田（助監）両氏は再度京極氏と話し合いのため、三井プロに行っていた）

○昼前頃から、明治パーラー（東京シネマと同じビルの一階）に十名前後の人々が集って、東京シネマに対する抗議を行う態勢にあった。

発言は出来なかったが、両者の間にコメントの問題が大きな比重を占め、而も発言の中には、歩み寄りの可能性もあると判断したので、「もし作品の主張を曲げないで、コメントを入れ、少しでも解り易くなるというなら、そこを一考して貰えないか。作品の主張にかかわり、また一作家の創造方法に重大な影響を及ぼす問題なら、協会という組織がどうして欲しいと云える問題ではない。併し両者の話を綜合すると、コメント挿入で納品が可能なら充分協力し合える余地があると思う。初号のプリント同様黒木氏の責任で再録音をやりとげて欲しい」と発言、黒木氏も諒解し、吉見氏と協力してコメントを完成することになった。

○その夜は、深夜再び事務局長が黒木氏に電話連絡、コメント作成の作業がスムーズに進んでいることを確認した。

○午后一時半頃、菅家事務局長は吉見氏の旅券問題その他で、東京シネマに行き、明治パーラーに集まっている人々に会った。いきなり、その中の一人から、かなり激しい抗議をうけた。事務局長は改めて集まっていた人々に抗議の内容、不満と思われる問題などを聞いたが、「作家の権利が冒されたし」ということだけで、具体的な論点はつかめなかった。

そこで事務局長は、「再録音の問題は昨夜一応の落着をみたと理解している。しかし黒木氏とも充分話し合う余裕がなかったので、みんなが不満とするところを整理してもらいたい。また、抗議はこうした形ではなく、協会として行いたいし、みんなが集る前にぜひ協会へも連絡して欲しかった」と述べ、問題点を次の三点に集約して貰った。

①再録音について、録音担当の加藤氏にまず連絡をとったのは不当だ。まず黒木氏に連絡すべきであった。また再録音について黒木氏に考える時間を与えず、三月十四日と一方的に決めたのは不当だ。

②黒木氏が最初に吉見氏のところに打合せに行ったとき、吉見氏が一方的に、すでにコメントを1/3ぐらいも書きすすめていたのは不当だ。

③スポンサー側がみて、わからないから受けとれないと言われ、そのままひき下ってきたプロダクションの態度は肯定できない。
わかるわからないは、もっと多くの人々によって判断すべきであり、再録音もその上で慎重に決定すべきである。

○ こうした経過のなかで、事務局長は作家協会東京シネマ支部責任者の竹内信次氏と協議し、録音の日程をもう少し延ばし、再録音のための準備が充分に行われるよう考慮して欲しいと、東京シネマの製作部と交渉。そこへ吉見氏と打合わせを終えた黒木氏がみえ「明十四日再録音に入る準備ができた」ということだったので、早速、黒木、竹内事務局長の三人は、集まっている人々にその旨を伝えた。

3/14 ○ 再録音を終える。

3/16 ○ 拡大常任委員会でこの問題を討議した結果、
①協会内に起きた問題は原則として協会を通じて組織的に行うのが解決のための正しい方法である。
②今度の問題を契機として、作家の権利そのものをみつめるシンポジュウムを計画してはどうか。それは創造活動そのものを発展させるためにも、現在の状況のなかでの作家の仕事をみつめるためにも必要ではなかろうか。
③とりあえず会報九二号で会員にこのことを知らせ、黒木氏の見解も同時に掲載して、問題の正確な報告を期した。

3/30 ○ 会報九二号黒木氏の最終原稿を待って印刷に入れる。

3/31 ○ 黒木氏、脱会届を協会に提出。

4/9 ○ 運営委員会で黒木氏の脱会届を検討、氏は協会運営委員でもあり、今度の問題が直接の原因なら（届出は「一身上の都合により」とあった。）氏とよく話し合ってみるべきだということで脱会を保留。

4/13 ○ 東劇地下シネサロンで東京シネマが君原選手とコーチのための試写会を予定したが、スタッフの連絡で五十名近い人々が作品を見に集まり、岡田社長とトラブルがあったが、集まった人々は殆んど事情を了解して散会した。

4/13 ○この日附で西江孝之氏の「映画『青年ーあるマラソンランナーの記録』問題にかんする作家協会常任運営委員会のクルクルパー的論文批判・問題をほんとうに解明するためのシンポジュウムを開いて下さいという公開申入書」のガリ版刷り文書が配布された。

（この西江氏の文書は各委員個人宛の配達で接したが、協会事務局＝運営委員会宛には提出されておらず、その后も事務局を調査したが見当らなかった。）

4/16 ○菅家事務局長は黒木氏よりスタッフタイトルの再録を求める文書を依頼され、岡田社長に手渡した。

4/29 ○岩佐寿弥、大沼鉄郎、楠木徳男、杉山正美、杉原せつ、富沢幸男、長野千秋、野田真吉、平野克己、藤原智子、松本俊夫、松川八洲雄、間宮則夫、丸山章治、持田裕生の十五氏連名によるシンポジュウム開催要求書が運営委員会に提出された。

5/1 ○杉山正美、大沼鉄郎両氏によるシンポジュウム開催要求書が運営委員会に提出され、同文書が会員にも配布された。

5/4 ○運営委員会は西江氏、十五名の連名による要求書、杉山・大沼両氏の要求書を検討の結果、黒木氏は脱会届を提出したまま連絡がとれておらず（四月中・下旬、吉見委員長はジャカルタに行っていた）早急に黒木氏と連絡をとって事情をきくのが先決であり、シンポジュウムは作家の権利についての発展的な討議が可能なところで開くべきであるとの結論に達した。

5/6 ○記録芸術の会実行委員会主催の映画会が千代田公会堂で開かれ、「あるマラソンランナーの記録」上映を予定していたが、東京シネマ側が貸出しを断ったため、その映画会が途中から東京シネマに対する抗議集会に切りかえられた。

5/7 ○運営委員会は黒木氏に出席を求めて、脱会届は保留のままであることを話し、さらに彼の不満とする事情を聞いた。席上黒木氏から「明治パーラーのことは私は知らないことであり」、また、会報九二号の常任運営委員の論文は問題である。現在さまざまなデマが流れているが、真実を明らかにして一日も早く東京シネマとのコンミニュケーションを回復してほしい」と発言があり、運営委員会は代表を東京シネマに送って、さらに調査をすすめそれによって解決の方向を見出すこととした。

5/14 ○運営委員会は代表として河野、徳永、苗田、曽我、星山の各委員を東京シネマに送り、岡田社長、桑木プロデューサーに事情をただした。

○　この話しあいで、河野委員が中心になって話を進め、東京シネマから三十数項目にわたって回答があった。河野委員は論点を大きく三つ（A・B・C）にまとめた。

(A)　問題になっている諸事実について事情をききたい。

(B)　黒木氏が不満としている点（1～5）について答えてほしい。

①　再録音の段階までは納得したのであるが、それ以後にいろいろの問題がおこってきたため、再び再録音の段階で監督をおろそうとしたことにこだわる。なぜおろそうとしたのか。

②　スタッフタイトルをなぜ明示しないのか。

③　エンドタイトルとコマーシャルカットをなぜ入れかえたのか。

④　試写会になぜスタッフを冷たく扱うのか。五月六日の映画会になぜフィルムを貸出さなかったのか。

⑤　製作者連盟に黒木氏は危険人物だから使うなと提訴したときくが、そうした事実があるのか。

(C)　黒木氏と東京シネマとのコミュニケーションがたたれているのは好ましくないので、円満解決のために意見を交換したい。

以上に対して岡田社長は、(A)は(B)の①と一緒に答えたいとして(B)の①について答えた。

シネマとしては黒木氏についていろいろと不満があるとして、許容フィルムのオーバー。吉原選手のプライバシーにふれるカットの説明。ロケ先でのスタッフの生活。コンテの未提出。ラッシュフィルムを現地におきつづけた。録音テープを吉見氏にきかせなかった。会社に無断でスーパータイトルを発注した。コメントを入れる吉見方式と、ノーコメントの黒木方式との対立。富士フィルムのコマーシャルカットの要求。イントロダクションの8ミリでの研究カットの問題。題名変更のいきさつ。エンドタイトルのストップモーションの類。仕上り呎数のオーバー。録音時でのナレーションを入れる入れないの論争。旭化成の選手の倒れた場面。アマチュア規定にふれると思われる効果音。コーチに無断でフラッシュをみせようとした。等の説明があり、シネマとしては黒木氏にいろいろの不満があった。その上に「内容がよくわからない」ということで、スポンサーからキャンセルされた。従ってシネマとしてはコメントを入れる方式で再録音することにしたが、いきなり監督をおりろといったわけではない。キャンセルされた理由を説明し、コメントを入れる方式でやれないならおりてほしいといったのだという答えがあった。

尚、録音技師と作曲家に先に電話し、黒木氏に連絡がおくれた理由は前二者は既に契約ぎれだったので、急ぎ、黒木氏は次の日に東洋現像で前作「太陽の糸」から、コマーシャルカットを編集することになっていたので、その時連絡するということであったためである。

② のスタッフタイトルについては、シネマは今までメーンスタッフのみをいれる慣習である。が、この作品では、黒木氏から編集助手にいたるまでの全スタッフをタイトルに要求してきた。

シネマはそれは困るといったところ、黒木氏が、助手をいれないなら僕の名前もやめてほしいといった。実はこの映画に出ている君原選手の名前がアマチュア規定にふれるため出せないでいたため、スタッフの名前を出さないのも一つの方法だと考えて、それならスタッフ名は作品に出さないでいこうと決め、そのことを黒木氏につたえて諒承してもらった。その時、私（岡田）は宣材やプレスにも名前はのせないと桑木氏につたえた。

③ のコマーシャルカットの入れ替えは岡田個人の意志でやった。

フジフィルムのコマーシャルカットを作品の中に全然いれなかったので、スポンサーをたてるせめてもの気持で完成後いれかえた。そのいれかえたフイルムを黒木氏はみているが、何もいわなかった。（黒木氏がみているという点については後に運営委の席上、吉見氏から、それは岡田氏の考え違いであると説明された。

④ の試写会について

スタッフ並びに大勢の人々に試写をみせないということはない。ただいままで一般試写会は開いていない。スポンサー、関係団体の試写のみである。そのため、招待しない人には引取りを願ったこともあったのであって、今後機会をみて皆さんに見てもらう。朝日講堂の冨士フィルム試写会のスタッフ招待状を制限したのは、富士側のこが氏の要請である。

五月六日の映画会にフィルムを出さなかった理由の第一は、三月十三日の明治パーラーで示威的行為をした人たちと同じと思われる人々が主催しているので出さなかったのである。

⑤ の連盟提訴についてはそうした事実はない。

出席理事から、「何かもめているそうだがどういうことか」という質問があったので、主として製作費の問題について製作事情を説明した。連盟の事務局長阿部氏から、それを文書で発表してほしいといわれ約束したが、忙しさにまぎれて、まだ提出していない。

(C) の円満解決のための話しあいで、黒木氏とあって話しあう気持はないかという質問に対して、自分（岡田）としては忙しいし、再び問題をむしかえすのは心理的にもしんどいし、特に問題があるとも思われないので、黒木氏とあって話すつもりもりはない。但し、協会の代表があいたいといえば、再度あう意志はもっている。

（註）延々数時間に及ぶ会談だったので、短い紙数でその全容を伝えるのはむずかしいので、細部はシンポジユムの席上で補足したい。

5/20 ○ 常任運営委員会＝河野委員より調査の結果が報告され、至急、運営委員会を開き、黒木氏の意見を聞いて解決への糸口をつかむことにした。

5/23 ○ 運営委員会＝河野委員より再び調査の結果が全委員に報告され、黒木氏もそれに意見を述べ、討議した結果、

① 黒木氏と東京シネマとの間に、いろいろ話のゆき違いなどがあったが、再録音までの問題は解決していることを全員一致で確認した。

② そして黒木氏の要望と東京シネマ側の見解をさらに検討した結果、黒木氏の積極的な意見もあって問題は次の二点にしぼられ、その解決に努力することになった。

(A) スタッフ・タイトルの件

スタッフ・タイトルをはずしたいきさつについては、問題もあったが、最終的に黒木氏自身も諒解したのだから、今后は宣材（プレス）にスタッフ・タイトルを明示して貰うよう要請する。

(B) エンド・タイトルとコマーシャルカットの入替え問題。

東京シネマは、この作品にスポンサー側のコマーシャルカット挿入を全部断ってきたのので、最后にシネマ側の意志でエンドタイトルの前に「富士フイルム使用」が解るカットを入れたといっているが、これは作品の質に影響がある問題なので、黒木編集の状態に戻してもらう。尚、問題は以上の二点であるが、黒木氏もシネマ側の事情を考慮に入れた上、実行可能な範囲で、合理的

解決をはかるのもやぶさかではない。との意見が述べられ、全員でこれを諒解した。

6/4

○ 運営委員会。この日は仕事の都合で黒木氏が欠席したので、問題の具体的な解決方法については、前回の統一見解を会報に載せること（河野委員が起草を担当する。）を決めただけで、時間一杯、次の諸点について運営委員会は討論を深めた。

① 運営委員会は協会規約にもとづいて、常に会員の権利と地位を守る立場に立って行動すべきである点が確認された。

② 会報九二号掲載の「作家の権利と社会的責任」について、

この文章は果して充分運営委員会の意図を伝えることができたか。文章表現上、誤解され易い個所はなかったか。

③ 今度の問題についても運営委員会は絶えず会員の立場を堅持してきたが、発生する事態の処理におわれる余り、本質的なところで深く作家の創造上の問題、生活上の問題として芸術的に深め発展させる努力に欠けていたのではないか。

④ 問題解決の方向が明確になったいま、出来るだけ早くシンポジユームを開いて問題点を深めるべきである。

6/8

○ 運営委員会は、前回の討議をもとに統一見解への経過をまとめた河野委員の報告書を討議、全員一致でこれを認め、黒木氏もその内容を裏付けるための見解を執筆して同時に会報に掲載することとなった。（運営委員会の同報告書は会報九四号を参照して下さい）

6/17

○ 常任運営委員会。運営委員会の報告書と同時掲載予定だった黒木氏の見解を当日集った委員（菅家・河野・徳永・安倍）が討議した結果、その内容が統一見解に対して疑問を残し、問題を振り出しに戻すような印象を与えることに意見が黒木氏に再考してもらうことになり、その旨事務局長より黒木に諒解を求めて取敢えず会報九四号は、研究会・月例会の通知もあるので、印刷に廻すことにした。（常任委員会は黒木氏の行方を探しながら会議をすすめたが、ついにその晩は連絡がとれなかった。）

○ 事務局長は、黒木氏に電話で昨晩の事情を説明し、諒解を求めたが、決定的な結論は得られず、早急に運営委員会を招集して検討することにした。

6/26

○ 運営委員会で、黒木氏の見解について再び検討。黒木氏から常任運営委のとった処置に就いて抗議が出された。討議の結果、解決へ何とか前進しようという点では全員一致しているのだから字句の訂正で、次号会報に間に合わせて欲しいという要望が出された。これについて黒木氏は、その趣旨は解るが、具体的な方法については事務局長に連絡するということであった。全員はこれを諒承した。

7/10

○ 全員六八名署名の臨時総会要求書が提出された。

「映画「あるマラソンランナーの記録」をめぐって不明瞭な点が多く起っている。これらの事実を明らかにし、記録映画作家協会の運営をスムーズにするために、七月二十日までに記録映画作家協会臨時総会をひらくことを規約とその精神にもとづいて要求する。

一九六四年六月二十九日

発起人大沼鉄郎、黒木和雄、杉原せつ

杉山正美、冨沢幸男、長野千秋

西江孝之、野田真吾　松本俊雄

松川八州雄

7/19

○ 運営委員会は臨時総会要求書を検討の結果

① この問題は決をとって黒白をつけるというものではなく、この問題に対する会員の疑問点にこたえ、作家の権利と責任について深めることが第一義的なのだから、まず自由に討議できるシンポジュウム形式のものが望ましい。

② また協会運営の円滑化については、二月の総会以来、全く会費を納入していない会員が相当数あり、協会は事業活動をあて込んで借金返済に当っている状態であり、組織的にも問題があるので、臨時総会はシンポジュウム後開く。以上の二点を決定した。

8/13

○ 運営委員会で、シンポジュウムの日取り、資料、その他、具体的なプランを検討。会員への連絡できる最も早い日時を選ぶことを決め、九月五日、又は十二日を予定した。併し黒木氏が北海道ロケ中なので、そのスケジュールを充分考慮することとし、早速日映新社に問い合せを始めた。

○ 尚、「あるマラソンランナーの記録」をまだ見ていない会員のために、二十二日の月例会には、この作品を上映することをきめ、会員に葉書で知らせることにした。

8/19

○ 同日の消印で、臨時総会要求の発起人、杉山正美氏から再度臨時総会要求の葉書（ガリ版刷り）が配布された。

8/22	○ 月例会で「あるマラソンランナーの記録」を上映。
9/1	○ 運営委員会は黒木氏のスケジュールに合わせて、十二日に開くことを決定。即刻葉書で会員に知らせるとともに、起草委員に資料の作成を急いでもらうことにした。 ○ 事務局長はロケ先の黒木氏と電話で話し合い十二日は出席できるの回答を得た。

（以　上）

「お 願 い」

○ 会員名簿資料のまだ提出されていない方は、是非この大会に提出して下さい

○ シンポジュウム御出席のさい、協会費未納の方は是非納入して下さい。

臨時総会議案書

運営委員会

一、なぜ臨時総会をひらかねばならないか。

会報第九六号にも述べましたように、協会はいま財政上、組織上の難関に逢着しています。

これの再建は緊急問題です。

財政上の問題は、意識的な会費不納を含めた、未納会費の累積によるものでありますが、それはまた、さきのシンポジウムに現われたような協会組織内部の混乱と不統一の反映だとも考えられます。

昨年度にいたるまでの協会運営上の困難をひきつぎ、本年度新方針のもとにその打開の任務を負った現運営委員会が、いまなお、事態改善の実をあげ得ず、業績の発展をはかり得ずにいることについて、委員会は後に述べるような自己批判を持ち、それにもとづく新たなとり組みを目指していますが、いずれにせよ、協会当面の課題は、財政上、組織上、強固な統一と正常な事態の恢復にあると考えます。

一部には、協会の使命はすでに終ったという見解もあります。

しかし果してそうなのかどうか。

そうでないとすれば、協会はいかにあるべきか。

この基本についてあらためて討議をつくし、その一致点の上にたって、組織内の混乱を緊急に克服したいと考えます。

次期定期総会の成果をあげるためにも、まずこの態勢整備が急を要する課題となるのであります。

ここに委員会は、次の諸項をあげて臨時総会を開催し、再建にあたっての信を会員諸氏に問いたいと考える次第です。

ノ、会費滞納額の累積による、協会財政の危機は協会の正常な運営をも危うくしてきました。

ここに運営委員会は、協会財政の基盤は会費による会費の納入にあるという原則にたち、会費滞納の諸氏に、会員として会費納入のご意志の有無をただしかめ、その上で、三ヶ月以上滞納の諸氏は会員としての資格が自然消滅するものと認めることにしました。

右についての是非を問わせていただくこと。

乙、協会当面の混乱とその打開についての委員会の考え方（後述）を明らかにし、その是非を問わせていただくこと。

二、協会の現状

本年度運営方針の中の主要課題に照らして現状を見ますと、遺憾ながら、方針は有効に生かされてはいないと申さねばなりません。

Ⓐ、方針中の主要課題の一つであった統一の恢復のことにしても、第一〇回総会での方針をめぐる対立は深化する一方で、その間に起きた「マラソン・ランナー」問題は、事実上の解決をはかることができたにも拘らず、かえって対立関係はさきのシンポジウムで頂点に達しました。（「シンポジウム資料」ならびに会報九六号「シンポジウム總括」参照）

Ⓑ「マラソン、ランナー問題」は、協会にとっても生活と権利問題を発展させる契機として捉えて行こうと努力したのですが、この努力も協会内の不統一の壁を越えて実りの方向に向うことができず、かえって対立に輪をかける結果となりました。

したがって、方針中の生活と権利問題も具体的な進展をかちとることができず、不統一が深化したままの現状です。

Ⓒ　不統一の深化とそれによる混乱の一ばん大きな原因はなにかと言えば、思想、信条の自由を一方的独断的に侵害する言動が大衆団体の中にもちこまれたことにあると考えられますが、一方には、運営委員会があまりにも対立問題だけにとらわれて意識を集中しすぎ、そのため、本年度の運営方針を全般的に展開して会員の利益をはかるという本来の活動がおろそかになってしまったことについて反省されています。

Ⓓ　自己批判については後にまとめて述べますが、運営方針の忠実な実践がおろそかになってしまったため、財政上の困難と相まって共闘誌の発行も遺憾ながら中絶したままになってしまっています。

Ⓔ　協会活動の基盤として考えられた支部組織も、東京シネマ、電通、日本技術映画、teヶ谷プロダックス[redacted]に組織はできたものの、それ以外への組織活動が積極的にのびず、できた所でも所属会員の日常要求を汲み、それに積極的にこたえて行く態勢がまことに不充分にしかとられていません。

フリー諸氏のための組織も全く手がつかぬままに過ぎてしまいました。

Ⓕ　以上のような次第で、会員總数一八六名（十一月末日現在。本年度新会員八名、脱会者九名）の中、三ヶ月以上の会費未納者一二〇名（十一月末日現在）滞納總額五二万餘円という現状です。

つまり、六七名の会員の方の会費負担によって全協会の運営費がまかなわれるというアンバランスが現われているのです。

Ⓖ　このような状態の中で、微力ながら左のような活動実績を……ることができたのは、まことに会員

諸氏のご支持によるものにほかなりません。

1、事務局を都心にもどし、活動の便をはかることができたこと。

2、前記のような支部組織ができたこと。

3、製作者連盟の協力でヤマハの新作紹介試写会の召待券を復活できたこと。

4、ミキサロンの協力で、試写をかねた協会月例集会をはじめることができたこと。

（この月例会は、運営委員が必ず出席することをたてまえとして、会員諸氏の交流をはかることを趣旨としたものです）

5、「マラソン、ランナー」問題の事実上の解決をはかり得たこと。

（一、二の懸案事項が残っていますが。）

6、協会の名における「ギヤナユンカー」製作などの事業収入により、健康保険費の滞納額その他協会財政赤字の一部を補てんし得たこと

以上のような現状の中で、現状をどう打破するか、委員会の自己批判と考え方を次に述べることにいたします。

三、現状に対する考え方ならびに自己批判

Ⓐ 協会が今抱えている主要な問題の一つであるところの組織内部の不統一と混乱は、基本的には、協会という大衆団体の中に、思想、信条の自由をそこなう排他的な言動が持ちこまれたことに起因していることはさきにも述べたとおりです。大衆団体が存立し得る基礎条件は、思想、信条の自由が保障され、その上で、統一できるところで、統一して行くところにあると考えます。混乱の基本はそのようなところにあるとは言え、運営上、委員会自身、多くの反省すべき点を残していることもまた否定できません。

Ⓑ 本年度の方針に誤りがあったとは考えません。しかし、方針にしたがい、これを実践する運営の問題を考えるとき、委員会は、率直に左の自己批判をいたします。

1、方針にもありますように、運営上の基本は、会員諸氏の日常要求に基づかねばならなかったにも拘らず、委員会は充分にその責務を果さなかったのであります。それは何故でしょう。

2、協会創立以来十年の間の狎れと惰性が委員会の中に潜入していたことも事実です。しかしなによりも重大な誤りは、委員会を構成する主要部分の委員が、生活上のプチブル的目先の安定に甘んじ、なによりもまして第一義的に会員間の連体の思想を高くかかげ、その実践にとり組むことに欠けていた点にあります。したがって、運営は、会員諸氏から浮きあがり、会員諸氏の諸要求に忠実であろうとするよりは、当面する協会内部の対立問題に精力の大部分を費やし、会員全体の利益のための努力はほとんど前進を見ない結果に終りました。

3、もちろん、協会内部の対立の克服は重要な課題であります。しかしそのとり組み方が、多くの会員諸氏から、あたかも二つの派閥の争いとして受けとられ、それが何ら自分とは関係のないこととして受けとられる結果に陥ったということは、運営上の右の基本的欠陥をあますところなく露呈したものにほかなりません。

4、右の運営上の基本的欠陥は、その他にもたとえば、会報の内容の貧困に現われ、機関誌発行の中絶に現われました。機関誌の中絶は、財政上の困難に由来するところが大きいとは言え、あながちそれだけの理由には帰しがたいことを反省せずにはいられないのであります。

Ⓒ 委員会は、右の自己批判に立脚し、当面、左の活動を主要な軸として協会の再建をはかりたいと考えます。

1、その一つは、企業支部、フリー支部活動の充実です。創作活動の発展といい、生活と権利問題の発展といい、その問題点は会員諸氏の日常の活動の場の中に生れています。その場での具体的な問題点を日常的にとらえ、そのための活動を組織して、協会運営に反映させない限り会員の課題や日常要求に即した運営は前進しませんし、会員の連帯性も具体的には発展しないと考えます。そして委員会は、この支部活動の充実のために誠意をつくすべきだと考えるのであります。

臨時総会では各支部の組織の仕方、活動の仕方について討議をつくしたいと思います。

2、第二には、機関誌の発行です。これはいかにしても発行しなければなりません。　機関誌は協会の基盤たるべき各支部活動を反映し、創造上、生活と権利問題上の課題をかかげ、会員諸氏の連帯をはかる協会の組織として不可欠であり、中絶のまま今日に至った委員会の責任は重大なので、その再刊態勢の確立をなんとしてもはからねばならぬと考えます。

3　作家の社会的地位の向上をはかるため、一方には運営上の基盤を支部活動の充実に置くとともに一方には、社会的な発言の場を求め、拡大することをもはかりたいと考えます。

この点で、具体的には、製作者連盟への発言や諸団体との提携のことが討議されたいと思います。

4、以上のような当面の再建活動を推進するためにも、会費納入の異常なアンバランスを排して組織の確立をはかるため、委員会は、滞納会員諸氏の

ご意志を確かめ、ご意志のない方は会員としての資格を失うものとして判定せざるを得ないと考えました。

このために会員数の減少をみることにもなりましょう。しかし、協会活動の地道な発展を遂行することによって、会員数を再び拡大する任務が私たちにあるのではないでしょうか。

5. また、グループエコールの問題も積極的に考えたいと思います。

委員会は、特定の創作方法を協会として支持することはできないと考えております。

しかしながら、多様な創作方法の追求は、創作活動全般の発展からみても欠くことのできない活動であり、幾つものグループエコールが組織されることは望ましいことです。しかし、グループエコールは、純粋にグループエコールとして協会の外に組織されるものであって、グループエコールと協会とは時に応じて互に連けいし、活用し合うことはあっても、組織的には無関係のものだと、委員会は考えます。言いかえればグループエコールの活動は幾つあってもそれは望ましいことですが、協会は、つねに一つであるべきだということです。なぜなら、生活と権利の手いひとつとって考えてみても、そのためには、一つの統一組織に結集することが必須であることは論をまたないところだからです。

6. なお、生活と権利を強固に守るためには単一労組をという意見もあります。

しかし、協会をそのまま単一労組にきりかえる条件はどこにもありませんし、そのようなことはあり得ないことです。

そして、職能的大衆団体としての作家協会の使命は、以上各項に述べたことがらから見ても　今日なお、統一組織としてなすべき多くを持っていると確信します。

ただ、個人加盟の単一労組への方向は、私たちとしても、大きな展望のもとで充分研究し、考えて行くべき課題だと思います。

以上、自己批判とともに、協会の現状に対する委員会の当面の考え方を述べました。

協会はいかにあるべきか、この基本にもとづいて、充分なご審議をいただきたいと思います。

以　上

追　記

臨時総会は十二月二十六日午后五時三十分より私学会館（国電市ヶ谷駅下車）で行ないます。

切　り　取　り　線

委　任　状

一九六四年十二月二十六日の臨時総会のいっさいの権限を（　　　　）氏に委任する。

一九六四年十二月二十六日

所　属

氏　名　　　　　　　　　　　　　（印）

臨時総会御中

「注　記」

委任状の取り扱い方について、過日の運営委員会で討議を行ないました。その際、委任状は通常総会成立に関するものであって、協会のように委任状に議決権があるとするのは変則的であって通常的なものにすべきであるという意見などが出され、最終的には　委任状に議決権を認めるかどうかは当日の総会出席者にはかって決定することにいたしました。